Der Schutz vor Verletzungen
der Persönlichkeitsrechte in den Neuen Medien

Europäische Hochschulschriften
Publications Universitaires Européennes
European University Studies

Reihe II
Rechtswissenschaft

Série II Series II
Droit
Law

Bd./Vol. 4074

PETER LANG
Frankfurt am Main · Berlin · Bern · Bruxelles · New York · Oxford · Wien

Stefan Münch

Der Schutz vor Verletzungen der Persönlichkeitsrechte in den Neuen Medien

PETER LANG
Europäischer Verlag der Wissenschaften

Bibliografische Information Der Deutschen Bibliothek
Die Deutsche Bibliothek verzeichnet diese Publikation in der Deutschen Nationalbibliografie; detaillierte bibliografische Daten sind im Internet über <http://dnb.ddb.de> abrufbar.

Zugl.: Tübingen, Univ., Diss., 2004

D 21
ISSN 0531-7312
ISBN 3-631-53382-9

www.peterlang.de

Meinen Eltern

Vorwort

Die vorliegende Arbeit wurde im Sommersemester 2004 von der Juristischen Fakultät der Eberhard Karls Universität Tübingen als Dissertation angenommen. Sie wurde angeregt und betreut von Herrn Prof. Dr. Michael Ronellenfitsch, dem ich hierfür herzlich danke.

Dank schulde ich auch Herrn Prof. Dr. Fritjof Haft für die Erstellung des Zweitgutachtens.

Bedanken möchte ich mich ferner ganz herzlich bei meiner Schwester Julia Münch, die mir nicht nur während der Anfertigung dieser Arbeit mit Rat und Tat zur Seite stand.

Ebenso möchte ich meinen Tübinger Freunden danken, insbesondere Petra Husemann und Dr. Jörg Linker, deren moralische Unterstützung zum Gelingen dieser Arbeit beigetragen hat.

Mein größter Dank gilt meinen lieben Eltern. Sie standen mir in allen Lebenslagen immer hilfreich zur Seite und haben mich stets unterstützt und ermutigt. Ihnen ist diese Arbeit gewidmet.

Frankfurt am Main, im August 2004 Stefan Münch

Inhaltsübersicht

Inhaltsverzeichnis

Literaturverzeichnis

Ahrens, Hans-Jürgen
Das Herkunftslandprinzip in der E-Commerce-Richtlinie
in: CR 2000, S. 835 ff.

Altenhain, Karsten
Die gebilligte Verbreitung missbilligter Inhalte – Auslegung und Kritik des § 5 TDG
in: AfP 1998, S. 457 ff.

v. Arnauld, Andreas
Strukturelle Fragen des Allgemeinen Persönlichkeitsrechts
Überlegungen zu Schutzbereich und Schranken des grundrechtlichen Persönlichkeitsschutzes
in: ZUM 1996, S. 286 ff.

Ayad, Patrick
E-Mail-Werbung – Rechtsgrundlagen und Regelungsbedarf
in: CR 2001, S. 533 ff.

Bär, Wolfgang
Öffentlichkeitsfahndung im Internet
in: CR 1997, S. 422 ff.

Bäumer, Ulrich
Domain Namen und Markenrecht
Die Gerichtspraxis in den Vereinigten Staaten
in: CR 1998, S. 174 ff.

Barton, Dirk Michael
Der Gegendarstellungsanspruch nach § 10 MDStV
in: MMR 1998, S. 294 ff.

Baston-Vogt, Marion
Der sachliche Schutzbereich des zivilrechtlichen Allgemeinen Persönlichkeitsrechts
Tübingen 1997
(Zugl.: Bielefeld, Univ., Diss., 1995/96)

Beck'scher TKG-Kommentar
Herausgegeben von Wolfgang Büchner, Jörg Ehmer, Martin Geppert, Bärbel Kerkhoff, Hermann-Josef Peipenbrock, Raimund Schütz, Fabian Schuster
2. Auflage
München 2000
(zit.: Bearbeiter in: Beck'scher TKG-Kommentar)

Bettinger, Torsten / Freytag, Stefan
Privatrechtliche Verantwortlichkeit für Links
Zugleich Anmerkungen zum Urteil des LG Hamburg vom 12.5.1998
in: CR 1998, S. 545 ff.

Beuthien, Volker
Postmortaler Persönlichkeitsschutz auf dem Weg ins Vermögensrecht
in: ZUM 2003, S. 261 ff

Bizer, Johann
Forschungsfreiheit und informationelle Selbstbestimmung
Gesetzliche Forschungsregelungen zwischen grundrechtlicher Förderungspflicht und grundrechtlichem Abwehrrecht
Baden-Baden 1992
(Zugl.: Frankfurt (Main), Univ., Diss., 1992)

Bizer, Johann
Web-Cookies – Datenschutzrechtlich
in: DuD 1998, S. 277 ff.

Bizer, Johann
Praxis der TK-Überwachung
in: DuD 2002, S. 216 ff.

Bleisteiner, Stephan
Rechtliche Verantwortlichkeit im Internet
Unter besonderer Berücksichtigung des Teledienstegesetzes und des Mediendienste-Staatsvertrags
Köln Berlin Bonn München 1999
(Zugl.: Würzburg, Univ., Diss., 1998)

Boehme-Neßler, Volker
Cyberlaw
Lehrbuch zum Internet-Recht
München 2001

Börger, Ulrich
Deliktischer Rechtsschutz gegenüber Presseveröffentlichungen
Eine vergleichende Untersuchung zum Recht der Vereinigten Staaten von Amerika und der Bundesrepublik Deutschland
Baden-Baden 1998
(Zugl.: Hamburg, Univ., Diss., 1998)

v. Bonin, Andreas / Köster, Oliver
Internet im Lichte neuer Gesetze
in: ZUM 1997, S. 821 ff.

Borger, John
Privacy Law meets the First Amendment
http://www.faegre.com/articles/article_507.asp

Bröhl, Georg M. / Bender, Rolf / Röder-Messell, Ernst
Das neue E-Commerce-Recht
Elektronischer Geschäftsverkehr-Gesetz – EGG
und weitere Gesetze
Bundesanzeiger vom 8. Mai 2002, Jahrgang 54, Nummer 85 a
Köln 2002

Brossette, Josef
Der Wert der Wahrheit im Schatten des Rechts auf informelle Selbstbestimmung
Ein Beitrag zum zivilrechtlichen Ehren-, Persönlichkeits- und Datenschutz
Berlin 1991
(Zugl.: Trier, Univ., Diss., 1989/1990)

Bücking, Jens
Namens- und Kenzeichenrecht im Internet (Domainrecht)
Stuttgart Berlin Köln 1999

Bücking, Jens
Update Domainrecht: Aktuelle Entwicklungen im deutschen Recht der Internetdomains
in: MMR 2000, S.656 ff.

Busche, Jan / Kraft, Hartmut
Werbung per electronic mail: Eine neue Herausforderung für das Wettbewerbsrecht?
in: WRP 1998, S.1142 ff.

v. Caemmerer, Ernst
Der privatrechtliche Persönlichkeitsschutz nach deutschem Recht
in: Festschrift für Fritz von Hippel zum 70.Geburtstag
Herausgegeben von Josef Esser und Hans Thieme
Tübingen 1967

Carpenter, Jennifer L.
Internet Publication: The Case for an Expanded Right of Publicity for Non-Celebrities
in: Virginia Journal of Law and Technology Spring 2001
http://www.vjolt.net/vol6/issue1/v6i1a03-Carpenter.html

Chang, Yeong-ming
Persönlichkeitsschutz und Gegendarstellung
Bonn, Univ., Diss., 1997

Clarke, Bridget A.
When not to pour Spam into an old bottle: Intel v. Hamidi
http://www.graycary.com/articles/journal/jil_nov01_1.html

Coing, Helmut
Das Grundrecht der Menschenwürde, der strafrechtliche Schutz der Menschlichkeit und das Persönlichkeitsrecht des bürgerlichen Rechts
in: SJZ 1947, S. 641 ff.

Cole, Mark D.
Lebach II: Resozialisierung versus Rundfunkfreiheit – Sieg für das Fernsehen in Runde zwei
in: NJW 2001, S. 795 f.

Cornils, Karin
Der Begehungsort von Äußerungsdelikten im Internet
in: JZ 1999, S. 394 ff.

Cummins, Guylyn
Defamation and Invasion of Privacy on the Internet
http://library.lp.findlaw.com/scripts/getfile.pl?FILE=firms/graycary/gcw f000026&TITLE=Subject&TOPIC=privacy_1

Däubler, Wolfgang
Die Reform des Schadensersatzrechts
in: JuS 2002, S. 625 ff.

Dalakouras, Theoharis
Beweisverbote bezüglich der Achtung der Intimsphäre unter besonderer Berücksichtigung der Grundrechte sowie des griechischen Rechts
Berlin 1988
(Zugl.: Köln, Univ., Diss., 1986)

Damm, Renate / Kuner, Wolfdieter
Widerruf, Unterlassung und Schadensersatz in Presse und Rundfunk
München 1991

Damm, Renate / Rehbock, Klaus
Widerruf, Unterlassung und Schadensersatz in Presse und Rundfunk
2., neubearbeitete Auflage
München 2001

Dasch, Norbert
Die Einwilligung zum Eingriff in das Recht am eigenen Bild
München 1990

Davidson, Steven J. / Podkopacz, Jerry S. / Dechery, Laurie J.
The Law of Cyberspace: Liability of Information Service Providers
http://www.graycary.com/articles/journal/jil_dec99_1.html

Decker, Ute
Haftung für Urheberrechtsverletzungen im Internet
Anforderungen an die Kenntnis des Host Providers
in: MMR 1999, S. 7 ff.

Degenhart, Christoph
Das Allgemeine Persönlichkeitsrecht, Art. 2 Abs. 1 i.V. mit Art. 1 Abs. 1 GG
in: JuS 1992, S. 361 ff.

Dittmar, Rolf
Anmerkung zu OLG Celle, NJW 1979, S. 57
in: NJW 1979, S. 1311

Dreier, Horst
Grundgesetz
Kommentar
Herausgegeben von Horst Dreier
Band I
Artikel 1-19
Tübingen 1996
(zit.: Dreier-Bearbeiter)

Dürr, Mathias
Der Gegendarstellungsanspruch im Internet
Sinzheim 2000
(Zugl.: Univ., Diss., Münster, 2000)

Dustmann, Andreas
Die privilegierten Provider
Haftungseinschränkungen im Internet aus urheberrechtlicher Sicht
Baden Baden 2001
(Zugl.: Kiel, Univ., Diss., 2001)

Duttge, Gunnar
Recht auf Datenschutz? Ein Beitrag zur Interpretation der grundrechtlichen Schutzbereiche
in: Der Staat, 36. Band (1997), S. 281 ff.

Eck, Stefan / Ruess, Peter
Haftungsprivilegierung der Provider nach der E-Commerce-Richtlinie
Umsetzungsprobleme dargestellt am Beispiel der Kenntnis nach § 11 S. 1 Ziff. 1 TDG
in: MMR 2003, S. 363 ff.

Eckhardt, Jens
Neue Regelungen der TK-Überwachung
in: DuD 2002, S. 197 ff.

Effross, Walter A.
A Dressing-Down for Digital Drag: Image Manipulation on the Internet
in: Program materials for the American Bar Association's July 9, 2000
Annual Meeting Program, "Clean Reputation, Clean Mailbox:
Conquering CyberSlander and Spam" =
http://www.wcl.american.edu/pub/faculty/effross/dustin.html

Effross, Walter A.
Steam Heat but False Light: Nude Images on the Internet
in: Program materials for the American Bar Association's July 9, 2000
Annual Meeting Program, "Clean Reputation, Clean Mailbox:
Conquering CyberSlander and Spam" =
http://www.wcl.american.edu/pub/faculty/effross/cosmo.html

Ehmann, Horst
Zur Struktur des Allgemeinen Persönlichkeitsrechts
in: JuS 1997, S. 193 ff.

Eichler, Alexander
Cookies – verbotene Früchte? Eine datenschutzrechtliche und technik-
orientierte Betrachtung
in: K&R 1999, S. 76 ff.

Eichler, Alexander / Helmers, Sabine / Schneider, Thorsten
Link(s) – Recht(s)
Technische Grundlagen und Haftungsfragen bei Hyperlinks
in: Supplement Kommunikation und Recht, Betriebsberater für Medien,
Telekommunikation, Multimedia, Beilage 18 zu Heft 48/1997 Betriebs-
Berater

Eisenberg, Jonathan M.
People, Too: New California Anti-Cybersquatting Law enhances
protections for individual persons
http://www.graycary.com/articles/journal/jil_feb01_1.html

Eisenberg, Jonathan M.
A Guide to the Anticybersquatting Consumer Protection Act
http://www.gcwf.com/articles/journal/jil_march00_1.html

Engel-Flechsig, Stefan / Maennel, Frithjof A. / Tettenborn, Alexander
Das neue Informations- und Kommunikationsdienste-Gesetz
in: NJW 1997, S. 2981 ff.

Engels, Stefan / Köster, Oliver
Haftung für „werbende Links“ in Online-Angeboten
in: MMR 1999, S. 522 ff.

Engels, Stefan
Zivilrechtliche Haftung für Inhalte im World Wide Web
in: AfP 2000, S. 524 ff.

Erman
Handkommentar zum Bürgerlichen Gesetzbuch
Herausgegeben von Walter Erman
3., neubearbeitete Auflage
1. Band
Münster 1962
(zit.: Erman, BGB, 3. Auflage)

Erman
Bürgerliches Gesetzbuch
Herausgegeben von Harm Peter Westermann
Band I
10., neubearbeitete Auflage
Köln 2000
(zit.: Erman-Bearbeiter)

Ernst, Stefan
Wirtschaftsrecht im Internet
in: BB 1997, S. 1057 ff.

Ernst, Stefan
Deutsche Städte im Internet und das Namensrecht
in: NJW-CoR 1997, S. 426 ff.

Ernst, Stefan
Anmerkung zu AG München NJW-CoR 1998, S. 356
in: NJW-CoR 1998, S. 362 ff.

Ernst, Stefan
Anmerkung zu OLG München MMR 1999, S. 487
in: MMR 1999, S. 487 ff.

Ernst, Stefan
Internetadressen
Der Stand der Rechtsprechung
in: MMR 2001, S. 368 ff.

Ernst-Moll, Jürgen
Das Recht am eigenen Bildnis – vor und vor allem nach dem Tode
in: GRUR 1996, S. 558 ff.

Faber, Martina
Der Schutz der Ehre und des Rufes vor herabsetzenden Äußerungen des Staates
Stuttgart / München / Hannover / Berlin / Weimar / Dresden 1999
(Zugl.: Marburg, Univ., Diss., 1998/99)

Falcon, Rebecca
Spamming on the Net: Freedom of Speech vs. Right to Privacy (1997)
http://www.law.stetson.edu/courses/computerlaw/papers/rfalconf97.htm

Fechner, Frank
Medienrecht
Lehrbuch des gesamten Medienrechts unter besonderer Berücksichtigung von Presse, Rundfunk und Multimedia
Tübingen 2000

Fikentscher, Wolfgang / Möllers, Thomas M.J.
Die (negative) Informationsfreiheit als Grenze von Werbung und Kunstdarbietung
in: NJW 1998, S. 1337 ff.

Finke, Thorsten
Die strafrechtliche Verantwortung von Internet-Providern
Tübingen 1998
(Zugl.: Tübingen, Univ., Diss., 1998)

Flechsig, Norbert P. / Gabel, Detlev
Strafrechtliche Verantwortlichkeit im Netz durch Einrichten und Vorhalten von Hyperlinks
in: CR 1998, S. 351 ff.

Flechsig, Norbert P.
Subdomain: Sicher versteckt und unerreichbar?
Die Verkehrssicherungspflichten des Host-Providers
in: MMR 2002, S. 347 ff

Foerstl, Uli
Die Entscheidung „shell.de" – Stärkung von Kennzeichenrechten im Internet?
Zugleich Anmerkung zu BGH v. 22.11.2001 – I ZR 138/99
in: CR 2002, S. 518 ff.

Frank, Thomas
„You've got (Spam-) Mail"
Zur Strafbarkeit von E-Mail-Werbung
in: CR 2004, S. 123 ff.

Freitag, Andreas / Busemann, Jan Rudolf
Zur wettbewerbsrechtlichen Zulässigkeit von elektronischer Post als Mittel des Direktmarketings
in: AfP 1998, S. 475 ff.

Freytag, Stefan
Haftung im Netz
Verantwortlichkeit für Urheber-, Marken- und Wettbewerbsrechtsverletzungen nach § 5 TDG und § 5 MDStV
München 1999
(Zugl.: München, Univ., Diss., 1998)

Freytag, Stefan
Urheberrechtliche Haftung im Netz
Zur dogmatischen Einordnung und praktischen Umsetzung von § 5 TDG und § 5 MDStV bei Urheberrechtsverletzungen im Internet
in: ZUM 1999, S. 185 ff.

Frömming, Jens
Zur Haftung der Medien für persönlichkeitsverletzende Zitate
in: Medienrecht im Wandel – Festschrift für Manfred Engelschall
Herausgegeben von Matthias Prinz und Butz Peters
1.Auflage
Baden Baden 1996

Frotscher, Werner
Ehrenschutz im öffentlichen Recht
in: JuS 1978, S. 505 ff.

Funk, Axel
Wettbewerbsrechtliche Grenzen von Werbung per E-Mail
in: CR 1998, S. 411 ff.

Funkel, Thorsten
Schutz der Persönlichkeit durch Ersatz immaterieller Schäden in Geld
Eine rechtsvergleichende Untersuchung des zivilrechtlichen Persönlichkeitsschutzes unter besonderer Berücksichtigung des Geldersatzes für Nichtvermögensschäden in Deutschland und England
München 2001
(Zugl.: München, Univ., Diss., 2000)

Gabel, Detlev
Neue Rahmenbedingungen für den Datenschutz im Internet
in: ZUM 2002, S. 607 ff.

Galil, Yair
The cookie monster strikes back!
in: The Internet Law Journal 2001
http://www.tilj.com/content/ecomheadline06030102.htm

v. Gamm, Otto-Friedrich Frhr.
Urheberrechtsgesetz
Kommentar
München 1968
(zit.: v. Gamm, Urheberrechtsgesetz)

Geis, Max-Emanuel
Der Kernbereich des Persönlichkeitsrechts
Ein Plädoyer für die „Sphärentheorie"
in: JZ 1991, S. 112 ff.

George, Jr., R. James / Hemphill, James A.
Defamation Liability and the Internet
http://www.gdf.com/defamation

Gercke, Marco
Rechtswidrige Inhalte im Internet
Eine Diskussion ausgewählter Problemfelder des Internet-Strafrechts unter Berücksichtigung strafprozessualer Aspekte
Köln 2000
(Zugl.: Köln, Univ., Diss., 2000)

Gercke, Marco
„Virtuelles" Bereithalten i.S.d. § 5 TDG – Die straf- und zivilrechtliche Verantwortlichkeit bei der Einrichtung von Hyperlinks
in: ZUM 2001, S. 34 ff.

Gercke, Marco
Anm. zu BGH MMR 2001, S. 676
in: MMR 2001, S. 678 ff.

Germann, Michael
Gefahrenabwehr und Strafverfogung im Internet
Berlin 2000
(Zugl.: Erlangen, Nürnberg, Univ., Diss., 1999)

Glatt, Christoph
Vertragsschluss im Internet
Die Artikel 9 bis 11 der E-Commerce-Richtlinie und ihre Umsetzung im deutschen Recht
in: ZUM 2001, S. 390 ff.

Götting, Horst-Peter
Persönlichkeitsrechte als Vermögensrechte
Tübingen 1995
(Zugl.: München, Univ., Habil.-Schr., 1993)

Gornig, Gilbert
Die Schrankentrias des Art. 5 Abs. 2 GG
in: JuS 1988, S. 274 ff.

Gounalakis, Georgios
Der Mediendienste-Staatsvertrag der Länder
in: NJW 1997, S. 2993 ff.

Gounalakis, Georgios / Rhode, Lars
Persönlichkeitsschutz im Internet
Grundlagen und Online-Spezifikas
München 2002

Gummig, Christian
Rechtsfragen bei Werbung im Internet
in: ZUM 1996, S. 573 ff.

Hackbarth, Ralf
Anmerkung zu OLG München CR 1999, S. 382 – shell.de
in: CR 1999, S. 384 f.

Hadley, Mike
Libel in Cyberspace
in: The Information Technology Magazine at the University of Virginia, Volume II, Number 1 Spring 1998 =
http://www.itc.virginia.edu/virginia.edu/spring98/policy/all.html

Härting, Niko
Internet Recht
1. Auflage
Köln 1999

Härting, Niko / Eckart, Christian
Provider gegen Spammer
Können sich Provider mit rechtlichen Ansprüchen gegen die Mailflut wehren?
in: CR 2004, S. 119 ff.

Haft, Fritjof / Eisele, Jörg
Zur Einführung: Rechtsfragen des Datenverkehrs im Internet
in: JuS 2001, S. 112 ff.

Hein, Werner J. / Davies, Mark S.
Haftung für fremde Inhalte im Internet nach US-amerikanischem Recht
in: MMR 1998, S. 627 ff.

Helle, Ernst
Der Schutz der Persönlichkeit, der Ehre und des wirtschaftlichen Rufes im Privatrecht
Vornehmlich auf Grund der Rechtsprechung
2., erweiterte Auflage
Tübingen 1969

Helle, Jürgen
Besondere Persönlichkeitsrechte im Privatrecht
Das Recht am eigenen Bild, das Recht am gesprochenen Wort und der Schutz des geschriebenen Wortes
Tübingen 1991

Herberger, Maximilian / Junker, Markus
Materialiensammlung zum Streit um „oil-of-elf.de" (TotalFinaElf ./. Greenpeace)
http://www.jura.uni-sb.de/internet-recht/oil-of-elf/index.html

Herrmann, Günter
Rundfunkrecht
Fernsehen und Hörfunk mit Neuen Medien
München 1994

Herzog, Marco
Rechtliche Probleme einer Inhaltsbeschränkung im Internet
Frankfurt am Main 2000
(Zugl.: Marburg, Univ., Diss., 1999)

Hesse, Konrad
Grundzüge des Verfassungsrechts der Bundesrepublik Deutschland
20., neubearbeitete Auflage
Heidelberg 1995

Hilgendorf, Eric
Grundfälle zum Computerstrafrecht
in: JuS 1997, S. 323 ff.

v. Hinden, Michael
Persönlichkeitsverletzungen im Internet
Das anwendbare Recht
Tübingen 1999
(Zugl.: Hamburg, Univ., Diss., 1999)

Hirsch, Ernst E.
Maulkorb für die Presse?
Zum Referentenentwurf eines Gesetzes zur Neuordnung des zivilrechtlichen Persönlichkeits- und Ehrenschutzes
Berlin und Frankfurt a.M. 1959

Hirte, Heribert
Mitteilungen und Publikationen von Gerichtsentscheidungen
Zum Spannungsverhältnis von Persönlichkeitsschutz und Interessen der Öffentlichkeit
in: NJW 1988, S. 1698 ff.

Hobert, Guido
Datenschutz und Datensicherheit im Internet
Interdependenz und Korrelation von rechtlichen Grundlagen und technischen Möglichkeiten
Frankfurt am Main 1998
(Zugl.: Marburg, Univ., Diss., 1998)

Hoeren, Thomas
Cybermanners und Wettberwerbsrecht – Einige Überlegungen zum Lauterkeitsrecht im Internet
in: WRP 1997, S. 993 ff.

Hoeren, Thomas
Vorschlag für eine EU-Richtlinie über E-Commerce
Eine erste kritische Analyse
in: MMR 1999, S. 192 ff.

Hoeren, Thomas
Grundzüge des Internetrechts
E-Commerce / Domains / Urheberrecht
München 2001
(zit.: Hoeren, Grundzüge des Internetrechts)

Hoeren, Thomas / Sieber, Ulrich (Hrsg.)
Handbuch Multimedia-Recht
Rechtsfragen des elektronischen Geschäftsverkehrs
München 2000
Stand: Februar 2000
(zit.: Bearbeiter in: Hoeren/Sieber, Multimedia-Recht)

Hoffmann, Helmut
Die Entwicklung des Internet-Rechts
Beilage zu NJW 14/2001

Hoffmann, Helmut
Zivilrechtliche Haftung im Internet
in: MMR 2002, S. 284 ff.

v. Holleben, Kevin
Geldersatz bei Persönlichkeitsverletzungen durch die Medien
Baden Baden 1999
(Zugl.: Freiburg (Breisgau), Univ., Diss., 1998)

Holzhauer, Heinz
Zur Vorgeschichte des allgemeinen Persönlichkeitsrechts
in: Recht der Persönlichkeit
Herausgegeben von Hans-Uwe Erichsen, Helmut Kollhosser, Jürgen Welp
Berlin 1996

Holznagel, Bernd / Enaux, Christoph / Niehaus, Christian
Grundzüge des Telekommunikationsrechts
Rahmenbedingungen, Regulierungsfragen, Internationaler Vergleich
München 2001

Holznagel, Bernd / Kussel, Stephanie
Möglichkeiten und Risiken bei der Bekämpfung rechtsradikaler Inhalte im Internet
in: MMR 2001, S. 347 ff.

Holznagel, Bernd
Domainnamen- und IP-Nummern-Vergabe – eine Aufgabe der Regulierungsbehörde?
in: MMR 2003, S. 219 ff.

Hornung, Gerrit
Zwei runde Geburtstage: Das Recht auf informationelle Selbstbestimmung und das WWW
in: MMR 2004, S. 3 ff.

Hubmann, Heinrich
Das Persönlichkeitsrecht
2., veränderte und erweiterte Auflage
Köln 1967

Ihde, Rainer
Cookies – Datenschutz als Rahmenbedingung der Internetökonomie
in CR 2000, S. 413 ff.

Isensee, Josef
Grundrecht auf Ehre
in: Staatsphilosophie und Rechtspolitik
Festschrift für Martin Kriele zum 65. Geburtstag
Herausgegeben von Burkhardt Ziemske, Theo Langheid, Heinrich Wilms, Görg Haverkate
München 1997

Jankowski, Rayner
Kosten beim Empfänger unverlangter E-Mails – nur ein Scheinargument?
in: K&R 2000, S. 499 ff.

Jarass, Hans D.
Das Allgemeine Persönlichkeitsrecht im Grundgesetz
in: NJW 1989, S. 857 ff.

Jarass, Hans D.
Die Entwicklung des allgemeinen Persönlichkeitsrechts in der Rechtsprechung des BVerfG
in: Recht der Persönlichkeit, S. 89 ff.
Herausgegeben von Hans-Uwe Erichsen, Helmut Kollhosser, Jürgen Welp
Berlin 1996

Jöhri, Yvonne
Werbung im Internet
Rechtsvergleichende, lauterkeitsrechtliche Beurteilung von Werbeformen
Zürich 2000

Joller, Gallus
Zur Verletzung von Markenrechten durch Domainnames – eine Standortbestimmung
in: MarkenR 2000, S. 341 ff.

Kau, Wolfgang
Vom Persönlichkeitsschutz zum Funktionsschutz
Persönlichkeitsschutz juristischer Personen des Privatrechts in verfassungsrechtlicher Sicht
Heidelberg 1989

Kieper, Marcus
Datenschutzrechtliche Bewertung von Proxy-Cache-Servern
in: DuD 1999, S. 591 ff.

Kjelland, Cecilie
Der Schutz der persönlichen Integrität im Internet: Kollisionsrechtliche Fragen
in: Recht und Internet
6. „Deutsch-Schwedisches Juristentreffen" vom 31. März bis 2. April 2000 in Lund
Herausgegeben von Gerhard Hohloch
Baden Baden 2001

Klein, Stefanie
Die Grundsätze der Öffentlichkeit und Mündlichkeit im Zivilprozeß im Spannungsfeld zum Recht auf informationelle Selbstbestimmung
Köln, Univ., Diss., 1995

Kleine-Voßbeck, Bernd
Electronic Mail und Verfassungsrecht
Marburg 2000
(Zugl.: Marburg, Univ., Diss., 2000)

Klippel, Diethelm
Der zivilrechtliche Schutz des Namens
Eine historische und dogmatische Untersuchung
Paderborn / München / Wien / Zürich 1985

Kloepfer, Michael / Breitkreuz, Katharina
Videoaufnahmen und Videoaufzeichnungen als Rechtsproblem
in: DVBl. 1998, S. 1149 ff.

Koch, Frank A.
Zivilrechtliche Anbieterhaftung für Inhalte in Kommunikationsnetzen
in: CR 1997, S. 193 ff.

Koch, Frank A.
Perspektiven für die Link- und Suchmaschinen-Haftung
Kommissionsbericht zur Umsetzung der E-Commerce-Richtlinie und seine Konsequenzen für das TDG
in: CR 2004, S. 213 ff.

Koch, Alexander
Strafrechtliche Verantwortlichkeit beim Setzen von Hyperlinks auf missbilligte Inhalte
in: MMR 1999, S. 704 ff.

Köhler, Markus / Arndt, Hans-Wolfgang
Recht des Internet
3., völlig neubearbeitete und erweiterte Auflage
Heidelberg 2000

Köhntopp, Marit / Köhntopp, Kristian
Datenspuren im Internet
in: CR 2000, S. 248 ff.

Kötz, Hein
Persönlichkeitsschutz und Pressefreiheit im US-amerikanischen Recht
in: Medienrecht im Wandel – Festschrift für Manfred Engelschall
Herausgegeben von Matthias Prinz und Butz Peters
Baden-Baden 1996

Kort, Michael
Namens- und markenrechtliche Fragen bei der Verwendung von Domain-Namen
in: DB 2001, S. 249 ff.

Krader, Gabriela
Moderne Online-Kommunikationsdienstleistungen im Spannungsverhältnis zwischen TKG und TDG – Gemeinsamkeiten und Unterschiede von Telekommunikationsdienstleistungen und Telediensten
in: Das neue Telekommunikationsrecht in der Praxis – Aktuelle Entwicklungen des Regulierungs-, Vertrags- und Wettbewerbsrechts in der Telekommunikation
Herausgegeben von Thomas Königshofen
Heidelberg 1999

Krajeswki, Markus F.
Werbung über das Handy
Zur Zulässigkeit kommerzieller SMS-Nahrichten
in: MMR 2001, S. 86 ff.

Krause, Elina M.
Das Gegendarstellungsrecht bei den neuen Mediendiensten den Internets – rechtsvergleichend mit Großbritannien
Münster 2003 (Diss.)

Krause, Peter
Das Recht auf informationelle Selbstbestimmung – BVerfGE 65, 1
in: JuS 1984, S. 268 ff.

Krauß, Detlef
Der Schutz der Intimsphäre im Strafprozeß
in: Festschrift für Wilhelm Gallas zum 70. Geburtstag
Herausgegeben von Karl Lackner, Heinz Leferenz, Eberhard Schmidt, Jürgen Welp und Ernst Amadeus Wolff
Berlin / New York 1973

Kriele, Martin
Ehrenschutz und Meinungsfreiheit
in: Das Menschenbild des Grundgesetzes
Philosophische, juristische und theologische Aspekte
Herausgegeben im Auftrag der Guardini Stiftung von Jakob Kraetzer
Berlin 1996

Kriele, Martin
Ehrenschutz und Meinungsfreiheit
in: NJW 1998, S. 1897 ff.

Kröger, Detlef / Clasen, Ralf / Wallbrecht, Dirk
Internet für Juristen
Weltweiter Zugriff auf juristische Informationen
Neuwied/Kriftel/Berlin 1996

Kröger, Detlef / Moos, Flemming
Mediendienst oder Teledienst?
Zur Aufteilung der Gesetzgebungsmaterie Informations- und Kommunikationsdienste zwischen Bund und Ländern
in: AfP 1997, S. 675 ff.

Kröger, Detlef / Gimmy, Marc A. (Hrsg.)
Handbuch zum Internetrecht
Electronic Commerce – Informations-, Kommunikations- und Mediendienste
Berlin / Heidelberg 2000
(zit.: Bearbeiter in: Kröger / Gimmy, Handbuch Internetrecht)

Krol, Ed
Die Welt des Internet
Handbuch und Übersicht
Bonn 1995

Krüger-Nieland, Gerda
Persönlichkeitsschutz im Wettbewerbsrecht
in: GRUR 1974, S. 561 ff.

Kübler, Friedrich
Ehrenschutz, Selbstbestimmung und Demokratie
in: NJW 1999, S. 1281 ff.

Kühne, Hans-Heiner
Strafbarkeit der Zugangsvermittlung von pornographischen Informationen im Internet – Die CompuServe Entscheidung des AG München
in: NJW 1999, S. 188 ff.

Kühne, Hans-Heiner
Nochmals: Die Strafbarkeit der Zugangsvermittlung von pornographischen Informationen im Internet
in: NJW 2000, S. 1003 ff.

Kunig, Philip
Der Grundsatz informationeller Selbstbestimmung
in: Jura 1993, S. 595 ff.

Kur, Annette
Namens- und Kennzeichenschutz im Cyberspace
in: CR 1996, S. 590 ff.

v. Lackum, Jens
Verantwortlichkeit der Betreiber von Suchmaschinen
in: MMR 1999, S. 697 ff.

v. Lackum, Jens
Der Richtlinienvorschlag der EU-Kommission zum elektronischen Geschäftsverkehr – Teil I
JurPC Web-Dok. 130/1999 = http://www.jurpc.de/aufsatz/19990130.htm

Larenz, Karl
Anmerkung zu BGH NJW 1958, S. 827 ff.
in: NJW 1958, S. 827 ff.

Larenz, Karl / Wolf, Manfred
Allgemeiner Teil des Bürgerlichen Rechts
Begründet von Karl Larenz
Fortgeführt von Manfred Wolf
8., neubearbeitete und erneuerte Auflage
München 1997

Larenz, Karl / Canaris, Claus-Wilhelm
Lehrbuch des Schuldrechts
2. Band, Besonderer Teil, 2. Halbband
Begründet von Karl Larenz
Fortgeführt von Claus-Wilhelm Canaris
13., völlig neuverfasste Auflage
München 1994

Lausen, Matthias
Der Schauspieler und sein Replikant
in: ZUM 1997, S. 86 ff.

Legler, Thomas
Das Recht am eigenen Bild auf der Datenautobahn
in: CR 1998, S. 439 ff.

Leible, Stefan / Sosnitza, Olaf
Anm. zu LG Potsdam K&R 2003, 86
in: K&R 2003, S. 90 ff.

Lerch, Janusz-Alexander
Der Gegendarstellungsanspruch im Internet
Findet der Gegendarstellungsanspruch auch auf die „elektronische" Presse Anwendung?
in: CR 1997, S. 261 ff.

Leßmann, H.
Weiterentwicklungen in Rechtsprechung und Lehre zu § 823 Abs. 1 BGB
in: JA 1988, S. 409 ff.

Leupold, Andreas
Die massenweise Versendung von Werbe-eMails: Innovatives Direktmarketing oder unzumutbare Belästigung des Empfängers?
in: WRP 1998, S. 270 ff.

Libertus, Michael
Medienrechtliche Aspekte der Umsetzung der E-Commerce-Richtlinie in Deutschland
in: RTkom 2001, S. 79 ff.

Linke, Thomas
Das Recht der Namensgleichen bei Domains
in: CR 2002, S. 271 ff.

Lober, Andreas / Weber, Olaf
Entgeltliche und freie Nutzung von Persönlichkeitsrechten zu kommerziellen Zwecken im deutschen und englischen Recht
Zugleich Anmerkung zu LG Hamburg vom 25.4.2003 – Oliver Kahn/Electronic Arts
in: ZUM 2003, S. 658 ff.

Löffler, Martin (Hrsg.)
Persönlichkeitsschutz und Pressefreiheit
in: Persönlichkeitsschutz und Meinungsfreiheit
Herausgegeben im Auftrag der Deutschen Studiengesellschaft für Publizistik von Martin Löffler
München und Berlin 1959

Löffler, Martin / Ricker, Reinhardt
Handbuch des Presserechts
Begründet von Martin Löffler und Reinhardt Ricker
4., neu bearbeitete Auflage von Reinhart Ricker
München 2000

Löw, Petra
Datenschutz im Internet
Eine strukturelle Untersuchung auf der Basis der neuen deutschen Medienordnung
Tübingen, Univ., Diss., 2000

Lohse, Wolfram
Verantwortung im Internet
Eine Untersuchung am Beispiel der Meinungsäußerung
Münster / Hamburg / London 2000
(Zugl.: Hamburg, Univ., Diss., 2000)

Loock-Wagner, Oliver
Das Internet und sein Recht
Ein problemorientierter Grundriss
Stuttgart / Berlin / Köln 2000

Lütcke, Jens
Persönlichkeitsrechtsverletzungen im Internet
Eine rechtsvergleichende Untersuchung zum deutschen und amerikanischen Recht
München 2000
(Zugl.: München, Univ., Diss., 1999)

Mackeprang, Rudolf
Ehernschutz im Verfassungsstaat
Zugleich ein Beitrag zu den Grenzen der Freiheiten des Art. 5 Abs. 1 GG
Berlin 1990
(Zugl.: Bayreuth., Univ., Diss., 1989)

Maennel, Frithjof A.
Elektronischer Geschäftsverkehr ohne Grenzen – der Richtlinienvorschlag der Europäischen Kommission
in: MMR 1999, S. 187 ff.

v. Mangoldt, Hermann / Klein, Friedrich / Starck, Christian
Das Bonner Grundgesetz
Kommentar
Begründet von Hermann v. Mangoldt
Fortgeführt von Friedrich Klein
4., vollständig neubearbeitete Auflage
Band 1: Präambel, Artikel 1 bis 19
Herausgegeben von Christian Starck
München 1999

Mankowski, Peter
Das Internet im internationalen Vertrags- und Deliktsrecht
in: RabelsZ 63 (1999), S. 203 ff.

Mankowski, Peter
Herkunftslandprinzip und Günstigkeitsvergleich in § 4 TDG-E
in: CR 2001, S. 630 ff.

Martenczuk, Bernd
Die Haftung für Mediendienste zwischen Bundes- und Landesrecht
Zur kompetenzrechtlichen Problematik des § 5 Mediendienste-Staatsvertrag
in: ZUM 1999, S. 104 ff.

Marwitz, Petra
Das System der Domainnamen
in: ZUM 2001, S. 398 ff.

Maunz / Dürig / Herzog
Grundgesetz
Kommentar von Theodor Maunz, Günter Dürig, Roman Herzog, Rupert Scholz, Peter Lerche, Hans-Jürgen Papier, Albrecht Randelzhofer, Eberhard Schmidt-Assmann
Band I, Artikel 1-12
Lieferungen 1-31
München 1994

Mayer, Patrick G.
Das Internet im öffentlichen Recht
Unter Berücksichtigung europarechtlicher und völkerrechtlicher Vorgaben
Berlin 1999
(Zugl.: Tübingen, Univ., Diss., 1998)

Modelski, Alex
E-Mail and the Law of Privacy
http://www.iplaw-bellevue.com/custom/article_7.htm

Möhring / Nicolini
Urheberrechtsgesetz
Kommentar
Herausgegeben von Käte Nicolini und Hartwig Ahlberg
2. Auflage
München 2000
(zit.: Bearbeiter in: Möhring/Nicolini)

Müglich, Andreas
Auswirkungen des EGG auf die haftungsrechtliche Behandlung von Hyperlinks
in: CR 2002, S. 583 ff.

Müller, Norman / Schallbruch, Martin
PC-Ratgeber für Juristen
Textverarbeitung Datenbanken Internet
2. Auflage
Berlin/New York 1999

Müller, Carsten
Internationales Privatrecht und Internet
in: Rechtsfragen der Informationsgesellschaft S. 259 ff.
Herausgegeben von Thomas Hoeren und Robert Queck
Berlin 1999

Müller-Terpitz, Ralf
Regelungsreichweite des § 5 MDStV
in: MMR 1998, S. 478 ff.

Münchener Kommentar zum Bürgerlichen Gesetzbuch
Herausgegeben von Kurt Rebmann, Franz Jürgen Säcker, Roland Rixecker
Band 1
Allgemeiner Teil
§§ 1 – 240
AGB-Gesetz
München 2001
(zit.: MüKo-Bearbeiter)

v. Münch, Ingo / Kunig, Philip
Grundgesetz – Kommentar
Band 1 (Präambel bis Art.19)
Begründet von Ingo v. Münch
Herausgegeben von Philip Kunig
5., neubearbeitete Auflage
München 2000
(zit.: Bearbeiter in: v. Münch/Kunig)

Neben, Gerald
Triviale Personenberichterstattung als Rechtsproblem
Ein Beitrag zur Grenzziehung zwischen Medienfreiheit und Persönlichkeitsschutz
Berlin 2001
(Zugl.: Hamburg, Univ., Diss., 2000)

Neumann-Duesberg, Horst
Bildberichterstattung über absolute und relative Personen der Zeitgeschichte
in: JZ 1960, S. 114 ff.

Neumann-Duesberg, Horst
Das „Recht auf Anonymität" in seiner Erscheinungsform als Recht am eigenen Bild
in: Juristen-Jahrbuch
7. Band (1966/67)
Köln 1966

Neumann-Klang, Sybille
Das Recht am eigenen Bild aus rechtsvergleichender Sicht
Frankfurt am Main 1999
(Zugl.: Saarbrücken, Univ., Diss., 1998)

Nordemann, Axel
Internet-Domains und zeichenrechtliche Kollisionen
in: NJW 1997, S. 1891 ff.

Paefgen, Thomas Christian
Anmerkung zu BGH ZIP 1989, S. 1285
in: ZIP 1989, S. 1286 f.

Pätzel, Claus
Das Internet als Fahndungsmittel der Strafverfolgungsbehörden
in: NJW 1997, S. 3131 ff.

Palandt
Bürgerliches Gesetzbuch
61., neubearbeitete Auflage
München 2002
(zit.: Palandt-Bearbeiter)

Pallasky, Ansgar
USA PATRIOT Act: Neues Recht der TK-Überwachung
in: DuD 2002, S. 221 ff.

Pankoke, Stefan L.
Von der Presse- zur Providerhaftung
Eine rechtspolitische und rechtsvergleichende Untersuchung zur Inhalteverantwortlichkeit im Netz
München 2000
(Zugl.: Tübingen, Univ., Diss., 1999/2000)

Pankoke, Stefan L.
Beweis- und Substanziierungslast im Haftungsrecht der Internetprovider
in: MMR 2004, S. 211 ff.

Paschke, Marian
Medienrecht
2., vollständig neubearbeitete und erweiterte Auflage
Berlin/Heidelberg/New York 2000

Pascucci, Daniel
Cybersmearing: Internet Privacy vs. Accountability =
http://www.sdmitforum.org/sponsors/selectedarticle.cfm?article_id=14

Pelz, Christian
Die strafrechtliche Verantwortlichkeit von Internet-Providern
in: ZUM 1998, S. 530 ff.

Pelz, Christian
Die Strafbarkeit von Online-Anbietern – Zugleich eine Besprechung von AG München wistra 1999, 32
in: wistra 1999, S. 53 ff.

Pernice, Ina Maria
Die Telekommunikationsüberwachungsverordnung (TKÜV)
in: DuD 2002, S. 207 ff.

Pfeiffer, Thomas
Die Entwicklung des Internationalen Vertrags-, Schuld- und Sachenrechts in den Jahren 1995/96
in: NJW 1997, S. 1207 ff.

Pichler, Rufus
Haftung des Host Providers für Persönlichkeitsrechtsverletzungen vor und nach dem TDG
in: MMR 1998, S. 79 ff.

Pieroth, Bodo / Schlink, Bernhard
Grundrechte
Staatsrecht II
16., neubearbeitete Auflage
Heidelberg 2000

Pietzko, Joachim
Die Werbung mit dem Doppelgänger eines Prominenten
in: AfP 1988, S. 209 ff.

Pizzi, Peter J.
Grappling with "Cybersmear" – The Right to Protection from Cybersmear is balanced against the perceived First Amendment rights of anonymous Internet "posters"
in: New Jersey Law Journal, July 23, 2001
http://www.cfglaw.com/articles/pizzi-cyber.html

Prell, Wolfgang
Das Namensrecht der Gemeinden
Marburg, Univ., Diss., 1989

Prinz, Matthias / Peters, Butz
Medienrecht
Die zivilrechtlichen Ansprüche
München 1999

Prosser, William L.
Privacy
California Law Review 1960, S. 383

Püttmann, Friedrich Frank
Rechtliche Probleme der Marktforschung im Internet
in: K&R 2000, S. 492 ff.

Radcliffe, Mark / Dolkas, David
Domain Names: ICANN and new remedies against Cybersquatting
http://www.graycary.com/articles/journal/jil_june00_1.html

Rauschhofer, Hajo
Der Widerrufsanspruch im Internet
JurPC Web-Dok. 120/2001 = http://www.jurpc.de/aufsatz/20010120.htm

Rehbinder, Manfred
Urheberrecht
10., völlig neubearbeitete Auflage
München 1998

Reichelsdorfer, Jörg
Anmerkung zu LG Traunstein, CR 1998, S. 171f.
in: CR 1998, S. 172 f.

Reinhart, Andreas
Kollisionen zwischen eingetragenen Marken und Domain-Namen
in: WRP 2001, S. 13 ff.

Remmertz, Frank René
Werbebotschaften per Handy
in: MMR 2003, S. 314 ff.

Renck, Andreas W.
Kennzeichenrechte versus Domain-Names – Eine Analyse der Rechtsprechung
in: NJW 1999, S. 3587 ff.

RGRK
Das Bürgerliche Gesetzbuch
Kommentar
Herausgegeben von Mitgliedern des Bundesgerichtshofs
12., neubearbeitete Auflage
Band I
§§ 1 – 240
Berlin / New York 1982
(zit.: Bearbeiter in: BGB-RGRK)

Ricker, Reinhart
Rechte und Pflichten der Medien unter Berücksichtigung des Rechtsschutzes des einzelnen
in: NJW 1990, S. 2097 ff.

Rischbode, Horst
Die Geschichte des Internet
http://home.t-online.de/home/horibo/history.htm

Ritz, Dorothee
Inhalteverantwortlichkeit von Online-Diensten
Strafbarkeit von Online-Diensten in ihrer Funktion als Inhalteanbieter, Online-Service-Provider und Internet-Access-Provider für die Verbreitung von Pornographie im elektronischen Datennetz (Ein Rechtsvergleich)
Frankfurt am Main 1998
(Zugl.: Würzburg, Univ., Diss., 1998)

Rötlich, Inge
Die zivilrechtliche Haftung des Internet-Providers, insbesondere für die Weiterverbreitung rechtswidriger Äußerungen durch dritte Personen im Internet
Konstanz, Univ., Diss., 2000

Rohlf, Dietwalt
Der grundrechtliche Schutz der Privatsphäre
Zugleich ein Beitrag zur Dogmatik des Art. 2 Abs. 1 GG
Berlin 1980
(Zugl.: Tübingen, Univ., Diss., 1979)

Ronellenfitsch, Michael
Aktive Toleranz in der streitbaren Demokratie
in: Festschrift für Martin Heckel zum 70. Geburtstag
Herausgegeben von Karl-Hermann Kästner, Knut Wolfgang Nörr, Klaus Schlaich
Tübingen 1999

Roßnagel, Alexander
Recht der Multimediadienste
Kommentar zum IuKDG und zum MDStV
Herausgegeben von Alexander Rossnagel
Stand: 1. Januar 2000
München 2000
(zit.: Bearbeiter in: Roßnagel, Recht der Multimediadienste)

Rothe, Reimar-Christian
Die Haftung für fremde Online-Inhalte nach § 5 Abs. 2 TDG am Beispiel des Internet-Host-Providers
Unter Einbeziehung des amerikanischen und europäischen Rechts
Berlin 2001 (Diss.)

Rothley, Oliver
Persönlichkeitsverletzung durch unverlangte kommerzielle Kommunikation
Eine Analyse elektronischer Individualkommunikation unter besonderer Berücksichtigung von E-Mail-Werbung
Berlin 2003 (Diss.)

Sachs, Michael (Hrsg.)
Grundgesetz
Kommentar
1. Auflage
München 1996
(zit.: Bearbeiter in: Sachs, GG)

Säcker, Christopher
Die Haftung von Diensteanbietern nach dem Entwurf des EGG
in: MMR Beilage 9/2001, S. 2 ff.

Satzger, Helmut
Strafrechtliche Verantwortlichkeit von Zugangsvermittlern
Eine Untersuchung der Verantwortlichkeit für rechtswidrige Inhalte im Internet vor dem Hintergrund der neuen E-Commerce-Richtlinie der EG
in: CR 2001, S. 109 ff.

Schaar, Peter
Datenschutz im Internet
München 2002

Schack, Haimo
Urheber- und Urhebervertragsrecht
2., neubearbeitete Auflage
Tübingen 2001

Scheller, Martin / Boden, Klaus-Peter / Geenen, Andreas / Kampermann, Joachim
Internet: Werkzeuge und Dienste
Berlin/Heidelberg/New York 1994

Schertz, Christian
Die wirtschaftliche Nutzung von Bildnissen und Namen Prominenter
Eine Fallgruppenbildung zur Frage des Einwilligungserfordernisses bei den verschiedenen Erscheinungsformen der Nutzung von Abbildungen und Namen bekannter Persönlichkeiten
in: AfP 2000, S. 495 ff.

Schließ, Markus
Übertragung von Domainnamensrechten
in: ZUM 1999, S. 307 ff.

Schmidt, Walter
Die bedrohte Entscheidungsfreiheit
in: JZ 1974, S. 241 ff.

Schmidt-Bleibtreu, Bruno / Klein, Franz
Kommentar zum Grundgesetz
Unter Mitarbeit von Hans Bernhard Brockmeyer, Christoph Kannengießer, Rüdiger Sannwald
9. Auflage
Neuwied und Kriftel 1999

Schmittmann, Jens M.
Anmerkung zu LG Traunstein, MMR 1998, S. 53
in: MMR 1998, S. 53 ff.

Schmittmann, Jens M.
Anmerkung zu LG Ellwangen, MMR 1999, S. 675
in: MMR 1999, S. 677 f.

Schmittmann, Jens M.
Domain-Names von Gebietskörperschaften – Streitpunkte in der Praxis
in: K&R 1999, S. 510 ff.

Schmittmann, Jens M.
Anmerkung zu LG München K&R 2003, 146
in: K&R 2003, S. 149 f.

Schmitz, Claus
Grundrechtskollisionen zwischen politischen Parteien und Bürgern
Baden-Baden 1995
(Zugl.: München, Univ., Diss., 1994)

Schmitz, Peter
TDDSG und das Recht auf informationelle Selbstbestimmung
München 2000
(Zugl.: Mainz, Univ., Diss., 1999)

Schneider, Hans
Anmerkung zu BVerfGE 65, 1 ff.
in: DÖV 1984, S. 161 ff.

Scholz, Rupert
Das Grundrecht der freien Entfaltung der Persönlichkeit in der Rechtsprechung des Bundesverfassungsgerichts
in: AöR 100 (1975), S. 80 ff. (1.Teil), S. 265 ff. (2.Teil)

Scholz, Rupert / Pitschas, Rainer
Informationelle Selbstbestimmung und staatliche Informationsverantwortung
Berlin 1984

Scholz, Rupert / Konrad, Karlheinz
Meinungsfreiheit und allgemeines Persönlichkeitsrecht
Zur Rechtsprechung des Bundesveraffsungsgerichts
in: AöR 123 (1998), S. 60 ff.

Schrey, Joachim / Westerwelle, Kai
„Junk-Emails" im Internet
Wenn der elektronische Briefkasten ungewollt verstopft wird
in: Kommunikation und Recht, Betriebsberater für Medien, Telekommunikation, Multimedia, Beilage 18 zu Heft 48/1997, Betriebs-Berater, S. 17 ff.

Schricker, Gerhard
Urheberrecht
Kommentar
Herausgegeben von Gerhard Schricker
2., neubearbeitete Auflage
München 1999
(zit.: Schricker-Bearbeiter)

Schulz, Wolfgang / Jürgens, Uwe
Das Recht am eigenen Bild – Eine fallorientierte Einführung in Struktur und aktuelle Probleme des Bildnisschutzes
in: JuS 1999, S. 664 ff., S. 770 ff.

Schulze, Gernot
Urheber- und leistungsrechtliche Fragen virtueller Figuren
in: ZUM 1997, S. 77 ff.

Schuster, Fabian / Kemper, Birgit / Schlegel, Ralf Oliver / Schütze, Marc / Schulze zur Wiesche, Jens
Entwicklung des Internet- und Multimediarechts im Jahre 2003
in: MMR Beilage 4/2004

Schwan, Eggert
Datenschutz, Vorbehalt des Gesetzes und Freiheitsgrundrechte
in: Verwaltungsarchiv 66. Band (1975), S. 120 ff.

Schwerdtner, Peter
Das Persönlichkeitsrecht in der deutschen Zivilrechtsordnung
Berlin 1977

Schwiderski-Grosche, Scarlet
Proxy-Cache-Server
in: DuD 1999, S. 586 ff.

Seifert, Fedor
Postmortaler Schutz des Persönlichkeitsrechts und Schadensersatz – Zugleich ein Streifzug durch die Geschichte des Allgemeinen Persönlichkeitsrechts
in: NJW 1999, S. 1889 ff.

Seitz, Walter / Schmidt, German / Schoener, Alexander
Der Gegendarstellungsanspruch
Presse, Film, Funk und Fernsehen
3., völlig neubearbeitete Auflage
München 1998

Seyfarth, Georg
Der Einfluss des Verfassungsrechts auf zivilrechtliche Ehrschutzklagen
in: NJW 1999, S. 1287 ff.

Sick, Ulrich / Richter, Heike
Rechtsschutz im Zusammenhang mit Domain-Grabbing
in: K&R 2000, S. 339 ff.

Sieber, Ulrich
Strafrechtliche Verantwortlichkeit für den Datenverkehr in internationalen Computernetzen (2)
in: JZ 1996, S. 494 ff

Sieber, Ulrich
Kontrollmöglichkeiten zur Verhinderung rechtswidriger Inhalte in Computernetzen
Zur Umsetzung von § 5 TDG am Beispiel der Newsgroups des Internet
in: CR 1997, S. 581 ff. (Teil 1), S. 653 ff. (Teil 2)

Sieber, Ulrich
Verantwortlichkeit im Internet
Technische Kontrollmöglichkeiten und multimediarechtliche Regelungen
Zugleich eine Kommentierung von § 5 TDG und § 5 MDStV
München 1999
(zit.: Sieber, Verantwortlichkeit im Internet)

Sieber, Ulrich
Die Bekämpfung von Hass im Internet
Technische, rechtliche und strategische Grundlagen für ein Präventionskonzept
in: ZRP 2001, S. 97 ff.

Siebrecht, Ingrid
Der Schutz der Ehre im Zivilrecht
in: JuS 2001, S. 337 ff.

Simitis, Spiros
Die informationelle Selbstbestimmung – Grundbedingung einer verfassungskonformen Informationsordnung
in: NJW 1984, S. 398 ff.

Soehring, Jörg
Ehrenschutz und Meinungsfreiheit
in: NJW 1994, S. 2926 ff.

Soehring, Jörg
Presserecht
Recherche, Darstellung und Haftung im Recht der Presse, des Rundfunks und der Neuen Medien
3., erweiterte und überarbeitete Auflage
Stuttgart 2000

Soergel
Bürgerliches Gesetzbuch mit Einführungsgesetz und Nebengesetzen
Begründet von Hs. Th. Soergel
Neu herausgegeben von W. Siebert
Band 1
Allgemeiner Teil
§§ 1 – 103
13., völlig überarbeitete und erweiterte Auflage
Stand: Frühjahr 2000

Band 5/2
Schuldrecht IV/2 (§§ 823-853)
Stand: Frühjahr 1998
Stuttgart / Berlin / Köln

Soiné, Michael
Fahndung via Internet
in: NStZ 1997, S. 166 ff., S. 321 ff.

Spies, Axel
USA: Neues Anti-SPAM-Gesetz in Kraft
in: MMR 2004, S. XVI ff.

Spindler, Gerald
Deliktsrechtliche Haftung im Internet – Nationale und internationale Rechtsprobleme
in: ZUM 1996, S. 533 ff.

Spindler, Gerald
Haftungsrechtliche Grundprobleme der neuen Medien
in: NJW 1997, S. 3193 ff.

Spindler, Gerald (Hrsg.)
Vertragsrecht der Internet-Provider
Herausgegeben von Gerald Spindler
Köln 2000

Spindler, Gerald
Verantwortlichkeit und Haftung für Hyperlinks im neuen Recht
in: MMR 2002, S. 495 ff.

Spindler, Gerald
Anmerkung zu BGH CR 2004, 48
in: CR 2004, S. 50 f.

Spirig, Martin
Lauterkeitsrechtliche Konflikte im Internet
Ökonomische Analyse und Rechtsvergleichung
Bern / Stuttgart / Wien 2001

Stadler, Thomas
Haftung für Informationen im Internet
Berlin 2002

v. Staudinger, J.
Kommentar zum Bürgerlichen Gesetzbuch mit Einführungsgesetz und Nebengesetzen
Erstes Buch
Allgemeiner Teil
§§ 1-12
13. Bearbeitung 1995

Zweites Buch
Recht der Schuldverhältnisse
§§ 823-825
13. Bearbeitung 1999
Berlin
(zit.: v. Staudinger-Bearbeiter)

Stein, Sara
Schutz von Name und Kennzeichen gegen eine Verwendung als Domain-Name durch Dritte
Frankfurt am Main 2002
(Zugl.: Bonn, Univ., Diss., 2001)

Störmer, Rainer
Zur Verwertbarkeit tagebuchartiger Aufzeichnungen – Der unantastbare Bereich privater Lebensgestaltung in der Rechtsprechung des BVerfG
in: Jura 1991, S. 17 ff.

Strömer, Tobias H.
Online-Recht
Rechtsfragen im Internet und in Mailboxnetzen
Heidelberg 1997

Stürner, Rolf
Empfiehlt es sich, die Rechte und Pflichten der Medien präziser zu regeln und dabei den Rechtsschutz des einzelnen zu verbessern?
Gutachten A zum 58. Deutschen Juristentag München 2000
München 2000,

Tettinger, Peter J.
Der Schutz der persönlichen Ehre im freien Meinungskampf
in: JZ 1983, S. 317 ff.

Tettinger, Peter J.
Die Ehre – ein ungeschütztes Verfassungsgut?
Köln 1995

Tettinger, Peter J.
Das Recht der persönlichen Ehre in der Wertordnung des Grundgesetzes
in: JuS 1997, S. 769 ff.

Theißen, Thomas
Anmerkung zu LG Düsseldorf MMR 1998, S. 678 ff.
in: MMR 1998, S. 678 ff.

Thiele, Markus / Rohlfing, Bernd
Gattungsbezeichnungen als Domain-Namen
in: MMR 2000, S. 591 ff.

Tinnefeld, Marie-Therese / Ehmann, Eugen
Einführung in das Datenschutzrecht
3., völlig neu bearbeitete und erweiterte Auflage
München 1998

Tinnefeld, Marie-Theres
Schutz der Privatheit angesichts der Verletzung durch die Medien
in: DuD 2000, S. 220 ff.

Tröndle / Fischer
Strafgesetzbuch
Erläutert von Thomas Fischer
50., neu bearbeitete Auflage des von Otto Schwarz begründeten, in der 23. bis 37. Auflage von Eduard Dreher und in der 38. bis 49. Auflage von Herbert Tröndle bearbeiteten Werkes
München 2001

Völker, Stefan / Lührig, Nicolas
Abwehr unerwünschter Inline-Links
in: K&R 2000, S. 20 ff.

Waldenberger, Arthur
Teledienste, Mediendienste und die „Verantwortlichkeit" ihrer Anbieter
in: MMR 1998, S. 124 ff.

Warren, Samuel D. / Brandeis, Louis D.
The right to privacy
Harvard Law Review Vol. IV December 15, 1890, No. 5 =
http://www.lawrence.edu/fac/boardmaw/Privacy_brand_warr2.html

Wasserburg, Klaus
Der Schutz der Persönlichkeit im Recht der Medien
Ein Handbuch über die Ansprüche auf Schadensersatz, Unterlassung, Widerruf und Gegendarstellung
Heidelberg 1998

Wegner, Ralf
Der rechtliche Schutz von Internetdomains
Kennzeichenrechtliche und deliktische Anspruchsgrundlagen
in: CR 1999, S. 250 ff.

Wellbrock, Rita
Persönlichkeitsschutz und Kommunikationsfreiheit
Eine Analyse der Zuordnungsproblematik anhand der Rechtsprechung der Zivilgerichte und des Bundesverfassungsgerichts
Baden Baden 1982

Wenzel, Karl Egbert
Das Recht der Wort- und Bildberichterstattung
Handbuch des Äußerungsrechts
4., völlig neubearbeitete und wesentlich erweiterte Auflage
Köln 1994

Schulze Wessel, Lambert
Die Vermarktung Verstorbener
Persönlichkeitsrechtliche Abwehr- und Ersatzansprüche
Berlin 2001
(Zugl.: Dresden, Techn. Univ., Diss., 2001)

Vassilaki, Irini
Strafrechtliche Haftung nach §§ 8 ff. TDG
in: MMR 2002, S. 659 ff.

Wendlandt, Bettina
Cybersquatting, Metatags und Spam
Gemeinsamkeiten und Gegensätze im amerikanischen und deutschem
Wettbewerbs- und Markenrecht
München 2002
(Zugl.: Düsseldorf, Univ., Diss., 2001)

Westerwelle, Kai
Anmerkung zu LG Berlin, MMR 1999, S. 43f
in: MMR 1999, S. 45 f.

Wichert, Michael
Web-Cookies – Mythos und Wirklichkeit
in: DuD 1998, S. 273 ff.

Wiese, Günther
Persönlichkeitsrechtliche Grenzen sozialpsychologischer Experimente
in: Festschrift für Konrad Duden zum 70. Geburtstag
Herausgegeben von H.-M. Pawlowski, Günther Wiese, Günther Wüst
München 1977

Wilmer, Thomas
Offene Fragen der rechtlichen Einordnung von Internetdomains
Domainhandel, Suchmaschinen und neue Top-Level-Domains
in: CR 1997, S. 562 ff.

Wimmer, Norbert / Michael, Gerhard
Der Online-Provider im neuen Multimediarecht
Baden-Baden 1998

Wurster, Bettina
Persönlichkeitsrechtsverletzungen im Internet
JurPC Web-Dok. 249/2001 = http://www.jurpc.de/aufsatz/20010249.htm

Zentai, Susanna
Das Recht auf eine originalgetreue Darstellung des eigenen Bildnisses?
in: ZUM 2003, S. 363 ff.

Ziem, Claudia
Spamming
Zulässigkeit nach § 1 UWG, Fernabsatzrichtlinie und E-Commerce-Richtlinienentwurf
in: MMR 2000, S. 129 ff.

Zöllner; Guido C.
Ehrenschutz in den Vereinigten Staaten von Amerika – Vorbild für Deutschland?
in: ZUM 1997, S. 719 ff.

Einleitung

I. Einführung in die Problemstellung

Die frühesten Wurzeln des Internet reichen bis in die 60er Jahre des 20. Jahrhunderts zurück. Seit dieser Zeit hat das Internet ein immenses Wachstums erfahren. Waren zunächst nur Forschungs-, Universitäts- und Militäreinrichtungen miteinander verbunden, so ist vor allem in den letzten 10 Jahren gerade die Zahl derjenigen Personen stetig angestiegen, die über das Internet miteinander kommunizieren und Daten austauschen[1]. Da ein Stillstand dieser Expansion nicht abzusehen ist, kann man gerade auch im direkten Vergleich mit den herkömmlichen „klassischen" Medien wie Rundfunk, Film, Fernsehen oder Presseerzeugnissen in Printform beim Internet immer noch von einem Neuen Medium sprechen.

Angesichts der Globalität des Internet – es stellt letztlich ein weltumspannendes und an nationalen Grenzen nicht haltmachendes Netzwerk dar – wurde schon frühzeitig erkannt, dass es im Zusammenhang mit der Nutzung des Internet auch zu vielfältigen Rechtsverletzungen kommen kann. Dies hat sich in jüngster Zeit z.B. im Hinblick auf strafbare Inhalte im Internet gezeigt oder auch in Fragen des Jugend-, Marken- und Urheberrechtsschutzes.

Dass es im Internet auch zu Persönlichkeitsrechtsverletzungen kommen kann, ist keine Frage des „Ob" als vielmehr eine Frage, wie und auf welche Weise diese auftreten[2]. Das allgemeine Persönlichkeitsrecht ist seit langem in der deutschen Rechtsordnung anerkannt[3] und hatte sich seit jeher immer neuen Bedrohungen zu stellen, die mit der Medienentwicklung verbunden waren. Mit der zunehmenden Verbreitung und Erreichbarkeit von Rundfunk, Film und Fernsehen und der Entwicklung neuer Kommunikationsmittel wie beispielsweise dem Btx-System oder Telefax wuchs auch die Gefahr möglicher Beeinträchtigungen der Persönlichkeitsrechte des Einzelnen. Im Internet werden diese Gefahren, denen sich die

---

[1] Gegenwärtig wird die Zahl der Internetnutzer weltweit auf über 500 Millionen Menschen geschätzt (Quelle: Frankfurter Allgemeine Zeitung vom 8.3.2002 S. 14).

[2] Trotz der Aktualität dieser Problematik wurde in der Vergangenheit die Auseinandersetzung mit Rechtsfragen im Internet vornehmlich in anderen Bereichen geführt. Anschaulich wird dies am Beispiel der unaufgeforderten Werbung mittels E-Mail (sog. „Spamming", dazu ausführlich S. 34 ff.): Hier stellten Rechtsprechung und Literatur in der Regel auf wettbewerbsrechtliche Gesichtspunkte ab, während persönlichkeitsrechtliche Fragestellungen allenfalls am Rande behandelt wurden. Auch die Problematik im Zuge von sog. Hyperlinks (vgl. dazu S. 193 ff.) wurde speziell im Zusammenhang mit urheberrechtlichen Aspekten beleuchtet, während auch hier persönlichkeitsrechtliche Aspekte eine Art Schattendasein führten. Vgl. zu persönlichkeitsrechtlichen Problemen im Internet jetzt aber *Gounalakis/Rhode*, Persönlichkeitsschutz im Internet.

[3] Vgl. dazu S. 5 ff.

Persönlichkeitsrechte ausgesetzt sehen, besonders evident. Zwei Beispiele mögen hierfür exemplarisch herausgegriffen werden:

Zum einen ist die Erstellung einer Website mittlerweile so einfach geworden, dass sich auch diejenigen, denen Publikationsmöglichkeiten in den herkömmlichen Medien bislang verschlossen blieben, ohne fundiertes Fachwissen und ohne nennenswerten finanziellen Aufwand über elektronische Publikationen im Internet einem nahezu unbegrenzten Personenkreis mitteilen können. Begünstigt durch den Umstand, dass sich angesichts der riesigen Datenmengen, die sich im Internet finden, die Mehrzahl der Nutzer Suchmaschinen bedient, um an die gewünschten Informationen zu gelangen, ist die Wahrscheinlichkeit recht hoch, dass die Nutzer auf die Website eines Publizierenden stoßen, wenn dieser noch einige Kenntnisse im Einsatz von sog. Meta Tags besitzt[4]. Da diese Meta Tags nichts mit den eigentlichen Informationen auf der Website zu tun haben müssen, können sich die Chancen erhöhen, dass die Website in dem Suchergebnis auftaucht, wenn häufig verwendete Schlagworte oder berühmte Kennzeichen verwendet werden. Dass dann aber persönlichkeitsrechtsverletzende Informationen für eine Vielzahl von Nutzern abrufbar sind, liegt auf der Hand.

Zum zweiten bietet der Umstand, dass persönlichkeitsrechtsverletzende Informationen von einer Website entfernt wurden, keine Gewähr dafür, dass diese Informationen auch tatsächlich nicht mehr im Internet zu finden sind. Denn es besteht einerseits die Möglichkeit, dass Dritte diese Informationen übernommen haben und nun ihrerseits verbreiten. Andererseits halten viele Suchmaschinen nicht nur aktuelle Websites zum Abruf bereit, sondern auch gecachte[5] Versionen dieser Seiten, während die ursprünglichen Informationen bereits von dem Server entfernt wurden, auf dem sie anfänglich bereitgehalten wurden. Dadurch wird die Gefahr erhöht, dass es zu nachhaltigen Persönlichkeitsrechtsverletzungen kommen kann, da auch nach der Beseitigung persönlichkeitsrechtsverletzender Informationen nicht mit Gewissheit davon ausgegangen werden kann, diese Informationen könnten tatsächlich nicht mehr abgerufen werden.

Angesichts dieser neuen Bedrohungen, denen die Persönlichkeitsrechte im Internet ausgesetzt sind, soll im Rahmen dieser Arbeit untersucht werden, welche konkreten Verletzungen möglich erscheinen und wo Gemeinsamkeiten, wo Unterschiede zu Persönlichkeitsrechtsverletzungen in den herkömmlichen Medien bestehen. Die Frage muss lauten, wo auf bereits Bekanntes unter dem Blickwinkel des Internet zurückgegriffen werden kann und wo neue Lösungen entwickelt werden müssen, die den Besonderheiten des Internet Rechnung tragen.

---

[4] Zur technischen Funktionsweise dieser Meta Tags vgl. Fn. 657.

[5] Zum Begriff vgl. S. 62 f.

II. Gang der Darstellung

Im Ersten Teil der Arbeit soll der Inhalt und die historische Entwicklung des Persönlichkeitsschutzes beleuchtet werden, die das Fundament für die nachfolgenden möglichen Persönlichkeitsrechtsverletzungen darstellen. Dabei wird der verfassungsrechtliche wie der einfachgesetzliche Persönlichkeitsschutz, ferner der personelle Schutzbereich der Persönlichkeitsrechte dargestellt werden. Ebenso soll eine Systematisierung des Persönlichkeitsschutzes erfolgen.

In einem Zweiten Teil werden Aufbau und Funktionsweise des Internet erläutert. Dies ist für das Verständnis der Besonderheiten im Zusammenhang mit Persönlichkeitsrechtsverletzungen unabdingbar.

Im Dritten Teil werden einzelne mögliche Verletzungen der Persönlichkeitsrechte in den Neuen Medien dargestellt. In diesem Zusammenhang wird die Wahrung der persönlichen Lebenssphäre einer Person, die Darstellung der eigenen Person in der Öffentlichkeit insbesondere durch das Recht der persönlichen Ehre und das Recht am eigenen Bild sowie der Schutz des Namens beleuchtet[6]. Dabei wird hinsichtlich der einzelnen Verletzungstatbestände rechtsvergleichend auf die Rechtslage in den USA eingegangen.

Der Vierte Teil der Arbeit beinhaltet Ansprüche bei Verletzungen der Persönlichkeitsrechte in den Neuen Medien. Hier wird ausführlich auf die Regelungskomplexe des Teledienstegesetzes und des Mediendienstestaatsvertrages einzugehen sein, die besondere Regelungen für Tele- und Mediendienste enthalten und damit besondere Haftungsregeln für das Internet aufstellen. Auch hier wird rechtsvergleichend auf die Inhalteverantwortlichkeit nach US-amerikanischem Recht eingegangen.

Abschließend soll in einem Fünften Teil, der Globalität des Internet gerecht werdend, noch auf die grenzüberschreitende Haftung für persönlichkeitsrechtliche Informationen in den Neuen Medien eingegangen werden[7].

[6] Das Urheberpersönlichkeitsrecht, welches auch als eine besondere Ausprägung des allgemeinen Persönlichkeitsrechts angesehen wird, soll in dieser Arbeit nicht erörtert werden, da es an den Urheber und sein Werk anknüpft und daher eher urheberrechtliche Bezüge aufweist. Vgl. dazu auch *Schack*, Urheber- und Urhebervertragsrecht Rn. 44 f.

[7] Soweit nachfolgend auf Fundstellen im Internet verwiesen wird wurden diese letztmals am 13.08.2002 auf ihre Aktualität überprüft.

Erster Teil: Inhalt und geschichtliche Entwicklung des Persönlichkeitsschutzes

Der Schutz der Persönlichkeit wird auf grundrechtlicher und einfachgesetzlicher Ebene einerseits durch das nicht positiv geregelte allgemeine Persönlichkeitsrecht und andererseits durch spezielle, gesetzlich normierte Persönlichkeitsrechte gewährleistet. Eine Unterscheidung zwischen dem verfassungsrechtlichen und dem einfachgesetzlichen allgemeinen Persönlichkeitsrecht kommt jedoch in der einschlägigen Literatur oftmals zu kurz[8]. Gerade aber im Hinblick darauf, dass eine Beeinträchtigung der Persönlichkeitsrechte sowohl durch den Staat aber auch und vor allem durch private Dritte in Betracht kommt, erscheint eine solche Differenzierung geboten. Diesem unterschiedlichen Ansatz soll nachfolgend Rechnung getragen werden.

I. Der verfassungsrechtliche Persönlichkeitsschutz

1.) Dogmatische Herleitung und Schutzbereich

Das allgemeine Persönlichkeitsrecht ist eine Schöpfung richterlicher Rechtsfortbildung. Nach der Rechtsprechung des BVerfG findet es seine dogmatische Grundlage in Art. 2 Abs. 1 GG i.V.m. Art. 1 Abs. 1 GG[9]. Das allgemeine Persönlichkeitsrecht stellt ein eigenständiges Grundrecht dar und ergänzt als sog. „unbenanntes“ Freiheitsrecht die speziellen („benannten“) Freiheitsrechte[10], die gleichfalls konstituierende Elemente des Persönlichkeitsschutzes darstellen, aber nicht alle Fälle erfassen, in denen ein Persönlichkeitsschutz erforderlich ist[11].

Während das in Art. 2 Abs. 1 GG geschützte Grundrecht der freien Entfaltung der Persönlichkeit als „aktive Komponente“ des grundgesetzlichen Persönlichkeitsschutzes die allgemeine Handlungsfreiheit schützt, hat das allgemeine Persönlichkeitsrecht die Aufgabe, im Sinne der Würde des Menschen die engere persönliche Lebenssphäre des Menschen und die Erhaltung ihrer Grundbedingungen zu gewährleisten, die sich durch die konkreten Freiheitsgarantien nicht

---

[8] Vgl. nur etwa v.Staudinger-*Hager*, § 823 Rn. C 4 ff. Zutreffend weist *Neben*, Triviale Personenberichterstattung als Rechtsproblem S. 142 (Fn. 203) kritisch auf diese oft nicht vorgenommene Differenzierung hin.

[9] BVerfGE 35, 202, 219; BVerfGE 72, 155, 170; BVerfGE 90, 263, 270.

[10] Wie beispielsweise die Gewissensfreiheit des Art. 4 Abs. 1 GG oder die Meinungsfreiheit des Art. 5 Abs. 1 S. 1 GG.

[11] BVerfGE 54, 148, 153; *Murswiek* in: Sachs, Art. 2 GG Rn. 64. Eine besondere Nähe besteht insbesondere zum Brief-, Post- und Fernmeldegeheimnis nach Art. 10 GG sowie zur Unverletzlichkeit der Wohnung nach Art. 13 GG.

abschließend erfassen lassen[12]. Das BVerfG bezieht den Menschenwürdegehalt des Art. 1 Abs. 1 GG als Teil des dogmatischen Fundaments des allgemeinen Persönlichkeitsrechts ein, woraus sich die „passive Komponente" des Persönlichkeitsschutzes ergibt, nämlich das Recht, in Ruhe gelassen zu werden[13].

Um zu verdeutlichen, dass die engere persönliche Lebenssphäre als Ausprägung des allgemeinen Persönlichkeitsrechts einem stärkeren Schutz unterliegt als die aktive allgemeine Handlungsfreiheit des Art. 2 Abs. 1 GG, zog das BVerfG die Menschenwürdegarantie des Art. 1 Abs. 1 GG als oberstes Konstitutionsprinzip zur Auslegung des Art. 2 Abs. 1 GG heran und grenzte das allgemeine Persönlichkeitsrecht als Recht auf Respektierung eines geschützten Bereichs persönlicher Entfaltung vom aktiven Element der allgemeinen Handlungsfreiheit ab[14]. Das Grundgesetz gewähre, so das BVerfG, „dem einzelnen Bürger einen unantastbaren Bereich privater Lebensgestaltung (...), der der Einwirkung der öffentlichen Gewalt entzogen ist"[15]. Weiter führte das BVerfG aus: „Das verfassungskräftige Gebot, diesen Kernbereich, die Intimsphäre des Einzelnen, zu achten, hat seine Grundlage in dem durch Art. 2 Abs. 1 GG verbürgten Recht auf freie Entfaltung der Persönlichkeit. Bei der Bestimmung von Inhalt und Reichweite des Grundrechts aus Art. 2 Abs. 1 GG muss berücksichtigt werden, dass nach der Grundnorm des Art. 1 Abs. 1 GG die Würde des Menschen unantastbar ist und gegenüber aller staatlichen Gewalt Achtung und Schutz beansprucht"[16].

Die dogmatische Grundlage des allgemeinen Persönlichkeitsrechts in Art. 2 Abs. 1 GG i.V.m. Art. 1 Abs. 1 GG ergibt sich nicht zuletzt anhand möglicher Einschränkungen des Grundrechts: Im Gegensatz zur Menschenwürde aus Art. 1 Abs. 1 GG kann das allgemeine Persönlichkeitsrecht nämlich sehr wohl eingeschränkt werden, doch ist diese Beschränkbarkeit wegen des von Art. 1 Abs. 1 GG vermittelten und geforderten Schutzes menschlicher Würde erschwert[17].

Inhalt und Grenzen des allgemeinen Persönlichkeitsrechts lassen sich nicht abschließend und verbindlich festlegen. Vielmehr bietet das allgemeine Persönlichkeitsrecht einen generalklauselartigen Schutz in Form eines offenen Tatbestandes. Als Ausprägungen des allgemeinen Persönlichkeitsrechts sind vom BVerfG anerkannt der Privatsphärenschutz[18], das Recht der persönlichen Ehre[19], das Recht am eigenen Bild[20], das Recht am eigenen Wort als Ausdruck des sozialen Geltungsanspruchs und der Selbstdarstellung in der Öffentlichkeit[21], der

[12] BVerfGE 54, 148, 153; BVerfGE 72, 155, 170.
[13] Vgl. BVerfGE 27, 1, 6.
[14] BVerfGE 54, 148, 153; BVerfGE 72, 155, 170.
[15] BVerfGE 34, 238, 245.
[16] BVerfGE 34, 238, 245.
[17] *Kunig* in: v.Münch/Kunig, Art. 2 GG Rn. 30.
[18] BVerfGE 27, 1, 6 – Mikrozensus.
[19] BVerfGE 54, 208, 217; BVerfGE 93, 266, 290.
[20] BVerfGE 34, 238, 246.
[21] BVerfGE 34, 238, 246; BVerfGE 54, 208, 217.

Schutz des Namens[22] oder das Recht auf informationelle Selbstbestimmung[23]. In ihrer Gesamtheit zielen diese Rechte darauf ab, dem Einzelnen einen abgeschirmten Bereich privater Lebensgestaltung zu gewährleisten – Schutz der Privatsphäre, Recht auf informationelle Selbstbestimmung – sowie dessen Selbstdarstellung in der Öffentlichkeit – Recht am eigenen Bild, Recht am eigenen Wort, Recht der persönlichen Ehre, Schutz des Namens – zu gewähren. Das BVerfG sagt in Bezug auf den Bereich privater Lebensgestaltung, dass dem Einzelnen ein geschützter Raum zukommen muss, „in dem er unbeobachtet sich selbst überlassen ist oder mit Personen seines besonderen Vertrauens ohne Rücksicht auf gesellschaftliche Verhaltenserwartungen verkehren kann“[24]. Hinsichtlich der Selbstdarstellung des Einzelnen in der Öffentlichkeit führt das BVerfG schließlich aus, dass dieser selbst darüber befinden soll, „wie er sich gegenüber Dritten oder der Öffentlichkeit darstellen will, was seinen sozialen Geltungsanspruch ausmachen soll und ob und inwieweit Dritte über seine Persönlichkeit verfügen können, indem sie diese zum Gegenstand öffentlicher Erörterung machen“[25].

2.) Eingriffe in das verfassungsrechtliche allgemeine Persönlichkeitsrecht

Eingriffe in das grundrechtlich geschützte allgemeine Persönlichkeitsrecht können zum einen grundrechtstypisch durch den Staat, aber auch durch private Dritte erfolgen.

Eingriffe in den Schutzbereich des Persönlichkeitsrechts durch den Staat können in „klassischer Weise“ beispielsweise dergestalt erfolgen, dass dieser Informationserhebungen und –verarbeitungen durchführt, es kann aber auch zu faktischen Eingriffen kommen wie zum Beispiel rufschädigenden Äußerungen der öffentlichen Verwaltung oder dem Eindringen in den Privatbereich des Betroffenen durch Observationen oder heimliche Tonbandaufnahmen[26].

Im Verhältnis zwischen Privaten kommt der Ausstrahlungswirkung des allgemeinen Persönlichkeitsrechts große Bedeutung zu, wonach es nicht nur vor direkten staatlichen Eingriffen geschützt ist, es vielmehr „als objektive Norm sei-

---

[22] BVerfGE 97, 391, 399 f.; *Funkel*, Schutz der Persönlichkeit durch Ersatz immaterieller Schäden in Geld S. 9.

[23] BVerfGE 65, 1 ff. Das Recht auf informationelle Selbstbestimmung findet gesetzlichen Ausdruck in den vielfältigen Datenschutzbestimmungen.

Inhalt und Umfang des Schutzes, den die eben genannten Ausprägungen des allgemeinen Persönlichkeitsrechts bieten, werden ausführlich bei der Darstellung dieser einzelnen Ausprägungen erörtert.

Zum Verhältnis des allgemeinen Persönlichkeitsrechts zu den einzelnen Ausprägungen vgl. *Funkel*, Schutz der Persönlichkeit durch Ersatz immaterieller Schäden in Geld S. 39 ff.

[24] BVerfG NJW 1995, 1477.

[25] BVerfGE 63, 131, 142.

[26] Vgl. Dreier-*Dreier*, Art. 2 Abs. 1 GG Rn. 57.

nen Rechtsgehalt auch im Privatrecht [entfaltet] und (...) in dieser Eigenschaft auf die Auslegung und Anwendung privatrechtlicher Vorschriften" ausstrahlt[27].

Vor allem aber ist die sogenannte mittelbare Drittwirkung der Grundrechte auch beim allgemeinen Persönlichkeitsrecht bedeutsam. So ist dieses auch bei der Kollision von Rechten privater Dritter zu beachten. In diesen Fällen ist eine am konkreten Einzelfall orientierte Abwägung der widerstreitenden Rechte dergestalt vorzunehmen, dass beiden Grundrechten soweit wie möglich Rechnung getragen und ein möglichst schonender Ausgleich zwischen ihnen gefunden wird (praktische Konkordanz)[28]. Diese praktische Konkordanz wird insbesondere bei der Kollision von allgemeinem Persönlichkeitsrecht und den Grundrechten des Art. 5 Abs. 1 GG relevant. Dabei handelt es sich aber streng genommen nicht um eine Frage des Eingriffs in das allgemeine Persönlichkeitsrecht als vielmehr um die Problematik, ob ein solcher Eingriff gerechtfertigt ist.

3.) Rechtfertigung von Eingriffen

Wie das BVerfG ausgeführt hat ist das allgemeine Persönlichkeitsrecht nicht schrankenlos gewährleistet, sondern kann durch Gesetz unter Beachtung des Grundsatzes der Verhältnismäßigkeit beschränkt werden[29]. Es ist hier eine Abwägung notwendig zwischen der Bedeutung des staatlichen Eingriffsinteresses und dem Interesse des Einzelnen an der Wahrung seiner Persönlichkeitsrechte[30]. Hierbei kommt der Frage Bedeutung zu, welche Persönlichkeitssphäre des Betroffenen durch den Eingriff berührt wird[31].

Bei der Kollision des allgemeinen Persönlichkeitsrechts mit Grundrechtspositionen Dritter kann sich schließlich ergeben, dass die am Einzelfall orientierte Abwägung einen Eingriff in die Persönlichkeitsrechte des Betroffenen rechtfertigt.

4.) Schutz des allgemeinen Persönlichkeitsrechts durch den Staat

Das allgemeine Persönlichkeitsrecht und seine (spezialgesetzlichen) Ausprägungen gewähren dem Einzelnen aber nicht nur Schutzrechte, vielmehr wird auch eine Schutzpflicht des Staates konstituiert. Das BVerfG führt hierzu aus: „Dieser [der Staat] ist aber grundrechtlich gehalten, den Einzelnen vor Persönlichkeitsgefährdungen durch Dritte zu schützen"[32]. Vor dem Hintergrund der dem Ge-

---

[27] Vgl. BVerfGE 84, 192, 194 f.

[28] Vgl. dazu *Ronellenfitsch*, FS Heckel S. 430; *Funkel*, Schutz der Persönlichkeit durch Ersatz immaterieller Schäden in Geld S. 20; BVerfGE 35, 202, 223 f.; BVerfGE 54, 208, 217 ff.

[29] BVerfGE 90, 263, 271.

[30] Vgl. Dreier-*Dreier*, Art. 2 Abs. 1 GG Rn. 60.

[31] Vgl. BVerfGE 89, 69, 82 f.

[32] BVerfGE 73, 118, 201; BVerfGE 97, 125, 146; BVerfGE 99, 185, 194

setzgeber obliegenden grundrechtlichen Schutzpflichten kommt diesem die Aufgabe zu, den Schutz des allgemeinen Persönlichkeitsrechts auch dadurch zu gewährleisten, dass unerlaubte Eingriffe in Persönlichkeitsrechte des Grundrechtsträgers Sanktionen nach sich ziehen[33]. Die einschlägigen Normen des Zivil[34]- und Strafrechts[35] nehmen diese Schutzaufgabe wahr[36]. Aber auch die Judikative hat die Ausstrahlungswirkung des allgemeinen Persönlichkeitsrechts auf Auslegung und Anwendung privatrechtlicher Vorschriften zu gewährleisten, um diese Schutzpflicht zu erfüllen: „Soweit die Gerichte Normen anwenden, die diesem Schutz dienen, haben sie die grundrechtlichen Maßgaben zu beachten. Verfehlen sie sie, so liegt darin nach der ständigen Rechtsprechung des Bundesverfassungsgerichts nicht nur eine Verletzung objektiven Verfassungsrechts, sondern auch ein Verstoß gegen die subjektiven Grundrechte des Betroffenen“[37].

II. Der einfachgesetzliche Persönlichkeitsschutz

Von dem grundrechtlichen ist der einfachgesetzliche Persönlichkeitsschutz zu unterscheiden. Ist der Schutz des als Grundrecht anerkannten verfassungsrechtlichen allgemeinen Persönlichkeitsrechts in erster Linie gegen staatliche Eingriffe gerichtet[38], so soll der einfachgesetzliche Persönlichkeitsschutz auch vor Beeinträchtigungen der Persönlichkeitsrechte durch private Dritte schützen. Dem dient die Anerkennung des allgemeinen Persönlichkeitsrechts als sonstiges (absolutes) Recht im Sinne von § 823 Abs. 1 BGB[39]. Daneben existiert eine Vielzahl spezialgesetzlicher Regelungen, die dem Persönlichkeitsschutz dienen, wie z.B. das Recht am eigenen Bild in §§ 22, 23 KUG oder das Namensrecht in § 12 BGB[40]. Zum besseren Verständnis soll zunächst auf die historische Entwicklung des einfachgesetzlichen Persönlichkeitsschutzes und hier insbesondere auf die

[33] Vgl. Dreier-*Dreier*, Art. 2 Abs. 1 GG Rn. 62.
[34] Etwa §§ 12, 823 BGB, §§ 22 ff. KUG.
[35] Etwa §§ 185 ff., 201 ff. StGB.
[36] So Dreier-*Dreier*, Art. 2 Abs. 1 GG Rn. 62.
[37] BVerfGE 99, 185, 194.
[38] Obwohl wie gezeigt Beeinträchtigungen auch durch Private drohen, vgl. oben. Dem trägt die mittelbare Drittwirkung des Persönlichkeitsgrundrechts Rechnung.
[39] BGHZ 24, 72, 77; BGHZ 27, 284, 286.
[40] Das Verhältnis dieser gesetzlich normierten Tatbestände, die teils als spezielle Ausprägungen, teils als besondere Persönlichkeitsrechte bezeichnet werden, zu dem unbenannten allgemeinen Persönlichkeitsrecht ist umstritten. Vgl. dazu *Neben*, Triviale Personenberichterstattung als Rechtsproblem S. 147 f., welcher der Auffassung *Baston-Vogts*, Der sachliche Schutzbereich des zivilrechtlichen Allgemeinen Persönlichkeitsrechts S. 110 ff. folgt und zwischen allgemeinem Persönlichkeitsrecht und den besonderen Persönlichkeitsrechten ein Spezialverhältnis annimmt, nach dem das allgemeine Persönlichkeitsrecht dort verdrängt werden soll, wo der Gesetzgeber spezialgesetzlich eine abschließende Sonderregelung getroffen hat.

maßgeblich an der Entwicklung eines allgemeinen Persönlichkeitsrechts beteiligte Rechtsprechung eingegangen werden[41].

1.) Die Rechtsprechung des Reichsgerichts

Die Verfasser des BGB hatten keinen umfassenden Schutz der Gesamtpersönlichkeit normiert; auf die Aufnahme eines allgemeinen Persönlichkeitsrechts in das BGB wurde bewusst verzichtet[42]. Dies beruhte auf dem Streben nach möglichst fest umrissenen Tatbeständen; ein allgemeines Persönlichkeitsrecht wurde als zu konturlos angesehen[43]. Zwar wurden einzelne Aspekte des Persönlichkeitsrechts in besonderen gesetzlichen Regelungen geschützt, so z.B. das Namensrecht in § 12 BGB, das Recht am eigenen Bild vor Veröffentlichungen ohne Einwilligung des Abgebildeten in den §§ 22 bis 24 KUG, oder die persönliche Ehre in den strafrechtlichen Vorschriften der §§ 185 ff. StGB. Ein darüber hinausgehender allgemeiner Schutz der Persönlichkeit wurde allerdings abgelehnt.

Demzufolge lehnte auch das RG in Übereinstimmung mit der damals h.M. einen solchen allgemeinen Persönlichkeitsschutz ab[44]. Es ging vielmehr davon aus, dass nur die besonderen gesetzlich geregelten Persönlichkeitsrechte wie das bereits genannte Namensrecht oder das Recht am eigenen Bild existierten[45]. In besonders extremen Fällen wurde allerdings die Vorschrift des § 826 BGB herangezogen, um einen Persönlichkeitsschutz auch außerhalb der gesetzlich geregelten Schutzbereiche zu ermöglichen[46]. Ebenso wurden die Schutzbereiche gesetzlich bestehender Persönlichkeitsrechte wie des Namensrechts ausgedehnt und durch eine solche extensive Auslegung ein gewisser deliktischer Schutz der Persönlichkeit erreicht[47]. Im Ergebnis blieb das RG aber dabei, dass „ein allgemeines subjektives Persönlichkeitsrecht (...) dem geltenden bürgerlichen Rechte fremd“ sei[48].

---

[41] Zu der historischen Entwicklung des allgemeinen Persönlichkeitsrechts existiert eine nahezu unüberschaubare Menge an Literatur, vgl. nur etwa *Schwerdtner*, Das Persönlichkeitsrecht in der deutschen Zivilrechtsordnung S. 7 ff.; *v.Caemmerer*, FS von Hippel S. 29 ff. Aus neuerer Zeit z.B. *Ehmann*, JuS 1997, S. 193 ff.; *Seifert*, NJW 1999, 1889 ff.; *Degenhart*, JuS 1992, 361 ff. Auch in vielen Gerichtsentscheidungen finden sich Ausführungen zu dieser Entwicklung, z.B. in BVerfGE 34, 269, 271 ff.; BGHZ 13, 334, 337 ff.

[42] Vgl. *von Holleben*, Geldersatz bei Persönlichkeitsverletzungen durch die Medien S. 15.

[43] Vgl. *v.Caemmerer*, FS von Hippel S. 29; Soergel-*Zeuner*, § 823 BGB Rn. 70.

[44] RGZ 69, 401, 403; RGZ 79, 397, 398; RGZ 113, 413, 414.

[45] Vgl. RGZ 69, 401, 403.

[46] Vgl. z.B. RGZ 72, 175 ff.; RGZ 115, 416, 417; RGZ 162, 7, 15.

[47] *Von Holleben*, Geldersatz bei Persönlichkeitsverletzungen durch die Medien S. 15.

[48] RGZ 69, 401, 403.

2.) Die Rechtsprechung des BGH

Nach Inkrafttreten des Grundgesetzes vollzog sich allerdings vor dem Hintergrund der Missachtung der Persönlichkeitsrechte im Nationalsozialismus ein Wandel in der Rechtsprechung. In der Leserbrief-Entscheidung aus dem Jahre 1954[49] entwickelte der BGH unter Berufung auf Art. 1 GG und Art. 2 GG das allgemeine Persönlichkeitsrecht als ein sonstiges Recht im Sinne des § 823 Abs. 1 BGB. Begründet wurde dies damit, dass durch die Achtung der Würde des Menschen (Art. 1 Abs. 1 GG) und die grundsätzlich freie Entfaltung der Persönlichkeit (Art. 2 Abs. 1 GG) durch das Grundgesetz das allgemeine Persönlichkeitsrecht als verfassungsmäßig gewährleistetes Grundrecht angesehen werden müsse[50]. Der BGH hat an dieser Entscheidung bis zum heutigen Tage festgehalten, so dass das allgemeine Persönlichkeitsrecht mittlerweile als gewohnheitsrechtlich anerkannt gilt.

Die Persönlichkeit sollte nunmehr nicht nur in speziellen Schattierungen, sondern umfassend geschützt werden[51]. Die spezialgesetzlich normierten, schon früher anerkannten einzelnen Persönlichkeitsrechte stellen sich demnach nun als Ausprägungen des umfassenden allgemeinen Persönlichkeitsrechts dar, auf das der BGH immer dann zurückgreift, wenn durch die speziellen Persönlichkeitsrechte kein ausreichender Schutz möglich scheint[52].

In den folgenden Jahren bestätigte der BGH in einer Vielzahl von Entscheidungen[53] sein Urteil aus dem Jahre 1954, betonte aber zugleich, dass es aufgrund der generalklauselartigen Weite und Unbestimmtheit des allgemeinen Persönlichkeitsrechts nicht möglich sei, dessen Inhalt abschließend zu bestimmen[54]. Vielmehr sei eine am konkreten Einzelfall orientierte Güter- und Interessenabwägung vorzunehmen[55].

Eine Fortentwicklung des allgemeinen Persönlichkeitsrechts erfolgte durch die sog. „Herrenreiter"-Entscheidung des BGH aus dem Jahre 1958[56]. Dort billigte der BGH erstmals entgegen dem Wortlaut der §§ 253, 847 BGB ein Schmer-

---

[49] BGHZ 13, 334 ff.

[50] BGHZ 13, 334, 338.

[51] Diese Forderung stellte bereits *Coing* im Jahre 1947, vgl. *Coing*, SJZ 1947, 641, 642. Vgl. auch *Leßmann*, JA 1998, 409, 410.

[52] Vgl. *Wenzel*, Recht der Wort- und Bildberichterstattung, Rn. 5.14; *Degenhart*, JuS 1992, 361; *Murswiek* in: Sachs, Art. 2 GG Rn. 65.

[53] Vgl. beispielsweise BGHZ 20, 345 ff. – Paul Dahlke; BGHZ 24, 72, 77; BGHZ 35, 363, 365 – Ginseng. Aus neuester Zeit BGHZ 128, 1, 9 f. – Caroline von Monaco.

[54] BGHZ 24, 72, 78.

[55] BGHZ 24, 72, 80; BGHZ 31, 308, 313; BGHZ 50, 133, 143 – Mephisto; BGHZ 73, 120, 124; vgl. dazu auch *Baston-Vogt*, Der sachliche Schutzbereich des zivilrechtlichen allgemeinen Persönlichkeitsrechts S. 13; *Schmitt Glaeser* in: Handbuch des Staatsrechts Band VI, § 129 Rn. 7.

[56] BGHZ 26, 349 ff.

zensgeld zum Ersatz des aufgrund einer Verletzung des allgemeinen Persönlichkeitsrechts entstandenen immateriellen Schadens zu[57]. Diese Entscheidung wurde in der Literatur zwar kritisiert[58], vom BGH aber 1962 in einer weiteren Entscheidung bestätigt[59]. Der BGH führte dort aus, dass die „Ausbildung des zivilrechtlichen Persönlichkeitsschutzes (...) lückenhaft und unzureichend" wäre, „wenn eine Verletzung des Persönlichkeitsrechts keine der ideellen Beeinträchtigung adäquate Sanktion auslösen würde"[60]. Im Gegensatz zu der Herrenreiter-Entscheidung wurde zur Begründung nicht mehr § 847 BGB in analoger Anwendung herangezogen, sondern darauf abgestellt, dass nur die Zubilligung einer Geldentschädigung für einen ideellen Schaden wegen einer Verletzung des allgemeinen Persönlichkeitsrechts dem Wertesystem des Grundgesetzes gerecht werde[61]. Eine Einschränkung wegen der generalklauselartigen Weite und Unbestimmtheit des allgemeinen Persönlichkeitsrechts wurde allerdings dahingehend vorgenommen, dass eine Gewährung von Schmerzensgeld nur dann erfolgen sollte, wenn den Schädiger eine schwere Schuld treffe oder es sich um eine objektiv erheblich ins Gewicht fallende Beeinträchtigung des Persönlichkeitsrechts handele[62] [63].

---

[57] BGHZ 26, 349, 356. Bereits zuvor hatte der BGH in der Entscheidung BGHZ 20, 345 ff. – Paul Dahlke dem Schauspieler *Paul Dahlke* einen Schadensersatzanspruch zugesprochen, doch ging es in diesem Fall um eine Verletzung des Rechts am eigenen Bild als besonderes Persönlichkeitsrecht. Weiterhin hatte sich in diesem Fall die Problematik der Zuerkennung eines immateriellen Schadensersatzes bei Persönlichkeitsrechtsverletzungen noch nicht gestellt.

[58] *Larenz*, Anmerkung zu BGH NJW 1958, 827 ff.

[59] BGHZ 35, 363 ff. – Ginseng.

[60] BGHZ 35, 363, 367; dazu auch *Baston-Vogt*, Der sachliche Schutzbereich des zivilrechtlichen allgemeinen Persönlichkeitsrechts S. 13; *Degenhart*, JuS 1992, 361, 362

[61] BGHZ 35, 363, 367. Vgl. dazu aus jüngster Zeit OLG München ZUM 2001, 252, 254.

[62] BGHZ 35, 363, 369. Diese Auffassung des BGH wurde von ihm in der Folgezeit in der „Fernsehansagerin"-Entscheidung – BGHZ 39, 124 ff. – bestätigt. Schließlich ist noch die Entscheidung BGHZ 128, 1 ff. – Caroline von Monaco zu nennen, in welcher der BGH als neuen Gesichtspunkt für die Bemessung der Schmerzensgeldhöhe den Gedanken der Prävention einführte.

[63] Es bestehen nun aber nicht nur Schadensersatzansprüche bei Verletzungen der Persönlichkeitsrechte. Vielmehr besteht eine Vielzahl weiterer Rechtsbehelfe, die dem Betroffenen zur Seite gestellt sind, wenn er in seinen Persönlichkeitsrechten verletzt wird. Hier sind in erster Linie Unterlassungs-, Beseitigungs- bzw. Widerrufs-, Bereicherungs- sowie Gegendarstellungsansprüche zu nennen, vgl. *Helle* in: Hoeren/Sieber, Multimedia-Recht Teil 8.1 Rn. 146 ff.; Erman-*Ehmann*, Anh. § 12 BGB Rn. 711 ff. Auf Einzelheiten in Bezug auf diese Ansprüche und die in diesem Zusammenhang auftretenden Besonderheiten im Bereich des Internet wird erst an späterer Stelle einzugehen sein.

3.) Die Rechtsprechung des BVerfG

War zunächst die Zivilrechtsprechung im hohen Maße an der Entwicklung eines umfassenden Persönlichkeitsschutzes aus Art. 2 Abs. 1 GG i.V.m. Art. 1 Abs. 1 GG beteiligt, so hatte in der Folgezeit vor allem auch das BVerfG maßgeblichen Anteil an der weiteren Ausgestaltung und Konkretisierung dieses Rechtes[64].

Zunächst sah das BVerfG in einer Entscheidung aus dem Jahre 1973[65] keinen Grund, der Rechtsprechung des BGH von Verfassungs wegen entgegenzutreten. In dieser Entscheidung erklärte das BVerfG ausdrücklich sowohl die Anerkennung des allgemeinen Persönlichkeitsrechts als sonstiges Recht im Sinne von § 823 Abs. 1 BGB als auch die Zuerkennung von Schmerzensgeld entgegen dem Wortlaut der §§ 253, 847 BGB im Falle der Verletzung des allgemeinen Persönlichkeitsrechts für verfassungsgemäß. Das BVerfG griff damit zunächst die zivilrechtliche Judikatur auf und führte sie fort. Diese hatte sich ihrerseits bei der Bejahung eines umfassenden allgemeinen Persönlichkeitsrechts auf die Werteordnung der Verfassung berufen[66]. Das BVerfG hatte mithin das vom BGH aus Art. 2 Abs. 1 GG i.V.m. Art. 1 Abs. 1 GG abgeleitete allgemeine Persönlichkeitsrecht auch verfassungsrechtlich anerkannt[67].

4.) Die Anerkennung des allgemeinen Persönlichkeitsrechts durch die Literatur

Die Literatur ist der Anerkennung eines allgemeinen Persönlichkeitsrechts durch die Judikatur nahezu ausnahmslos gefolgt[68]. So sagte *Dürig* bereits 1958, dass die Anerkennung des allgemeinen Persönlichkeitsrechts „der kühnste und im Prinzip gelungenste Wurf des Privatrechts während der letzten Jahre" sei[69].

---

[64] Zu der diesbezüglichen Rechtsprechung des BVerfG eingehend *Jarass*, Die Entwicklung des allgemeinen Persönlichkeitsrechts in der Rechtsprechung des BVerfG S. 89 ff.

[65] BVerfGE 34, 269 ff. – Soraya.

[66] BGHZ 34, 334, 338.

[67] Zu dieser Rechtsprechung des BVerfG vgl. *Starck* in: von Mangoldt/Klein/Starck, Art. 2 Abs. 1 GG Rn. 82; *Schmitt Glaeser* in: Handbuch des Staatsrechts Band VI, § 129 Rn. 7; *Kunig* in: v.Münch/Kunig, Art. 2 GG Rn. 31.

[68] Vgl. nur Erman-*Ehmann*, Anh. § 12 BGB Rn. 1 ff.; *Damm/Rehbock*, Widerruf, Unterlassung und Schadensersatz in Presse und Rundfunk Rn. 13; *Funkel*, Schutz der Persönlichkeit durch Ersatz immaterieller Schäden in Geld S. 19; *Schwerdtner*, Das Persönlichkeitsrecht in der deutschen Zivilrechtsordnung S. 79 ff.; *Helle*, Der Schutz der Persönlichkeit, der Ehre und des wirtschaftlichen Rufes im Privatrecht S. 71; *Wiese*, FS Duden S. 719 ff. zu der Begrenzung von psychologischen Experimenten durch das allgemeine Persönlichkeitsrecht. Das allgemeine Persönlichkeitsrecht ist mithin gewohnheitsrechtlich anerkannt.

[69] *Dürig* in: M/D/H, Art. 1 GG Rn. 38.

5.) Versuch einer gesetzlichen Normierung des allgemeinen Persönlichkeitsrechts

Der 42. Deutsche Juristentag 1957 hatte eine umfassende gesetzliche Regelung des allgemeinen Persönlichkeitsrechts empfohlen und sich weiterhin für eine Geldentschädigung ausgesprochen, die auf Ersatz des immateriellen Schadens abzielen sollte[70]. Infolgedessen brachte die Bundesregierung im Jahre 1959 den „Entwurf eines Gesetzes zur Neuordnung des zivilrechtlichen Persönlichkeits- und Ehrenschutzes" im Deutschen Bundestag ein[71]. Dieser Entwurf sah vor, in das BGB anstelle des § 12 mit den §§ 12 bis 20 neue Vorschriften einzufügen, welche die Anerkennung des allgemeinen Persönlichkeitsrechts und weitere Einzelregelungen für besondere Fälle des Schutzes der Persönlichkeit zum Inhalt haben sollten[72]. Dieser Gesetzesentwurf stieß jedoch in der Öffentlichkeit auf erhebliche Kritik[73] und wurde letztlich nicht verabschiedet[74].

Der 45. Deutsche Juristentag des Jahres 1964 wiederholte die Forderung nach der umfassenden gesetzlichen Regelung des allgemeinen Persönlichkeitsrechts, was 1967 zum Referentenentwurf eines „Gesetzes zur Änderung und Ergänzung schadensersatzrechtlicher Vorschriften" durch das Bundesjustizministerium führte, der u.a. vorsah, dass in § 823 Abs. 1 BGB auch das allgemeine Persönlichkeitsrecht als absolutes Rechts geschützt werden sollte[75]. Doch auch diese Forderung nahm der parlamentarische Gesetzgeber nicht zum Anlass, eine solche gesetzliche Regelung Realität werden zu lassen. Ein Grund hierfür ist darin zu sehen, dass eine gesetzliche Regelung nicht mehr als zwingend erachtet wurde, da die Rechtsprechung in zunehmendem Maße Rechtsschutz vor Verletzungen des allgemeinen Persönlichkeitsrechts gewährleistete. *Von Caemmerer* ging bereits 1967 davon aus, dass die unterbliebene umfassende gesetzliche Normierung des allgemeinen Persönlichkeitsrechts „im Ergebnis vielleicht gar nicht so

---

[70] Hierzu *v.Caemmerer*, FS von Hippel S. 33; Erman-*Ehmann*, Anh. § 12 BGB Rn. 4.

[71] Bundestagsdrucksache III/1237. Auszüge dieser Bundestagsdrucksache finden sich ferner abgedruckt bei *Erman*, BGB, 3.Aufl., Anhang zu § 12 BGB, S. 31.

[72] Vgl. Ufita Bd. 29, S. 39 ff.

[73] Zur Kritik beispielsweise *Löffler*, Persönlichkeitsschutz und Pressefreiheit S. 1 ff., insb. S. 3 ff.; *Hirsch*, Maulkorb für die Presse? S. 16 führt aber gegen die erhobenen Vorwürfe gegen den Gesetzesentwurf vor allem an, dass „diese Bestimmungen des Entwurfs nichts weiter darstellen als die Umformung richterlichen Rechts in Gesetzesrecht, also sachlich gar kein neues Recht" geschaffen werde, sondern sie „in allgemein verbindlicher Weise aussprechen, was durch unsere höchsten Gerichte im Laufe der letzten fünfzig Jahre in Einzelentscheidungen (...) zur konstanten Rechtsprechung geworden ist." Zum Ganzen auch *Erdsiek*, NJW 1958, 1719, 1720 f.

[74] Vgl. Erman-*Ehmann*, Anh. § 12 Rn. 4.

[75] Vgl. dazu Erman-*Ehmann*, Anh. § 12 BGB Rn. 4; *Stürner*, Gutachten A zum 58. Deutschen Juristentag S. 61.

zu bedauern" sei, da „diese Fragen in den Händen der Rechtsprechung besser aufgehoben" seien[76].

III. Der personelle Schutzbereich des allgemeinen Persönlichkeitsrechts

Das allgemeine Persönlichkeitsrecht steht zunächst allen lebenden natürlichen Personen zu[77]. Aber auch Verstorbenen kommt postmortaler Persönlichkeitsschutz zu[78]. Über die dogmatische Herleitung dieses postmortalen Persönlichkeitsschutzes besteht jedoch keine Einigkeit. Das BVerfG geht davon aus, dass sich dieser Schutz nicht mit dem allgemeinen Persönlichkeitsrecht begründen lasse, ein postmortaler Schutz durch das allgemeine Persönlichkeitsrecht sei zu verneinen[79]. Denn das allgemeine Persönlichkeitsrecht ist in Art. 2 Abs. 1 GG i.V.m. Art. 1 Abs. 1 GG verankert, Träger des Grundrechts aus Art. 2 Abs. 1 GG kann nach dem BVerfG aber nur die lebende Person sein. Verfassungsrechtlicher Prüfungsmaßstab für postmortale Persönlichkeitsverletzungen sei das Gebot der Unverletzlichkeit der Menschenwürde; diese ende nicht mit dem Tode[80].

Anderer Auffassung war der BGH in der sog. „Mephisto"-Entscheidung[81]. Er sagte nämlich, dass das *durch Art. 2 Abs. 1 GG* i.V.m. Art. 1 Abs. 1 GG ge-

---

[76] *V.Caemmerer*, FS von Hippel S. 33. In einem Gutachten zum 58. Deutschen Juristentag trat *Stürner* allerdings für eine Kodifikation des allgemeinen Persönlichkeitsrechts ein, vgl. *Stürner*, Gutachten A zum 58. Deutschen Juristentag S. 62 ff. Seiner Ansicht nach wäre eine solche Kodifikation vor allem deshalb sinnvoll gewesen, um „mühsam zugängliches Fallrecht in übersichtliche, leicht zugängliche Regeln zu fassen, also Rechtsklarheit und Rechtssicherheit zu fördern", vgl. *Stürner*, Gutachten A zum 58. Deutschen Juristentag S. 62. Hiergegen lässt sich jedoch einwenden, dass über die Jahre hinweg von der Rechtsprechung eine Vielzahl von Fallgruppen entwickelt wurden, die den schützenswerten Bereich des Persönlichkeitsrechts näher konkretisierten. Auch die Forderung, eine Kodifikation würde zu „mehr Übersicht und Klarheit (...) im deutschen Persönlichkeitsmedienrecht" führen, so *Stürner*, Gutachten A zum 58. Deutschen Juristentag S. 62, geht letztlich ins Leere, da die entwickelten Fallgruppen eben gerade Übersicht und Klarheit in diesen Bereich zu bringen vermochten. Schließlich lässt sich gegen eine umfassende gesetzliche Regelung des allgemeinen Persönlichkeitsrechts anführen, dass dadurch eine bessere Anpassung des allgemeinen Persönlichkeitsrechts an zukünftige Entwicklungen zugelassen wird.
Gegen die Formulierungsvorschläge des 58. Deutschen Juristentages wandte sich auch *Kuner*, da durch eine solche Normierung im Ergebnis lediglich „der Versuch einer bloßen Umsetzung des Erkenntnisstandes der heutigen Rechtsprechung in Gesetzesnormen von erschreckender Unschärfe unter gleichzeitiger Beeinträchtigung der Äußerungsfreiheit" erzielt werde, vgl. *Damm/Kuner*, Widerruf, Unterlassung und Schadensersatz in Presse und Rundfunk S. 8.

[77] *Kunig*, Jura 1993, 595, 598 f.

[78] Vgl. BGH ZIP 1989, 1217, 1219; OLG Hamburg NJW 1990, 1995. Zu Ansprüchen auf Geldentschädigung bei Verletzungen des postmortalen Würdeanspruchs vgl. Beuthien, ZUM 2003, 261 ff.

[79] BVerfG NJW 2001, 594, 594 f.

[80] BVerfG NJW 2001, 594. So auch OLG Düsseldorf AfP 2000, 468, 469.

[81] BGHZ 50, 133 ff. = BGH NJW 1968, 1773 ff.

schützte allgemeine Persönlichkeitsrecht als „sonstiges Recht" im Sinne des § 823 Abs. 1 BGB über den Tod des ursprünglichen Rechtsträgers fortwirke. Wie *Baston-Vogt* ausführt ist „die Konstruktion eines den Tod überdauernden allgemeinen Persönlichkeits*rechts* (...) wegen ihrer dogmatischen Unhaltbarkeit inzwischen auch von der h.M. fallengelassen worden"[82]. Es entspricht mittlerweile allgemeiner Meinung, dass es kein postmortales Persönlichkeits*recht* gibt, wohl aber einen eigenständigen postmortalen Schutz der Persönlichkeit[83].

Nachdem natürlichen Personen also unstrittig Persönlichkeitsschutz zukommt, ist hingegen streitig, ob sich auch juristische Personen auf das allgemeine Persönlichkeitsrecht berufen können. Während das BVerfG diese Frage bislang ausdrücklich offengelassen hat[84] wird sie von der überwiegend zivilrechtlichen Judikatur bejaht[85].

IV. Systematisierung des Persönlichkeitsschutzes

Die Rechtsprechung hebt auf die generalklauselartige Weite und Unbestimmtheit des allgemeinen Persönlichkeitsrechts ab und will dessen Inhalt anhand des jeweiligen Einzelfalls beurteilen[86]. In der Literatur hingegen werden verschiedene Ansätze vorgeschlagen, um den vom allgemeinen Persönlichkeitsrecht geschützten Bereich der menschlichen Persönlichkeit näher zu bestimmen. So wird der Versuch unternommen, die geschützten Güter in Fallgruppen zu unterteilen[87] oder es wird eine Einteilung in Sphären unterschiedlicher Schutzintensität vorgeschlagen[88]. Wieder andere definieren die verschiedenen Schutzbereiche des allgemeinen Persönlichkeitsrechts von der Form der Verletzungshandlung und dem Schutzbedürfnis des Betroffenen her[89]. Schließlich wird vertreten, eine Orientierung an individuellen Persönlichkeitsinteressen vorzunehmen, also den In-

---

[82] *Baston-Vogt*, Der sachliche Schutzbereich des zivilrechtlichen allgemeinen Persönlichkeitsrechts S. 295 f.

[83] Uneins ist man sich aber hinsichtlich der Reichweite dieses Schutzes. An dieser Stelle soll jedoch eine Beschränkung auf die diesbezügliche Darstellung bei *Baston-Vogt*, Der sachliche Schutzbereich des zivilrechtlichen allgemeinen Persönlichkeitsrechts S. 296 ff. erfolgen.

[84] BVerfG NJW 1994, 1784.

[85] Vgl. beispielsweise BGHZ 78, 274, 278 f.; BGHZ 81, 75, 78; BGHZ 98, 94, 97. Weitere Nachweise zur verfassungsrechtlichen und zivilrechtlichen Literatur zu diesem Problem finden sich bei Dreier-*Dreier*, Art. 2 Abs. 1 GG Rn. 56 (Fn. 217 f.).

[86] Vgl. BGHZ 24, 72, 78.

[87] Vgl. *Damm/Rehbock*, Widerruf, Unterlassung und Schadensersatz in Presse und Rundfunk Rn. 20 ff.

[88] *Hubmann*, Das Persönlichkeitsrecht S. 269.

[89] So *Ehmann*, JuS 1997, 193, 194.

halt des Persönlichkeitsrechts nicht anhand fest umrissener Bereiche zu bestimmen, sondern mittels immaterieller Interessen[90].

All diese unterschiedlichen Begründungsansätze sind von dem Bemühen gekennzeichnet, dem allgemeinen Persönlichkeitsrecht Kontur zu verleihen. Gewisse Ausprägungen wie beispielsweise der Ehrenschutz werden von allen Ansichten einmütig als Teil des allgemeinen Persönlichkeitsrechts angesehen, so dass trotz aller dogmatischen Unterschiede, die bei der Begründung bestehen, im wesentlichen Einigkeit dahingehend herrscht, welche Güter als schützenswert zu erachten sind. Man wird sich deshalb bei der Bestimmung des geschützten Bereichs des allgemeinen Persönlichkeitsrechts an den schutzwürdigen Interessen des Betroffenen zu orientieren haben, wie dessen Darstellung in der Öffentlichkeit oder der Wahrung seines persönlichen Lebensbereichs. Unter diese Bereiche können dann die im einzelnen anerkannten Interessen wie beispielsweise das Recht am eigenen Bild oder das Recht der persönlichen Ehre gefasst werden. Der Vorteil dieser Vorgehensweise gegenüber der herkömmlichen Fallgruppenbildung besteht darin, dass eine Offenheit des geschützten Bereichs des allgemeinen Persönlichkeitsrechts gegenüber zukünftigen Entwicklungen gewährt ist, die insbesondere im Bereich der Neuen Medien, bedingt durch neue Technologien, bedeutsam ist[91].

Dem trägt auch die vorliegende Untersuchung dergestalt Rechnung, als dass sie die für den Bereich der Neuen Medien in Betracht kommenden Persönlichkeitsrechtsverletzungen immer unter dem Gesichtspunkt betrachtet, inwiefern zu prüfende mögliche Verletzungshandlungen in anerkannte Interessen des Betroffenen eingreifen. Zuvor soll zum besseren Verständnis der Problemstellung die historische Entwicklung und die Funktionsweise des Internet beleuchtet werden.

[90] *Baston-Vogt*, Der sachliche Schutzbereich des zivilrechtlichen allgemeinen Persönlichkeitsrechts S. 203. Ihr folgend *Neben*, Triviale Personenberichterstattung als Rechtsproblem S. 156 f.

[91] Zu der Offenheit des Persönlichkeitsrechts gegenüber neuen Entwicklungen vgl. *Degenhart*, JuS 1992, 361 f.

Zweiter Teil: Aufbau und Funktionsweise des Internet

I. Einführung

Obwohl die Entstehungsgeschichte des Internet bereits vor über drei Jahrzehnten begann, besteht kein Zweifel daran, gerade auch aufgrund der immensen Geschwindigkeit, mit der das Internet weiterhin wächst und sich verändert, dass es nach wie vor ein gegenüber den herkömmlichen Medien wie Presse, Rundfunk und Fernsehen neues Medium darstellt. Um Gefährdungen des Persönlichkeitsrechts durch das Internet aufzuzeigen, erscheint es unerlässlich, auf die geschichtliche Entwicklung und die Funktionsweise des Internet einzugehen.

II. Historische Entwicklung des Internet[92]

Die Ursprünge des Internet reichen in die USA der 60er Jahre des vergangenen Jahrhunderts in die Zeiten des Kalten Krieges zurück. Ein zentrales Problem für das Verteidigungsministerium war die Frage, wie die amerikanischen Behörden und das Militär nach einem atomaren Schlag miteinander kommunizieren sollten. Das Problem bereits bestehender Netzwerke war jedoch die hohe Störanfälligkeit, da das gesamte Netzwerk zusammenbrach, falls einer der Netzknoten, über den die jeweilige Nachricht weitergeleitet wurde, ausfiel. Ein Lösungsvorschlag sah vor, dass ein neu zu schaffendes Netzwerk keine zentrale Behörde oder Steuerung haben sollte. Weiterhin sollte dieses Netzwerk so beschaffen sein, dass seine Funktionsfähigkeit auch aufrechterhalten werden konnte, wenn Teile des Netzes zerstört würden[93]. Schließlich sollten die zu übermittelnden Nachrichten in einzelne Pakete aufgeteilt werden, von denen jedes einzelne mit Absender- und Empfängeradresse versehen werden und sich seinen Weg durch das Netz in Richtung auf den Empfänger selbst suchen sollte. Der große Vorteil eines solchen Netzwerkes sollte darin liegen, dass durch das Fehlen eines störan-

---

[92] Ausführlich zur Geschichte des Internet vgl. *Rischbode*, Die Geschichte des Internet. Ein kurzer historischer Abriss findet sich beispielsweise auch bei *Strömer*, Online-Recht S. 3 f.; *Köhler/Arndt*, Recht des Internet Rn. 3; *Kröger/Clasen/Wallbrecht*, Internet für Juristen S. 7 ff.; *Krol*, Die Welt des Internet S. 15 ff. Vgl. ebenfalls *Finke*, Die strafrechtliche Verantwortlichkeit von Internet-Providern S. 3 ff.; *Müller/Schallbruch*, PC-Ratgeber für Juristen S. 188 f.; *Rötlich*, Die zivilrechtliche Haftung des Internet-Providers S. 4 ff.

[93] *Paul Barans* (RAND Corporation) Arbeit, in welcher er diese Vorschläge unterbreitete, trug den Titel „On distributed communications networks." Vgl. dazu *Rischbode*, Die Geschichte des Internet. Diese dezentrale Struktur prägt das Internet noch heute. Zwar werden einzelne Aufgaben wie das Domain Name System, auf das an späterer Stelle noch ausführlich einzugehen sein wird, von bestimmten Organisationen wahrgenommen, doch existiert für das Internet als ganzes keine „leitende Organisation" oder eine zentrale Stelle, die alle Aufgaben wahrnimmt und/oder koordiniert.

fälligen Zentralrechners und die Zuerkennung des gleichen Status für jeden einzelnen Knotenpunkt des Netzes eine weitaus höhere Zuverlässigkeit der Funktionsfähigkeit des Netzwerkes gewährleistet werden sollte. Ebenso war von Vorteil, dass bei einem möglichen Datenverlust nicht die gesamte Nachricht erneut übertragen werden musste, sondern nur diejenigen Datenpakete, die verloren gegangen waren.

Das amerikanische Verteidigungsministerium entschied sich 1969, ein auf dieser vorgeschlagenen Technik basierendes Netzwerk in Betrieb zu nehmen. Die Forschungsbehörde ARPA (Advanced Research Projects Agency) war bei dem Aufbau dieses Netzes in erheblichem Maße beteiligt, der Grundstein zum ARPANET war gelegt. Ende 1969 waren vier Computerzentren in den USA miteinander vernetzt[94], und im Laufe der 70er Jahre wurden mehr und mehr Netze an das ARPANET angeschlossen. Das ARPANET stellte also sozusagen ein „Netz von Netzen" dar. Im ARPANET waren allerdings ausschließlich Forschungs-, Universitäts- und Militäreinrichtungen miteinander verbunden[95].

1984 begann die National Science Foundation (NSF) ein eigenes, äußerst leistungsfähiges Netzwerk aufzubauen, da das ARPANET mittlerweile deutlich überlastet war. Zu diesem Zweck beschloss man, fünf Zentren für Supercomputer zu bauen, die miteinander in einem Netzwerk verknüpft sein sollten. Bereits 1986 konnte in den USA so ein flächendeckendes Netz aufgebaut werden, welches als „Internet-Backbone" bekannt wurde[96].

Die ARPA entschied im Jahre 1990, dass das ARPANET überflüssig geworden war und deinstallierte die Hardware des ARPANET[97]. Die Funktionen des ARPANET wurden vom NSFNET übernommen.

Hatte die Zahl der Netzteilnehmer schon bisher unaufhaltsam und in äußerst hohem Maße zugenommen, so erlebte das Internet ab 1990 einen ungeheuren Wachstumsschub, der maßgeblich mit der Entwicklung des World Wide Web (WWW) in Zusammenhang stand[98]. Im Jahre 1995 zog sich die NSF 1995 zu-

---

[94] Es handelte sich dabei um die University of California at Santa Barbara (UCSB), das Stanford Research Institute (SRI), die University of Utah sowie die University of California at Los Angeles (UCLA).

[95] Der Begriff „Internet" rührt daher, dass die ARPA die mit TCP/IP (siehe dazu unten S. 21 f.) verbundenen Netzwerke als ARPA Internet bezeichnete. Durch den zunehmenden Anschluss von militärischen und wissenschaftlichen Einrichtungen sowie Regierungsorganisationen aus den USA und anderen Ländern an das ARPANET wurde dieses Netzwerk letzten Endes schlicht Internet genannt, vgl. *Kröger/Clasen/Wallbrecht*, Internet für Juristen S. 10.

[96] Vgl. *Rischbode*, Die Geschichte des Internet. Unter Backbone versteht man die Hauptübertragungsleitungen zwischen wichtigen Netzknoten, vgl. *Mayer*, Das Internet im öffentlichen Recht S. 17.

[97] Gründe für den Rückzug der ARPA waren zum einen die weitaus höheren Kapazitäten des NSFNET und zum anderen die zunehmende bürokratische und finanzielle Belastung der ARPA durch das ARPANET.

[98] Zum WWW sogleich auf S. 23 f.

rück. Diese „Privatisierung" des Internet[99] führte letztlich zu dem enormen Wachstum des Internet.

III. Aufbau und Funktionsweise des Internet

1.) TCP/IP

Bereits erwähnt wurde, dass es sich bei dem Internet sozusagen um ein „Netz von Netzen" handelt. Problematisch hierbei war jedoch, dass die verschiedenen Netzwerke, die es miteinander zu verbinden galt, gewissermaßen unterschiedliche „Sprachen", die sog. Protokolle, benutzten[100]. Das ursprünglich vom ARPANET verwendete Protokoll wurde NCP (Network Control Protocol) genannt, doch war dieses Protokoll nicht in der Lage, die unterschiedlichsten Netzwerke miteinander kommunizieren zu lassen[101]. Deshalb wurde im Jahre 1973 ein neues Netzwerkprotokoll entwickelt, welches den Namen TCP (Transmission Control Protocol) trug und durch das es möglich war, die verschiedenen einzelnen Netze miteinander in Kommunikation treten zu lassen[102]. Später wurde zur besseren Wahrnehmung der Routing-Aufgaben[103] dann ein eigenes Protokoll entwickelt, das Internet Protocol (IP).

2.) Das Paketsystem

Durch das TCP/IP – Verfahren konnte das bereits verwendete Paketsystem zur Übertragung von Daten verbessert werden. Der Grundgedanke dieses Paketsystems besteht darin, eine Nachricht in viele kleine Pakete aufzuteilen, von denen jedes einzelne die Absender- und Empfängeradresse enthält und sich den Weg hin zum Empfänger selbst aussucht. Der Vorzug dieses Verfahrens besteht einerseits in einer besseren Verteilung des Datenaufkommens, da jedes Paket den Weg wählt, der am geeignetsten für den Transport erscheint[104]. Andererseits ist von Vorteil, dass bei dem Verlust eines Paketes nicht die ganze Nachricht erneut verschickt werden muss sondern nur das Paket, welches nicht übertragen wurde. Beim Empfänger werden die einzelnen Pakete schließlich wieder zusammengesetzt, so dass die ursprüngliche Nachricht wieder vorhanden ist. Begünstigt wird

---

[99] So *Finke*, Die strafrechtliche Verantwortung von Internet-Providern S. 4.

[100] Als Protokoll bezeichnet man die „Sprache", mit der zwei Netzwerkknoten miteinander kommunizieren.

[101] Vgl. *Herzog*, Rechtliche Probleme einer Inhaltsbeschränkung im Internet S. 5.

[102] Maßgeblich beteiligt an der Entwicklung dieses neuen Standards waren *Robert Kahn* und *Vinton Cerf*.

[103] Zum Begriff vgl. Fn.68.

[104] Vgl. *Müller/Schallbruch*, PC-Ratgeber für Juristen S. 188.

das TCP/IP System schließlich dadurch, dass eine zentrale Einheit, welche die Steuerung der einzelnen Pakete vornimmt, nicht erforderlich ist, da die einzelnen Pakete sich selbständig ihren Weg zum Ziel suchen.

3.) Das Domain Name System

Im Jahre 1984 wurde das Domain Name System (DNS) eingeführt, mit dessen Hilfe die Adressen und Domainnamen aller angeschlossenen Rechner verwaltet werden konnten.

Alle Rechner im Internet – die sog. Hosts – werden über eine eindeutige Nummer, die sog. IP-Adresse, identifiziert. Da sich die Mehrheit der Internetnutzer die numerischen IP-Adressen aber nur schwer merken konnte, wurde aus Gründen der Nutzerfreundlichkeit das sog. Domain-Name-System (DNS) eingeführt, mit welchem eine Umwandlung der numerischen Adressen in ein weltweit einheitliches, hierarchisch strukturiertes und aus Buchstaben bestehendes Namenssystem möglich wurde[105]. Hierdurch kann jeder Domainname einer IP-Adresse zugeordnet werden[106].

4.) Dynamische und statische IP-Nummern[107]

Die IP-Adresse wird zur Zuordnung und Identifikation des Rechners genutzt, von dem aus Online-Angebote genutzt werden[108]. Dem Rechner des Nutzers wird eine solche IP-Adresse zugewiesen, wenn er Webseiten anfordert bzw. abruft, die Zuweisung erfolgt durch den Provider, welcher den Zugang zu diesen Seiten vermittelt[109]. Es muss hierbei eine Unterscheidung getroffen werden zwischen der statischen und der dynamischen (temporären) Zuweisung von IP-Adressen. Die statische Zuweisung bedeutet eine feste Zuordnung eines bestimmten Rechners zu einer IP-Nummer[110]. Statische IP-Adressen haben v.a. diejenigen Rechner, die ständig an das Internet angeschlossen sind, also beispielsweise Institutionen, Web-Server oder Großunternehmen. Bei der dynami-

---

[105] Vgl. *Bücking*, Domainrecht Rn. 15; http://www.icann.org/general/glossary.htm.

[106] Die Internetadresse eines Rechners bezeichnet man auch als URL (Uniform Resource Locator).

[107] Die Zuweisung dynamischer (auch temporär genannter) bzw. statischer IP-Nummern wird dann relevant, wenn der Nutzer Web-Seiten abruft und dabei von dem den Zugang zu diesen Seiten vermittelnden Provider eine solche IP-Adresse zugewiesen bekommt. Die Bedeutung der IP-Adresse ergibt sich insbesondere dann, wenn mittels dieser Adresse Rückschlüsse auf den jeweiligen Nutzer gezogen werden und dadurch Nutzerprofile erstellt werden sollen.

[108] Vgl. *Schulz*, § 1 TDDSG Rn. 31 in: *Roßnagel*, Recht der Multimediadienste; *Sieber*, Verantwortlichkeit im Internet Rn. 47; *Köhler/Arndt*, Recht des Internet Rn. 329.

[109] *Bizer*, DuD 1998, 277, 278.

[110] *Köhntopp/Köhntopp*, CR 2000, 248.

schen Zuweisung von IP-Adressen gestaltet sich die Sachlage dergestalt, dass der jeweilige Provider über einen sog. Pool von IP-Adressen verfügen kann, also über eine begrenzte Anzahl solcher Adressen. Bei der Nutzung eines Web-Angebots wird dem Nutzer in diesen Fällen eine beliebige freie IP-Nummer aus diesem Kontingent zugewiesen. Dem Nutzer wird also bei jedem erneuten Verbindungsaufbau eine neue IP-Adresse zugewiesen.

5.) Hyperlinks

Hyperlinks ermöglichen dem Nutzer eine Navigation im World Wide Web ohne genaue Kenntnis der URL der Website, die er aufrufen möchte[111]. Außer „einfachen" Hyperlinks besteht für den Linksetzenden die Möglichkeit des Frame-Linking sowie des Deep-Linking. Bei Deep Links[112] werden die fremden Informationen automatisch als Teil einer eigenen Website oder als Teil eines eigenen Frames dargestellt, ohne dass der Nutzer zur Darstellung der Informationen diese durch Anklicken des Links anwählen muss. Die gelinkten Informationen werden beim Aufruf der verweisenden Seite automatisch in diese als Bestandteil integriert, ohne dass dies für den Nutzer erkennbar ist.

IV. Dienste im Internet[113]

1.) Das World Wide Web (WWW)

Der wohl wichtigste Dienst im Internet ist das World Wide Web (WWW). Das WWW wurde zu Beginn der 90er Jahre des vergangenen Jahrhunderts am europäischen Kernforschungszentrum in Genf (CERN) von *Tim Berners-Lee* entwickelt[114]. Durch die Entwicklung und Verbreitung sog. Browser-Software war es

---

[111] Zur Funktionsweise von Hyperlinks vgl. nur *Sieber*, Verantwortlichkeit im Internet Rn. 64 ff.; *Eichler/Helmers/Schneider*, Supplement Kommunikation und Recht, 23 f.; *Koch*, MMR 1999, 704 f.

[112] Die Terminologie ist hier uneinheitlich. *Sieber*, Verantwortlichkeit im Internet Rn. 67 bezeichnet diese als Inline-Links, ebenso *Völker/Lührig*, K&R 2000, 20 f.

[113] Im Rahmen dieser Arbeit erfolgt eine Beschränkung auf die hierfür relevanten Dienste. Zu weiteren Diensten wie etwa dem File Transfer Protocol (FTP), die die Übertragung von Daten zwischen unterschiedlichen Rechnern über das Internet ermöglichen vgl. beispielsweise *Sieber*, Verantwortlichkeit im Internet S. 36 f.; *Freytag*, Haftung im Netz S. 242. Zum technischen Ablauf vgl. *Germann*, Gefahrenabwehr und Strafverfolgung im Internet S. 76 f.; *Lohse*, Verantwortung im Internet S. 30 f.

[114] Grundlage des WWW ist das Hyper Text Transfer Protocol (HTTP) sowie die Hyper Text Markup Language (HTML). Das Hypertextmodell ermöglicht die elektronische Verknüpfung von Textstellen durch sog. Hyperlinks. Dadurch wird es dem Benutzer möglich, schnell und ohne Probleme diesen hierdurch geschaffenen Querverweisen zu folgen. Zur genauen Funkti-

nunmehr jedem Nutzer möglich, anhand der einfach zu bedienenden Benutzeroberfläche Texte, Grafiken oder auch Musikstücke auf den jeweiligen Seiten abzurufen oder diese selbst darzustellen[115].

2.) E-Mail

Ein weiterer Dienst des Internet ist die elektronische Post (Electronic Mail, abgekürzt E-Mail). Die gesendeten Nachrichten werden innerhalb kürzester Zeit zugestellt und die durch das Versenden einer E-Mail entstehenden Kosten sind vergleichsweise gering[116]. Eine gesendete Mail wird zunächst in einer Mailbox abgelegt, von wo aus die weitere Versendung an die Mailbox des Empfängers erfolgt. Dieser wird von seinem E-Mail Programm über die eingegangene(n) Nachricht(en) unterrichtet und kann diese lesen[117]. Über sog. Mailinglisten können Nachrichten an beliebig viele Adressaten verschickt werden[118].

3.) Newsgroups[119]

Im Internet bestehen Nachrichtendienste, die mit Schwarzen Brettern zu vergleichen sind. Diese Nachrichtendienste werden Usenet genannt. Aufgrund der großen Zahl an Beiträgen werden diese thematisch in die sogenannten Newsgroups eingeteilt. Die einzelnen Nachrichten werden von Newsservern gespeichert und übermittelt[120]. Im Internet existieren mehrere tausend solcher Newsserver, die ihre Inhalte innerhalb kurzer Zeit abgleichen und auf andere Newsserver weiterleiten. Dieses automatisierte Verfahren wird Synchronisation genannt. Durch

---

onsweise des Hypertextmodells vgl. *Mayer*, Das Internet im öffentlichen Recht S. 36 f.; *Krol*, Die Welt des Internet S. 333 ff.; *Müller/Schallbruch*, PC-Ratgeber für Juristen S. 199 f.; *Scheller/Boden/Geenen/Kampermann*, Internet: Werkzeuge und Dienste S. 259 ff.

[115] Die Orientierung im WWW wurde nicht zuletzt durch das oben erwähnte Hyperlinksystem entscheidend vereinfacht.

[116] Bei der privaten E-Mail-Nutzung fallen lediglich die Verbindungskosten für die Einwahl ins WWW und gegebenenfalls Telefonkosten an.

[117] Ausführlich zum technischen Ablauf bei der Versendung einer E-Mail *Köhntopp/Köhntopp* CR 2000, 248, 254 f.; vgl. auch *Scheller/Boden/Geenen/Kampermann*, Internet: Werkzeuge und Dienste S. 71 f.

[118] Wie im weiteren Verlauf der Darstellung zu zeigen sein wird, spielt dies insbesondere bei der Versendung von E-Mails mit werbendem Inhalt eine große Rolle.

[119] Dazu *Mayer*, Das Internet im öffentlichen Recht S. 38 ff.; *Finke*, Die strafrechtliche Verantwortung von Internet-Providern S. 18 f.; *Sieber*, Verantwortlichkeit im Internet Rn. 54 ff.; *Ritz*, Inhalteverantwortlichkeit von Online-Diensten S. 23 f.; *Strömer*, Online-Recht S. 151 ff.; *Freytag*, Haftung im Netz S. 239 ff. Im Rahmen der Behandlung sowohl der Newsgroups als auch der im Anschluss zu erörternden Chat-Foren sollen lediglich die für diese Arbeit relevanten technischen Aspekte angesprochen werden.

[120] Zu der technischen Funktionsweise dieser Newsserver vgl. ausführlich *Sieber*, Verantwortlichkeit im Internet Rn. 59 ff.

dieses „Store-and-Forward"-Prinzip kann jeder Beitrag in einer Newsgroup auf jeden Newsserver im Internet übertragen werden. Dadurch kommt es zu einer weltweiten Verbreitung der Beiträge[121]. Die Beiträge in den Newsgroups werden regelmäßig gelöscht und durch neue Artikel ersetzt, um so die Aktualität dieser Diskussionsforen zu wahren[122].

Hinsichtlich der einzelnen Newsgroups muss ferner zwischen moderierten und unmoderierten Newsgroups unterschieden werden. Die moderierten Newsgroups werden von einem sog. Moderator betreut. Allerdings ist der Betreuungsaufwand bei diesen moderierten Newsgroups sehr hoch, da jeder eingehende Beitrag zunächst gelesen und darauf untersucht wird, ob sein Inhalt zum Thema der Newsgroup passt. Dementsprechend überwiegen auch klar die unmoderierten Newsgroups, bei denen jeder Nutzer die Möglichkeit hat, seinen Beitrag unmittelbar in die Newsgroup einzustellen[123].

4.) Chat-Foren

Der wesentliche Unterschied zu den oben dargestellten Newsgroups besteht darin, dass es sich bei einem Chat um einen Echtzeitdienst handelt. Von einem Echtzeitdienst spricht man, wenn die zwischen zwei oder mehr Personen übertragenen Daten ohne größere Verzögerung und unmittelbar ausgetauscht werden, während bei den Newsgroups die einzelnen Beiträge zunächst gespeichert und dann von den Nutzern gelesen werden können[124]. Eine Speicherung der Daten bei einem Chat auf dem Server des Providers erfolgt nicht.

V. Provider

Nunmehr soll auf die verschiedenen Provider im Internet eingegangen werden. Zu beachten ist hierbei, dass sich zwar Bezeichnungen herausgebildet haben, diese allerdings nicht immer einheitlich gebraucht werden[125]. Unter dem Gesichtspunkt der Verantwortlichkeitsregelungen in den §§ 8 bis 11 des Teledienstegesetzes (TDG) bzw. den weitgehend inhaltsgleichen §§ 6 bis 9 des

---

[121] Vgl. dazu *Ritz*, Inhalteverantwortlichkeit von Online-Diensten S. 24.

[122] *Sieber*, Verantwortlichkeit im Internet Rn. 99 (Fn.118).

[123] Für die Inhalte der Newsgroups sind schließlich die einzelnen Teilnehmer in der Regel selbst verantwortlich. Allerdings hat sich ein gewisser Verhaltenskodex innerhalb der Newsgroups herausgebildet, die sog. Netiquette. Wer sich nicht an diese akzeptierten Verhaltensweisen und Regeln hält, wird unter Umständen von den übrigen Teilnehmern mit Sanktionen belegt.

[124] Zu den Unterschieden ausführlich *Sieber*, Verantwortlichkeit im Internet Rn. 74 f.

[125] Zu beachten ist ferner, dass die Beteiligten teilweise mehrere der nachfolgend beschriebenen Funktionen wahrnehmen. Die Darstellung folgt den üblicherweise verwendeten Bezeichnungen.

Staatsvertrags über Mediendienste (MDStV) interessant sind vor allem der Access Provider, der Service Provider und der Content Provider[126].

1.) Access Provider

Der Access Provider stellt dem Nutzer die Infrastruktur zur Verfügung, welche dieser benötigt, um Zugang zum Internet zu erlangen. Indem er die technischen Voraussetzungen schafft, um Netzwerke oder einzelne Rechner miteinander zu verbinden[127]. Der reine Access Provider vermittelt seinen Kunden lediglich eine Zugangsmöglichkeit zum Internet. Davon zu unterscheiden ist der Webhosting Provider, der seinen Kunden zusätzlich zu dem Zugang zum Internet die Möglichkeit bietet, die Informationen des Kunden und die Abrufbarkeit seiner Website im Internet zu realisieren. Viele der klassischen Access Provider bieten ihren Kunden mittlerweile auch eine gewisse Speicherkapazität an, um dort Inhalte zu hinterlegen, so dass eine klare Abgrenzung zwischen reinem Access Provider und Webhosting Provider oft nicht mehr möglich, aber auch nicht vonnöten ist.

2.) Service Provider

Service Provider[128] sind diejenigen, die es durch eine bestimmte technische Umgebung Dritten ermöglichen, Internetdienste in Anspruch zu nehmen[129]. Im Unterschied zum Access Provider beschränkt sich ihre Tätigkeit jedoch nicht ausschließlich darauf, dem Nutzer den Zugang zur Nutzung des Internet zu verschaffen, vielmehr stellen die Service Provider selbst Dienste zur Verfügung, d.h. sie bieten fremde Inhalte auf eigenen Rechnern zur Nutzung an. Dabei ist wichtig, dass *fremde* Inhalte angeboten werden, um eine Abgrenzung zum Content Provider zu ermöglichen[130]. Gerade der Service Provider nimmt häufig auch Funktionen sowohl des Access- als auch des Content Providers wahr, wenn er nämlich den Internetzugang für den Nutzer ermöglicht und auf seinen Seiten

---

[126] Zu den einzelnen Providern im Hinblick auf die Haftungsregel des bis zur Neuregelung des TDG geltenden § 5 TDG/MDStV ausführlich *Freytag*, Haftung im Netz S. 157 ff.
[127] Vgl. *Lohse*, Verantwortung im Internet S. 25.
[128] Diese werden auch als Internet Service Provider (ISP) bezeichnet.
[129] Ausführlich dazu und zu der technischen Ausgestaltung vgl. *Mayer*, Das Internet im öffentlichen Recht S. 49.
[130] Zu diesem sogleich.

eigene Inhalte zur Nutzung bereithält[131]. Daher ist eine Abgrenzung auch hier nicht immer einfach[132].

3.) Content Provider

Content Provider ist schließlich derjenige, der eigene Inhalte auf eigenen oder fremden Rechnern bereithält. Meist werden diese Daten auf den Rechnern eines Service Providers bereitgehalten[133]. Wichtig hierbei ist das Bereithalten *eigener* Inhalte[134]. Dabei ist unerheblich, ob es sich um kostenpflichtige oder kostenlose Informationen handelt. Content Provider ist also z.B. sowohl derjenige, der Datenbanken bereithält als auch derjenige, der Waren zum Verkauf oder Dienstleistungen anbietet.

---

[131] Vgl. *Sieber*, CR 1997, 581, 598; *Lohse*, Verantwortung im Internet S. 26.

[132] Es wird jedoch vorgeschlagen, immer dann vom Service Provider zu sprechen, wenn das Bereithalten fremder Inhalte auf eigenen Rechnern überwiegt, vgl. *Lohse*, Verantwortung im Internet S. 26; *Mayer*, Das Internet im öffentlichen Recht S. 49 f.

[133] Content Provider ist somit beispielsweise auch derjenige, der eine private Homepage unterhält.

[134] Im Gegensatz zum Service Provider, der wie gezeigt auch fremde Inhalte zur Nutzung bereithält.

Dritter Teil: Mögliche Verletzungen des Persönlichkeitsrechts in den Neuen Medien

Bei möglichen Verletzungen des Persönlichkeitsrechts durch die Neuen Medien empfiehlt es sich, zunächst auf die Wahrung des persönlichen Lebensbereichs einer Person und hier insbesondere auf den Schutz der Privatsphäre einzugehen, da sich aus diesem geschützten Bereich der Persönlichkeit hilfreiche Aufschlüsse auch für den Bereich der Selbstdarstellung des Einzelnen in der Öffentlichkeit gewinnen lassen, da beispielsweise die Frage nach der Zulässigkeit der Veröffentlichung von Bildern einer Person, die Wiedergabe von Äußerungen einer Person oder das Recht der persönlichen Ehre als Teil dieser Selbstdarstellung im engen Zusammenhang mit der Privatsphäre einer Person steht[135].

I. Die Wahrung des persönlichen Lebensbereichs einer Person

Der persönliche Lebensbereich einer Person wird wesentlich durch den Schutz ihrer Privatsphäre bestimmt. Ein erster Ansatz zum Schutz der Privatsphäre[136] war die im Zivilrecht entwickelte Sphärentheorie.

1.) Die Sphärentheorie des Zivilrechts

Bereits frühzeitig ging *Hubmann* davon aus, dass um den „Eigenwert der Persönlichkeit" verschiedene Sphären unterschiedlicher Schutzintensität angeordnet seien, welche er in die Individual-, die Privat- und die Geheimsphäre untergliederte[137]. Auch in der zivilrechtlichen Rechtsprechung konnte sich diese Sphärentheorie durchsetzen, wobei die Klassifizierung der einzelnen Sphären nicht immer einheitlich erfolgt, überwiegend jedoch eine Unterscheidung nach Öffentlichkeits-, Sozial- (bzw. Individual-), Privat- und Intimsphäre vorgenommen

---

[135] Bei der Frage nach der Zulässigkeit von Bildveröffentlichungen beispielsweise ist immer zu fragen, inwieweit diese Veröffentlichungen einen Eingriff in die Privatsphäre des Abgebildeten darstellen. So hat der BGH in den Entscheidungen, in denen die Zulässigkeit von Veröffentlichungen von heimlichen Bildaufnahmen von *Prinzessin Caroline von Monaco* zu beurteilen war auch immer auf den Gedanken des Privatsphärenschutzes zurückgegriffen.

[136] Instruktiv dazu beispielsweise *Rohlf*, Der grundrechtliche Schutz der Privatsphäre S. 23 ff., S. 70 ff.; *Geis*, JZ 1991, 112, ff.; v.Staudinger-*Hager*, § 823 BGB Rn. C 187 ff.; *Störmer*, Jura 1991, 17 ff.; *Brossette*, Der Wert der Wahrheit im Schatten des Rechts auf informationelle Selbstbestimmung S. 129 ff.

[137] *Hubmann*, Das Persönlichkeitsrecht S. 269. Bildlich wird oftmals von konzentrischen Kreisen unterschiedlicher Schutzintensität gesprochen. Kritisch zur Sphärentheorie *Schwan*, VerwArch 66 (1975), 120, 147 ff.

wird[138]. Die Heranziehung verschiedener Sphären soll dazu dienen, den Bereich der Persönlichkeit, der durch das Selbstbestimmungsrecht seines Trägers gekennzeichnet ist, räumlich umschreiben zu können[139]. Trotz der vielfach unterschiedlichen Benennung der einzelnen Sphären lassen sich doch Gemeinsamkeiten ausmachen, die im Einzelnen näher beleuchtet werden sollen.

a) Die Intimsphäre

Die Intimsphäre ist der engste Persönlichkeitsbereich und umfasst die innerste Gefühls- und Gedankenwelt einschließlich des Sexuallebens als unantastbaren Bereich menschlicher Freiheit[140]. Dieser Bereich genießt absoluten Schutz. Auch eventuell überwiegende Allgemeininteressen können einen Eingriff in die absolut geschützte Intimsphäre nicht rechtfertigen, da in diesem Bereich eine Abwägung nicht stattfindet[141].

b) Die Privatsphäre

Um die Intimsphäre legt sich die Privatsphäre. Diese umfasst den Menschen in seinem häuslichen, familiären Kreis bzw. sein sonstiges Privatleben, welches dem öffentlichen Einblick entzogen ist[142]. Hierzu zählt das Recht, für sich zu sein, mithin sich selbst zu gehören[143]. Der BGH erkannte im Jahre 1996 erstmals auch eine außerhalb des häuslichen Bereichs schützenswerte Privatsphäre an, falls sich die betreffende Person in eine örtliche Abgeschiedenheit zurückgezogen habe, es objektiv erkennbar sei, dass sie hier für sich allein sein wolle und sie sich im Vertrauen auf die Abgeschiedenheit so verhalte, wie sie es in der breiten Öffentlichkeit nicht tun würde[144]. Im Gegensatz zur Intimsphäre ist die Privatsphäre nicht absolut geschützt. Insbesondere befindet sich der Privatsphärenschutz in einem Spannungsverhältnis zur Presse- und Rundfunkfreiheit aus

---

[138] Vgl. BGHZ 73, 120, 124; OLG Hamburg, NJW 1967, 2314, 2316; vgl. auch BGH NJW 1981, 1366 ff. Aus der Literatur z.B. *Hermann*, Rundfunkrecht § 25 Rn. 41 ff.; *Löffler/Ricker*, Presserecht 42. Kap. Rn. 6 ff.; *Geis*, JZ 1991, 112; *von Holleben*, Geldersatz bei Persönlichkeitsverletzungen durch die Medien S. 23; *Brossette*, Der Wert der Wahrheit im Schatten des Rechts auf informationelle Selbstbestimmung S. 129 ff.

[139] Vgl. *Brossette*, Der Wert der Wahrheit im Schatten des Rechts auf informationelle Selbstbestimmung S. 129.

[140] V.Staudinger-*Hager*, § 823 BGB Rn. C 188; *Löffler/Ricker*, Handbuch des Presserechts 42. Kap. Rn. 17; *Ukrow*, § 7 MDStV Rn. 53 in: Roßnagel, Recht der Multimediadienste.

[141] V.Staudinger-*Hager*, § 823 BGB Rn. C 188; *Hermann*, Rundfunkrecht § 25 Rn. 46; *Wenzel*, Das Recht der Wort- und Bildberichterstattung Rn. 5.39.

[142] *Ricker*, NJW 1990, 2097, 2098; BGH NJW 1996, 1128, 1129.

[143] BGH NJW 1996, 1128, 1129.

[144] BGH NJW 1996, 1128, 1129.

Art. 5 Abs. 1 S. 2 GG, so dass es im Einzelfall einer umfassenden Güter- und Interessenabwägung zwischen diesen sich im Widerstreit befindlichen Rechtsgütern bedarf[145]. Aus besonderen, für die Allgemeinheit bedeutsamen Gründen, kann ein Eingriff in die Privatsphäre zulässig sein[146].

c) Die Sozial- und Öffentlichkeitssphäre

An die Privatsphäre wiederum grenzt die Sozialsphäre an[147]. Hierunter ist der Bereich zu verstehen, in dem der Mensch nach außen in Erscheinung tritt, er also auch von solchen Dritten wahrgenommen werden kann, zu denen im Gegensatz zur Privatsphäre keine rein persönlichen Beziehungen bestehen[148]. Im Unterschied zur Öffentlichkeitssphäre, die denjenigen Bereich umfasst, von dem jedermann Kenntnis erlangen kann und gegebenenfalls auch soll[149], ist die Sozialsphäre der Bereich, in dem das jeweilige Individuum zwar öffentlich agiert (z.B. das soziale oder berufliche Umfeld), sich aber nicht gezielt an die Öffentlichkeit wendet[150].

Auch für die Sozialsphäre gilt, dass es der Entscheidungsfreiheit des Einzelnen überlassen bleibt, ob Gegenstände oder Sachverhalte aus dieser Sphäre der Öffentlichkeit zugänglich gemacht werden, doch kann wie bei der Privatsphäre eine Abwägung mit dem öffentlichen Interesse an der Veröffentlichung des bestimmten Sachverhalts ergeben, dass dieses öffentliche Interesse gegenüber der Sozialsphäre überwiegt und eine Veröffentlichung somit zulässig ist[151]. Dagegen darf aus der Öffentlichkeitssphäre, also dem der Öffentlichkeit zugekehrten Bereich, eine Berichterstattung grundsätzlich erfolgen, solange sich diese Berichterstattung nicht auf unwahre Tatsachenbehauptungen, ehrverletzende Äußerungen oder die sogenannte Schmähkritik beschränkt[152].

---

[145] Vgl. *Hermann*, Rundfunkrecht § 25 Rn. 45; *Löffler/Ricker*, Handbuch des Presserechts 42.Kap. Rn. 8; *Soehring*, Presserecht § 19 Rn. 19.12; *Wenzel*, das Recht der Wort- und Bildberichterstattung Rn. 5.51.

[146] *Ukrow*, § 7 MDStV Rn. 60 in: Roßnagel, Recht der Multimediadienste.

[147] Vor allem früher wurde die Sozialsphäre häufig auch als Individualsphäre bezeichnet, vgl. *Hubmann*, Das Persönlichkeitsrecht S. 269. Aus neuerer Zeit z.B. *Hermann*, Rundfunkrecht § 25 Rn. 44.

[148] *Paschke*, Medienrecht Rn. 726.

[149] *Ukrow*, § 7 MDStV Rn. 63 in: Roßnagel, Recht der Multimediadienste.

[150] *Wenzel*, Das Recht der Wort- und Bildberichterstattung Rn. 5.54.

[151] *Soehring*, Presserecht § 19 Rn. 19.41.

[152] *Wenzel*, Das Recht der Wort- und Bildberichterstattung Rn. 5.61; *Paschke*, Medienrecht Rn. 727; *Löffler/Ricker*, Handbuch des Presserechts 42.Kap Rn. 7. Die Problematik der unwahren Tatsachenbehauptungen, der ehrverletzenden Äußerungen sowie der Schmähkritik werden insbesondere bei der Frage relevant, inwiefern diese Äußerungen eine Verletzung des Rechts der persönlichen Ehre des Betroffenen darstellen. Im Rahmen der Darstellung des Ehrenschutzes wird auf diese Problemfelder ausführlich eingegangen.

2.) Die Privatsphäre im öffentlichen Recht

Das BVerfG schloss sich zunächst dem zivilrechtlichen Ansatz der Sphärentheorie an und entwickelte diesen in verfassungsrechtlicher Hinsicht fort[153]. Allerdings nahm das BVerfG keine explizite Unterscheidung in einzelne Sphären vor, wie sie vornehmlich in der Zivilrechtsliteratur erfolgt war, vielmehr ging es von einem unantastbaren Bereich privater Lebensgestaltung aus, der dem Zugriff und der Einwirkung staatlicher Gewalt schlechthin entzogen sei[154]. Dieser Kernbereich sei von einer äußeren Sphäre umgeben, in welche „im überwiegenden Interesse der Allgemeinheit unter strikter Wahrung des Verhältnismäßigkeitsgebotes"[155] eingegriffen werden dürfe. Insofern scheint es ungenau, wenn die Rechtsprechung des BVerfG mit der Sphärentheorie des Zivilrechts gleichgesetzt wird, da sich in der Rechtsprechung des BVerfG keine um die „äußere Sphäre" gelagerte Sozial- oder Öffentlichkeitssphäre findet[156]. Vielfach wurde statt dessen von der Kernbereichsthese gesprochen[157]. Im sog. Volkszählungsurteil[158] sagte das BVerfG jedoch, dass der einzelne kein „Recht im Sinne einer absoluten, uneingeschränkten Herrschaft über ‚seine' Daten" habe[159]. Unter Bezugnahme auf frühere Entscheidungen wurde in diesem Urteil zunächst auf „die aus dem Gedanken der Selbstbestimmung folgende Befugnis des einzelnen" eingegangen, „grundsätzlich selbst zu entscheiden, wann und innerhalb welcher Grenzen persönliche Lebenssachverhalte offenbart werden"[160]. Allerdings sei dieses „Recht auf informationelle Selbstbestimmung"[161] nicht schrankenlos ge-

---

[153] Vgl. BVerfGE 6, 32, 41; BVerfGE 27, 1, 6 – Mikrozensus; BVerfGE 27, 344, 350 f. – Scheidungsakten; BVerfGE 32, 373, 378 f. – Krankenblätter; BVerfGE 33, 367, 376 f. – Zeugnisverweigerung; BVerfGE 34, 269, 282 f. – Soraya; BVerfGE 35, 202, 220 – Lebach; BVerfGE 47, 46, 73 – Sexualkunde; BVerfGE 54, 148, 153 f. – Eppler. In den genannten Entscheidungen sagt das BVerfG, dass es einen unantastbaren Bereich privater Lebensgestaltung gebe, die sogenannte Intimsphäre. Jedoch stehe nicht der gesamte Bereich des privaten Lebens unter dem Schutz des Grundrechts aus Art. 2 Abs. 1 GG i.V.m. Art. 1 Abs. 1 GG. Bereits abgeschwächter äußerte sich das BVerfG in BVerfGE 63, 131, 142 – Gegendarstellung.

[154] BVerfGE 6, 32, 41; BVerfGE 27, 1, 6 f.; BVerfGE 27, 344, 350 f.; BVerfGE 80, 367, 373.

[155] BVerfGE 27, 344, 351; BVerfGE 34, 238, 246.

[156] Insoweit missverständlich *Pieroth/Schlink*, Grundrechte Rn. 376; *Tinnefeld*, DuD 2000, 220, 222; *Podlech* in: AK-GG, Art. 2 I Rn. 35 ff. Dagegen *v. Arnauld*, ZUM 1996, 286, 289; *Störmer*, Jura 1991, 17, 19; *Dalakouras*, Beweisverbote bezüglich der Achtung der Intimsphäre unter besonderer Berücksichtigung der Grundrechte sowie des griechischen Rechts S. 48, 56. Vgl. auch *Rohlf*, Der grundrechtliche Schutz der Privatsphäre S. 123 f.; *Schmitt Glaeser* in: HbStR VI, § 129 Rn. 37. Zur Konzeption des Privatsphärenschutzes in der Rechtsprechung des BVerfG auch *Scholz*, AöR 100 (1975), 265 ff.

[157] Vgl. z.B. *v. Arnauld*, ZUM 1996, 286, 289; *Störmer*, Jura 1991, 17, 19.

[158] BVerfGE 65, 1 ff.

[159] BVerfGE 65, 1, 43 f.

[160] BVerfGE 65, 1, 42.

[161] Die wegweisende Ausgangsentscheidung für das Recht auf informationelle Selbstbestimmung ist das Volkszählungsurteil des BVerfG, doch ist bereits in BVerfGE 57, 170, 201 von

währleistet. Daraus wurde in der Literatur teilweise gefolgert, das BVerfG habe die Sphärentheorie zumindest für den Bereich der informationellen Selbstbestimmung aufgegeben[162] bzw. ausgesagt, dass auch der Kernbereich keinen absoluten Schutz genieße.

Gegen diese Auffassung lässt sich jedoch anführen, dass das BVerfG in einer Reihe späterer Entscheidungen eine Unterscheidung zwischen dem Kernbereich und dem sonstigen Schutzbereich des allgemeinen Persönlichkeitsrechts weiterhin vornimmt, gerade auch für das Recht auf informationelle Selbstbestimmung als Ausprägung des allgemeinen Persönlichkeitsrechts[163]. Geht man also davon aus, dass das BVerfG auch weiterhin einen unantastbaren Kern privater Lebensgestaltung annimmt, so darf jedoch nicht eine terminologische Gleichstellung der Intimsphäre im Sinne der zivilrechtlichen Sphärentheorie mit dem absolut geschützten Kernbereich der Rechtsprechung des BVerfG erfolgen[164]. Eine solche Gleichstellung ist abzulehnen, da die Intimsphäre nicht zwangsläufig zum Kernbereich zählen muss[165].

Wenn das BVerfG in seinem Volkszählungsurteil sagt, dass „es unter den Bedingungen der automatischen Datenverarbeitung kein ‚belangloses' Datum mehr" gebe[166], so lässt sich daraus folgern, dass es immer eine einzelfallorientierten Betrachtungsweise erfordert um festzustellen, ob das Recht auf informationelle Selbstbestimmung verletzt ist oder nicht. Der Vorteil einer solchen Einzelfallbetrachtung besteht darin, dass hierdurch die Besonderheiten der jeweiligen Fallgestaltung Berücksichtigung finden können. Gerade im Bereich des Internet scheint diese einzelfallorientierte Sichtweise vorzugswürdig, da aufgrund einer Vielzahl neuartiger Konstellationen mögliche Problemfälle so am besten beurteilt werden können.

---

dem „informationellen Selbstbestimmungsrecht" die Rede. Vgl. dazu aber auch *Brossette*, Der Wert der Wahrheit im Schatten des Rechts auf informationelle Selbstbestimmung S. 135.

[162] So z.B. *Geis*, JZ 1991, 112, 113; *Podlech* in: AK-GG, Art. 2 I Rn. 40; *Pieroth/Schlink*, Grundrechte, 5.Auflage 1989 Rn. 434. Ab der 13.Auflage (1997) rückten *Pieroth/Schlink* von dieser Auffassung allerdings wieder ab. Zur gesamten Problematik vgl. *Bizer*, Forschungsfreiheit und informationelle Selbstbestimmung S. 145 ff.

[163] Vgl. beispielsweise BVerfGE 80, 367, 373 ff.; BVerfGE 89, 69, 82 f.; BVerfG NJW 1997, 1769. Ebenso v.Staudinger-*Hager*, § 823 BGB Rn. C 187.

[164] So aber *Pieroth/Schlink*, Grundrechte Rn. 376; *Krauß*, FS Gallas S. 378; vgl. auch *Schmidt*, JZ 1974, 241, 243 f.; *Schwan*, VerwArch 66 (1975), 120, 147.

[165] Vgl. dazu *v. Arnauld*, ZUM 1996, 286, 290 f. Gegen diese Gleichsetzung auch *Störmer*, Jura 1991, 17, 20.

[166] BVerfGE 65, 1, 45.

3.) Mögliche Beeinträchtigungen der Privatsphäre durch die Neuen Medien

a) Spamming

Zunächst kommt eine mögliche Beeinträchtigung des Persönlichkeitsrechts bzw. der Privatsphäre durch die unaufgeforderte Zusendung von E-Mails mit werbendem Inhalt (Spamming) in Betracht. Der Zusammenhang mit persönlichkeitsrechtlichen Aspekten ergibt sich daraus, allerdings daraus, dass es ein Aspekt der geschützten Privatsphäre ist, in Ruhe gelassen zu werden, also auch vor unerbetener Werbung verschont zu bleiben[167].

aa) Begriffliches

Spamming[168] bedeutet das massenhafte, unaufgeforderte und in den meisten Fällen unerwünschte Zusenden von E-Mails mit (größtenteils) werbendem Inhalt[169]. Für den Werbetreibenden handelt es sich hierbei um eine verglichen mit der herkömmlichen Briefwerbung äußerst kostengünstige Art, Werbung zu betreiben, da keine Druck- und ähnliche Kosten anfallen[170]. Außerdem lässt sich die Werbenachricht in kürzester Zeit an einen beliebig großen Empfängerkreis versenden[171]. Für den Empfänger von E-Mail-Werbung ist dies oftmals lästig, da

[167] Eine Persönlichkeitsverletzung durch das Aufdrängen von Werbung annehmend beispielsweise *Murswiek* in: Sachs, Art. 2 GG Rn. 70; BVerfG NJW 1991, 910, 911; Soergel-*Zeuner*, § 823 BGB Rn. 99. Eine Studie der US-Info-Website Dslreports.com untersuchte, wie lange es dauert, bis man unerwünschte E-Mail-Werbung erhält, wenn man seine E-Mail-Adresse ins Internet stellt. Die Studie ergab, dass bereits nach acht Stunden die erste Werbe-E-Mail einging. Vgl. dazu http://www.netzeitung.de/servlets/page?section=926&item=179032.

[168] Neben dieser überwiegend verwendeten Bezeichnung findet sich des öfteren noch eine Benennung dieser Werbe-E-Mails als „Junk Mail." Weniger häufig werden Begriffe wie „Bulk Mail", UCE (Unsolicited Commercial E-Mail) oder UBE (Unsolicited Bulk E-Mail) verwendet, vgl. *Jöhri*, Werbung im Internet S. 74; *Schrey/Westerwelle*, Beilage 18 zu Heft 48/1997, Betriebs-Berater, 17; *Strömer*, Online-Recht S. 105; *Westerwelle*, Anm. zu LG Berlin, MMR 1999, 45 ff.

[169] Meist wird gesagt, dass die Bezeichnung auf einen Sketch der englischen Comedy-Gruppe Monty Python zurückgeht, die das Wort wiederum der amerikanischen Dosenfleischmarke SPAM (Spiced Pork And Ham) entlehnten. Dazu und zu weiteren Deutungsmöglichkeiten hinsichtlich des Ursprungs des Begriffs vgl. *Jöhri*, Werbung im Internet S. 74 (Fn.236); *Ziem*, MMR 2000, 129 f.

[170] Die wirtschaftliche Bedeutung der Versendung von E-Mail-Werbung zeigt sich bereits daran, dass nach Schätzungen im Jahr 2005 170 Millionen E-Mail-Nutzer prognostiziert werden, vgl. die Nachweise bei *Leupold*, WRP 1998, 270, 271.

[171] Mittels sog. Mailing-Listen ist der gleichzeitige Versand mehrerer tausend E-Mails möglich. Es gibt seit geraumer Zeit Unternehmen, die sich gerade auf die Vermittlung von E-Mail-Adressen spezialisiert haben. Eine weitere Möglichkeit, um an E-Mail-Adressen zu ge-

er eine Nachricht mit werbendem Inhalt unter Umständen nicht also solche erkennen kann und der Zugang einer nicht als solchen gekennzeichneten werbenden E-Mail technisch grundsätzlich auch nicht verhindert werden kann[172]. Zur Klärung, ob Spamming eine Verletzung des Persönlichkeitsrechts darstellt, empfiehlt es sich, zunächst auf die herkömmlichen Arten der Direktwerbung und die im Zusammenhang damit vertretenen Auffassungen einzugehen[173].

bb) Die Zulässigkeit von Direktwerbung im herkömmlichen Sinne

Rechtsprechung und Literatur hatten sich bereits seit geraumer Zeit mit der Zulässigkeit dieser Art der unerwünschten Werbung auseinander zu setzen. In diesem Zusammenhang wurde die Zulässigkeit unaufgeforderter Telefon-, Telex-, Btx- und Telefaxwerbung erörtert[174]. Aber auch auf die rechtliche Bewertung unerbetener Briefkastenwerbung wurde in diesem Kontext eingegangen[175]. Allerdings bezogen sich die Ausführungen hierzu in der Regel auf die Zulässigkeit unerwünschter Werbung in wettbewerbsrechtlicher Sicht. Zwar wurde bei der Prüfung, ob solche unerbetene Werbung rechtlich zu beanstanden sei, auf das Eindringen des Werbenden in die Individual- und Privatsphäre des Beworbenen eingegangen, allerdings hauptsächlich unter dem Gesichtspunkt, einen Verstoß gegen die guten Sitten im Sinne des § 1 UWG feststellen zu können[176]. Wie zu

---

langen, ist, die Adressen mittels automatisierter Scripts in Newsgroups oder „whois"-Datenbanken zu sammeln, vgl. *Leupold*, WRP 1998, 270, 271. Zur Funktionsweise von E-Mail vgl. oben S. 24 f.

[172] Es existieren zwar sog. Filterprogramme, die u.a. im Internet zum Download bereitgehalten werden und die es dem Nutzer ermöglichen, Werbe-E-Mails automatisch aus seinem elektronischen Briefkasten herausfiltern zu lassen, doch bieten auch diese Filterprogramme keinen hundertprozentigen Schutz gegen Spamming. Vgl. dazu *Leupold*, WRP 1998, 270, 272.

[173] Bei der Erörterung der rechtlichen Zulässigkeit von unerbetener E-Mail-Werbung werden häufig Kriterien der Zulässigkeit von Telefon-, Telex-, Btx-, Telefax- und Briefkastenwerbung herangezogen, vgl. beispielsweise *Härting*, Internet Recht Rn. 261 ff.; *Funk*, CR 1998, 411, 416 ff.; *Ernst*, BB 1997, 1057, 1060; *Ziem*, MMR 2000, 129, 130 f.; *Schrey/Westerwelle*, Beilage 18 zu Heft 48/1997, Betriebs-Berater, 18 ff.; *Schmittmann*, Anm. zu LG Traunstein, MMR 1998, 53. Aus der Rechtsprechung vgl. nur LG Traunstein, CR 1998, 171 ff. Vgl. zur Zulässigkeit von E-Mail-Werbung unter wettbewerbsrechtlichen Gesichtspunkten auch die Richtlinie 97/7/EG des Europäischen Parlamentes und des Rates vom 20.5.1997 über den Verbraucherschutz bei Vertragsschlüssen im Fernabsatz, abgedruckt in NJW 1988, S. 212 ff.

[174] Vgl. dazu aus der Rechtsprechung BGH GRUR 1970, 523 – Telefon-Werbung I; BGH GRUR 1973, 210 = BGH NJW 1973, 42 – Telex-Werbung; BGH GRUR 1988, 614 – Btx-Werbung; BGH GRUR 1996, 208 = BGH NJW 1996, 660 – Telefax-Werbung.

[175] Vgl. BGH GRUR 1973, 552; BGH GRUR 1992, 617.

[176] Vgl. z.B. BGH GRUR 1970, 523 – Telefon-Werbung I; BGH GRUR 1973, 210; BGH GRUR 1988, 614; BGH NJW 1988, 1670, 1671; BGH GRUR 1989, 753 – Telefon-Werbung II, BGH GRUR 1990, 280 – Telefon-Werbung III; BGH NJW 1992, 1109, 1110; BGH

zeigen sein wird können diese Aspekte aber auch vor dem Hintergrund möglicher Persönlichkeitsrechtsverletzungen fruchtbar gemacht werden.

aaa) Die Rechtsprechung zur Direktwerbung unter wettbewerbsrechtlichen Gesichtspunkten

(1) Telefonwerbung

In einer Entscheidung aus dem Jahre 1970 hatte der BGH die grundsätzliche Wettbewerbswidrigkeit unaufgeforderter Telefonwerbung festgestellt[177]. In nachfolgenden Entscheidungen arbeitete der BGH heraus, dass eine derartige Werbung nur dann zulässig sein könne, falls der Angerufene der Telefonwerbung durch den Anrufer vorher zugestimmt habe[178]. Die grundsätzliche Unzulässigkeit der Direktwerbung per Telefon begründete der BGH mit dem damit verbundenen Eingriff in die Privatsphäre des Angerufenen. Dieser erkenne erst während des Gesprächs, nicht jedoch im Voraus, ob es sich bei dem Anruf um Telefonwerbung handele oder nicht[179]. Sei der Angerufene aber erst einmal in ein Werbegespräch verwickelt, so falle es ihm oft schwer, sich diesem Gespräch zu entziehen[180]. Allein die Tatsache, dass der Telefonkunde einen Telefonanschluß habe, könne nicht als Einwilligung in das Eindringen in seine Privatsphäre angesehen werden. Ein Telefonanschluß ermögliche zwar die individuelle Kommunikation erst, damit willige der Kunde aber nicht in die unverlangte Telefonwerbung ein[181]. Aufgrund dieses Eindringens in die Privatsphäre des Angerufenen wird die Werbung per Telefon allgemein grundsätzlich als unzulässig erachtet[182].

GRUR 1995, 220 – Telefon-Werbung V; BGH GRUR 1996, 208. Vgl. auch *Härting*, Internet Recht Rn. 262.

[177] BGH GRUR 1970, 523 – Telefon-Werbung I.

[178] BGH NJW 1989, 2820 – Telefon-Werbung II mit Anm. *Paefgen*, ZIP 1989, 1286 f.; BGH ZIP 1989, 1285, 1286. In weiteren Entscheidungen konkretisierte der BGH, wann von einer solchen Zustimmung ausgegangen werden könne.

[179] Vgl. BGH NJW 1991, 2087, 2088.

[180] Vgl. BGH NJW 1991, 2087, 2088; BGHZ 54, 188, 191 f.; BGHZ 113, 282, 284; *Krüger-Nieland*, GRUR 1974, 561, 562.

[181] Vgl. auch *Krajewski*, MMR 2001, 86, 87. Zu Werbemitteilungen per Handy vgl. *Remmertz*, MMR 2003, 314 ff.

[182] In der Entscheidung „Telefon-Werbung II" des BGH sagte das Gericht, dass gegenüber Privatpersonen Telefonwerbung nur dann zulässig ist, wenn der Angerufene zuvor ausdrücklich oder stillschweigend sein Einverständnis zu derartigen werbenden Telefonanrufen erklärt habe. Ein solches Einverständnis könne aber noch nicht in bestehenden geschäftlichen Beziehungen gesehen werden, da dies dem verfassungsrechtlich gebotenen Schutz der Privatsphäre widersprechen würde. Vielmehr sei für ein konkludentes Einverständnis des Angerufenen

(2) Telefax- und Telexwerbung

Auch im Hinblick auf die Werbung mittels Telefax oder Telex hat der BGH die Wettbewerbswidrigkeit bejaht[183]. Ebenso wie bei der Telefonwerbung trete eine Belästigung des Beworbenen ein. Zum anderen sei das Telex- oder Telefaxgerät für die Zeitspanne blockiert, in welcher die Werbung übertragen werde; der Empfänger könne in dieser Zeit das Gerät nicht zum Empfang oder zur Absendung anderweitiger Nachrichten nutzen[184]. Schließlich seien auch die Kosten zu beachten, die dem Empfänger gerade bei der Telefaxwerbung durch die Werbezusendung in Form von Papier-, Toner- und Stromkosten entstünden[185]. Dies und die drohende Nachahmungsgefahr[186] führte dazu, dass unaufgeforderte Telefax- und Telexwerbung ebenfalls als wettbewerbswidrig angesehen wurde.

(3) Btx-Werbung

Ende der achtziger Jahre hatte der BGH schließlich über die Zulässigkeit von Bildschirmtext (Btx) Werbung zu entscheiden[187]. Abweichend zur Telefonwerbung stellte der BGH fest, dass der Btx-Teilnehmer als Empfänger der Werbung nicht immer genau zu dem Zeitpunkt in seiner Privatsphäre gestört werde, in dem die Werbung zugehe und sich dieser unter Umständen nur schwer entziehen könne[188]. Denn die Werbemitteilung werde zunächst in die Mailbox des Empfängers übertragen. Auch das Kostenargument, welches bei Telefax- und Telex-Werbung angeführt wurde, lehnte der BGH ab[189]. Zu beachten sei jedoch, dass die Btx-Nachricht zunächst aus dem Inhaltsverzeichnis auf den Bildschirm geladen werden müsse. Eine Löschung der empfangenen Nachrichten ist bei dem Btx-System erst dann möglich, nachdem diese vom Empfänger gelesen bzw. geladen wurde, eine direkte Löschung noch im Inhaltsverzeichnis ist nicht möglich. Aus dem damit verbundenen Aufwand an Zeit und Mühe beim Aussortieren derjenigen Nachrichten, die werbenden Inhalts und damit unerwünscht sind,

---

erforderlich, dass dieser bei bestehenden Geschäftsbeziehungen „neben seiner Adresse auch seine Telefonnummer in der Erkenntnis mitteilt, diese werde von dem werbenden Unternehmen zur Fortführung des geschäftlichen Kontaktes genutzt", vgl. BGH GRUR 1989, 753, 754.

[183] Vgl. BGH NJW 1973, 42 – Telex; BGH GRUR 1996, 208 – Telefax.

[184] Vgl. BGH NJW 1973, 42; OLG Hamm GRUR 1990, 689, 690; BGH NJW 1996, 660, 661; OLG Oldenburg, NJW 1998, 3208.

[185] BGH NJW 1996, 660, 661; OLG Stuttgart, CR 1995, 470, 471.

[186] Vgl. BGH GRUR 1973, 210, 212. Auf diese Nachahmungsgefahr und die damit einhergehende „Verwilderung der Wettbewerbssitten" hatte sich der BGH bereits zur Begründung der Unzulässigkeit der Telefonwerbung berufen, vgl. BGH GRUR 1970, 523, 524.

[187] BGH GRUR 1988, 614.

[188] BGH NJW 1988, 1670, 1671 – Btx-Werbung.

[189] Vgl. BGH GRUR 1988, 614, 615 mit Anm. *Lachmann*, GRUR 1988, 617.

folgt nach dem BGH die wettbewerbsrechtliche Unzulässigkeit der Btx-Werbung[190].

Allerdings wies der BGH auch darauf hin, dass sich diese Beurteilung ändern könne, falls die unaufgeforderte Werbung als solche sofort zu erkennen sei[191] und der Empfänger sie leicht aussortieren und löschen könne, ohne dass hierfür der vorherige Abruf und Bildaufbau auf dem Bildschirm erforderlich sei[192].

(4) Briefkastenwerbung

Nach Auffassung des BGH ist Briefkastenwerbung grundsätzlich unbedenklich und zulässig, da weite Bevölkerungskreise ein Interesse an informativer Werbung hätten; eine solche Art der Werbung sei daher wettbewerbsrechtlich unbedenklich[193]. Zwar könne in Fällen der Briefkastenwerbung ein unzulässiger Eingriff in das Persönlichkeitsrecht des Empfängers dieser Werbung liegen[194], doch müsse dies nicht notwendigerweise ein sittenwidriges Verhalten im Sinne des § 1 UWG darstellen[195].

bbb) Mögliche Verletzungen des Persönlichkeitsrechts durch unaufgeforderte Direktwerbung

Wie bereits angedeutet wurde bei der Würdigung unverlangt zugesandter Direktwerbung in der Rechtsprechung nicht ausschließlich auf wettbewerbsrechtliche Gesichtspunkte abgestellt. Vielmehr erfolgte auch eine Auseinandersetzung mit der Frage, ob derartige Werbung das Persönlichkeitsrecht des Empfängers der Werbung verletze[196]. Bei der gerichtlichen Überprüfung, ob ein bestimmtes Werbeverhalten gegen die guten Sitten im Sinne des § 1 UWG verstößt wurde eine solche Wettbewerbswidrigkeit auch unter Heranziehung von persönlichkeitsrechtlichen Wertungen beurteilt. Es wurde nämlich auf das Eindringen des

[190] BGH GRUR 1988, 614, 615; BGH NJW 1988, 1670, 1671; BGHZ 103, 203, 207 f. Dies auch aufgrund der schon bei der Telefon-, Telefax- und Telex-Werbung bestehenden Gefahr, dass andere Werbetreibende aus Wettbewerbsgründen zu einer Nachahmung veranlasst werden könnten, was für den Empfänger zu einer zusätzlichen Belastung führen könne.
[191] Zum Beispiel durch Kenntlichmachung des werbenden Inhaltes.
[192] BGH GRUR 1988, 614, 617.
[193] BGH GRUR 1973, 552, 553.
[194] Dazu sogleich.
[195] BGH NJW 1992, 109, 1110.
[196] Vgl. BGHZ 60, 296, 300 = BGH GRUR 1973, 552, 553.

Werbenden in die Privatsphäre des Empfängers abgestellt und hieraus der Rückschluss auf die Unzulässigkeit der Werbung gezogen[197].

Für die Fälle der Briefkastenwerbung wurde explizit eine Zulässigkeitsprüfung dieser Art von Werbung im Hinblick auf das Persönlichkeitsrecht des Empfängers vorgenommen, ohne auf etwaige wettbewerbsrechtliche Gesichtspunkte einzugehen[198]. Bei der Briefkastenwerbung ist zu beachten, dass die Gefahr einer Verletzung des Persönlichkeitsrechts nicht in einem derart hohen Maße zutage tritt wie beispielsweise bei der Telefonwerbung. Etwas anderes gilt nach der Rechtsprechung dann, wenn der Empfänger der Werbung ausdrücklich widersprochen habe, etwa durch Anbringen von Aufklebern mit entsprechendem Inhalt auf dem Briefkasten, da dann in der Missachtung dieser Ablehnung eine Persönlichkeitsverletzung liege[199]. Eine Rückausnahme sei jedoch für die Fälle zu machen, in denen eine Beachtung des Widerspruchs des Beworbenen für den Werbenden mit solchen Mühen und Kosten verbunden sei, die im Verhältnis zu der Belästigung des Empfängers unangemessen hoch seien[200].

cc) Die Zulässigkeit von Spamming

aaa) Die Ansicht der Rechtsprechung

Die erste landgerichtliche Entscheidung, die das Problem des Spamming zum Inhalt hatte, beschäftigte sich mit der Frage der wettbewerbsrechtlichen Zulässigkeit von unaufgeforderter E-Mail-Werbung[201]. Das Landgericht Traunstein führte dazu aus, dass die unverlangte Zusendung von Werbung an private E-Mail-Anschlüsse wettbewerbswidrig sei. Hierbei wurde ausführlich auf die bisherige Rechtsprechung in vergleichbaren Medien, also Briefkasten-, Telefon-, Telex- und Btx-Werbung eingegangen[202]. Im Vergleich zur Briefkastenwerbung, so das LG, drohe durch Spamming eine erheblich größere Belästigung des Empfängers, da E-Mails billiger, schneller, arbeitssparender und gezielter an eine beliebig große Anzahl von Adressaten versendet werden könnten[203]. Aufgrund der Tatsache, dass hierdurch ein Nachahmungseffekt zu befürchten sei und da auch eine Herausfilterung der unerwünschten E-Mail-Werbung nicht oder nur

---

197 Vgl. nur BGH GRUR 1989, 753, 754 – Telefon-Werbung II; BGH GRUR 1995, 220 – Telefon-Werbung V.

198 Vgl. OLG Karlsruhe, AfP 1983, 399; BGH NJW 1989, 902, 903.

199 BGHZ 60, 296, 300.

200 BGHZ 60, 296, 300.

201 LG Traunstein, CR 1998, 171.

202 LG Traunstein, CR 1998, 171 f.

203 LG Traunstein, CR 1998, 171, 172.

sehr unzuverlässig möglich sei, stelle sich das Spamming als wettbewerbswidrig im Sinne des § 1 UWG dar[204].

Hingegen liege im Gegensatz zur Telefonwerbung ein Eingriff in die Individualsphäre des Empfängers nicht vor[205]. Mit Telex- bzw. Telefaxwerbung sei die E-Mail-Werbung insofern nicht vergleichbar, als eine Blockierung der Anlage sowie vergleichbare Empfangskosten nicht gegeben seien, doch lege der zusätzliche Arbeitsaufwand des Empfängers, dem eine Überschwemmung mit Werbung drohe, letztlich einen Vergleich mit Telex-Werbung nahe[206].

Auch im Vergleich zur Btx-Werbung stellte das LG Traunstein zunächst fest, dass bei E-Mails eine Erkennbarkeit des werbenden Charakters der Nachricht schon aufgrund des Inhaltsverzeichnisses und eine Löschung der Nachricht ohne entsprechenden „Bildaufbau" möglich sei, so dass man unter diesem Gesichtspunkt eine Zulässigkeit der E-Mail-Werbung annehmen könne. Es sei allerdings zu berücksichtigen, dass aufgrund der steigenden Zahl von Werbung der Arbeitsaufwand, der zur Aussonderung der Werbung nötig sei, erheblich höher als bei der Btx-Werbung sei, auch aufgrund des bereits oben genannten Nachahmungseffektes[207]. Demzufolge sei die E-Mail-Werbung nicht nur als bloße geringfügige Belästigung anzusehen, die Wettbewerbswidrigkeit liege folglich vor.

In der Folgezeit erging eine Vielzahl weiterer Entscheidungen, die sich ebenfalls mit der Zulässigkeit von E-Mail-Werbung auseinander setzten[208]. Dabei wurde die Zulässigkeit von Direktwerbung dieser Art nicht nur unter wettbewerbsrechtlichen Gesichtspunkten erörtert, vielmehr wurde auch gefragt, ob Spamming das Persönlichkeitsrecht des Empfängers verletzen kann[209]. Teilweise wurde ein Eingriff in dessen Persönlichkeitsrecht abgelehnt[210]. Denn

---

[204] LG Traunstein, CR 1998, 171, 172.
[205] LG Traunstein, CR 1998, 171, 172.
[206] LG Traunstein, CR 1998, 171, 172.
[207] LG Traunstein, CR 1998, 171, 172.
[208] Vgl. z.B. LG Berlin, MMR 1998, 491 = NJW 1998, 3208; AG Brakel, NJW 1998, 3209 = MMR 1998, 492; LG Berlin, MMR 1999, 43; LG Braunschweig, MMR 2000, 50; AG Kiel, MMR 2000, 51 = K&R 2000, 201; LG Augsburg, K&R 2000, 518; LG Kiel, MMR 2000, 704. Eine Privilegierung politischer Parteien hinsichtlich der Versendung von E-Mail-Werbung verneinend LG München I CR 2003, 209. Vgl. dazu auch AG Rostock CR 2003, 621. Eine Übersicht über Rechtsprechung und Probleme zum Spamming aus jüngster Zeit findet sich bei *Schuster/Kemper/Schlegel/Schütze/Schulze zur Wiesche*, MMR Beilage 4/2004, 14 ff.
[209] So z.B. AG Brakel, MMR 1998, 492; LG Ellwangen, MMR 1999, 675 mit Anm. *Schmittmann*, MMR 1999, 677; LG Braunschweig, MMR 2000, 50, 51; AG Kiel, MMR 2000, 51, 52; AG Essen-Borbeck, MMR 2001, S. 261.
Desweiteren wird erörtert, ob die unverlangte E-Mail-Werbung einen Eingriff in die grundrechtlich verbürgte Informationsfreiheit gem. Art. 5 Abs. 1 S. 1 GG bzw. die negative Informationsfreiheit (sofern man letztere überhaupt anerkennt) darstellen kann. Vgl. dazu AG Kiel, MMR 2000, 51, 53; *Fikentscher/Möllers*, NJW 1998, 1337 ff., insbesondere S. 1342 ff.; *Kleine-Voßbeck*, Electronic Mail und Verfassungsrecht S. 156 f.; LG Kiel, MMR 2000, 704, 706

wurde ein Eingriff in dessen Persönlichkeitsrecht abgelehnt[210]. Denn ein solcher Eingriff könne allenfalls dann vorliegen, wenn der Empfänger für den Werbenden erkennbar die Ablehnung unverlangter E-Mail-Werbung erklärt habe; eine Berufung auf die überwiegende Ablehnung der unverlangten E-Mail-Werbung durch deutsche Verbraucher reiche hierfür nicht aus[211]. Andere Entscheidungen wiederum bejahten eine Verletzung des Persönlichkeitsrechts des Empfängers[212]. Es komme nämlich durch Spamming ein Eindringen in die Privatsphäre des Empfängers in Betracht, da zu dessen persönlich-häuslichem Bereich auch der Betrieb eines privaten E-Mail-Anschlusses gehöre[213]. Ferner wurde in der Rechtsprechung argumentiert, dass es für den Empfänger der unaufgeforderten E-Mail-Werbung eine unzumutbare Belästigung darstelle, diese Nachrichten mit zeitlichem und finanziellem Aufwand zu abzurufen und zu löschen[214].

Am 11.03.2004 erging das erste höchstrichterliche Urteil zu unverlangt zugesandter E-Mail-Werbung[215]. Der BGH entschied, dass die Zusendung einer unverlangten E-Mail zu Wettbewerbszwecken grds. gegen die guten Sitten im Wettbewerb verstoße. Eine solche Werbung sei nur dann ausnahmsweise zulässig, wenn der Empfänger ausdrücklich oder konkludent sein Einverständnis erklärt habe, E-Mail-Werbung zu erhalten, oder wenn bei der Werbung aufgrund

---

= RTkom 2000, 232, 233; *Rothley*, Persönlichkeitsverletzung durch unverlangte kommerzielle Kommunikation S. 229 ff.
Ebenso wird diskutiert, ob durch Spamming eine Verletzung von § 823 Abs. 2 BGB i.V.m. Art. 10 der Richtlinie 97/7/EG des Europäischen Parlamentes und des Rates vom 20.5.1997 über den Verbraucherschutz bei Vertragsabschlüssen im Fernabsatz in Betracht zu ziehen ist. Vgl. dazu LG Kiel, MMR 2000, 704, 705 = RTkom 2000, 232, 232 f. Zu dieser Richtlinie im Zusammenhang mit Spamming vgl. weiterführend *Schmittmann*, Anm. zu LG Traunstein, MMR 1998, 53, 54; *Härting*, Internet Recht Rn. 270; *Westerwelle*, Anm. zu LG Berlin, MMR 1999, 45 f.; *Köhler/Arndt*, Recht des Internet Rn. 435 f.

[210] LG Braunschweig, MMR 2000, 50, 51; AG Kiel, MMR 2000, 51, 52 = K&R 2000, 201, 202.

[211] AG Kiel, K&R 2000, 201, 202.

[212] So z.B. AG Brakel, MMR 1998, 492 = NJW 1998, 3209; LG Berlin, MMR 1998, 491; LG Kiel, MMR 2000, 704, 706; AG Essen-Borbeck. MMR 2001, 261.

[213] LG Kiel, MMR 2000, 704, 706. In einer Entscheidung aus neuester Zeit lehnte das LG Kiel, nachdem es ausführlich dazu Stellung bezogen hatte, ob die Grundsätze, die zu Briefkasten- und Btx-Werbung entwickelt worden waren, auch auf Spamming übertragbar seien, eine Verletzung des Persönlichkeitsrechts ab, vgl. LG Kiel, MMR 2000, 704, 706 = RTkom 2000, 232, 234. Allerdings handelte es sich bei der versandten E-Mail, die dem Sachverhalt der Entscheidung zugrunde lag, nicht um eine solche mit werbendem Inhalt, sondern um das Angebot zum Abschluss eines bürgerlich-rechtlichen Vertrages. Die Frage, ob beim *Spamming* eine Verletzung des Persönlichkeitsrechts vorliege, entschied das LG dann nicht, jedoch führte es allgemein aus, dass der Empfänger von E-Mail-Werbung dadurch förmlich erdrückt und dementsprechend in seiner Privatsphäre beeinträchtigt werden könne, vgl. LG Kiel, MMR 2000, 704, 706 = RTkom 2000, 232, 234.

[214] AG Essen-Borbeck, MMR 2001, 261.

[215] BGH ZUM 2004, 368.

konkreter tatsächlicher Umstände ein sachliches Interesse des Empfängers vermutet werden könne.

bbb) Die in der Literatur vertretenen Ansichten

Ebenso wie in der Rechtsprechung wurde auch in der Literatur die Zulässigkeit von Spamming sowohl unter wettbewerbsrechtlichen Gesichtspunkten als auch unter Aspekten des Persönlichkeitsschutzes des Empfängers untersucht. Auch in der Literatur gibt es Stimmen, welche die Zulässigkeit von Spamming verneinen, während andere diese wiederum grundsätzlich bejahen[216]. Dabei erfolgt im Wesentlichen eine Auseinandersetzung mit den jeweilig ergangenen Entscheidungen der Rechtsprechung. Hierbei ist jedoch auffällig, dass in der Literatur eine Behandlung dieser Problematik überwiegend unter wettbewerbsrechtlichen Gesichtspunkten erfolgt[217].

Die Unzulässigkeit des Spamming wird von manchen Stimmen in der Literatur begründet mit dem zeitlichen Aufwand, den der Empfänger zu bewältigen habe, um die ihm erwünschten Nachrichten von solchen mit lediglich werbendem Inhalt zu unterscheiden, da der werbende Charakter einer Mail sich nicht immer sofort erkennen lasse[218]. Auch die durch das Abrufen der E-Mails entstehenden Kosten für den Empfänger werden als Kriterium für die Unzulässigkeit des Spamming herangezogen[219]. Die Unzulässigkeit der Zusendung von E-Mail-Werbung soll sich ferner aufgrund einer aus dieser Zusendung resultierenden

---

[216] Gegen die Zulässigkeit von E-Mail-Werbung in wettbewerbsrechtlicher Hinsicht z.B. *Ernst*, BB 1997, 1057, 1060; *Schrey/Westerwelle*, Beilage 18 zu Heft 48/1997, Betriebs-Berater, 20 ff.; *Härting*, Internet Recht Rn. 266 ff.; *Kleine-Voßbeck*, Electronic Mail und Verfassungsrecht S. 158 f.; *Gummig*, ZUM 1996, 573, 583; *Hoeren*, WRP 1997, 993, 995. Die grundsätzliche wettbewerbsrechtliche Zulässigkeit von E-Mail-Werbung nehmen beispielsweise an *Ziem*, MMR 2000, 129, 130 ff.; *Reichelsdorfer*, Anm. zu LG Traunstein, CR 1998, 172 f.; *Funk*, CR 1998, 411, 419 f.; *Leupold*, WRP 1998, 270, 276 f.; *Busche/Kraft*, WRP 1998, 1142, 1144 ff. Bedenken im Hinblick auf die angenommene Zulässigkeit von Spamming unter dem Gesichtspunkt der entstehenden Kosten beim Empfänger äußert *Jankowski*, K&R 2000, 499 ff. Mit der Zulässigkeit unter der Prämisse des sog. „Opt-In"- und „Opt-Out"-Verfahrens beim Spamming beschäftigt sich z.B. *Westerwelle*, Anm. zu LG Berlin, MMR 1999, 45 f. Zum Spamming unter wettbewerbsrechtlichen Gesichtspunkten jüngst *Wendlandt*, Cybersquatting, Metatags und Spam S. 37 ff. Zu möglichen Ansprüchen der Provider gegen Spammer befassen sich *Härting/Eckart*, CR 2004, 119 ff. Zur Strafbarkeit von Spamming vgl. *Frank*, CR 2004, 123 ff.

[217] Vgl. z.B. *Ziem*, MMR 2000, 129, 130 ff.; *Leupold*, WRP 1998, 270 ff.; *Funk*, CR 1998, 411, 419 f.; *Reichelsdorfer*, Anm. zu LG Traunstein CR 1998, 172 f.; *Köhler/Arndt*, Recht des Internet Rn. 433 ff.; *Ernst*, BB 1997, 1057, 1060; *Freitag/Busemann*, AfP 1998, 475 ff.

[218] *Kleine-Voßbeck*, Electronic Mail und Verfassungsrecht S. 158; *Ziem*, MMR 2000, 129, 130; *Schmittmann*, Anm. zu LG Traunstein, MMR 1998 53, 54; *Jöhri*, Werbung im Internet S. 87; *Ernst*, BB 1997, 1057, 1060.

[219] Vgl. die in Fn. 218 Genannten.

Erschöpfung des Mailspeichers des Empfängers ergeben, da die Gefahr droht, dass dem Empfänger erwünschte Nachrichten aufgrund der vollständigen Belegung des Speicherplatzes automatisch an den Absender zurückgesendet werden[220]. Und schließlich stellen diejenigen, die eine Unzulässigkeit des Spamming bejahen, auf ein fehlendes Einverständnis des Beworbenen mit dieser Art der Werbung ab[221].

Die Vertreter, die von der grundsätzlichen Zulässigkeit des Spamming ausgehen, begründen dies damit, dass der pauschale Hinweis auf die Kosten, die bei der Zusendung von E-Mails mit werbendem Inhalt entstünden, keine tragfähige Grundlage für die Ablehnung des Spamming bilde[222]. Auch wird eine differenzierende Betrachtung gefordert, da die Mehrheit der E-Mail-Werbung ohne weiteres als solche identifizierbar und aus dem elektronischen Briefkasten gelöscht werden könne[223]. Und auch der Fernabsatzrichtlinie (FARL)[224] sei zu entnehmen, dass E-Mail-Werbung grundsätzlich als zulässig erachtet werde, da nach Art. 10 Abs. 1 FARL, der Beschränkungen bestimmter Fernkommunikationstechniken regelt, die vorherige Zustimmung des Verbrauchers nicht für E-Mails mit werbendem Inhalt vorgesehen ist[225].

ccc) Eigene Stellungnahme

(1) Rechtsgrundlagen für E-Mail-Werbung

Die Frage der rechtlichen Beurteilung von E-Mail-Werbung muss sich zuvörderst daran orientieren, ob es diesbezüglich verbindliche rechtliche Regelungen gibt. In Betracht kommen die bereits erwähnte FARL, die E-Commerce-Richtlinie (ECRL)[226] sowie die Neufassung des TDG, das durch das Gesetz über rechtliche Rahmenbedingungen für den elektronischen Geschäftsverkehr (Elekt-

---

[220] *Schrey/Westerwelle*, Beilage 18 zu Heft 48/1997, Betriebs-Berater, 20 f.
[221] Vgl. *Härting*, Internet Recht Rn. 268 f.
[222] *Jankowski*, K&R 2000, 499, 502; *Freitag/Busemann* AfP 1998, 475, 477 f.
[223] *Leupold*, WRP 1998, 270, 277.
[224] Richtlinie 97/7/EG des Europäischen Parlaments und des Rates vom 20.5.1997 über den Verbraucherschutz bei Vertragsabschlüssen im Fernabsatz, abgedruckt in NJW 1998, S. 212 ff.
[225] *Reichelsdorfer*, Anm. zu LG Traunstein CR 1998, 172, 173. Die Ansicht, die von der grundsätzlichen Zulässigkeit der E-Mail-Werbung ausgeht, ist angesichts der Lebenswirklichkeit und nicht zuletzt der Entscheidung BGH ZUM 2004, 368 nicht mehr haltbar.
[226] Richtlinie 2000/31/EG des Europäischen Parlaments und des Rates vom 8. Juni 2000 über bestimmte rechtliche Aspekte der Dienste der Informationsgesellschaft, insbesondere des elektronischen Geschäftsverkehrs im Binnenmarkt (Richtlinie über den elektronischen Geschäftsverkehr), ABl. Nr. L 178 vom 17. Juli 2000, S. 1.

ronischer Geschäftsverkehr-Gesetz – EGG vom 14. Dezember 2001)[227] geändert wurde[228].

Wie oben angeklungen berufen sich die Stimmen in der Literatur, die von der grundsätzlichen Zulässigkeit der E-Mail-Werbung ausgehen, gerade auch auf Art. 10 Abs. 1 FARL, wonach die vorherige Zustimmung des Verbrauchers in die Kommunikation mit Automaten als Gesprächspartner (Voice-Mail-System) und in die Fernkopie (Telefax) erforderlich ist, nicht aber in die E-Mail-Werbung. Unter Einbeziehung des Art. 10 Abs. 2 FARL könnte man durchaus geneigt sein, von einer in der FARL zum Ausdruck kommenden Zulässigkeit der elektronischen Werbung auszugehen, denn in Art. 10 Abs. 2 FARL heißt es, dass die Mitgliedstaaten dafür Sorge zu tragen haben, dass Fernkommunikationstechniken, die eine individuelle Kommunikation erlauben (mit Ausnahme der in Art. 10 Abs. 1 FARL genannten Techniken), nur dann verwendet werden dürfen, wenn der Verbraucher ihre Verwendung nicht offenkundig abgelehnt hat. Diese Vorschrift lässt die Schlussfolgerung zu, dass im Falle des Fehlens einer solchen offenkundigen Ablehnung E-Mail-Werbung zulässig sein könnte[229]. Denn die FARL stellt hier auf das sog. Opt-out-Prinzip ab, nach dem E-Mail-Werbung zulässig ist, solange der Beworbene ihr nicht widerspricht[230].

Diese Ansicht übersieht jedoch die Relativierung des Art. 10 FARL durch Art. 14 S. 1 FARL. Dort wird nämlich gesagt, dass die Mitgliedstaaten in dem unter die FARL fallenden Bereich mit dem EG-Vertrag in Einklang stehende strengere Bestimmungen erlassen oder aufrechterhalten können, um ein höheres Schutzniveau für die Verbraucher sicherzustellen. *Ayad* hat zutreffend darauf hingewiesen, dass insoweit von der Neutralität der FARL auszugehen ist und es dem nationalen Gesetzgeber freisteht, sich in Bezug auf E-Mail-Werbung entweder für das Opt-in oder das Opt-out-Prinzip zu entscheiden[231]. Anderer Ansicht war aber beispielsweise das LG Berlin, das die Vorschrift des Art. 14 S. 1 FARL wiederum durch Art. 14 S. 2 FARL eingeschränkt sah[232]. Denn nach Art. 14 S. 2 FARL können die Mitgliedstaaten durch Bestimmungen im Sinne von S. 1 den Vertrieb bestimmter Waren und Dienstleistungen verbieten, was das LG Berlin als Konkretisierung und Beschränkung des Anwendungsbereichs von Art. 14 FARL ansah[233]. Das Verbot der E-Mail-Werbung ist nach dieser Auffassung von Art. 14 S. 1 FARL nicht gedeckt.

---

[227] BGBl. I 2001, S. 3721.

[228] Auch nach der Änderung des MDStV finden sich dort keine Regelungen zum Spamming.

[229] So in der Tat *Reichelsdorfer*, Anm. zu LG Traunstein CR 1998, 172, 173.

[230] Den Gegensatz hierzu bildet das sog. Opt-in-Prinzip, wonach für die Zulässigkeit der E-Mail-Werbung erforderlich ist, dass sich der Beworbene vor der Zusendung der Werbung mit ihr einverstanden erklärt haben muss.

[231] *Ayad*, CR 2001, 533, 536. Vgl. zu dieser Problematik auch *Westerwelle*, Anm. zu LG Berlin MMR 1999, 45 f.

[232] LG Berlin MMR 1999, 43, 44.

[233] LG Berlin MMR 1999, 43, 44.

Die Ansicht des LG Berlin wurde aber vom BGH widerlegt, der davon ausgeht, dass die FARL nur eine Mindestregelung enthält und den Mitgliedstaaten grundsätzlich ermöglicht, den Schutz der Verbraucher weitergehend zu regeln[234]. Dem ist zuzustimmen, da auch eine Gesamtbetrachtung des Wortlauts des Art. 14 FARL eine Schlussfolgerung, wie sie das LG Berlin zieht, nicht zulässt. Das FARL enthält somit keine Regelung, der sich die ausdrückliche Zulässigkeit oder Unzulässigkeit der E-Mail-Werbung entnehmen ließe.

In der ECRL finden sich Regelungen hinsichtlich elektronischer Werbung in Art. 7 ECRL. Auch dort kommt die Neutralität des Gemeinschaftsrechts zum Ausdruck, da lediglich Anforderungen an die Mitgliedstaaten gestellt werden, die nicht angeforderte kommerzielle Kommunikation mittels elektronischer Post zulassen[235]. Im Umkehrschluss lässt sich daraus folgern, dass es dann aber auch Staaten geben kann, die E-Mail-Werbung nicht zulassen[236]. Auch die ECRL enthält demzufolge keine eindeutige Aussage bzgl. der Zulässigkeit von E-Mail-Werbung[237].

Schließlich ist noch zu untersuchen, ob das durch das EGG neugefasste TDG Ausführungen zum Spamming enthält. Ziel des EGG war es, die ECRL in nationales Recht umzusetzen. Hinsichtlich vom Empfänger nicht angeforderter E-Mail-Werbung besteht nach der Begründung des Gesetzgebers allerdings kein Umsetzungsbedarf[238]. Zwar war man sich bewusst, dass in Art. 7 ECRL Anforderungen für die Zulässigkeit der Zusendung unverlangter E-Mail-Werbung enthalten sind, doch sah man angesichts der Tatsache, dass sich diese Regelung wie dargelegt nur auf die Mitgliedstaaten bezieht, die kommerzielle Kommunikation mittels elektronischer Post zulassen, keinen Umsetzungsbedarf, da „nach nahezu einhelliger Gerichtspraxis in der Bundesrepublik Deutschland (...) das Zusenden nicht angeforderter Werbung nach § 1 UWG unzulässig" sei[239]. Damit ist jedoch

---

[234] BGH NJW 2000, 2677, 2678. Zustimmend *Ayad*, CR 2001, 533, 536.

[235] Zu diesen Anforderungen zählen beispielsweise nach Art. 7 Abs. 1 ECRL die Verpflichtung der Mitgliedstaaten, sicherzustellen, „dass solche kommerziellen Kommunikationen eines in ihrem Hoheitsgebiet niedergelassenen Diensteanbieters bei Eingang beim Nutzer klar und unzweideutig als solche erkennbar sind." In Art. 7 Abs. 2 ECRL heißt es weiter, dass die Mitgliedstaaten unbeschadet u.a. der FARL sicherzustellen haben, „dass Diensteanbieter, die nicht angeforderte kommerzielle Kommunikation durch elektronische Post übermitteln, regelmäßig sog. Robinson-Listen konsultieren, in die sich natürliche Personen eintragen können, die keine derartigen kommerziellen Kommunikationen zu erhalten wünschen, und dass die Diensteanbieter diese Listen beachten."

[236] So auch *Ayad*, CR 2001, 533, 537.

[237] Zu Bestrebungen des EU Parlaments, unerwünschte E-Mail-Werbung zu verbieten vgl. http://www.netzeitung.de/servlets/page?section=926&item=167806.

[238] Vgl. die Begründung zum EGG, Bundestagsdrucksache 14/6098 S. 11.

[239] Begründung zum EGG, Bundestagsdrucksache 14/6098 S. 11.

noch nichts über die rechtliche Zulässigkeit von Spamming unter persönlichkeitsrechtlichen Gesichtspunkten gesagt[240].

(2) Verletzung des Rechts, in Ruhe gelassen zu werden

Dass unaufgefordert zugesandte Briefkastenwerbung in die Privatsphäre des Empfängers und damit in dessen Persönlichkeitsrecht eingreifen kann, wurde bereits oben erörtert. Nichts anderes kann aber grundsätzlich für unaufgeforderte E-Mail-Werbung gelten. Auch hier stellt die unverlangte Zusendung von Nachrichten mit werbendem Inhalt einen Eingriff in das Persönlichkeitsrecht des Empfängers dar, da es ihm in seiner Privatsphäre möglich sein muss, vor unerwünschter Werbung verschont zu bleiben[241]. Denn das Recht, in dem persönlichen Lebensbereich in Ruhe gelassen zu werden, umfasst auch den Schutz, vor jedem Zwang zur Auseinandersetzung mit Werbung verschont zu bleiben[242]. Daran ändert auch der Umstand nichts, dass der Empfänger von E-Mail-Werbung grds. selbst bestimmen kann, wann er die an ihn gerichteten E-Mails abrufen will[243]. Denn es erscheint inkonsequent, einerseits eine Beeinträchtigung der Privatsphäre des Empfängers von E-Mail-Werbung abzulehnen, andererseits aber dennoch eine Belästigung zu bejahen. Nochmals: Der Schutz der Privatsphäre beinhaltet den Schutz, vor jedem Zwang zur Auseinandersetzung mit un-

[240] Durch die Neuregelung des Gesetzes gegen den unlauteren Wettbewerb vom 3. Juli 2004 wurde in § 7 Abs. 2 Nr. 3 UWG festgelegt, dass eine unzumutbare Belästigung bei einer Werbung unter Verwendung von elektronischer Post vorliegt, ohne dass eine Einwilligung des Adressaten vorliegt. Der Gesetzgeber hat aber nur eine Aussage hinsichtlich der wettbewerbsrechtlichen Unzulässigkeit von Spamming getroffen. Wenngleich die Grundtendenz klar ist bleibt zu konstatieren, dass die Frage des *persönlichkeitsrechtsverletzenden* Charakters von Spamming nach wie vor gesetzlich ungeregelt ist.

[241] Vgl. AG Brakel MMR 1998, 492 = NJW 1998, 3209.

[242] AG Brakel MMR 1998, 492 = NJW 1998, 3209. *Rothley* geht davon aus, dass es bei E-Mail-Werbung an einem unkontrollierbaren Eindringen in die Privatsphäre fehlt und hegt daher Zweifel an der Geeignetheit des Privatsphärenschutzes zur Erfassung von Spamming, vgl. *Rothley*, Persönlichkeitsverletzung durch unverlangte kommerzielle Kommunikation S. 184 f. Der BGH ging in seiner Entscheidung zur unverlangt E-Mail-Werbung davon aus, dass sich die Gründe für das regelmäßige Verbot unerbetener Telefon- und Telefaxwerbung nicht ohne weiteres auf die E-Mail-Werbung übertragen ließen, da anders als der Telefonteilnehmer der E-Mail-Empfänger selbst bestimmen könne, wann er an ihn gesandte E-Mails abrufen wolle, sodass die unverlangte Zusendung von E-Mails nicht mit der Beeinträchtigung der Privatsphäre vergleichbar sei, wie sie mit der unerbetenen Telefonwerbung eintrete, vgl. BGH ZUM 2004, 368, 370. Gleichwohl entsteht nach Auffassung des BGH durch die Zusendung von E-Mails zu Werbezwecken eine Belästigung für den Empfänger, die dieser nicht hinzunehmen brauche, wenn er nicht ausdrücklich oder konkludent sein Einverständnis erklärt oder wenn – bei der Werbung gegenüber Gewerbetreibenden – nicht aufgrund konkreter tatsächlicher Umstände ein sachliches Interesse des Empfängers vermutet werden könne, vgl. BGH ZUM 2004, 368, 370.

[243] So aber BGH ZUM 2004, 368, 370.

verlangter Werbung verschont zu bleiben. Wendet man diesen Grundsatz konsequent an, so kann es keinen Unterschied machen, wann der Empfänger die E-Mails abruft. Unverlangte E-Mail-Werbung dringt in seine Privatsphäre ein, mag er auch frei darin sein, über den Zeitpunkt des Abrufs der E-Mails selbst zu entscheiden.

Damit ist aber nur ein Eingriff in das allgemeine Persönlichkeitsrecht des Beworbenen festgestellt, über die Rechtswidrigkeit dieses Eingriffs ist hingegen noch nichts ausgesagt. Zwar indiziert die Verwirklichung des Tatbestandes des § 823 Abs. 1 BGB grundsätzlich auch die Rechtswidrigkeit des Eingriffs, doch ist beim allgemeinen Persönlichkeitsrecht nach allgemeiner Auffassung eine besondere Feststellung der Rechtswidrigkeit erforderlich[244]. Erforderlich ist daher eine umfassende, am Einzelfall orientierte Güter- und Interessenabwägung der Interessen der Werbetreibenden und der des Empfängers der E-Mail-Werbung.

Im Rahmen eines solchen Abwägungsprozesses könnte sich die Unzulässigkeit von Spamming zunächst aus zeitlichen Gesichtspunkten ergeben. Beim Abruf der eingegangenen Nachrichten werden diese nicht vollständig angezeigt, vielmehr erscheint nur der Absender der E-Mail sowie – falls vom Absender angegeben – der Betreff der Nachricht. Aus dieser Nachrichtenliste kann der Empfänger dann die einzelnen Nachrichten auswählen, öffnen und lesen. Diese Prozedur führt beim Empfänger zu einem nicht unerheblichen Zeitaufwand, die eingegangenen E-Mails mit werbendem Inhalt, die ihm unerwünscht sind, auszusortieren und ggf. zu löschen. Dies auch deshalb, weil es für den Empfänger in der Regel nicht ohne weiteres feststellbar ist, ob eine eingegangene Nachricht werbenden Inhalts ist oder nicht, da zwar unter Umständen aufgrund der Angaben in der Kopfzeile der E-Mail vermutet werden kann, dass eine E-Mail werbenden Charakter hat, dies aufgrund einer fehlenden Kennzeichnung der E-Mail als solche mit werbendem Inhalt jedoch nicht mit Gewissheit festgestellt werden kann. Forderungen, wonach E-Mails mit werbendem Inhalt bereits in der Kopf- oder der Betreffzeile als solche gekennzeichnet werden sollten[245], wurden von den Werbetreibenden nicht entsprochen. Zudem ist festzustellen, dass manche Werbemails mit unzutreffenden Betreffzeilen oder falschen Absenderangaben versehen werden, um eine sofortige Erkennbarkeit des werbenden Charakters der E-Mail zu erschweren.

Aber auch aus Kostengründen ergeben sich Bedenken hinsichtlich der Zulässigkeit von Spamming. Zu beachten ist nämlich, dass der Abruf der eingegangenen E-Mails online erfolgt, so dass dem Empfänger während der Zeit Kosten entstehen können, in der er zum Abruf der Nachrichten mit dem Rechner des Providers verbunden ist und überdies Providerkosten entstehen können, also Kosten,

---

[244] Vgl. nur Palandt-*Thomas*, § 823 BGB Rn. 184.

[245] *Schmittmann*, Anm. zu LG Traunstein MMR 1998, 53, 54. Vgl. auch *Jöhri*, Werbung im Internet S. 86.

die der Provider dem Empfänger für die Nutzung seines Servers und seiner Dienste in Rechnung stellt[246].

Gegen dieses Kostenargument wird jedoch vorgebracht, dass die Übertragungskosten für E-Mail-Werbung sehr gering seien und daher auch die entstehenden Kosten kaum ins Gewicht fielen, mithin die Begründung der Unzulässigkeit des Spamming aufgrund der dabei entstehenden Kosten für den Empfänger nicht überzeugen könne[247]. *Freitag/Busemann* bringen zutreffend vor, dass E-Mails nicht notwendigerweise online gelesen werden müssen, da es möglich ist, die eingegangenen Nachrichten auf den heimischen Rechner zu laden und sie dann offline zu lesen, so dass Kosten nur für die Übertragungszeit anfallen, welche selbst bei mehreren E-Mails mit werbendem Inhalt zu vernachlässigen seien[248]. Auch wird gesagt, dass das Kostenargument nicht für einen Eingriff in die Privatsphäre herangezogen werden könne, da Kosten unabhängig vom Inhalt der Mailbox bereits dann entstehen, wenn der Nutzer die Mailbox abruft, mag diese Nachrichten enthalten oder nicht[249]. *Jankowski* schließlich setzt sich ausführlich mit den tatsächlich entstehenden Kosten auseinander, welche beim Abruf von E-Mails entstehen, und kommt zu dem Schluss, dass diese Kosten so gering seien, dass sie bei der Beurteilung der Zulässigkeit von E-Mails mit werbendem Inhalt keine Rolle spielen dürften[250].

Diese Argumente vermögen nicht zu überzeugen. So stellt *Jankowski* bereits im ersten einleitenden Absatz seiner Abhandlung klar, dass er die Kosten „bei der alltäglichen E-Mail-Kommunikation – *ohne* speicheraufwendige Bild-, Video- oder Audio-Attachments“ untersucht[251]. Genau das ist jedoch problematisch: Werden E-Mails Bild-, Audio- oder Attachments angehängt, so kann die Übertragungszeit dieser Nachrichten aufgrund deren Größe[252] nicht vernachlässigt werden, da mitunter eine erhebliche Zeit benötigt wird, um die Nachrichten auf den Rechner zu laden[253]. Die einmal übertragenen Nachrichten können zwar offline gelesen werden – insoweit ist *Freitag/Busemann* zuzustimmen – doch ist dies in zeitlicher Hinsicht nicht mehr relevant, da eine Übertragung der E-Mail ja zunächst in jedem Fall stattfinden muss[254]. Die Kosten, die beim Abruf der

---

[246] Vgl. LG Berlin, NJW 1998, 3208.

[247] Eine Besonderheit besteht bei sogenannten Flatrates. Bei diesen Tarifen hat der Nutzer eine feste monatliche Gebühr an den Provider zu entrichten, unabhängig davon, wie lange er im Internet surft oder E-Mails abruft. Gegen das Kostenargument beispielsweise *Jankowski*, K&R 2000, 499 ff.; *Jöhri*, Werbung im Internet S. 88; *Freitag/Busemann*, AfP 1998, 475, 477 f. Einschränkend *Gounalakis/Rhode*, Persönlichkeitsschutz im Internet Rn. 220.

[248] *Freitag/Busemann*, AfP 1998, 475, 477 f.

[249] So *Wurster*, JurPC Web-Dok. 249/2001, Abs. 24.

[250] *Jankowski*, K&R 2000, 499, 502.

[251] *Jankowski*, K&R 2000, 499; Hervorhebung durch den Verfasser.

[252] Je größer die als Attachment verwendete Datei, desto größer wird auch die zu übertragende E-Mail und desto länger werden auch die Übertragungszeiten.

[253] Diese Problematik erkennen auch *Freitag/Busemann*, AfP 1998, 475, 479.

[254] Wie hier auch *Ayad*, CR 2001, 533, 543.

Mailbox entstehen, sind aber umso höher, je länger dieser Abruf dauert. Werden mehrere, insbesondere speicherintensive E-Mails abgerufen, so führt dies zu höheren Kosten[255]. Angesichts des Umstandes, dass es sich mittlerweile bei mehr als der Hälfte der verschickten E-Mails um Spam handelt[256], kommt diesem Aspekt gesteigerte Bedeutung zu. Dem Empfänger entstehen folglich Mehrkosten durch E-Mails, die ihm in der überwiegenden Anzahl der Fälle unerwünscht sind.

Außerdem ist zu beachten, dass während der Zeit, in welcher der Empfänger auf die Übertragung der Nachrichten wartet, keine anderen E-Mails empfangen oder verschickt werden können. Wird vom Empfänger also verlangt, unter Umständen lange Übertragungszeiten für E-Mails mit werbendem Inhalt in Kauf zu nehmen, die ihm größtenteils ohnehin unerwünscht sind, so stellt dies einen unzulässigen Eingriff in seine Privatsphäre dar, da ihm die Möglichkeit genommen wird, von derart unerwünschter Werbung verschont zu bleiben.

Zwar wird das Problem der Übertragungsdauer dadurch abgeschwächt, dass zunehmend schnellere Internetverbindungen verfügbar sind, der Abruf auch mehrerer E-Mails daher keinen nennenswerten Zeitaufwand darstellt. Eine Vernachlässigbarkeit des Zeitaufwandes kann sich aber nur auf den Abruf der E-Mails beziehen, nicht hingegen auf deren „Auswertung“. Diese vom Empfänger aufzuwendende Zeit ändert sich durch schnellere Übertragungszeiten nicht. Unter dem Gesichtspunkt, in der geschützten Privatsphäre in Ruhe gelassen zu werden, stellt die unerwünschte Zusendung von E-Mail-Werbung daher eine Verletzung dieses geschützten Bereichs dar.

In engem Zusammenhang damit ist die Problematik der möglichen „Überfüllung“ der Mailbox des Empfängers zu sehen. Die dem Nutzer zur Verfügung gestellten „elektronischen Postfächer“ sind nicht unbegrenzt groß, sondern in ihrer Speicherkapazität beschränkt, so dass es vorkommen kann, dass der Speicherplatz vollständig mit Nachrichten belegt ist, was zur Folge hat, dass weitere eingehende E-Mails nicht mehr gespeichert werden können, sondern unter Umständen an den Absender zurückgeschickt werden. Problematisch ist dies insbesondere dann, wenn es sich um für den Empfänger wichtige Nachrichten handelt.

Freitag/Busemann führen aber an, dass die Speicherkapazität der Mailbox des Empfängers auch durch andere Nachrichten als Werbe-E-Mails erschöpft werden kann[257].

---

[255] Dies verkennt *Wurster*, JurPC Web-Dok. 249/2001 Abs. 24.

[256] Vgl. http://www.spiegel.de/netzwelt/politik/0,1518,293620,00.html.

[257] *Freitag/Busemann*, AfP 1998, 475, 478. Sie begründen mit diesem Argument die von ihnen vertretene grundsätzliche Zulässigkeit des Spamming.

Bedenkt man aber, dass die Zahl der Werbe-E-Mails mittlerweile ein enormes Ausmaß erreicht hat, so steigt die Gefahr der vollständigen Belegung des Speicherplatzes[258]. Dieser Umstand muss in den Abwägungsvorgang einbezogen werden und führt zu einem Überwiegen der Interessen des Empfängers, von unerwünschter E-Mail-Werbung verschont zu bleiben.

Auch einer teilweise vertretenen Argumentation, wonach unverlangt zugesandte E-Mail-Werbung keinen Eingriff in das Persönlichkeitsrecht des Empfängers darstelle, falls keine offensichtliche Ablehnung dieser unverlangten E-Mails vorliege, kann jedenfalls für private Empfänger von Werbemails nicht gefolgt werden[259]. Bei der E-Mail Werbung ist es jedoch nicht möglich, von vornherein die ablehnende Haltung gegenüber werbenden E-Mails zu signalisieren. Zwar wird vorgebracht, in den Werbemails sei regelmäßig die Aufforderung an den Empfänger enthalten, den Absender gegebenenfalls durch Rückantwort dazu aufzufordern, keine weiteren E-Mails mit werbendem Inhalt mehr an die Adresse des Empfängers zu senden, so dass dieser lediglich eine E-Mail zurücksenden müsse, um zukünftig von weiterer Werbung verschont zu bleiben[260]. Erst dann, wenn trotz einer derartigen Aufforderung des Empfängers weiterhin Spamming durch den Versender betrieben werde liege eine Verletzung des Persönlichkeitsrechts vor[261]. Dem kann jedoch nicht gefolgt werden. Zum einen ist es dem Empfänger nicht zumutbar, jede Werbe-E-Mail zu beantworten mit der Bitte, die Werbetreibenden mögen in Zukunft von derartiger Werbung absehen, da hierdurch für den Absender erkennbar wird, dass die E-Mail-Adresse „aktiv" ist und mit weiterer Werbung zu rechnen ist. Zum anderen würde durch eine solche Aufforderung die Verantwortung zum Handeln allein auf den Adressaten der Werbe-Mails abgewälzt[262].

Gleichermaßen geht auch die Forderung fehl, der Empfänger habe die Möglichkeit, mittels einer Filtersoftware von vornherein zu verhindern, dass ihm unerwünschte E-Mail-Werbung abgerufen wird. Denn einerseits bieten diese Programme keine vollständige Gewähr dafür, dass auch wirklich nur E-Mails mit werbendem Inhalt herausgefiltert werden und nicht auch solche, die dem Emp-

[258] Vgl. *Ayad*, CR 2001, 533 f. unter Hinweis auf eine Studie der EU-Kommission, der zufolge sich potentiell 60 E-Mails mit werbendem Inhalt auf jeden einzelnen Nutzer verteilen könnten.

[259] So aber das AG Kiel, MMR 2000, 51, 52 = K&R 2000, 201, 202. Man könnte allenfalls daran denken, das Persönlichkeitsrecht des Empfängers sei dann nicht verletzt, wenn er E-Mail-Werbung im Rahmen seines Geschäftsbetriebs erhält und der Absender davon ausgehen konnte, der Empfänger sei an entsprechender Werbung interessiert. Dann dürften sich aber wieder die oben angesprochenen wettbewerbsrechtlichen Probleme stellen.

[260] Nachweise bei *Leupold*, WRP 1998, 270, 271 f.

[261] Vgl. AG Kiel MMR 2000, 51, 52. So auch *Gounalakis/Rhode*, Persönlichkeitsschutz im Internet Rn. 219.

[262] So auch OLG Koblenz CR 2003, 766.

fänger eigentlich erwünscht sind, und andererseits würde man damit erneut die Verpflichtung zum Tätigwerden auf den Empfänger abwälzen.

Demzufolge stellt unaufgeforderte E-Mail-Werbung auch unter diesem Gesichtspunkt einen unzulässigen Eingriff in die Privatsphäre und damit in das Persönlichkeitsrecht dar[263].

ddd) Ergebnis

Nach der hier vertretenen Ansicht stellt Spamming grundsätzlich einen unerlaubten Eingriff in die Privatsphäre, mithin eine Verletzung des Persönlichkeitsrechts des Empfängers dar[264] [265].

---

[263] Etwas anderes könnte allenfalls dann gelten, wenn sich diejenigen E-Mail-Nutzer, die eine Zusendung von Werbung per E-Mail nicht wünschen, in ein sogenanntes Opt-Out-Register eintragen könnten und die jeweiligen Werbetreibenden von Gesetzes wegen gehalten wären, dieses Register vor Versendung der Werbe-Mails abzufragen und zu beachten, da dann bei einer unterbliebenen Eintragung mitunter nicht von vornherein von der Unzulässigkeit des Spamming ausgegangen werden könnte. Für unerwünschte Briefwerbung wurde eine sog. Robinson-Liste eingerichtet. Ein Eintrag in diese Liste bringt zum Ausdruck, dass unaufgeforderte Werbung nicht erwünscht ist und zielt auf eine entsprechende Berücksichtigung durch die Werbetreibenden ab. Auch für den Bereich der E-Mail-Werbung existieren solche Robinsonlisten[263], doch sind die Werbeunternehmen nicht gesetzlich gehalten, diese auch zu berücksichtigen, so dass auch eine solche Liste nicht zur Verneinung einer Persönlichkeitsrechtsverletzung führen kann. Vgl. auch AG Kiel MMR 2000, 704, 706. Art. 7 Abs. 2 ECRL sagt zwar, dass die Mitgliedstaaten sicherzustellen haben, dass Diensteanbieter, die nicht angeforderte Werbung per E-Mail übermitteln, regelmäßig solche Robinsonlisten zu konsultieren und auch zu beachten haben. Eine Umsetzung dieser Bestimmung erfolgte jedoch nicht, da diese Vorschrift ausweislich Art. 7 Abs. 1 ECRL nur für diejenigen Mitgliedstaaten gilt, die unaufgeforderte E-Mail-Werbung zulassen und der Gesetzgeber von der wettbewerbsrechtlichen Unzulässigkeit des Spamming in Deutschland ausging, da dies „nahezu einhellige Gerichtspraxis" sei, vgl. Begründung um EGG, Bundestagsdrucksache 14/6098 S. 12.

[264] So auch *Rothley*, Persönlichkeitsverletzung durch unverlangte kommerzielle Kommunikation S. 229. Vereinzelt wird vertreten, beim Spamming habe eine Unterscheidung danach zu erfolgen, ob die E-Mails die private oder geschäftliche Sphäre des Empfängers berühren, vgl. AG Dachau NJW 2001, 488: „Für die Form der Kontaktaufnahme gelten dabei im Verhältnis von Unternehmen zueinander weniger strenge Maßstäbe als im Verhältnis eines Gewerbetreibenden zum Verbraucher. Während sich in diesen Fällen ein strikter Maßstab bewährt hat, um die Privatsphäre des Verbrauchers nicht auszuhöhlen, ist im Geschäftsverkehr von größeren Freiheiten der Werbetreibenden auszugehen." Das vom AG Dachau vorgebrachte Argument, der „betriebliche Organismus" werde durch Spamming nicht gestört, ist fragwürdig, soll hier aber nicht vertieft werden.

Vgl. aus jüngster Zeit auch die Entscheidung des LG München vom 5.11.2002 = LG München K&R 2003, 146 = CR 2003, 209. Dort sagte das Gericht, dass auch die Versendung sogenannter E-Cards unter den Begriff der rechtswidrigen E-Mail-Werbung fallen kann. Bietet der Betreiber einer Website dem Nutzer die E-Card-Funktion an, so kann dieser elektronische Grußkarten an Dritte verschicken. Der Dritte erhält daraufhin eine automatisch generierte E-

b) Eingriffe in das Recht auf informationelle Selbstbestimmung

aa) Das Recht auf informationelle Selbstbestimmung als Ausprägung des Persönlichkeitsschutzes

Das Recht auf informationelle Selbstbestimmung gewährleistet dem Einzelnen Schutz gegen die (staatliche) Erhebung und Verarbeitung personenbezogener Daten. Eine Verletzung dieses Rechts im Internet scheint möglich, da bei der Nutzung des Internet jeder Nutzer sogenannte „Datenspuren" hinterlässt, die erhoben, verarbeitet und gespeichert werden können. Mittels dieser Datenspuren lassen sich unter Umständen Persönlichkeitsprofile des jeweiligen Nutzers erstellen, so dass sich die Frage stellt, ob der Umgang mit diesen Daten einen unzulässigen Eingriff in das Recht auf informationelle Selbstbestimmung darstellt[266].

Mail des Betreibers der Website, in der ihm mitgeteilt wird, er habe eine E-Card erhalten, die er bis zu einem bestimmten Datum auf der Website des Betreibers abrufen könne. Nach dem LG München ist es unerheblich, dass die Benachrichtigungs-E-Mail deshalb versendet wurde, weil ein Dritter dies durch Betätigung der auf der Website installierten E-Card-Funktion veranlasste. Der Betreiber der Website hafte unabhängig davon, ob er selbst oder ein Dritter aufgrund der von dem Betreiber geschaffenen Möglichkeit hierzu die E-Mail verschickte. Das LG München bejahte in der zugrundeliegenden Entscheidung einen rechtswidrigen Eingriff in den eingerichteten und ausgeübten Gewerbebetrieb des Empfängers der E-Mail, doch lassen sich diese Überlegungen auf das allgemeine Persönlichkeitsrecht im Hinblick auf den Privatsphärenschutz übertragen. Vgl. dazu auch *Schmittmann*, Anm. zu LG München K&R 2003, 146, 149.

[265] Dieses Ergebnis wird gestützt durch die Richtlinie 2002/58/EG des Europäischen Parlaments und des Rates vom 12. Juli 2002 über die Verarbeitung personenbezogener Daten und den Schutz der Privatsphäre in der elektronischen Kommunikation (Datenschutzrichtlinie für elektronische Kommunikation), die in Art. 13 Abs. 1 die Verwendung elektronischer Post für die Zwecke der Direktwerbung nur bei vorheriger Einwilligung der Teilnehmer gestattet.

[266] Vgl. dazu den Beitrag in der Verlagsbeilage zur F.A.Z. vom 15.Mai 2001 „E-Conomy" S. B6, der sich mit dem planmäßigen Sammeln und Auswerten der Nutzerdaten durch die Anbieter im E-Commerce beschäftigt. Je mehr Informationen die Anbieter über den Nutzer erlangen, desto genauer können sie ihr Angebot auf seine Interessen abstimmen.
Zwar wird in dem Recht auf informationelle Selbstbestimmung eine eigene Fallgruppe des allgemeinen Persönlichkeitsrechts gesehen, so z.B. *Murswiek* in: Sachs, Art. 2 GG Rn. 72; *Kunig* in: v.Münch/Kunig, Art. 2 GG Rn. 38, doch scheint es sinnvoll, die damit zusammenhängende Problematik, die sich im Bereich der Neuen Medien stellt, bei möglichen Verletzungen der Privatsphäre zu erörtern, da auch das BVerfG das Recht auf informationelle Selbstbestimmung im engen Zusammenhang mit der Privatsphäre angesiedelt hat, vgl. nur BVerfGE 80, 367, 373 f. Und auch in der Literatur wird die Nähe des Rechts auf informationelle Selbstbestimmung zum Privatsphärenschutz hervorgehoben, vgl. z.B. *Degenhart*, JuS 1992, 361, 363; *Jarass*, NJW 1989, 857, 858 f.; *Schmitt Glaeser*, Handbuch des Staatrechts

Das Recht auf informationelle Selbstbestimmung wurde vom BVerfG im sog. Volkszählungsurteil[267] aus dem durch Art. 2 Abs. 1 GG in Verbindung mit Art. 1 Abs. 1 GG geschützten allgemeinen Persönlichkeitsrecht hergeleitet. Diesem sei die aus dem Gedanken der Selbstbestimmung folgende Befugnis des einzelnen zu entnehmen, „grundsätzlich selbst zu entscheiden, wann und innerhalb welcher Grenzen persönliche Lebenssachverhalte offenbart werden“[268]. Die freie Persönlichkeitsentfaltung setze „unter den modernen Bedingungen der Datenverarbeitung den Schutz des einzelnen gegen unbegrenzte Erhebung, Speicherung, Verwendung und Weitergabe seiner persönlichen Daten voraus“[269]. Das allgemeine Persönlichkeitsrecht gewährleiste somit „die Befugnis des einzelnen, grundsätzlich selbst über die Preisgabe und Verwendung seiner persönlichen Daten zu bestimmen“[270]. Mit dem Recht auf informationelle Selbstbestimmung sei es daher nicht vereinbar, wenn der Bürger nicht mehr wissen könne, „wer was wann und bei welcher Gelegenheit“ über ihn weiß[271].

Das BVerfG stellte weiter heraus, dass dieses „Recht auf ‚informationelle Selbstbestimmung' (...) nicht schrankenlos gewährleistet“ sei; vielmehr müsse der einzelne grundsätzlich „Einschränkungen seines Rechts auf informationelle Selbstbestimmung im überwiegenden Allgemeininteresse hinnehmen“[272]. Beschränkungen bedürften aber „nach Art. 2 Abs. 1 GG (...) einer (verfassungsmäßigen) gesetzlichen Grundlage, aus der sich die Voraussetzungen und der Umfang der Beschränkungen klar und für den Bürger erkennbar ergeben“[273]. Ferner

---

Band VI, § 129 Rn. 42 ff. Zu jüngeren Entwicklungen des deutschen Datenschutzrechts in Bezug auf das Internet vgl. *Gabel*, ZUM 2002, 607 ff.
Zu möglichen Verletzungen des Rechts auf informationelle Selbstbestimmung im Internet jüngst *Hornung*, MMR 2004, 3 ff.

[267] BVerfGE 65, 1 ff. Aus der Literatur z.B. *Klein*, Die Grundsätze der Öffentlichkeit und Mündlichkeit im Zivilprozeß im Spannungsfeld zum Recht auf informationelle Selbstbestimmung S. 53 ff.; *Duttge*, Der Staat, 36. Band (1997), 285 ff.; *Scholz/Pitschas*, Informationelle Selbstbestimmung und staatliche Informationsverantwortung S. 11 ff.; *Bizer*, Forschungsfreiheit und informationelle Selbstbestimmung S. 136 ff.; *Schmitz*, TDDSG und das Recht auf informationelle Selbstbestimmung S. 7 ff.; *Brossette*, Der Wert der Wahrheit im Schatten des Rechts auf informationelle Selbstbestimmung S. 133 ff.; *Kunig*, Jura 1993, 595 ff.; *Simitis*, NJW 1984, 398 ff.; *Krause*, JuS 1984, 268 ff.

[268] BVerfGE 65, 1, 41 f.

[269] BVerfGE 65, 1, 43.

[270] BVerfGE 65, 1, 43.

[271] BVerfGE 65, 1, 43. Das BVerfG hatte bereits früher die Befugnis des einzelnen angedeutet, grundsätzlich selbst zu entscheiden, wann und innerhalb welcher Grenzen persönliche Lebenssachverhalte offenbart werden, z.B. BVerfGE 27, 1, 6 – Mikrozensus; BVerfGE 27, 344, 350 f. – Scheidungsakten; BVerfGE 32, 373, 379 – Arztkartei; BVerfGE 35, 202, 220 – Lebach; BVerfGE 63, 131, 142 – Gegendarstellung; BVerfGE 54, 148, 155.

[272] BVerfGE 65, 1, 44.

[273] BVerfGE 65, 1, 44.

habe der Gesetzgeber bei seinen Regelungen den mit Verfassungsrang ausgestatteten Grundsatz der Verhältnismäßigkeit zu beachten[274].

Das vom BVerfG entwickelte Recht auf informationelle Selbstbestimmung dient dem Schutz des persönlichen Lebensbereichs einer Person. Eine Einschränkung dieses Rechts ist nach der Rechtsprechung des BVerfG nur im überwiegenden Allgemeininteresse zulässig, ein Eingriff in dieses Recht bzw. dessen Zulässigkeit beurteilt sich also anhand einer Abwägung der Interessen des Trägers des Rechts auf informationelle Selbstbestimmung und dem Allgemeininteresse an diesem Eingriff[275].

Von seinem Schutzgedanken her stellt das Recht auf informationelle Selbstbestimmung zunächst ein Abwehrrecht des Bürgers gegen den Staat dar[276], erschöpft sich jedoch nicht hierin. Die Grundrechte sind nämlich nicht nur subjektive Rechte des einzelnen, sondern stellen vielmehr objektive Prinzipien dar, welche die gesamte Rechtsordnung beeinflussen und den Staat verpflichten, den Grundrechtsschutz zu gewährleisten[277]. Zwischen den Bürgern entfalten die

---

[274] BVerfGE 65, 1, 44. Das BVerfG geht im Volkszählungsurteil auf die oben dargestellte Sphärentheorie nicht ein. Der Grund ist darin zu sehen, dass die Gefahren, die sich aus den Besonderheiten der modernen Datenverarbeitung ergeben, gerade darin bestehen, dass aus den beliebigen Verarbeitungs- und Verknüpfungsmöglichkeiten der gewonnenen Daten auch für sich gesehen „unbedenkliche“ Daten eine völlig neue Bedeutung erlangen können. So stellt denn auch das BVerfG fest, dass „es unter den Bedingungen der automatischen Datenverarbeitung kein ‚belangloses' Datum mehr“ geben könne, BVerfGE 65, 1, 45. Daraus wurde in der Literatur geschlossen, dass es, jedenfalls im Anwendungsbereich des Rechts auf informationelle Selbstbestimmung, nicht mehr auf die Sphärentheorie ankomme, das BVerfG von dieser mithin eine Abkehr vollzogen habe, so z.B. *Schmitz*, TDDSG und das Recht auf informationelle Selbstbestimmung S. 10; *Kunig*, Jura 1993, 595, 602. Vgl. dazu auch *Bizer*, Forschungsfreiheit und informationelle Selbstbestimmung S. 145 ff. Dem kann jedoch nicht gefolgt werden, da in späteren Entscheidungen das BVerfG gerade auch für das Recht auf informationelle Selbstbestimmung erneut die Sphärentheorie in der Weise herangezogen hat, dass es „einen letzten unantastbaren Bereich privater Lebensgestaltung“ gebe, „der der öffentlichen Gewalt schlechthin entzogen“ sei, vgl. BVerfGE 80, 367, 373, ebenso BVerfGE 89, 69, 82 f.; BVerfG NJW 1997, 1769.

[275] Vgl. *Schmitz*, TDDSG und das Recht auf informationelle Selbstbestimmung S. 12. Die Herleitung der Schranken wird in der Literatur teilweise kritisiert, z.B. von *Schneider*, Anm. zu BVerfGE 65, 1, DÖV 1984, 161, 162. Da es sich jedoch um eine insoweit gefestigte Rechtsprechung des BVerfG handelt, soll auf eine Auseinandersetzung mit dieser Streitfrage verzichtet werden.

[276] Hier zeigt sich der klassische Charakter der Grundrechte als Abwehrrechte gegenüber dem Staat, sog. status negativus, vgl. *Ronellenfitsch*, FS Heckel S. 430; BVerfGE 7, 198, 204.

[277] Vgl. *Ronellenfitsch*, FS Heckel S. 430: „Der Staat muss mit seinen Machtmitteln die Voraussetzungen schaffen, dass ein Grundrecht verwirklicht werden kann“. Vgl. auch *Hesse*, Grundzüge des Verfassungsrechts der Bundesrepublik Deutschland Rn. 350. Nach dem BVerfG folgt aus Art. 2 Abs. 1 GG i.V.m. Art. 1 Abs. 1 GG eine Schutzpflicht der staatlichen Organe, die sich auch auf die Gewährleistung der für die Persönlichkeitsentfaltung konstitutiven Bedingungen bezieht. BVerfG NJW 1999, 1322, 1323 führt hierzu aus, dass das allgemeine Persönlichkeitsrecht direkte Wirkung nur gegenüber dem Staat entfaltet, dieser aber

Grundrechte eine mittelbare Drittwirkung[278], gelten also nicht direkt im Privatrecht, beeinflussen dieses aber, da sie eine objektive Wertordnung enthalten[279].

Im engen Zusammenhang mit der Problematik der mittelbaren Drittwirkung von Grundrechten ist die Frage der Kollision von Grundrechten zu sehen. In einem solchen Kollisionsfall ist nach dem BVerfG im Sinne praktischer Konkordanz im Einzelfall eine konkrete Abwägung der sich gegenüberstehenden Rechtsgüter so vorzunehmen, dass beiden Grundrechten bzw. den gegenüberstehenden Rechtsgütern soweit wie möglich Rechnung getragen und ein möglichst schonender Ausgleich zwischen ihnen gefunden wird[280]. Aus dieser Einzelabwägung ergibt sich dann, welchem der jeweilig betroffenen Rechte im Einzelfall der Vorrang einzuräumen sei.

Für das Recht auf informationelle Selbstbestimmung im nicht-öffentlichen Bereich und für das Internet bedeutet dies, dass im Sinne praktischer Konkordanz das informationelle Selbstbestimmungsrecht des Nutzers abzuwägen ist mit den Rechtsgütern der übrigen Beteiligten, durch die ein Eingriff droht, insbesondere also der Provider[281]. Das TDDSG bezweckt, einen schonenden Ausgleich im Sinne dieser praktischen Konkordanz herbeizuführen[282].

---

grundrechtlich gehalten ist, den einzelnen vor Persönlichkeitsgefährdungen durch Dritte zu schützen.

[278] BVerfGE 7, 198, 205; *Hesse*, Grundzüge des Verfassungsrechts der Bundesrepublik Deutschland Rn. 351 ff. m.w.N.; *Wenzel*, Das Recht der Wort- und Bildberichterstattung Rn. 2.2 ff.

[279] Das BVerfG führt hierzu in BVerfGE 7, 198, 205 aus, dass das Grundgesetz in seinem Grundrechtsteil eine objektive Wertordnung enthalte, wodurch eine Verstärkung der Geltungskraft der Grundrechte zum Ausdruck komme. Weiter sagt das BVerfG an dieser Stelle, dass „dieses Wertsystem, das seinen Mittelpunkt in der innerhalb der sozialen Gemeinschaft sich frei entfaltenden menschlichen Persönlichkeit und ihrer Würde" finde, „als verfassungsrechtliche Grundentscheidung für alle Bereiche des Rechts gelten" müsse. So beeinflusse es selbstverständlich auch das bürgerliche Recht; keine bürgerlich-rechtliche Vorschrift dürfe im Widerspruch zu ihm stehen, jede müsse in seinem Geiste ausgelegt werden.

[280] BVerfGE 35, 202, 223 f. Vgl. auch BVerfGE 54, 208, 217 ff. und *Funkel*, Schutz der Persönlichkeit durch Ersatz immaterieller Schäden in Geld S. 20. In BVerfGE 35, 202, 223 führt das BVerfG aus, dass „die die Rundfunkfreiheit beschränkenden Gesetze ihrerseits im Blick auf die Verfassungsgarantie auszulegen und gegebenenfalls wieder einzuschränken" seien. Dieser vom BVerfG aufgestellte Grundsatz gilt auch für die übrigen Kommunikationsgrundrechte, vgl. auch *Tettinger*, Die Ehre – ein ungeschütztes Verfassungsgut? S. 17.

[281] Vgl. auch *Engel-Flechsig*, Einl. TDDSG Rn. 28 in: Roßnagel, Recht der Multimedia-Dienste.

[282] Zur datenschutzrechtlichen Problematik im Zusammenhang mit dem Internet existiert eine Vielzahl an Literatur, vgl. z.B. *Engel-Flechsig/Maennel/Tettenborn*, NJW 1997, 2981 ff.; *Gounalakis*, NJW 1997, 2993 ff.; *Hobert*, Datenschutz und Datenschutz im Internet S. 80 ff.; *Löw*, Datenschutz im Internet S. 53 ff.; *Helfrich* in: Hoeren/Sieber, Multimediarecht Teil 16.

bb) Mögliche Verletzungen des Rechts auf informationelle Selbstbestimmung durch die Neuen Medien

aaa) Eingriffe in den E-Mail-Verkehr

Eingriffe in den E-Mail-Verkehr sind in unterschiedlicher Art und Weise denkbar. Bedingt durch die Besonderheiten der elektronischen Post ist es beispielsweise möglich, dass unbefugte Dritte Kenntnis vom Inhalt dieser Nachricht nehmen können[283]. Begünstigt wird dies dadurch, dass eine E-Mail auf ihrem Weg zum Empfänger viele verschiedene Stationen durchläuft[284]. Weiterhin lässt sich eine Kenntnisnahme Dritter während der Übertragung in der Regel nicht feststellen, da die E-Mail äußerlich nicht verändert wird und eine inhaltliche Kenntnisnahme keine Spuren hinterlässt. Möglichkeiten, E-Mails anonym zu versenden oder wenigstens zu verschlüsseln, sind zwar vorhanden, werden von der überwiegenden Mehrheit der Nutzer aber in aller Regel nicht wahrgenommen.

In Betracht kommen ferner Eingriffe dergestalt, dass protokolliert wird, ob und wann eine Versendung elektronischer Post überhaupt stattgefunden hat; auch besteht die Gefahr, dass der eigentliche Text der Nachricht nach dem Absenden eine inhaltliche Veränderung erfährt[285].

All dies macht es dem Eingreifenden möglich, unter Umständen detaillierte Kommunikationsprofile des E-Mail-Nutzers zu erstellen und diese auszuwerten, so dass Interessen, Gewohnheiten und dergleichen zu einem umfassenden Persönlichkeitsprofil verknüpft werden können. Hierdurch läuft der Anwender Gefahr, gewissermaßen zu einem gläsernen Nutzer zu werden, eine derartige Überwachung des E-Mail-Verkehrs stellt einen Eingriff in das Recht auf informationelle Selbstbestimmung dar.

Wie gezeigt ist das Recht auf informationelle Selbstbestimmung aber nicht schrankenlos gewährleistet. Vielmehr muss auch der Internetnutzer gewisse Einschränkungen dieses Rechts hinnehmen, allerdings nur, wenn dies im überwiegenden Allgemeininteresse erforderlich erscheint[286]. Wann solch ein überwie-

---

[283] Zur technischen Funktionsweise dieser möglichen Kenntnisnahme vgl. *Köhntopp/Köhntopp* CR 2000, 248, 254 f. Vgl. auch *Schmitz*, TDDSG und das Recht auf informationelle Selbstbestimmung 56 ff.

[284] Dazu eingehend *Köhntopp/Köhntopp* CR 2000, 248, 254 f.

[285] Vgl. *Hobert*, Datenschutz und Datensicherheit im Internet S. 63 ff.

[286] Vgl. *Schmitz*, TDDSG und das Recht auf informationelle Selbstbestimmung S. 12; *Tinnefeld/Ehmann*, Einführung in das Datenschutzrecht S. 86, die als Beispiel die zwangsweise Datenerhebung im Rahmen einer Strafverfolgung anführen.

gendes Allgemeininteresse anzunehmen ist, lässt sich aber nicht generell beantworten, vielmehr ist eine einzelfallorientierte Abwägung zwischen dem Interesse des einzelnen am seinem Recht auf informationelle Selbstbestimmung und dem Interesse der Allgemeinheit an dem Eingriff erforderlich[287]. Anhaltspunkte hierfür können die einschlägigen datenschutzrechtlichen Bestimmungen liefern.

Als gesetzliche Schutzvorschriften kommen Regelungen des Telekommunikationsgesetzes (TKG)[288] bzw. der Telekommunikations-Datenschutzverordnung (TDSV)[289] oder solche des Teledienstedatenschutzgesetzes (TDDSG)[290] in Betracht. Welche Normkomplexe eingreifen hängt davon ab, ob die Übermittlung einer E-Mail als Teledienst i.S.d. TDG – dann greift das TDDSG ein – oder als Telekommunikationsdienstleistung i.S.d. TKG – dann gelangt das TKG i.V.m. der TDSV zur Anwendung – anzusehen ist[291].

Diese Frage ist umstritten[292]. Manche Stimmen berufen sich auf § 2 Abs. 2 Nr. 1 TDG und verstehen unter Angeboten im Bereich der Individualkommunikation im Sinne der Vorschrift auch E-Mail-Dienste, da durch die Möglichkeit der Punkt-zu-Punkt-Kommunikation eine Vergleichbarkeit mit dem im Wortlaut des § 2 Abs. 2 Nr. 1 TDG genannten Beispiel des Datenaustauschs gegeben sei[293]. Andere wiederum sehen die Versendung von E-Mails als Telekommunikationsdienstleistung an, da es sich bei dem technischen Vorgang des Versendens und Empfangens einer E-Mail um einen Vorgang auf der Transportebene und damit um Telekommunikation handele[294].

---

[287] Vgl. *Schmitz*, TDDSG und das Recht auf informationelle Selbstbestimmung S. 12.

[288] BGBl. I 1996, S. 1120.

[289] Telekommunikations-Datenschutzverordnung vom 18.12.2000, BGBl. I 2000, S. 1740. Die TDSV setzt die Telekommunikationsdienstunternehmen-Datenschutzverordnung vom 12.7.1996 (BGBl. I 1996, S. 982) außer Kraft.

[290] BGBl. I 1997, S. 1870.

[291] Zwar enthält auch der MDStV in den §§ 16 bis 21 Bestimmungen über den Schutz personenbezogener Daten der Nutzer von Mediendiensten bei der Erhebung, Verarbeitung und Nutzung dieser Daten durch Diensteanbieter. Nach der in § 2 Abs. 1 S. 1 MDStV enthaltenen Legaldefinition handelt es sich bei Mediendiensten aber um an die Allgemeinheit gerichtete Informations- und Kommunikationsdienste. Die Übermittlung einer E-Mail fällt aber nicht unter diese Begriffsbestimmung.

[292] Dazu *Krader*, Moderne Online-Kommunikationsdienstleistungen im Spannungsverhältnis zwischen TKG und TDG S. 115 ff.; *Schuster*, § 4 TKG Rn. 4 ff in: Beck'scher TKG-Kommentar. Zum Verhältnis von TKG und TDG ferner *Bleisteiner*, Rechtliche Verantwortlichkeit im Internet S. 108 ff.

[293] So *Spindler*, § 2 TDG Rn. 58 in: Roßnagel, Recht der Multimediadienste. Ebenso ohne Begründung *Hoeren*, Grundzüge des Internetrechts S. 83; *Holznagel* in: Hoeren/Sieber, Multimedia-Recht Teil 3.2 Rn. 57.

[294] *Krader*, Moderne Online-Kommunikationsdienstleistungen im Spannungsverhältnis zwischen TKG und TDG S. 121 f.; *Schuster*, § 4 TKG Rn. 4c in: Beck'scher TKG-Kommentar; *Hobert*, Datenschutz und Datensicherheit im Internet S. 106; *Holznagel/Enaux/Niehaus*, Grundzüge des Telekommunikationsrechts S. 179.

Zur Abgrenzung hat man zunächst auf die gesetzlich genannten Begriffsbestimmungen zurückzugreifen. Nach § 2 Abs. 1 TDG sind Teledienste solche elektronischen Informations- und Kommunikationsdienste, die für eine individuelle Nutzung von kombinierbaren Daten wie Zeichen, Bilder oder Töne bestimmt sind und denen eine *Übermittlung mittels Telekommunikation* zugrunde liegt. § 3 Nr. 18 TKG bestimmt, dass Telekommunikationsdienstleistungen das gewerbliche Angebot von Telekommunikation ist; nach § 3 Nr. 16 TKG ist Telekommunikation wiederum der technische Vorgang des Aussendens, Übermittelns und Empfangens von Nachrichten jeglicher Art in der Form von Zeichen, Sprache, Bildern oder Tönen mittels Telekommunikationsanlagen.

Eine funktionale Betrachtung dieser Vorschriften ergibt, dass Telekommunikationsdienstleistungen solche sind, bei denen der Transport der Nachrichten im Vordergrund steht, während bei Telediensten die inhaltliche Komponente der Nachrichten bzw. Informationen primäre Bedeutung hat[295]. Anhand dieser funktionalen Betrachtung ist für jeden einzelnen in Frage stehenden Dienst zwischen dem technischen Vorgang des Transports der Information (dann Telekommunikation) und der inhaltlichen Ausgestaltung der Nachricht (dann Teledienst) zu unterscheiden[296].

Für E-Mails gilt unter Zugrundelegung dieser Prinzipien folgendes: Eine funktionale Betrachtung ergibt, dass es sich bei der *Versendung* um eine Telekommunikationsdienstleistung handelt. Denn sowohl für den Sender als auch für den Empfänger der Nachrichten steht deren Transport im Vordergrund. Die Aufgabe des Anbieters eines E-Mail-Dienstes liegt darin, diese Nachrichten zu übermitteln, nicht aber darin, einen bestimmten Inhalt bereitzuhalten. Der Vorrang der Transportfunktion für die Übermittlung von E-Mails und die daraus resultierende Qualifikation als Telekommunikationsdienstleistung führt dazu, dass sich der Schutz von Versender und Empfänger nach dem TKG bzw. dem TDSV richtet.

Der Schutz der E-Mail-Kommunikation soll unter zwei Aspekten durch telekommunikationsrechtliche Vorschriften erzielt werden: Zum einen durch § 85 TKG, der das durch Art. 10 GG geschützte Fernmeldegeheimnis auf einfachgesetzlicher Ebene und für den Bereich der privaten Telekommunikation festschreibt, und zum anderen durch § 89 TKG i.V.m. dem TDSV[297].

---

[295] So zutreffend *Krader*, Moderne Online-Kommunikationsdienstleistungen im Spannungsverhältnis zwischen TKG und TDG S. 117 ff.; *Schuster*, § 3 TKG Rn. 21a f. in: Beck'scher TKG-Kommentar. Vgl. auch *Eckhardt*, DuD 2002, 197, 200 (Fn. 40).

[296] *Krader*, Moderne Online-Kommunikationsdienstleistungen im Spannungsverhältnis zwischen TKG und TDG S. 119 weist zutreffend darauf hin, dass Telekommunikations- und Teledienste stark verzahnt sein können, da Teledienste regelmäßig auf der Grundlage von Telekommunikationsdienstleistungen erfolgen. Zu der funktionalen Betrachtung bei kombinierten Diensten vgl. auch *Schuster*, § 3 TKG Rn. 21b in: Beck'scher TKG-Kommentar.

[297] *Büchner*, § 85 TKG Rn. 1 in: Beck'scher TKG-Kommentar.

Das Fernmeldegeheimnis wird in Art. 10 Abs. 1 GG grundrechtlich geschützt. § 88 Abs. 1 S. 1 TKG stellt klar, dass sich dieser Schutz auch auf den Inhalt der *Telekommunikation* und ihre näheren Umstände erstreckt, insbesondere auf die Tatsache, ob jemand an einem Telekommunikationsvorgang beteiligt ist oder war.

Der Schutz des Fernmeldegeheimnisses ist nicht schrankenlos gewährleistet, wie Art. 10 Abs. 2 S. 1 GG klarstellt. Danach dürfen Beschränkungen nur aufgrund eines Gesetzes angeordnet werden. Gesetzliche Beschränkungen des Fernmeldegeheimnisses finden sich in den §§ 100 a, b StPO, §§ 39-43 Außenwirtschaftsgesetz (AWG) sowie im Gesetz zur Beschränkung des Brief-, Post- und Fernmeldegeheimnisses (G 10). Demzufolge darf auch über das Internet abgewickelte Telekommunikation überwacht werden, z.B. E-Mail. § 88 TKG schließlich regelt die technische Umsetzung von Überwachungsmaßnahmen. Aufgrund der in § 88 Abs. 2 S. 2 TKG enthaltenen Ermächtigungsgrundlage wurde am 24.10.2001 die Telekommunikationsüberwachungsverordnung (TKÜV) beschlossen[298], welche die technischen und organisatorischen Vorkehrungen regelt, die die Anbieter von öffentlichen Telekommunikationsdiensten treffen müssen, um die Überwachung der Telekommunikation zu ermöglichen[299].

Die Zulässigkeit einer Überwachung der Telekommunikation und damit eine mögliche Einschränkung des Fernmeldegeheimnisses ist nur unter engen Voraussetzungen möglich. Nach § 1 Abs. 1 Nr. 1 G 10 müssen beispielsweise Gefahren für die freiheitliche demokratische Grundordnung oder den Bestand des Bundes oder eines Landes drohen, und nach § 2 Abs. 1 G 10 müssen tatsächliche Anhaltspunkte dafür bestehen, dass bestimmte schwere Straftaten verübt werden sollen[300].

Im Gegensatz zu § 85 TKG, der das Fernmeldegeheimnis und damit den Inhalt und die näheren Umstände der Telekommunikation schützt, dient der Schutz des § 89 TKG i.V.m. den Vorschriften des TDSV dem Schutz personenbezogener Daten und damit dem Recht auf informationelle Selbstbestimmung. Diensteanbieter[301] dürfen Verbindungsdaten i.S.v. § 2 Nr. 4 TDSV i.V.m. § 6 TDSV nur erheben, verarbeiten und nutzen, wenn dies für die in der TDSV genannten

---

[298] Verordnung über die technische und organisatorische Umsetzung von Maßnahmen zur Überwachung der Telekommunikation (Telekommunikations-Überwachungsverordnung – TKÜV) vom 22.1.2002, BGBl. I 2002, S. 458.

[299] Die TKÜV wurde wegen zu befürchtender Kosten, welche die Überwachungsmaßnahmen mit sich bringen könnten, von Seiten der Provider kritisch aufgenommen. Zur TKÜV *Eckhardt*, DuD 2002, 197 ff.; *Pernice*, DuD 2002, 207 ff.; *Bizer*, DuD 2002, 216 ff. Zur Überwachung der Telekommunikation in den USA vgl. *Pallasky*, DuD 2002, 221 ff.

[300] Wie beispielsweise Straftaten des Friedensverrats oder des Hochverrats nach §§ 80 ff. StGB.

[301] Nach der Legaldefinition in § 2 Nr. 2 TDSV sind dies all diejenigen, die ganz oder teilweise geschäftsmäßig Telekommunikationsdienste erbringen oder daran mitwirken.

Zwecke erforderlich ist, also beispielsweise zur Entgeltermittlung und -abrechnung (§ 7 TDSV) oder zur Beseitigung von Störungen und Fehlern der Telekommunikationsanlagen (§ 9 TDSV). Eine darüber hinausgehende Erhebung, Verarbeitung oder Nutzung der Daten ist vom TDSV nicht mehr gedeckt und stellt einen unzulässigen Eingriff in das Recht auf informationelle Selbstbestimmung dar.

bbb) Cookies

Ebenfalls kommt eine Verletzung des Rechts auf informationelle Selbstbestimmung durch den Einsatz von Cookies in Betracht. Unter einem Cookie versteht man einen Datensatz, welcher von einem Web-Server erzeugt und an einen Web-Browser gesendet wird, der eine Verbindung mit dem Server aufgebaut hat; bei dem Web-Browser – also auf dem Rechner des Internet-Nutzers – wird dieser Datensatz abgelegt[302]. Dieser Vorgang kann sich völlig ohne Kenntnisnahme des Nutzers vollziehen. Unter bestimmten Voraussetzungen wird ein Cookie mit der Anfrage des Nutzers nach einer neuen Seite auch umgekehrt von einem Web-Browser an einen Web-Server gesendet, welcher die in dem Cookie enthaltenen Informationen auswerten kann[303].

Durch den Einsatz von Cookies kann die Möglichkeit eröffnet werden, die Wege eines Nutzers im Internet zu verfolgen und ihn bei einer erneuten Nutzung wieder zu identifizieren, es kann also zu einer Erhebung, Verarbeitung und Nutzung personenbezogener Daten kommen, so dass die Erstellung von Nutzerprofilen des Users möglich wird. Befürchtungen, der Nutzer könne durch den Einsatz von Cookies vollständig überwacht werden, sind dagegen unbegründet, da ein Ausspähen weiterer Daten auf dem Rechner des Nutzers mittels Cookies nicht möglich ist[304]. Die Möglichkeit hingegen, den Nutzer bei einem erneuten Aufruf einer bestimmten Internetseite zu erkennen, ermöglicht es dem Verwender von Cookies, Aufschluss über die Interessen des Nutzers und dessen Verhalten im Internet zu erlangen, beispielsweise über die von ihm aufgerufenen Websites[305].

---

[302] Vgl. *Ihde*, CR 2000, 413, 414; *Eichler*, K&R 1999, 76; *Wichert*, DuD 1998, 273.

[303] *Wichert*, DuD 1998, 273. Überaus lehrreich und anschaulich zu der Funktionsweise von Cookies auch die Entscheidung des United States District Court for the Southern District of New York, In re DoubleClick Inc. Privacy Litigation, No. 00 Civ. 0641 (S.D.N.Y. March 28, 2001) S. 9 ff., abrufbar unter http://www.nysd.uscourts.gov/courtweb/pdf/D02NYSC/01-03797.pdf.

[304] *Hoeren*, Grundzüge des Internetrechts S. 86.

[305] Eingehend dazu *Hobert*, Datenschutz und Datensicherheit im Internet S. 71 f. Vgl. auch *Sieber* in: Hoeren/Sieber, Multimedia-Recht, Teil 19 Rn. 116. Vgl. auch die Verlagsbeilage zur F.A.Z. vom 15.Mai 2001 „E-Commerce" S. B6. Dessen ungeachtet können Cookies für den Nutzer aber auch hilfreich sein, da sie ihm wiederholte Eingaben ersparen können, die ansonsten bei jedem Aufruf einer bestimmten Information erneut erforderlich wären. Ein Beispiel hierfür sind Online-Shops, die dem Nutzer den Online-Einkauf ermöglichen. Durch

Und auch die Bewegungen eines Nutzers auf einer einzelnen Website kann mittels Cookies genau nachvollzogen werden: Der Verwender von Cookies platziert dabei sogenannte GIF tags auf der von dem Nutzer aufgerufenen Website. Diese sind für den Nutzer aufgrund ihrer geringen Größe von einem Pixel nicht erkennbar und können somit vom Nutzer unbemerkt dessen Bewegungen auf einer einzelnen Seite aufzeichnen.

Damit zusammenhängend ist die Gefahr, dass es zu einer Datenerfassung des Nutzers und unter Umständen zur Erstellung von Persönlichkeitsprofilen kommt, was in einem Spannungsfeld zum Recht auf das Recht auf informationelle Selbstbestimmung steht[306].

Um die rechtliche Zulässigkeit von Cookies zu gewährleisten, ist daher von den Verwendern eine Einhaltung der einschlägigen datenschutzrechtlichen Bestimmungen zu fordern[307]. Die §§ 3 bis 6 TDDSG legen die Pflichten für Diensteanbieter fest, die hinsichtlich des Schutzes personenbezogener Daten der Nutzer von Telediensten eingehalten werden müssen[308]. Für Cookies ist dabei insbesondere § 6 Abs. 3 S. 1 TDDSG (bzw. § 19 Abs. 4 MDStV) zu beachten, wonach Nutzungsdaten[309] für die Erstellung von Nutzerprofilen, die dem Zweck der Werbung, der Marktforschung oder der bedarfsgerechten Gestaltung der Teledienste dienen sollen, nur bei der Verwendung von Pseudonymen gebraucht werden dürfen. Diese Nutzungsprofile dürfen nicht mit Daten über den Träger des Pseudonyms zusammengeführt werden, vgl. § 6 Abs. 3 S. 3 TDDSG (§ 19 Abs. 4 S. 3 MDStV)[310]. Daraus folgt für den Einsatz von Cookies, dass der Diensteanbieter zu gewährleisten hat, dass personenbezogene Daten des Nutzers

---

Cookies bleibt es dem Nutzer erspart, bei einer erneuten Bestellung nochmals seine persönlichen Daten wie Name, Adresse und Bankverbindung anzugeben.

306 Vgl. *Püttmann*, K&R 2000, 492, 494. Zwar ist eine konkrete Identifikation des Nutzers u.U. nicht ohne weiteres möglich, da die sog. dynamischen IP-Adressen bei jeder Sitzung des Nutzers neu vergeben werden, vgl. *Ihde*, CR 2000, 413, 416. Mit Hilfe sog. log files kann es aber dennoch zu einer Identifikation des Anwenders kommen, vgl. *Sieber* in: Hoeren/Sieber, Multimedia-Recht, Teil 19 Rn. 117; *Köhntopp/Köhntopp*, CR 2000, 248, 251. Ebenfalls einen Eingriff in das Recht auf informationelle Selbstbestimmung des Nutzers durch Cookies annehmend *Kjelland*, Der Schutz der persönlichen Integrität im Internet S. 145.

307 Eingehend zu diesen Bestimmungen vgl. *Ihde*, CR 2000, 413, 415 ff.; *Eichler*, K&R 1999, 76, 78 ff.; *Püttmann*, K&R 2000, 492, 494 ff.; *Bizer*, DuD 1998, 277, 278 ff.

308 Für Mediendienste enthalten die §§ 16 bis 21 MDStV weitgehend inhaltsgleiche Regelungen, eine Abgrenzung in Tele- und Mediendienste wird daher in diesem Zusammenhang nicht vorgenommen.

309 § 6 Abs. 1 TDDSG (§ 19 Abs. 2 MDStV) legaldefiniert diese als personenbezogene Daten eines Nutzers, die erforderlich sind, um die Inanspruchnahme von Telediensten zu ermöglichen und abzurechnen.

310 Die Verpflichtung des Diensteanbieters, dem Nutzer die Inanspruchnahme von Telediensten anonym oder unter Pseudonym zu ermöglichen, folgt aus § 4 Abs. 6 TDDSG (§ 18 Abs. 6 MDStV).

so verwendet werden, dass eine Identifizierung des Trägers des Pseudonyms nicht möglich ist.

Dies hängt eng mit der Problematik zusammen, ob die IP-Adresse des jeweiligen Nutzers[311] einem bestimmten Anwender zugeordnet werden kann. Da dem Rechner des Nutzers wie gezeigt im Regelfall nur eine temporäre IP-Adresse zugewiesen wird, ist eine solche Zuordnung erschwert bzw. nahezu ausgeschlossen[312], so dass in diesen Fällen eine Verletzung der einschlägigen datenschutzrechtlichen Bestimmungen nur in Ausnahmefällen möglich erscheint[313].

Aber auch bei der Zuweisung einer statischen IP-Adresse erscheint die Identifikation des jeweiligen Nutzers nicht so einfach wie dies vielfach angenommen wird[314]. Durch die Zuweisung einer statischen IP-Adresse wird nämlich in der Regel nicht eine einzelne Person identifiziert, sondern nur eine Begrenzung auf die einzelnen Nutzer des jeweiligen Rechners vorgenommen[315]. Zwar ist die betreffende Person für den Provider ermittelbar, der über diejenigen Daten verfügt, welche die zugewiesene IP-Adresse dem Namen des Nutzers zuordnet, doch dürfte dieser Bezug für Dritte eher schwer herzustellen sein[316].

ccc) Proxy Cache Server

Ein Proxy Cache Server verwaltet Kopien von Internetdokumenten, die den Internetnutzern zur Verfügung gestellt werden. Wollen die Nutzer eine bestimmte

[311] Dazu ausführlich oben S. 22 f.

[312] Zu den Einzelfällen, in denen trotz einer temporären IP-Adresse eine Identifizierung des Nutzers durch ein Zusammenwirken des Providers des Web-Servers und des Internet-Providers des Anwenders, der die IP-Adressen temporär an seine Nutzer vergibt, möglich ist vgl. *Bizer*, DuD 1998, 277, 278 und *Bizer*, § 3 TDDSG Rn. 212 ff. in: Roßnagel, Recht der Multimediadienste.

[313] In manchen Fällen ist die Identifizierung des Nutzers anhand der IP-Nummer allerdings verhältnismäßig einfach, wenn nämlich der Anbieter der Website, der Cookies verwendet, und der Internet-Provider des Nutzers identisch sind. Zu weiteren möglichen Konstellationen, insbesondere zum Zusammenwirken von Provider und Verwender der Cookies vgl. *Bizer*, DuD 1998, 277, 278.

[314] Vgl. z.B. *Loock-Wagner*, Das Internet und sein Recht S. 91 f., der davon ausgeht, dass der Nutzer anhand der IP-Nummer und E-Mail-Adresse in jedem Fall zu identifizieren sei.

[315] Vgl. *Schulz*, § 1 TDDSG Rn. 34 in: Roßnagel, Recht der Multimediadienste. Bei diesen Nutzern handelt es sich etwa um diejenigen Anwender, welche in einem (Groß-) Unternehmen einen Rechner gemeinsam nutzen.

[316] *Schulz*, § 1 TDDSG Rn. 34 in: Roßnagel, Recht der Multimediadienste. Dazu auch *Bizer*, DuD 1998, 277, 278. Ergänzend sei noch auf die Möglichkeit hingewiesen, dass im Browser des Nutzers eine Änderung der Einstellungen dahingehend vorgenommen werden kann, dass die Option gewählt wird, dass Cookies nicht akzeptiert werden bzw. eine Warnung des Nutzers erfolgt, bevor ein Cookie gesetzt wird. Allerdings weiß der durchschnittliche Internetnutzer kaum um diese Möglichkeit, und ferner lassen sich häufig bestimmte Websites erst gar nicht anzeigen, wenn das Setzen eines Cookies abgelehnt wird.

Seite im Internet aufrufen, so wird diese Anfrage zunächst an ihren lokalen Proxy Cache Server gesendet. Verwaltet dieser keine Kopie der angeforderten Seite, so wird erst dann der Ausgangsserver kontaktiert[317].

Werden Internetseiten bzw. –dokumente vom Nutzer angefordert, so kommt es hierbei zur Übertragung von nutzerspezifischen Daten wie z.B. der URL des angeforderten Dokuments, des Datums und der Uhrzeit, der IP-Nummer, des Hostnamens und der Browserversion[318]. Dem Provider ist es dann unter Umständen möglich, unter Zuhilfenahme der IP-Nummer einen Personenbezug herzustellen[319]. Werden diese übermittelten Daten in sog. log files[320] gespeichert, so kann es zu einer Überwachung des Nutzerverhaltens, mithin zur Erstellung von Nutzerprofilen kommen[321].

An die Zulässigkeit der Erstellung solcher Nutzerprofile sind grundsätzlich dieselben Anforderungen wie an Cookies zu stellen[322]. Insbesondere ist nach § 6 Abs. 3 S. 1 TDDSG (bzw. § 19 Abs. 4 S. 1 MDStV) die Erstellung von Nutzerprofilen nur dann zulässig, wenn ein Pseudonym des Nutzers verwendet wird (vgl. § 4 Abs. 6 TDDSG bzw. § 18 Abs. 6 MDStV) und die Nutzerprofile nicht mit den Daten über den Träger des Pseudonyms zusammengeführt werden, § 6 Abs. 3 S. 3 TDDSG (bzw. § 19 Abs. 4 S. 3 MDStV).

---

317 Zur genauen technischen Funktionsweise von Proxy Cache Servern vgl. *Schwiderski-Grosche*, DuD 1999, 586 ff.; *Sieber*, Verantwortlichkeit im Internet Rn. 22. Die Vorteile dieser Server liegen u.a. darin, dass es zu verbesserten Antwortzeiten des Servers und damit für den Nutzer zu einer verringerten Wartezeit beim Anfordern eines Internetdokuments kommt.

318 Vgl. *Kieper*, DuD 1999, 591; *Schaar/Schulz*, § 4 TDDSG Rn. 107 f. in: Roßnagel, Recht der Multimediadienste.

319 Vgl. *Schaar/Schulz*, § 4 TDDSG Rn. 109 in: Roßnagel, Recht der Multimediadienste.

320 Das Nutzungsverhalten von Besuchern einer Website kann z.B. vom Anbieter dieser Seite protokolliert werden. Die dabei entstehenden Protokolldaten werden als log files bezeichnet, vgl. *Schulz*, § 1 TDDSG Rn. 32 in: Roßnagel, Recht der Multimediadienste. Dazu auch die Verlagsbeilage zur F.A.Z. vom 15.Mai 2001 „E-Commerce" S. B6.

321 *Schwiderski-Grosche* DuD 1999, 586, 589; *Kieper*, DuD 1999, 591. Das Problem der Speicherung von Nutzungsdaten stellt sich aber nicht nur bei Proxy Cache Servern, sondern beispielsweise auch dann, wenn ein E-Mail-Server betrieben wird, vgl. *Schmitz*, TDDSG und das Recht auf informationelle Selbstbestimmung S. 151. Zur Erstellung von Nutzungsprofilen vgl. ferner *Schaar*, Datenschutz im Internet Rn. 692 ff.

322 Zur Einordnung eines Proxy-Cache-Servers als Teledienst und damit zur Anwendbarkeit des TDDSG vgl. *Kieper*, DuD 1999, 591, 592, der sagt, dass ein Proxy-Cache-Server als Angebot zur Nutzung des Internet im Sinne von § 2 Abs. 2 Nr. 3 TDG anzusehen ist.

4.) Der Schutz der Privatsphäre im Internet in den USA

a) Das Right to Privacy

Das Persönlichkeitsrecht wird in den USA durch den Deliktstatbestand der *Defamation*[323] und durch Ansprüche wegen einer Verletzung des *Right to Privacy* geschützt. Die Entwicklung zur Anerkennung eines *Right to Privacy* wurde durch einen wegweisenden Aufsatz von *Warren* und *Brandeis* eingeleitet[324]. In diesem Aufsatz führten *Warren/Brandeis* aus, dass der *Libel*–Tort als Teil des *Defamation* Tatbestandes[325] nicht alle Angriffe gegen die Persönlichkeit zu schützen vermöge, da er nur das Interesse der Person an ihrem Ruf schütze, charakteristisch für das *Right to Privacy* aber eine Verletzung der Gefühle des Betroffenen sei[326]. In den darauffolgenden Jahren hatten sich die ersten amerikanischen Gerichte mit dem *Right to Privacy* zu befassen und nach anfänglichem Zögern wurde es schließlich in einer Entscheidung aus dem Jahre 1905 erstmals von einem Gericht anerkannt[327]. In der Folgezeit fand das *Right to Privacy* dann in fast allen US Bundesstaaten gerichtliche Anerkennung[328], doch fehlte es diesen Entscheidungen an einer einheitlichen dogmatischen Grundlage. Insbesondere der von *Warren/Brandeis* vorgeschlagene Schutzbereich wurde von manchen Gerichten als zu weit angesehen[329].

Dieser uneinheitlichen Entwicklung des *Right to Privacy* wurde durch einen richtungweisenden Aufsatz von *Prosser* ein Ende gesetzt, in dem dieser die bis zu diesem Zeitpunkt ergangenen Entscheidungen zum *Right to Privacy* beleuch-

---

[323] Auf diesen wird auf S. 101 ff. eingegangen.

[324] *Warren/Brandeis*, The Right to Privacy, 4 Harvard Law Review 193 (1890), abrufbar unter http://www.lawrence.edu/fac/boardmaw/Privacy_brand_warr2.html.

[325] Dieser Tatbestand wurde anders als das *Right to Privacy*, das im amerikanischen Recht selbständig entwickelt wurde, aus dem englischen *Common Law* übernommen, vgl. *Börger*, Deliktischer Rechtsschutz gegenüber Presseveröffentlichungen S. 15.

[326] *Warren/Brandeis*, The Right to Privacy, 4 Harvard Law Review (1890), 193, 197.

[327] Dies erfolgte durch den Georgia Supreme Court in der Entscheidung *Pavesich v. New England Life Insurance Co.*, Supreme Court of Georgia, 122 Ga. 190 (1905).

[328] Minnesota erkannte in einer Entscheidung des Minnesota Supreme Court aus dem Jahre 1998 als letzter Bundesstaat das *Right to Privacy* an, vgl. *Elli Lake, et al., pet. v. Wal-Mart Stores, Inc., et al.*, Supreme Court of Minnesota, C7-97-263, abrufbar unter http://www.lawlibrary.state.mn.us/archive/supct/9807/c797263.htm, doch sind nicht alle der im Anschluss zu behandelnden Fallgruppen in jedem Bundesstaat gleichermaßen anerkannt. Der Minnesota Supreme Court lehnte in der eben genannten Entscheidung beispielsweise ausdrücklich den *False Light* Delitkstatbestand ab. In einigen Bundesstaaten ist das *Right to Privacy* gesetzlich geregelt, vgl. *Börger*, Deliktischer Rechtsschutz gegenüber Presseveröffentlichungen S. 143 (Fn. 27). Vgl. auch *Borger*, Privacy Law meets the First Amendment.

[329] Vgl. Sidis v. F-R Publishing Corporation, United States Court of Appeals for the Second Curcuit, 113 F.2d 806 (1940).

tete und auf eine einheitliche dogmatische Grundlage zu stellen versuchte[330]. *Prosser* arbeitete vier verschiedene Deliktstatbestände heraus, die heute für das *Right to Privacy* allgemein anerkannt sind und für das *Restatement (Second) of Torts Sec. 652 A-E* übernommen wurden. Bei diesen Deliktstatbeständen handelt es sich um *Intrusion upon Seclusion*[331], *Public Disclosure of Private Facts*[332], *False Light*[333] sowie *Appropriation*[334]. Für Spamming sowie das Platzieren von Cookies kommt eine Verletzung des *Right to Privacy* unter dem Gesichtspunkt der *Intrusion upon Seclusion* in Betracht, da bei diesem Deliktstatbestand ein Eindringen des Verletzers in die Privatsphäre des Betroffenen im Vordergrund steht[335].

b) Spamming

Auch in den USA befassten sich Rechtsprechung und Literatur. Ferner beeinflusste Spamming die Gesetzgebung sowohl auf Bundesebene als auch in den einzelnen Bundesstaaten. Während in Deutschland Spamming auch unter Aspekten des Eindringens in die geschützte Privatsphäre Relevanz zukommen kann, wird diese Frage in den USA – im Gegensatz zu den nachfolgend zu behandelnden Cookies – kaum unter dem Gesichtspunkt einer *Invasion of Privacy* diskutiert[336]. Vielmehr erfolgt eine Diskussion ganz überwiegend unter den Gesichtspunkten *Trespass to Chattels*, einer Verletzung des *Lanham Act* sowie eines Verstoßes gegen den *Computer Fraud and Abuse Act (CFAA)*. Erst kürzlich kam es zu einer bundeseinheitlichen Regelung in Form den CAN SPAM Act.

---

330 *Prosser*, Privacy, 48 California Law Review (1960), 383.

331 „One who intentionally intrudes, physically or otherwise, upon the solitude or seclusion of another or his private affairs or concerns, is subject to liability to the other for invasion of his privacy, if the intrusion would be highly offensive to a reasonable person", vgl. *Restatement (Second) of Torts Sec. 652 B.*

332 „One who gives publicity to a matter concerning the private life of another is subject to liability to the other for invasion of his privacy, if the matter publicized is of a kind that (a) would be highly offensive to a reasonable person, and (b) is not of legitimate concern to the public", vgl. *Restatement (Second) of Torts Sec. 652 D.*

333 „One who gives publicity to a matter concerning another that places the other before the public in a false light is subject to liability to the other for invasion of his privacy, if (a) the false light in which the other was placed would be highly offensive to a reasonable person, and (b) the actor had knowledge of or acted in reckless disregard as to the falsity of the publicized matter and the false light in which the other would be placed", vgl. *Restatement (Second) of Torts Sec. 652 E.*

334 „One who appropriates to his own use or benefit the name or likeness of another is subject to liability to the other for invasion of privacy", vgl. *Restatement (Second) of Torts Sec. 652 C.*

335 Vgl. *Börger*, Deliktischer Rechtsschutz gegenüber Presseveröffentlichungen S. 146.

336 Vgl. lediglich *Falcon*, Spamming on the Net.

aa) Spamming als Verletzung des *Right to Privacy*

Im Jahre 1991 erließ der amerikanische Kongress den *Telephone Consumer Protection Act (TCPA)*, der die unerwünschte Faxwerbung verbietet und Telefonwerbung bestimmten Auflagen unterwirft, um das *Right to Privacy* einer Person in ihrem häuslichen Bereich zu schützen[337]. Dementsprechend könnte man auch Spamming als Verletzung des *Right to Privacy* ansehen. Der Grund für den Erlass des *TCPA* war unter anderem, dass die Kosten, die bei der Faxwerbung entstehen, auf den Empfänger abgewälzt werden. *Falcon* sagt, dass dieser Beweggrund nicht auf Spamming übertragen werden könne, da die Kosten bei unaufgeforderter E-Mail-Werbung weitaus geringer seien. Die Argumentation, dass die beim Spamming entstehenden Kosten vernachlässigbar seien, wurde jedoch bereits oben als fragwürdig und in dieser Pauschalität nicht zutreffend widerlegt[338].

Der US Supreme Court entschied im Hinblick auf Postwerbung, dass angesichts der kurzen Zeitdauer, die der Empfänger für das Erkennen und Aussortieren der Werbung aufzuwenden habe, diese Werbung für den Empfänger ohne weiteres als solche erkennbar sein müsse und weiter, dass der Empfänger die Möglichkeit haben müsse, auch hinsichtlich dieser Werbung die Opt-out Option zu wählen[339]. *Falcon* zieht daraus den Schluss, dass der amerikanische Gesetzgeber daher auch bei E-Mail-Werbung lediglich verlangen könne, dass die E-Mail als solche mit werbendem Inhalt gekennzeichnet werde[340]. Zur Zeit der Veröffentlichung von *Falcons* Ansicht hatte aber nur der Bundesstaat Nevada ein Gesetz verabschiedet, das die zu stellenden Anforderungen an E-Mail-Werbung regelte. Mittlerweile haben jedoch eine Vielzahl von Bundesstaaten derartige Gesetze erlassen. Nach einer Betrachtung dieser Gesetze bleibt nach wie vor festzuhalten, dass das *Right to Privacy* im Zusammenhang mit Spamming bei den Erwägungen des Gesetzgebers eine eher untergeordnete Rolle spielt.

bb) Trespass to Chattels

Der Tatbestand *Trespass to Chattels*[341] schützt den Anspruchsinhaber vor Verletzungen seines Eigentums an einer beweglichen Sache. Gerichte in den USA sahen auch die Einwirkung auf das Eigentum mittels elektrischer Signale als wi-

---

337 *Telephone Consumer Protection Act, 47 U.S.C. Sec. 227 (b) (1) (C).*

338 Vgl. S. 47 f.

339 Vgl. *Falcon*, Spamming on the Net.

340 *Falcon*, Spamming on the Net.

341 *Restatement (Second) of Torts, Sec. 217*: "A trespass to chattels may be committed by intentionally (a) dispossessing another of the chattel, or (b) using or intermeddling with a chattel in the possession of another."

derrechtliche Einwirkung auf das Eigentum an[342]. Durch die massenweise Zusendung unerbetener E-Mail werde auf die Infrastruktur der Service Provider als Eigentümer von Computernetzen eingewirkt. Dies führe dazu, dass sich die Übertragung aller Daten verlangsamt, also auch solcher, die nicht von dem Versender stammen[343].

Damit der *Tort Trespass to Chattels* vorliegt, muss neben der objektiven Einwirkung auf das fremde Eigentum der Verletzer absichtlich handeln und einen Schaden bei dem Eigentümer verursachen. Der Versender von E-Mail Werbung handelt absichtlich, da ihm bewusst ist, dass er auf die Infrastruktur des Service Providers einwirkt. Auch ein Schaden beim Service Provider wird angenommen, da dessen Computersystem geschwächt wird[344].

cc) Verletzung des Lanham Act

In der Entscheidung *America Online, Inc. v. LCGM, Inc., et.al.*[345] versendete die Beklagte zwischen Juni 1997 und Januar 1998 über 92 Millionen unaufgeforderte E-Mails mit werbendem Inhalt an Abonnenten von *AOL*. Diese Spam-Mails warben für pornographische Websites der Beklagten und enthielten eine gefälschte Kopfzeile (Header), so dass bei den Empfängern der unzutreffende Eindruck erweckt wurde, die E-Mail sei von einem *AOL* Account versendet worden. Nachdem *AOL* eine Klage eingereicht hatte, entschied das Gericht, dass die Beklagte durch das Fälschen der Kopfzeile gegen *15 U.S.C. Sec. 1125 (a) (1) (Lanham Act)* verstoßen hatte. Dieser lautet:

> „- *False designations of origin, false descriptions, and dilution forbidden*
>
> *(a) Civil action*
>
> *(1) Any person who, on or in connection with any goods or services, or any container for goods, uses in commerce any word, term, name,*

---

[342] *CompuServe Inc. V. Cyber Promotions, Inc. and Sanford Wallace*, 962 F. Supp. 1015, 1021 (S.D. Ohio, Feb. 3, 1997); *America Online, Inc. v. IMS, et. al*, U.S. Dist. Lexis 17437 (E.D. Va., Oct. 29, 1998). Zur abweichenden Ansicht des Gerichts im Fall *Intel v. Hamidi* vgl. *Clarke*, When not to pour Spam into an old bottle: Intel v. Hamidi.

[343] Vgl. *Spirig*, Lauterkeitsrechtliche Konflikte im Internet S. 214 f.

[344] Nach *Spirig*, Lauterkeitsrechtliche Konflikte im Internet S. 215 besteht ein Schaden des Service Providers auch darin, dass diesem Kündigungen von Seiten der Nutzer und Rufschädigung drohen. Zu der Frage, ob Spamming eine wiederrechtliche Störung des Vertragsverhältnisses zwischen Service Provider und Nutzer darstellt vgl. *Spirig*, Lauterkeitsrechtliche Konflikte im Internet S. 218 ff.

[345] *America Online, Inc. v. LCGM, Inc., et.al.*, Civ. Act. No. 98-102-A (E.D., Va., Nov.10, 1998).

symbol, or device, or any combination thereof, or any false designation of origin, false or misleading description of fact, or false or misleading representation of fact, which -

(A) is likely to cause confusion, or to cause mistake, or to deceive as to the affiliation, connection, or association of such person with another person, or as to the origin, sponsorship, or approval of his or her goods, services, or commercial activities by another person, or

(B) in commercial advertising or promotion, misrepresents the nature, characteristics, qualities, or geographic origin of his or her or another person's goods, services, or commercial activities,

shall be liable in a civil action by any person who believes that he or she is or is likely to be damaged by such act."

Die Beklagte hatte nach Auffassung des Gerichts unter Verletzung der vorstehenden gesetzlichen Regelung den Absender ihrer E-Mail-Werbung falsch bezeichnet. Die Empfänger dieser Werbenachrichten konnten mithin darauf schließen, dass der Absender ein *AOL* Mitglied oder *AOL* selbst sei. Wie *AOL* geltend machen konnte verursachte dieses Verhalten Verwirrung bei zahlreichen AOL-Mitgliedern, bei denen der Eindruck erweckt wurde, AOL unterstütze und autorisiere die Praktiken der Beklagten und deren pornographische Websites[346]. Das Gericht bejahte daher eine Verletzung des *Lanham Act* und gab der Klage von *AOL* statt.

dd) Verstoß gegen den Computer Fraud and Abuse Act

Spamming kann weiterhin einen Verstoß gegen den *Computer Fraud and Abuse Act (CFAA)* darstellen. In der soeben genannten Entscheidung *America Online, Inc. v. LCGM, Inc., et.al.* sah das Gericht eine Verletzung des *18 U.S.C. Sec. 1030 (a) (2) (C)* als gegeben[347]. Die Beklagte verwendete sog. Extrahier-

[346] Das Gericht stellte weiterhin fest, dass Spamming durch die Beklagte eine Verletzung des *Federal Trademark Dilution Act* von 1995 darstellte. Eine Kennzeichenverletzung der geschützten Bezeichnung von *AOL* sei gegeben, da sie mit der Übermittlung von Spamming in Verbindung gebracht werde, die pornographische Websites bewerbe, vgl. *America Online, Inc. v. LCGM, Inc., et.al.*, Civ. Act. No. 98-102-A (E.D., Va., Nov.10, 1998).

[347] Dieser lautet: *18 U.S.C. Sec. 1030.* - Fraud and related activity in connection with computers:
(a) Whoever (...) - (2) intentionally accesses a computer without authorization or exceeds authorized access, and thereby obtains - (C) information from any protected computer if the

programme, um die E-Mail-Adressen von Teilnehmern an dem *AOL* Chat zu erhalten. Ein solches Vorgehen verstoße gegen die einschlägigen Bestimmungen des *CFAA*, da die Beklagte die Nutzungsbedingungen von *AOL* verletzte und dadurch geschützte Daten erlangte.

ee) Gesetzliche Regelungen, insbesondere der *CAN SPAM Act*

Bevor in den USA das erste bundeseinheitliche Gesetz gegen den Versand unaufgeforderter Spam-Mails in Kraft trat, hatte eine Vielzahl von Bundesstaaten bereits Gesetze erlassen, die Anforderungen an die Zulässigkeit von Spamming stellten[348]. Die meisten dieser Gesetze sahen ein Verbot für Werbetreibende vor, falsche Absenderangaben wie z.B. den Domainnamen eines Dritten ohne dessen Einwilligung zu verwenden. Ferner enthielten diese Gestze zumeist dahingehende Bestimmungen, dass E-Mail-Werbung Opt-out Instruktionen enthalten musste und der Versender entsprechende Opt-out Wünsche der Empfänger zu respektieren hatte. Auch eine eindeutige Kennzeichnung der E-Mail in der Betreffzeile als solche mit werbendem Inhalt war teilweise gesetzlich vorgeschrieben[349].

Bis zum 1.1.2004 gab es kein Bundesgesetz gegen Spamming. Zuvor waren mehrere Gesetzentwürfe in den Kongress eingebracht worden, die meist ein Verbot der Verwendung falscher Absenderadressen oder unzutreffender Header in E-Mails mit werbendem Inhalt aussprachen und forderten, dass Spam-Mails mit sexuellen Inhalten besonders gekennzeichnet werden müssten[350]. Ferner enthielten manche Entwürfe das Erfordernis, dass E-Mail-Werbung als solche besonders gekennzeichnet werden müsse, Opt-out[351] Instruktionen enthalte sowie den vollständigen Namen des Absenders, dessen Anschrift und E-Mail-Adresse[352].

Im Dezember 2003 verabschiedete der US Kongress schließlich den „Controlling the Assault of Non-Solicited Pornography and Marketing Act of 2003 (CAN SPAM Act of 2003)", der am 1.1.2004 in Kraft trat[353]. Der CAN SPAM Act geht den bislang bestehenden Gesetzen der einzelnen Bundesstaaten vor und beruht auf wesentlich auf dem bisherigen kalifornischen Anti-Spam-Gesetz.

---

conduct involved an interstate or foreign communication; shall be punished as provided in subsection (c) of this section.

[348] Vgl. die Übersicht unter http://www.spamlaws.com/state/summary.html.

[349] Vgl. beispielsweise die Regelungen im *California Business and Professions Code, Se. 17538.4* oder den *Nevada Revised Statutes, Sec. 205.4774 & 205.4759.*

[350] So z.B. der *Anti-Spamming Act of 2001 (H.R. 718)* oder der *Anti-Spamming Act of 2001 (H.R. 1017).*

[351] Zum Begriff des Opt-out bzw. Opt-in vgl. oben S. 44 (Fn. 230).

[352] So etwa der *Controlling the Assault of Non-Solicited Pornography and Marketing Act of 2001 (CAN SPAM Act)* oder der *Netizens Protection Act of 2001 (H.R. 3146).*

[353] Vgl. dazu *Spies*, MMR 2004, XVI.

Während der europarechtliche Ansatz zur Begegnung unerwünschter E-Mail-Werbung in Art. 13 Abs. 1 der Richtlinie 2002/58/EG[354] grds. vom opt-in-Prinzip ausgeht, beruht der CAN SPAM Act auf dem opt-out-Prinzip: Danach sind E-Mails mit werbendem Inhalt zulässig, wenn sie bestimmten Anforderungen genügen und der Empfänger ihrer Versendung nicht widerspricht[355]. Die zu erfüllenden Anforderungen sehen etwa vor, dass die E-Mail keine täuschenden oder missverständlichen Angaben enthalten darf wie z.B. einen falschen Absender oder eine unzutreffende Betreffzeile und dass eine klare und unmissverständliche Kennzeichnung als Werbung erfolgen muss. Ferner muss die E-Mail eine gültige postalische Anschrift des Absenders enthalten und dieser muss in der Mail verständlich beschreiben, wie der Empfänger die Zusendung von E-Mails des jeweiligen Absenders unterbinden kann (opt-out-Prinzip)[356]. Im Rahmen bestehender Geschäftsbeziehungen sind nach dem CAN SPAM Act E-Mails mit werbendem Inhalt unter bestimmten Voraussetzungen zulässig. Verstöße gegen das Gesetz werden mit Geldstrafen von US $ 250 bis US $ 750 pro Spam-Mail sanktioniert; in bestimmten Fällen kommt auch eine Freiheitsstrafe von bis zu fünf Jahren in Betracht.

Zu beachten ist, dass nach dem CAN SPAM Act für Privatpersonen nicht die Möglichkeit besteht, sich im Wege der Zivilklage auf die Einhaltung des Gesetzes gegenüber den Versendern von Spam zu berufen. Vielmehr liegt die Kompetenz, die Durchsetzung des Gesetzes zu überwachen, in den Händen der Federal Trade Commisson (FTC)[357].

Als Ergebnis lässt sich festhalten, dass Spamming zwar auch in den USA Gegenstand vielfältiger Diskussion und Rechtsprechung ist, allerdings nicht unter dem Gesichtspunkt einer Verletzung des *Right to Privacy*.

c) Cookies

Dagegen wird das Platzieren von Cookies auch in den USA unter dem Gesichtspunkt einer Verletzung der geschützten Privatsphäre diskutiert. Der Tatbestand der ***Intrusion upon Seclusion*** kommt außerhalb des Internet vor allem beim Abhören von Telefonaten, dem Beobachten von Personen, dem heimlichen Öffnen von Briefen oder dem unbefugten Eindringen in fremde Wohnungen in Betracht[358]. Durch all diese Handlungen erlangt der Verletzer unbefugt Informatio-

---

[354] Richtlinie 2002/58/EG des Europäischen Parlaments und des Rates vom 12. Juli 2002 über die Verarbeitung personenbezogener Daten und den Schutz der Privatsphäre in der elektronischen Kommunikation.

[355] Vgl. *Spies*, MMR 2004, XVI.

[356] Vgl. näher *Spies*, MMR 2004, XVI.

[357] Der CAN SPAM Act räumt ferner den bundesstaatlichen Strafverfolgungsbehörden und Internet Service Providern beschränkte Kompetenzen ein, vgl. *Spies*, MMR 2004, XVI, XVII.

[358] Vgl. *Börger*, Deliktischer Rechtsschutz gegenüber Presseveröffentlichungen S. 146.

nen über den Betroffenen, so dass es nahe liegt, die Verwendung von Cookies einer Prüfung dieses Deliktstatbestands zu unterziehen. So hat auch der *United States District Court for the Southern District of New York* in der insoweit ersten Entscheidung, ob der Einsatz von Cookies das *Right to Privacy* verletzt, eine Prüfung unter dem Gesichtspunkt der *Invasion of Privacy* vorgenommen[359]. Dieser Fall geht überaus anschaulich auf die im Zusammenhang mit Cookies existenten Probleme ein und könnte zukünftig für ähnlich gelagerte Fälle als Richtschnur herangezogen werden. Er verdient daher nähere Betrachtung:

Die klagenden Parteien hatten eine Sammelklage gegen das in den USA ansässige Unternehmen *DoubleClick* angestrengt. *DoubleClick* ist ein Provider von Internetwerbung und hat sich auf das Sammeln, Compiling und Analysieren von Informationen über Internetnutzer spezialisiert[360]. *DoubleClick* tritt dabei als eine Art Mittler auf zwischen einem Content Provider und Werbetreibenden, die Bannerwerbung im Internet betreiben wollen. Die Dienstleistung von *DoubleClick* gegenüber den Werbetreibenden besteht darin, deren Werbung solchen Internetnutzern zu präsentieren, an die sich die Werbung richten soll[361]. *DoubleClick* platziert unter anderem Cookies auf den Rechnern der Internetnutzer, um – so das Vorbringen der Kläger – detaillierte Nutzerprofile wie z.B. Namen und E-Mail-Adressen, Telefonnummern, durchgeführte Suchen im Internet, besuchte Websites und sonstige Informationen über diese zu gewinnen[362]. Das Gericht prüfte eine *Invasion of Privacy* unter Heranziehung von drei möglicherweise einschlägigen Normkomplexen, auf die nachfolgend eingegangen werden soll.

aa) Title II of the Electronic Communications Privacy Act (ECPA)

Die Kläger beriefen sich zunächst darauf, dass die Vorgehensweise von *DoubleClick Title II* des *Electronic Communications Privacy Act (ECPA),*

---

359 *In re DoubleClick Inc. Privacy Litigation*, No. 00 Civ. 0641 (S.D.N.Y. March 28, 2001). Der Volltext dieser Entscheidung findet sich unter http://www.nysd.uscourts.gov/courtweb/pdf/D02NYSC/01-03797.pdf.

360 *In re DoubleClick Inc. Privacy Litigation*, No. 00 Civ. 0641 (S.D.N.Y. March 28, 2001), S. 3.

361 Vgl. *In re DoubleClick Inc. Privacy Litigation*, No. 00 Civ. 0641 (S.D.N.Y. March 28, 2001), S. 8. Dadurch wird es beispielsweise möglich, auf Websites, die an *DoubleClick* angegliedert sind und die von sportinteressierten Nutzern besucht werden, automatisch Banner mit Sportwerbung zu zeigen. Dabei ist die jeweilige Bannerwerbung auf der bestimmten Website nicht statisch, sondern speziell auf den Besucher dieser Seite ausgerichtet. *DoubleClick* ist mit über 11.000 Websites verbunden, für die und auf deren Seiten Bannerwerbung betrieben wird. *Der United States District Court for the Southern District of New York* betonte aber, dass diese Werbung grundsätzlich immer nur einen bestimmten Computer erkenne, nicht aber einen bestimmten Nutzer. Vgl. dazu S. 62.

362 Vgl. zu dieser Entscheidung auch *Galil*, The Internet Law Journal 2001 = http://www.tilj.com/content/ecomheadline06030102.htm.

18 U.S.C. Sec. 2701 et. seq. (Title II) verletze. Der Wortlaut dieser Vorschrift ist:

> „*(a) Offense*
>
> *Except as provided in subsection (c) of this section whoever – (1) intentionally accesses without authorization a facility through which an electronic information service is provided; or (2) intentionally exceeds an authorization to access that facility; and thereby obtains (...) access to a wire or electronic communication while it is in electronic storage in such system shall be punished (...).*"

Diese Vorschrift will Hacker daran hindern, bestimmte gespeicherte elektronische Kommunikationsdaten zu erlangen, zu verändern oder zu zerstören. Er schafft sowohl strafrechtliche Sanktionen als auch eine zivilrechtliche Handhabe gegen diejenigen Personen, die sich unbefugt Zugang zu Kommunikationseinrichtungen verschaffen und damit erreichen, dass eine bestimmte elektronische Kommunikation bei ihrer Übermittlung gespeichert wird.

Die Kläger trugen vor, dass die Platzierung von Cookies durch *DoubleClick* auf den Festplatten der Internetnutzer einen solchen unbefugten Zugang zu Informationen darstelle. Die Sammlung und Auswertung der gewonnenen Informationen verstoße daher gegen *Title II.*

DoubleClick berief sich dagegen auf eine in Title II enthaltene Ausnahme. Diese lautet:

> „*(c) Exceptions*
>
> *Subsection (a) of this section does not apply with respect to conduct authorized – (...) (2) by a user of that [wire or electronic communications] service with respect to a communication of or intended for that user.*"

Denn die mit *DoubleClick* verbundenen Websites stellten Nutzer im Sinne der Ausnahme dar und die Informationen, zu denen *DoubleClick* mittels Cookies Zugriff erlangte, seien von oder für diese Nutzer gedacht[363].

Das Gericht stimmte dieser Ansicht zu[364]. Insbesondere würden die von *DoubleClick* eingesetzten Cookies nicht in den Anwendungsbereich von *Title II*

363 *In re DoubleClick Inc. Privacy Litigation*, No. 00 Civ. 0641 (S.D.N.Y. March 28, 2001), S. 21.

364 *In re DoubleClick Inc. Privacy Litigation*, No. 00 Civ. 0641 (S.D.N.Y. March 28, 2001), S. 22 ff.

fallen, da sich dieser nur auf elektronische Informationen in temporären Speichern beziehe, Cookies aber über einen längeren Zeitraum hinweg auf den Festplatten der Kläger verblieben[365]. Ein Verstoß gegen *Title II* lag somit nach Auffassung des Gerichts nicht vor.

bb) The Wiretap Act

Die Kläger beriefen sich ferner auf eine Verletzung des *Federal Wiretap Act (Wiretap Act), 18 U.S.C. Sec. 2510 et. seq.* Dieser ermöglicht ein straf- und zivilrechtliches Vorgehen gegen

> *„any person who – (a) intentionally intercepts, endeavors to intercept, or procures any other person to intercept or endeavor to intercept wire, oral, or electronic communication [except as provided in the statute]" (18 U.S.C. Sec. 2511).*

DoubleClick räumte ein, dass sein Verhalten zwar diese Bestimmung verletzte, dieses Gebaren aber unter die in *18 U.S.C. Sec. 2511 (2) (d)* ausdrücklich vorgesehen Ausnahmeregelung falle:

> *„It shall not be unlawful under this chapter for a person not acting under color of law to intercept a wire, oral, or electronic communication where such person is a party to the communication or where one of the parties to the communication has given prior consent to such interception unless such communication is intercepted for the purpose of committing any criminal or tortuous act in violation of the Constitution or laws of the United States or any State."*

DoubleClick argumentierte hier erneut, dass die mit dem Unternehmen verbundenen Websites ihre Einwilligung in das Platzieren der Cookies erklärt hätten, und sie damit von dem grundsätzlichen Verbot des *Wiretap Act* ausgenommen sei.

Auch hier folgte das Gericht *DoubleClick* als es sagte, dass die mit *DoubleClick* verbundenen Websites *„party to the communication"* im Sinne der in *Sec. 2511 (2) (d) Wiretap Act* enthaltenen Ausnahme seien und daher eine wirksame Einwilligung erklären konnten[366]. Eine Verletzung des *Wiretap Act* liege mithin ebenfalls nicht vor.

---

[365] *In re DoubleClick Inc. Privacy Litigation*, No. 00 Civ. 0641 (S.D.N.Y. March 28, 2001), S. 33 ff.

[366] *In re DoubleClick Inc. Privacy Litigation*, No. 00 Civ. 0641 (S.D.N.Y. March 28, 2001), S. 39 f.

cc) Computer Fraud and Abuse Act

Schließlich trugen die Kläger vor, dass das Verhalten von *DoubleClick* gegen den *Computer Fraud and Abuse Act (CFAA), 18 U.S.C. Sec. 1030 et. seq.* verstoße. Dort heißt es:

> *„(a) whoever (...) (2) (c) intentionally accesses a computer without authorization, or exceeds authorized access, and thereby obtains (...) information from any protected computer if the conduct involved an interstate or foreign communication (...) shall be punished as provided in subsection (c) of this section."*

In *18 U.S.C. Sec. 1030 (g)* wird bei Verletzungen dieser Bestimmung dem Geschädigten *Compensatory Damage* gewährt. Allerdings muss dem Verletzten dadurch ein Schaden von mindestens US $ 5.000 entstanden sein. *DoubleClick* bestritt zwar nicht, dass die Rechner der Kläger geschützt im Sinne des *18 U.S.C. Sec. 1030 (a)* seien, argumentierte aber, dass es den Klägern nicht gelungen sei, substantiiert einen entstandenen Schaden in Höhe von US $ 5.000 geltend zu machen.

Auch diesem Argument stimmte das Gericht im Ergebnis zu. Wirtschaftliche Verluste – wie von den Klägern vorgebracht – seien diesen nicht entstanden, da es ihnen nach Auffassung des Gerichts einfach möglich gewesen wäre, sich gegen ein Sammeln von Informationen durch *DoubleClick* zur Wehr zu setzen, indem sie schlicht entsprechende Einstellungen in ihrem Browser vorgenommen hätten oder sich ein „Opt-out Cookie" von der *DoubleClick* Website hätten downloaden können[367] [368].

II. Die Darstellung der eigenen Person in der Öffentlichkeit

Dem Schutz der Darstellung der eigenen Person in der Öffentlichkeit dienen u.a. das Recht der persönlichen Ehre, das Recht am eigenen Bild sowie das Recht am

[367] *In re DoubleClick Inc. Privacy Litigation*, No. 00 Civ. 0641 (S.D.N.Y. March 28, 2001), S. 64.

[368] In den USA ist das *Right to Privacy* ferner Gegenstand von Diskussionen in Bezug auf die gerichtlich angeordnete Überwachung elektronischer Kommunikation durch das *Carnivore*-System. Interessenverbände wie die *American Civil Liberties Union* oder das *Center for Democracy and Technology* betrachten *Carnivore* als eine *Invasion of Privacy*. Ferner wird erörtert, ob die Überwachung von E-Mails der Arbeitnehmer durch deren Arbeitgeber zulässig ist oder eine *Invasion of Privacy* darstellt. Da es sich bei diesen Problemen aber vornehmlich um solche datenschutzrechtlicher Art handelt, wird auf eine entsprechende Darstellung an dieser Stelle verzichtet. Vgl. zu diesen Punkten ausführlich *Modelski*, E-Mail and the Law of Privacy.

eigenen Wort[369]. Wird über den Träger dieser Rechte in öffentlicher Weise berichtet, so sollen diese Rechte ihrem Inhalt nach dafür Sorge tragen, dass seine Persönlichkeitsrechte beachtet werden, er mithin nicht schutzlos einer breiten Öffentlichkeit ausgesetzt wird, bei der gerade durch die Massenmedien und hier insbesondere auch durch das Internet in vielfältiger Weise eine Beeinträchtigung der Persönlichkeitsrechte drohen.

1.) Der Schutz der persönlichen Ehre

a) Die persönliche Ehre als Ausprägung des allgemeinen Persönlichkeitsrechts[370]

Bei dem Recht der persönlichen Ehre handelt es sich um ein Rechtsgut, welches in Art. 5 Abs. 2 GG als Schranke der Kommunikationsgrundrechte explizit genannt wird. Zuvor werden in Art. 5 Abs. 2 GG als Schranken der Freiheitsrechte des Art. 5 Abs. 1 GG u.a. bereits die allgemeinen Gesetze genannt. Die ehrenschützenden Normen des Zivil- und Strafrechts stellen solche allgemeinen Gesetze im Sinne des Art. 5 Abs. 2 GG dar[371]. Darüber hinausgehend stellt das Recht der persönlichen Ehre anerkanntermaßen eine Ausprägung des allgemeinen Persönlichkeitsrechts dar, was auch das BVerfG mehrfach klargestellt hat[372]. Hierdurch wird deutlich, dass der persönlichen Ehre Verfassungsrang zukommt[373].

Diese verfassungsrechtliche Absicherung des Rechts der persönlichen Ehre als Bestandteil des allgemeinen Persönlichkeitsrechts macht deutlich, dass die persönliche Ehre selbst Verfassungsrechtsgut ist und nicht lediglich den Rang eines einfachen Gesetzesrechtsguts hat, mithin nicht nur zu den in Art. 5 Abs. 2 GG aufgeführten, die Rechte des Art. 5 Abs. 1 GG beschränkenden allgemeinen Gesetzen zählt. Nach zutreffender Ansicht handelt es sich bei der in Art. 5 Abs. 2

---

369 *Scholz/Konrad*, AöR 123 (1975), 60, 66.

370 Zur Geschichte des allgemeinen Persönlichkeitsrechts unter besonderer Berücksichtigung des Ehrenschutzes *Holzhauer*, Zur Vorgeschichte des allgemeinen Persönlichkeitsrechts S. 51 ff.

371 Vgl. *Schmidt-Bleibtreu/Klein*, Art. 5 GG Rn. 13c; *Bethge* in: Sachs, Art. 5 GG Rn. 162.

372 Vgl. beispielsweise BVerfGE 54, 208, 217; BVerfGE 93, 266, 290; BVerfG NJW 1989, 3269; BVerfG NJW 1991, 1475, 1476; BVerfGE NJW 1995, 3303. Aus der Literatur z.B. *Schmidt-Bleibtreu/Klein*, Art. 5 GG Rn. 13c; *Starck* in: von Mangoldt/Klein/Starck, Art. 5 GG Rn. 192; *Helle* in: Hoeren/Sieber, Multimedia-Recht Teil 8.1 Rn. 44; *Jarass*, NJW 1989, 857, 858; *Kunig* in: v.Münch/Kunig, Art. 2 GG Rn. 35; *Degenhart*, JuS 1992, 361, 365; *Scholz/Konrad*, AöR 123 (1998), 60, 68; *Kriele*, Ehrenschutz und Meinungsfreiheit S. 134 f.; *Isensee*, FS Kriele S. 10.

373 *Tettinger*, Die Ehre – ein ungeschütztes Verfassungsgut? S. 15; *Scholz/Konrad*, AöR 123 (1998), 60, 68.

GG genannten Schranke des Rechts der persönlichen Ehre somit um eine Schranke der Rechte des Art. 5 Abs. 1 GG aus der Verfassung selbst[374].

Zur näheren Konkretisierung des Ehrbegriffs wird teils ausdrücklich[375], teils stillschweigend[376] auf die im Zivil- und Strafrecht entwickelten und geltenden Einsichten zum Ehrenschutz zurückgegriffen[377]. Nach *Stark* hat im Bereich des Zivilrechts „eine Auseinandersetzung mit dem Begriff der Ehre praktisch nicht stattgefunden“[378]. Der Begriff der Ehre werde nicht näher definiert oder problematisiert, vielmehr werde ganz überwiegend auf die Literatur zu den Ehrenschutzbestimmungen des Strafrechts verwiesen[379].

aa) Der strafrechtliche Ehrenschutz

Im Bereich des Strafrechts wird das Rechtsgut der persönlichen Ehre durch die Vorschriften der §§ 185 ff. StGB geschützt. Der durch diese Vorschriften geschützte Ehrbegriff des Strafrechts ist umstritten[380]. Im Rahmen dieser Arbeit wird der dualistische Ehrbegriff zugrundegelegt, den der BGH vertritt[381] und welcher auch der herrschenden Auffassung im strafrechtlichen Schrifttum entspricht[382].

Dieser dualistische Ehrbegriff umfasst sowohl die innere als auch die äußere Ehre. Die innere Ehre umschließt den aus der Menschenwürde entspringenden Wert eines Menschen, während die äußere Ehre das Ansehen eines Menschen, also seinen guten Ruf in den Augen anderer, seinen sozialen Geltungsanspruch innerhalb der Gemeinschaft beinhaltet[383]. Der BGH führt hierzu aus, dass „die

---

[374] So *Mackeprang*, Ehrenschutz im Verfassungsstaat S. 24 f. *Mackeprang* führt aus, dass die früher überwiegende Ansicht „die besondere Erwähnung des Ehrenschutzes als Beispiel eines ‚allgemeinen Gesetzes'“ verstand, „die dritte Schranke (...) also einen Unterfall der ersten Schranke“ darstelle, vgl. *Mackeprang*, Ehrenschutz im Verfassungsstaat S. 25 mit umfassenden Nachweisen, auch zu der heutzutage vertretenen Ansicht.

[375] *Tettinger*, Die Ehre – ein ungeschütztes Verfassungsgut? S. 15 f.; *Bethge* in: Sachs, Art. 5 GG Rn. 162; *Starck* in: von Mangoldt/Klein/Starck, Art. 5 GG Rn. 194.

[376] *Helle* in: Hoeren/Sieber, Multimedia-Recht Teil 8.1 Rn. 45 ff.; *Scholz/Konrad*, AöR 123 (1998), 60, 68.

[377] *Mackeprang* sagt hierzu, dass das grundgesetzlich verbürgte Recht der persönlichen Ehre der rechtlichen Ausgestaltung auf untergesetzlicher Ebene bedarf, um wirksam werden zu können, vgl. *Mackeprang*, Ehrenschutz im Verfassungsstaat S. 36.

[378] *Stark*, Ehrenschutz in Deutschland S. 30.

[379] *Stark*, Ehrenschutz in Deutschland S. 30 f. mit weiteren Nachweisen aus Rechtsprechung und Literatur.

[380] Vgl. zu diesem Streit eingehend *Tröndle/Fischer*, vor § 185 StGB Rn. 3 ff.

[381] Vgl. beispielsweise BGHSt 11, 67, 70 f.

[382] Vgl. nur *Tröndle/Fischer*, vor § 185 StGB Rn. 4.

[383] Zu diesen beiden Facetten des Ehrbegriffs z.B. Sch/Sch-*Lenckner*, Vorbem. §§ 185 ff. StGB Rn. 1.

dem Menschen als Träger geistiger und sittlicher Werte zukommende innere Ehre, außerdem seine darauf beruhende Geltung, sein guter Ruf innerhalb der mitmenschlichen Gesellschaft" dem Ehrenschutz geschützt sei[384].

bb) Der zivilrechtliche Ehrenschutz

Das zivilrechtliche allgemeine Persönlichkeitsrecht umfasst nach einhelliger Ansicht auch das Recht der persönlichen Ehre, so dass diese nicht allein nach § 823 Abs. 2 BGB in Verbindung mit den §§ 185 ff. StGB, sondern umfassend auch nach § 823 Abs. 1 BGB geschützt ist[385]. Dabei wird unter dem Begriff der Ehre in diesem Sinne wie im Strafrecht sowohl die äußere als auch die innere Ehre verstanden[386].

Diese Einbeziehung der Rechts der persönlichen Ehre in den Schutzumfang des allgemeinen Persönlichkeitsrechts sowie die Absicherung dieses allgemeinen Persönlichkeitsrechts durch den negatorischen Rechtsschutz analog § 1004 BGB führte dazu, dass sich der zivilrechtliche Ehrenschutz maßgeblich in den Ansprüchen des Verletzten auf Widerruf und Unterlassung einer ehrverletzenden Äußerung, ferner durch die Möglichkeit des Schadensersatzes für materielle und immaterielle Beeinträchtigungen manifestiert, unter bestimmten Voraussetzungen auch in bereicherungsrechtlichen Ansprüchen sowie dem Recht auf Gegendarstellung[387].

cc) Die Ehre im Sinne des Grundgesetzes

Auch in der Verfassung ist keine positivrechtliche Normierung enthalten, was unter der persönlichen Ehre zu verstehen ist. Zur näheren Konturierung des Ehrbegriffs ist daher auf die normative Grundlage der Verfassung abzustellen[388].

Die grundlegende Bestimmung der Verfassung, an der sich die übrigen (grund-) gesetzlichen Regelungen zu orientieren haben, ist die in Art. 1 Abs. 1 GG zum Ausdruck kommende Garantie der Menschenwürde, d.h. die jedem Menschen von Natur und Geburt aus zuteilgewordenen persönliche Würde. Auch der verfassungsrechtliche Ehrenschutz muss diesem überragenden Verfassungsgut der Menschenwürde gerecht werden. Daraus folgt, dass der Begriff der Ehre im grundgesetzlichen Sinne der Menschenwürdegarantie zumindest insoweit ge-

---

384 BGHSt 11, 67, 70 f.

385 Vgl. nur Soergel-*Zeuner*, § 823 BGB Rn. 90.

386 *Funkel*, Schutz der Persönlichkeit durch Ersatz immaterieller Schäden in Geld S. 20 mit weiteren Nachweisen.

387 Vgl. *Stark*, Ehrenschutz in Deutschland S. 155 f.

388 *Mackeprang*, Ehrenschutz im Verfassungsstaat S. 176. Ebenso *Stark*, Ehrenschutz in Deutschland S. 25.

recht werden muss, als dass jeder Person der Anspruch auf Achtung und Respektierung als Person zukommt, mithin die Anerkennung des Menschen als Träger geistiger und sittlicher Werte. Dieser „Mindestbestand" an Ehre, der jedem Menschen schon allein aufgrund seines Menschseins zukommt, unterfällt nach allgemeiner Ansicht dem verfassungsrechtlichen Ehrenschutz und stellt das Kernelement dieses Schutzes dar[389].

Der durch die Verfassung verbürgte Ehrenschutz ist allerdings nicht allein auf diesen Kernbereich beschränkt. Vielmehr genießt auch der individuelle Geltungswert verfassungsrechtlichen Schutz. Dieser individuelle Geltungswert bestimmt sich durch das Verhalten des einzelnen Menschen in der Gesellschaft, umfasst also den sozialen Achtungsanspruch des einzelnen, den dieser durch sein Verhalten im gesellschaftlichen Zusammenleben erwirbt[390].

Die Ehre im Sinne des Grundgesetzes lässt sich demzufolge mit dem oben behandelten Begriffspaar der inneren und äußeren Ehre im Strafrecht vergleichen[391] und kann zusammenfassend beschrieben werden als die dem einzelnen aufgrund seines Menschseins zukommende personale Würde, deren Schutz aus Art. 1 Abs. 1 GG abgeleitet wird, und dem aus dem Verhalten des einzelnen folgenden sozialen Geltungsanspruchs, der vornehmlich durch Art. 2 Abs. 1 GG geschützt wird[392]. Zu beachten ist jedoch, dass das Recht der persönlichen Ehre als Ausprägung des allgemeinen Persönlichkeitsrechts dem einzelnen keinen Anspruch darauf verleiht, in der Öffentlichkeit nur so dargestellt zu werden, wie er sich selber sieht oder von anderen gesehen werden möchte[393]. Eine kritische Berichterstattung oder Meinungsäußerung über eine Person muss schon wegen Art. 5 Abs. 1 GG möglich sein.

---

[389] *Mackeprang* spricht insofern von einem existenznotwendigen Ehrenminimun des einzelnen, vgl. *Mackeprang*, Ehrenschutz im Verfassungsstaat S. 178 mit weiteren Nachweisen in Fn.109.

[390] Vgl. *Mackeprang*, Ehrenschutz im Verfassungsstaat S. 179 f.

[391] So auch BVerfG NJW 1989, 3269; *Tettinger*, JuS 1997, 769, 770; *Murswiek* in: Sachs, Art. 2 GG Rn. 74. Vgl. jedoch auch *Mackeprang*, Ehrenschutz im Verfassungsstaat S. 181 f., nach dem die persönliche Ehre nicht in innere und äußere Bestandteile zerlegt werden und eine eindeutige Zuordnung der einzelnen Elemente zu Art. 1 Abs. 1 GG bzw. Art. 2 Abs. 1 GG nicht vorgenommen werden kann. Statt dessen geht *Mackeprang* von einem einheitlichen verfassungsrechtlichen Ehrenschutz aus, „der als Bestandteil des allgemeinen Persönlichkeitsrechts *insgesamt* von der Gewährleistung des Art. 2 Abs. 1 GG umfasst wird." Allerdings müsse Art. 2 Abs. 1 GG „stets ‚in Verbindung mit' Art. 1 Abs. 1 GG gesehen und interpretiert werden." Dem wiederum entgegentretend *Stark*, Ehrenschutz in Deutschland S. 37. Zu der Herleitung des grundgesetzlichen Ehrenschutzes in der Literatur vgl. *Stark*, Ehrenschutz in Deutschland S. 35 f. mit weiteren Nachweisen.

[392] Vgl. *Siebrecht*, JuS 2001, 337

[393] BVerfG NJW 1999, 1322, 1323. Der einzelne wird jedoch vor verfälschenden oder entstellenden Darstellungen seiner Person geschützt. In diesem Zusammenhang wird unten auf die hierbei vorzunehmende Abwägung der widerstreitenden Interessen des Ehrenschutzes und der Meinungsfreiheit einzugehen sein.

Daraus folgt denn auch eine Unterscheidung hinsichtlich der möglichen Eingriffe in den grundgesetzlich verbürgten Ehrenschutz: Der Kernbereich der Ehre, also der aus der Menschenwürdegarantie abgeleitete Teil dieses schützenswerten Rechtsgutes, stellt ein unantastbares Verfassungsgut dar, welches Eingriffen schlechthin entzogen ist. Der Teil der persönlichen Ehre hingegen, der die soziale Geltung des einzelnen innerhalb der Gesellschaft, sein Ansehen und seinen guten Ruf umfasst, genießt einen weniger umfassenden Schutz. In diesem Bereich ist vielmehr Raum für eine umfassende Güter- und Interessenabwägung im jeweiligen Einzelfall[394].

dd) Kollisionen mit Rechten Dritter

Das Recht der persönlichen Ehre als spezielle Ausprägung des allgemeinen Persönlichkeitsrechts kann häufig in Konflikt mit Grundrechten oder Rechtsgütern Dritter treten. Besondere Bedeutung kommt diesen Konfliktfällen vor allem im Spannungsfeld der Kommunikationsgrundrechte einerseits und dem Ehrenschutz andererseits zu[395]. Auch dann ist im Sinne praktischer Konkordanz im Einzelfall eine konkrete Abwägung der sich gegenüberstehenden Rechte vorzunehmen.

Nach der ständigen Rechtsprechung des BVerfG ist bei der im Rahmen des Zusammentreffens von Meinungsfreiheit und Persönlichkeitsschutz vorzunehmenden Abwägung ein entscheidender Gesichtspunkt, ob es sich um ein Werturteil oder eine Tatsachenbehauptung handelt[396]. Nach Auffassung des BVerfG herrscht im Bereich des Werturteils[397] der Grundsatz der Meinungsfreiheit, hier streite eine Vermutung für die Freiheit der Äußerung, jedenfalls bei den Fragen, die die Öffentlichkeit wesentlich berühren[398]. Eine Ausnahme von diesem Grundsatz ist für die sogenannte Schmähkritik zu machen. Eine solche liegt vor, wenn es nicht mehr um die Auseinandersetzung in der Sache geht, sondern die Diffamierung der angegriffenen Person im Vordergrund steht, wenn sich die Äußerung also in der persönlichen Herabsetzung des Betroffenen erschöpft und dieser jenseits überspitzter Kritik sozusagen persönlich an den Pranger gestellt

[394] Zu den möglichen Eingriffen in das Recht der persönlichen Ehre vgl. *Tettinger*, Die Ehre – ein ungeschütztes Verfassungsgut? S. 16 f. *Gornig*, JuS 1988, 274, 278 führt zu möglichen Angriffen auf die Ehre aus, dass „die innere Ehre durch keine Äußerung verletzbar" sei (also nicht verletzt werden dürfe), „da sie in der Menschenwürde des Art. 1 Abs. 1 GG" wurzele.

[395] Eingehend zum Verhältnis des Ehrenschutzes und der Meinungsäußerungsfreiheit *Wellbrock*, Persönlichkeitsschutz und Kommunikationsfreiheit S. 101 ff.

[396] BVerfG NJW 2000, 2413, 2414; BVerfGE 94, 1, 8 = BVerfG NJW 1996, 1529.

[397] Im Gegensatz zu Tatsachenbehauptungen sind Werturteile (also Meinungsäußerungen) bei der Überprüfung ihrer Richtigkeit nicht dem Beweis zugänglich, da sie durch die subjektive Beziehung des sich Äußernden zum Inhalt seiner Aussage geprägt sowie durch das Element der Stellungnahme und des Dafürhaltens gekennzeichnet werden und sich daher nicht als wahr oder unwahr erweisen lassen, vgl. OLG Braunschweig, MMR 2001, S. 163.

[398] BVerfG NJW 1995, 3303, 3304 f.

wird[399]. Liegt eine solche Schmähkritik vor, so ist dem Ehrenschutz der Vorzug vor der Meinungsfreiheit zu geben[400].

Orientiert man sich allein am Wortlaut des Art. 5 Abs. 1 S. 1 GG, der das Recht des einzelnen gewährleistet, seine *Meinung* frei zu äußern und zu verbreiten, so könnte man annehmen, dass Tatsachenbehauptungen[401] nicht dem Schutz dieses Grundrechts unterfallen. Denn die Mitteilung einer Tatsache ist streng genommen keine Äußerung einer Meinung, da ihr das Element der Stellungsnahmen, des Meinens und Dafürhaltens fehlt. Dennoch unterfallen nach dem BVerfG auch Tatsachenbehauptungen dann dem Schutz des Art. 5 Abs. 1 S. 1 GG, wenn und soweit sie Voraussetzung für die Bildung von Meinungen sind[402]. Sie sind allerdings nicht mehr von Art. 5 Abs. 1 S. 1 GG geschützt, falls sie in dem Bewusstsein ihrer Unwahrheit aufgestellt werden oder erwiesen falsch sind[403], da erwiesen oder bewusst unwahre Tatsachenbehauptungen nicht mehr zur verfassungsmäßig vorausgesetzten Meinungsbildung beitragen können[404].

Ferner bezieht das BVerfG in die Abwägung zwischen Meinungsfreiheit und Ehrenschutz auch den Gesichtspunkt ein, inwiefern sich der Betroffene selbst in die (insbesondere politische) Öffentlichkeit begeben hat, da in diesem Fall nach

---

[399] Vgl. BVerfG BJW 1991, 95, 96; BVerfG NJW 995, 3303, 3307; BVerfG NJW 2000, 1036, 1038. Vgl. auch *Tettinger*, Die Ehre – ein ungeschütztes Verfassungsgut? S. 25 f., *Kriele*, NJW 1998, 1897, 1899.

[400] BVerfGE 93, 266, 303; BVerfG NJW 1994, 1779, 1780. Vgl. auch *Leßmann*, JA 1988, 409, 411. Der Ehrenschutz überwiegt ferner bei sog. Formalbeleidigungen, bei denen sich die Kränkung bereits aus der Form der Äußerung ohne Rücksicht auf ihren Inhalt ergibt, vgl. BVerfG NJW 1994, 2413.

[401] Die Aussage einer Tatsachenbehauptung ist einer Überprüfung auf ihre Richtigkeit mit den Mitteln des Beweises zugänglich, vgl. BVerfGE 94, 1, 8 = BVerfG NJW 1996, 1529, 1530 = BVerfG ZUM 1996, 670, 672.

[402] BVerfGE 61, 1, 8 = BVerfG 1983, 1415, 1416; BVerfGE 90, 241, 247 = BVerfG NJW 1994, 1779. Vgl. auch BGH NJW 1998, 3047, 3048.

[403] Vgl. BVerfGE 90, 241, 247 = BVerfG NJW 1994, 1779.

[404] BVerfG NJW 1993, 916, 917; BVerfG NJW 2000, 2413, 2414; BGH NJW 1998, 3047, 3048. Dreier-*Schulze-Fielitz*, Art. 5 I, II GG Rn. 47 ist gegen diese tatbestandliche Einschränkung des Art. 5 Abs. 1 S. 1 GG und will auch erwiesen oder bewusst unwahre Tatsachenbehauptungen dem Grundrechtsschutz unterwerfen, da Tatsachenbehauptungen und Wertungen praktisch nicht zu trennen seien. Der Wahrheit bzw. Unwahrheit dieser Meinungen komme erst im Konflikt mit entgegenstehenden Rechten Bedeutung zu. Die Literatur steht dem vom BVerfG aufgestellten Postulat der praktischen Konkordanz im Sinne einer umfassenden Einzelfallabwägung grundsätzlich bejahend gegenüber, vgl. nur *Schmitz*, Grundrechtskollisionen zwischen politischen Parteien und Bürgern S. 19; *Tettinger*, JuS 1997, 769, 770 f.; *Funkel*, Schutz der Persönlichkeit durch Ersatz immaterieller Schäden in Geld S. 20. Sie wirft dem BVerfG jedoch vor, dass in der Mehrheit der Fälle dem Recht der freien Meinungsäußerung gegenüber dem Recht der persönlichen Ehre zu stark der Vorrang eingeräumt werde, so dass der Ehrenschutz in der Rechtsprechung des BVerfG in letzter Konsequenz leer laufe. Zu dieser Kritik vgl. *Starck* in: von Mangoldt/Klein/Starck, Art. 5 GG Rn. 195; *Kriele*, NJW 1998, 1897 ff., insbesondere S. 1898 f. Die Rechtsprechung des BVerfG verteidigend z.B. *Soehring*, NJW 1994, 2926 ff., *Kübler*, NJW 1999, 1281 ff.

Auffassung des Gerichts grundsätzlich eine Vermutung für die Zulässigkeit der freien Rede spricht, da der Betroffene selbst einen Teil seiner schützenswerten Privatsphäre aufgegeben habe[405].

b) Mögliche Verletzungen des Rechts der persönlichen Ehre durch die Neuen Medien[406]

aa) Verletzungen des Rechts der persönlichen Ehre durch Websites

aaa) Informationen auf einer Website

Zunächst ist nun zu untersuchen, inwiefern eine Verletzung des Rechts der persönlichen Ehre durch Informationen auf einer Website in Betracht kommt[407]. Bei diesen Informationen gilt es zu beachten, dass es sich hierbei um von Art. 5 Abs. 1 S. 1 GG geschützte Meinungsäußerungen handeln kann, so dass auch hier der bereits oben dargestellte Konflikt zwischen dem Recht der freien Meinungsäußerung einerseits und dem Recht der persönlichen Ehre andererseits relevant werden kann. Nach ständiger Rechtsprechung des BVerfG bezieht sich der Schutz des Grundrechts aus Art. 5 Abs. 1 S. 1 GG nämlich nicht nur auf den Inhalt, sondern auch auf die Form der Äußerung[408]. Daher kann auch das Bereit-

---

[405] BVerfGE 61, 1, 11 = BVerfG NJW 1983, 1415, 1416; BVerfGE 85, 1, 16 = BVerfG NJW 1992, 1439, 1440 f. Diese Auffassung des BVerfG ist in der Literatur auf Kritik gestoßen. Sie führe nämlich dazu, dass der einzelne davor zurückschrecken könnte, sich in der Öffentlichkeit und den in dieser ausgetragenen Meinungsaustausch zu begeben, wenn er damit rechnen müsse, hier weitgehenden Ehrverletzungen ausgesetzt zu sein. Vgl. dazu *Kriele*, NJW 1998, 1897, 1898. Ausführlich zu der Interessenabwägung, die je nachdem, ob es sich um eine Tatsachenbehauptung oder ein Werturteil handelt, unterschiedlich ausfallen kann *Funkel*, Schutz der Persönlichkeit durch Ersatz immaterieller Schäden in Geld S. 21 ff.

[406] *Kjelland* weist zutreffend darauf hin, dass gerade im Bereich des Ehrenschutzes eine Unterscheidung danach, wo die Verletzung von Persönlichkeitsrechten geschieht, ob im „Cyberspace" oder der „realen Welt", insofern obsolet ist, als eine ehrkränkende Aussage nicht nur „Cyberspace" Wirkung entfaltet, sondern auch und vor allem in der „realen Welt." Für den Verletzten macht es nämlich keinen Unterschied, ob die ehrkränkende Aussage mittels einer Zeitschrift oder über das Internet verbreitet werde, vgl. *Kjelland*, Der Schutz der persönlichen Integrität im Internet S. 155 f.

[407] § 11 Abs. 1 S. 2 MDStV sagt ausdrücklich, dass im Bereich der Mediendienste die Vorschriften der allgemeinen Gesetze und die gesetzlichen Bestimmungen zum Schutz der persönlichen Ehre einzuhalten sind.

[408] Vgl. den Wortlaut des Art. 5 Abs. 1 S. 1 GG: *„Jeder hat das Recht, seine Meinung in Wort, Schrift und Bild frei zu äußern und zu verbreiten* und sich aus allgemein zugänglichen

halten von Inhalten auf einer Website dem grundgesetzlichen Schutz aus Art. 5 Abs. 1 S. 1 GG unterfallen, so dass auch hier im Kollisionsfall eine umfassende Einzelfallabwägung mit dem Recht der persönlichen Ehre vorzunehmen ist. Anhand exemplarischer Gerichtsentscheidungen soll dargestellt werden, welche Verletzungen des Rechts der persönlichen Ehre im Internet drohen.

(1) Versuch einer Fallgruppenbildung anhand einer Beleuchtung der einschlägigen Rechtsprechung

Das OLG Braunschweig hatte sich in einer Entscheidung mit der Frage zu beschäftigen, ob ein Unterlassungsanspruch eines Zeitungsverlages und dessen Chefredakteurs gegen den Inhaber einer Internetdomain, auf welcher der Chefredakteur als einer der Köpfe und Vordenker der rechtsextremen Szene bezeichnet wurde, begründet war[409]. Als in Betracht kommende Anspruchsgrundlage für die begehrte Unterlassung dieser Äußerung auf der Website zog das Gericht die §§ 823 Abs. 1, 1004 BGB unter dem Gesichtspunkt des Eingriffs in das allgemeine Persönlichkeitsrecht heran[410].

Das OLG Braunschweig sah zunächst den Schutzbereich des allgemeinen Persönlichkeitsrechts als berührt an, da der Anspruchssteller durch die Äußerungen auf der Website, in denen er als einer der Drahtzieher der rechtsextremen Szene bezeichnet wurde, in seiner persönlichen Ehre herabgesetzt werde, verneinte aber letztlich einen Unterlassungsanspruch[411]. Begründet wurde dies damit, dass die Abwägung zwischen dem allgemeinen Persönlichkeitsrecht und der Meinungsfreiheit zu Lasten des Anspruchsstellers ausfalle. Bei den Äußerungen handele es sich um Werturteile, nicht um Tatsachenbehauptungen, da die beanstandeten Äußerungen in erster Linie wertenden Charakter hätten. Da es sich um eine die Öffentlichkeit wesentlich berührende Frage handele, werde die Meinungsfreiheit der Äußerung vermutet. Auch handele es sich bei der auf der Website gemachten Äußerung nicht um eine bloße Schmähkritik, bei der die Diffamierung der angegriffenen Person im Vordergrund stehe, und die daher zu unterlassen sei, da sich hierfür die streitbefangene Äußerung in persönlicher Herabsetzung erschöpfen müsse, dies aber hier – wie im politischen Meinungskampf zumeist – nicht anzunehmen sei[412]. Zwar werde die persönliche Ehre des Anspruchsstellers durch die auf der Internetseite enthaltene Äußerung einem

Quellen ungehindert zu unterrichten"(Hervorhebung durch den Verfasser). Zu der ständigen Rechtsprechung des BVerfG vgl. nur BVerfG NJW 2000, 2413, 2415 m.w.N.

409 OLG Braunschweig MMR 2001, 163 ff.

410 OLG Braunschweig MMR 2001, 163.

411 OLG Braunschweig MMR 2001, 163.

412 OLG Braunschweig MMR 2001, 163, 164 unter Hinweis auf BVerfG NJW 1991, 95, 96 und BVerfG NJW 1995, 3303, 3304. Allerdings sagte der erkennende Senat des OLG auch, dass es sich bei der von ihm zu beurteilenden Konstellation um einen Grenzfall handele.

heftigen Angriff ausgesetzt, doch habe sich der Angegriffene selbst im Vorfeld öffentlich dem politischen Meinungskampf gestellt und müsse demzufolge scharfe, auch abwertende Vorwürfe hinnehmen[413]. Das Gericht nahm daher ein Überwiegen der Meinungsfreiheit an und verneinte eine Verletzung des Rechts der persönlichen Ehre des Anspruchsstellers, so dass auch der Unterlassungsanspruch zurückzuweisen war.

Die Entscheidung des OLG Braunschweig zeigt, dass das Gericht von der gefestigten Rechtsprechung zum Verhältnis von Art. 5 Abs. 1 S. 1 GG und Art. 2 Abs. 1 GG i.V.m. Art. 1 Abs. 1 GG auch für den Bereich des Internet nicht abweicht[414].

Ein wesentlicher Unterscheid ist in derartigen Fällen jedoch evident: Im Gegensatz zu herabsetzenden Äußerungen in Printmedien oder in mündlicher Form ist der potentielle Adressatenkreis bei Äußerungen, die auf Websites im Internet getätigt werden, erheblich größer. Diesen Aspekt erkennt auch das OLG Braunschweig, wenn es ausführt, dass die persönliche Ehre des Anspruchsstellers einem heftigen Angriff ausgesetzt sei und ein unbegrenzter Personenkreis Zugriff auf die Äußerungen habe[415].

Anderer Auffassung ist diesbezüglich allerdings das AG Charlottenburg, welches sich ebenfalls mit der Frage einer Persönlichkeitsrechtsverletzung im Internet auseinander zu setzen hatte[416]. In dem der Entscheidung zugrundeliegenden Fall hatte das AG darüber zu befinden, ob die Veröffentlichung von Bild und Namen eines wegen Kindesmissbrauchs verurteilten Straftäters im Internet eine schwere Persönlichkeitsrechtsverletzung darstellte. Entscheidend war für das Gericht die Schwere des Eingriffs. Die Darstellung eines Bildnisses auf einer

---

413 OLG Braunschweig MMR 2001, 164, 164.

414 Dies mag man für bedenklich halten, insbesondere aufgrund der Tatsache, dass die Rechtsprechung darauf abstellt, dass derjenige, der zuvor aus freier Entscheidung in die Öffentlichkeit getreten sei, nun auch in Kauf nehmen müsse, Kritik ausgesetzt zu sein. Hält man die Auffassung der Gerichte auch für kritikwürdig, so entspricht sie doch gefestigter Rechtsprechung.

415 OLG Braunschweig MMR 2001, 163, 164. Dennoch beruft sich das Gericht auch für diese Konstellation stereotyp auf die immer wiederkehrende Formulierung, dass der Betroffene sich im Vorfeld politisch öffentlich geäußert und in den politischen Meinungskampf eingeschaltet habe und daher auch abwertende Vorwürfe hinzunehmen habe. Das LG München I hat in einer Entscheidung aus jüngster Zeit bei der Frage der Zahlung einer immateriellen Geldentschädigung wegen einer Verletzung des allgemeinen Persönlichkeitsrechts durch eine ehrverletzende Darstellung im Internet dem Umstand Bedeutung beigemessen, dass die Beklagte der Einstellung des in dem zugrundeliegenden Fall ehrverletzenden Computerspiels in das Internet einen sehr weiten Verbreitungsgrad erreichen wollte, vgl. LG München I ZUM 2002, 318, 320.

416 AG Charlottenburg, Urteil vom 27.3.2000, Az. 10 C 317/99. Das Urteil findet sich unter http://www.jurpc.de/rechtspr/20000193.htm.

Website erachtete das Gericht aber nicht als ausreichend, um einen *schweren* Eingriff in Persönlichkeitsrechte des Abgebildeten anzunehmen. Es führte dazu aus, dass „über das Maß der Verbreitung aufgrund der Veröffentlichung über das Internet keinerlei Aussage getroffen werden“ könne und „für eine massenhafte Verbreitung keine Vermutung“ bestehe[417]. Ferner sagte es: „Eine Kenntnisnahme der Internetseite des Beklagten ist nämlich nur für denjenigen möglich, der ganz bewusst die Website des Beklagten anklickt.“ Es könne im Ergebnis „nicht von einer weiten Verbreitung der hier streitigen Veröffentlichung ausgegangen werden“[418].

Fraglich ist, ob dieser Auffassung gefolgt werden kann. Zunächst muss man sich vor Augen halten, dass das AG Charlottenburg über einen Sachverhalt zu entscheiden hatte, bei dem der Kläger von dem Inhaber der Website Schadensersatz wegen einer Verletzung seines Persönlichkeitsrechts forderte. Wie an späterer Stelle noch auszuführen sein wird folgt das Gericht hier der ständigen Rechtsprechung hinsichtlich der Zusprechung von Schadensersatz bei Persönlichkeitsrechtsverletzungen, wonach es sich um eine schwerwiegende Beeinträchtigung der persönlichkeitsrechtlichen Belange handeln muss, die auf anderem Wege, insbesondere also durch Unterlassungs- und Widerrufsansprüche, nicht hinreichend ausgeglichen werden können[419].

Richtig ist sicherlich, dass der „Informationsfluss“ im Bereich des Internet gewissermaßen vom Nutzer gesteuert wird; dieser entscheidet, welche Seiten er abruft[420]. Dennoch kann die Argumentation des AG Charlottenburg nicht überzeugen. Denn auch im Bereich des Fernsehens oder bei Zeitungen ist der vom AG Charlottenburg für das Internet als Charakteristikum dargestellte Verbreitungsgrad von Informationen nicht immer gewiss. Auch hier entscheidet der Zuschauer oder Leser, welchen Informationen er sich öffnet und welche für ihn unbedeutend sind. Zwar mag man der Entscheidung insoweit beitreten, als die Initiative zur „Informationsbeschaffung“ im Internet vom Nutzer ausgeht, da dieser durch eine Eingabe der URL oder durch Anklicken von Hyperlinks bestimmt, von welchen Websites er sich Informationen beschafft[421].

---

417 AG Charlottenburg, http://www.jurpc.de/rechtspr/20000193.htm (JurPC Web-Dok.193/2000, Abs. 32).

418 AG Charlottenburg, http://www.jurpc.de/rechtspr/20000193.htm (JurPC Web-Dok. 193/2000 Abs. 32). Das Gericht misst mithin dem Umstand der breiten Kenntnisnahme entscheidende Bedeutung für die Feststellung der Schwere eines Eingriffs in das Persönlichkeitsrecht bei.

419 Dem Verletzer muss ferner ein erhebliches Verschulden anzulasten sein und die Schwere der Beeinträchtigung muss für ihn erkennbar gewesen sein. Vgl. zum Ganzen BGH NJW 1971, 698, 699.

420 Das AG Charlottenburg spricht hier leicht missverständlich von einer „gezielten Anfrage“.

421 Sagt das AG Charlottenburg, dass bei Veröffentlichung im Internet deren Verbreitungsgrad völlig ungewiss ist, so ist dies in dieser Pauschalität übrigens nicht zutreffend ist, da einerseits mittels sog. Counter festgestellt werden kann, wie viele Personen die konkrete Websi-

Dennoch geht das Ergebnis, zu dem das Gericht gelangt, an der Rechtstatsächlichkeit im Internet vorbei. Denn das Gericht würdigt die Tatsache nicht, dass Inhalte im Internet global abrufbar sind; nationale Grenzen existieren nicht. Daher scheint es erforderlich, bei der vorzunehmenden einzelfallorientierten Güterabwägung auch diesem Gesichtspunkt Rechnung zu tragen. Gerade in den Fällen, in denen der Herabgewürdigte einen globalen Bekanntheitsgrad aufweist, kann dieser Faktor nicht unberücksichtigt bleiben. Die Beeinträchtigung des Rechts der persönlichen Ehre wird bei einer weltweit abrufbaren Äußerung ungleich größer sein als in den herkömmlichen Medien. Diesen Punkt verkennt das AG Charlottenburg, wenn es sagt, dass eine weite Verbreitung im Schalten einer Website nicht gesehen werden könne.

Freilich können sich nicht nur berühmte Persönlichkeiten darauf berufen, der Gesichtspunkt der weltweiten Abrufbarkeit der Äußerung müsse in die vorzunehmende Abwägung mit einbezogen werden. Vielmehr ist es geboten, dieses Kriterium generell in den Abwägungsvorgang mit einfließen zu lassen und ihm je nach konkreter Gestaltung des Einzelfalls Bedeutung beizumessen. Dies erscheint gerade in den Fällen geboten, in denen sich eine herabsetzende Äußerung auf einer Website nicht alleine auf den ehrverletzenden Charakter beschränkt, sondern es aufgrund dieser Äußerung zu einer Gefährdung von Leib und Leben des Herabgewürdigten kommen kann.

Beispielhaft für letztere Konstellation sei auf eine Entscheidung des Thüringer Oberlandesgerichtes verwiesen[422]. Der dem Gericht zur Entscheidung vorgelegte Fall hatte die Frage der rechtlichen Zulässigkeit einer anprangernden Darstellung einer Person im Internet zum Inhalt. Der Beschwerdeführer des Falles begehrte den Erlass einer einstweiligen Verfügung gegen den Beschwerdegegner, mit welchem diesem untersagt werden sollte, eine Website im Internet bereitzuhalten. Auf dieser Seite wurde der Beschwerdeführer als politischer Gegner einer Vereinigung dargestellt, welcher der Beschwerdegegner zugehörig war. Dies wurde mit einer Vielzahl von Äußerungen bekräftigt, die der Beschwerdeführer im Hinblick auf seine Einstellung zu der „Szene“ des Beschwerdegegners getätigt hatte. Schließlich wurde der Name des Beschwerdeführers genannt und sein Bildnis gezeigt[423]. Gegen diese Darstellung auf der Website des Beschwerdegegners wandte sich der Beschwerdeführer mit der Begründung, sie verletze sein Persönlichkeitsrecht.

Das Thüringer Oberlandesgericht erachtete seine Beschwerde für begründet und sah das Persönlichkeitsrecht des Beschwerdeführers als verletzt an[424]. In seiner

---

te besucht haben und dies andererseits auch die Access- bzw. Service Provider feststellen können.

[422] Thüringer Oberlandesgericht AfP 2001, 78.

[423] Sachverhalt nach Thüringer Oberlandesgericht AfP 2001, 78.

[424] Thüringer Oberlandesgericht AfP 2001, 78. Zudem bejahte das Gericht eine Verletzung des Beschwerdeführers in seinem Recht am eigenen Bild aus den §§ 22, 23 KUG.

hierfür gegebenen Begründung sagte das Gericht zunächst, dass in dem vorliegenden Sachverhalt eine Abwägung der Grundrechtsgewährleistungen aus Art. 2 Abs. 1 GG i.V.m. Art. 1 Abs. 1 GG und Art. 5 Abs. 1 S. 1 GG vorzunehmen sei[425]. Zwar schließe das Grundrecht der freien Meinungsäußerung auch die Wiedergabe wahrer Tatsachenbehauptungen und damit einhergehend die Befugnis ein, sich mit anderen Personen kritisch auseinander zu setzen und Äußerungen dieser Personen auch ohne aktuellen Anlass zu verbreiten[426]. Unter Zugrundelegung der Besonderheiten des Internet für den zu entscheidenden Fall – weltweite Abrufbarkeit der Inhalte – komme es aber zu einer nachhaltigen Gefährdung der körperlichen Unversehrtheit des Beschwerdeführers, da dieser befürchten müsse, einer Verfolgung ausgesetzt zu sein, so dass ein tiefer Eingriff in dessen Persönlichkeitsrecht vorliege und die Abwägung daher zu Gunsten des Persönlichkeitsschutzes ausfalle[427].

Das LG München I schließlich hat in einer Entscheidung aus jüngster Zeit einer in dem zugrundeliegenden Sachverhalt betroffenen Frau eine Geldentschädigung wegen Einstellung eines Computerspiels in das Internet durch die Beklagte zugesprochen, welches die klagende Frau nach Auffassung des Gerichts zum Sexualobjekt herabwürdigte. Die Beklagte, Verlegerin einer Boulevardzeitung, verbreitete über einen Zeitraum von 12 Tagen ein Computerspiel auf der Website des Online-Angebots der Zeitung, dem die sexuelle Beziehung der Klägerin zu einem berühmten Sportler zugrunde lag. Im Zusammenhang mit dem (geschmacklosen) Computerspiel, das Vorgänge aus dem Bereich der Sexualität zeigte und auf der Website gespielt werden konnte, wurde von der Klägerin ein Portraitfoto mit zeichnerisch gestaltetem Oberkörper gezeigt[428]. Das LG München I wertete das Computerspiel im Internet zu Recht als eine schwerwiegende Verletzung des allgemeinen Persönlichkeitsrechts der Klägerin, die durch die Art und Weise der Darstellung im Kern ihrer Menschenwürde verletzt worden sei[429]. Das Spiel habe die Klägerin zum Gegenstand sexuellen Amüsements gemacht und sie zum Sexualobjekt herabgewürdigt, da sie zum Objekt der Nutzer der Internetseite gemacht werde[430]. Eine Berufung der Beklagten auf das Grundrecht der Kunstfreiheit aus Art. 5 Abs. 3 GG scheide als Rechtfertigung aus. Zwar sei Art. 5 Abs. 3 GG seinem Wortlaut nach schrankenlos gewährleistet, doch unterliege das Grundrecht verfassungsimmanenten Schranken, da die Freiheit der Kunst andere verfassungsrechtlich geschützte Güter nicht verletzen und

---

425 Thüringer Oberlandesgericht AfP 2001, 78, 79.
426 Thüringer Oberlandesgericht AfP 2001, 78, 79.
427 Thüringer Oberlandesgericht AfP 2001, 78, 79.
428 Das LG München I prüfte und bejahte eine Verletzung des allgemeinen Persönlichkeitsrechts, ohne auf das auch in Betracht kommende Recht am eigenen Bild einzugehen.
429 LG München I ZUM 2002, 318, 319.
430 LG München I ZUM 2002, 318, 319.

insbesondere nicht gegen die Menschenwürde verstoßen dürfe[431]. Dabei gelte die in Art. 1 Abs. 1 GG getroffene Wertentscheidung nicht nur gegenüber Eingriffen des Staates, sondern in gleicher Weise auch im Privatrecht, da durch die grundrechtlich garantierte Menschenwürde namentlich verhindert werden solle, dass eine Person zum Objekt gerade auch sexueller Begierden Dritter herabgewürdigt würde, was aber durch das Computerspiel geschehen sei[432]. Auch auf das Grundrecht der Meinungs- und Pressefreiheit könne sich die Beklagte zur Rechtfertigung nicht berufen, da diese Grundrechte ihre Schranken in den Vorschriften der allgemeinen Gesetze und dem Recht der persönlichen Ehre fänden und in dem konkreten Fall die geschützte Position der Klägerin aus Art. 1 Abs. 1 GG überwiege[433].

Bemerkenswert ist an dieser Entscheidung vor allem, dass das Gericht einerseits der grundrechtlich geschützten Kunstfreiheit nicht den Vorrang vor den Persönlichkeitsrechten der Klägerin zusprach und andererseits, dass es bei der Bestimmung der Höhe der Geldentschädigung dem Umstand entscheidende Bedeutung zumaß, dass die Beklagte das Computerspiel in das Internet gestellt hatte und somit einen sehr weiten Verbreitungsgrad erreichen wollte. Damit würdigt das LG München I im Gegensatz zum AG Charlottenburg in der oben angeführten Entscheidung zutreffend die Gegebenheit, dass Informationen im Internet grundsätzlich weltweit abgerufen werden können und daher zu einer weitaus größeren Bedrohung der Persönlichkeitsrechte des Betroffenen führen können, als dies in herkömmlichen Medien der Fall ist.

Eine Gesamtschau dieser Entscheidungen verdeutlicht, dass eine einheitliche Linie der Rechtsprechung nicht existiert. Während manche Gerichte dem Umstand Bedeutung zumessen, dass Informationen im Internet global abrufbar sind und einem grundsätzlich unbegrenzten Nutzerkreis zugänglich gemacht werden können, hat dies für andere Gerichte keine Bedeutung.

Allerdings hat der BGH die Globalität des Internet unter strafrechtlichen Aspekten gewürdigt, da er insoweit ausführte, dass „im Hinblick auf die Informationsmöglichkeiten des Internet (...) damit gerechnet werden“ müsse, „dass die Publikationen einer breiteren Öffentlichkeit (...) bekannt werden“[434].

Angesichts dessen steht zu hoffen, dass die Gerichte zukünftig stärker als bisher auf die Globalität des Internet abheben werden[435]. Der Aspekt der Zugänglichkeit der Informationen auf Websites für einen großen und unüberschaubaren Personenkreis muss als ausschlaggebendes Kriterium bei der Abwägung zwi-

[431] LG München I ZUM 2002, 318, 319.
[432] LG München I ZUM 2002, 318, 319.
[433] LG München I ZUM 2002, 318, 319.
[434] BGH MMR 2001, 228, 230.
[435] So bereits das LG München I ZUM 2002, 318, 320.

schen Ehrenschutz und Meinungsfreiheit angesehen werden, zumal, wie auch der BGH in der vorgenannten Entscheidung sagt, Publikationen von den Internetnutzern beliebig weiter verbreitet werden können[436], sei es, indem sie für Websites Dritter verwendet werden oder indem Links auf diese Informationen gesetzt werden.

Derjenige, der sich gegen ihn betreffende Herabsetzungen auf einer Website wendet, kann nicht allein aufgrund der Tatsache, dass Äußerungen über seine Person auf dieser Seite enthalten sind, eine Entfernung dieser Inhalte bzw. ein Unterlassen der weiteren Verbreitung der betreffenden Inhalte verlangen. Denn seinem Persönlichkeitsrecht und dem daraus entspringenden Recht der persönlichen Ehre steht das ebenfalls grundgesetzlich geschützte Recht der freien Meinungsäußerung aus Art. 5 Abs. 1 S. 1 GG desjenigen gegenüber, der diese Inhalte auf einer Seite bereithält[437]. Dies schließt es auch ein, dass eine kritische Auseinandersetzung mit einer bestimmten Person erfolgen kann; hier gilt für den Bereich des Internet nichts anderes als für Meinungsäußerungen in herkömmlichen Presseerzeugnissen. Dient jedoch die Darstellung einer Person auf einer Website lediglich dem Zweck, diese gewissermaßen an den Pranger zu stellen, so setzt dieses Verhalten die betreffende Person in ihrer persönlichen Ehre herab, da es demjenigen, der für diese Darstellungen verantwortlich ist, nicht mehr auf eine Auseinandersetzung in der Sache ankommt, sondern nur darauf, den Betroffenen zu stigmatisieren und ihn herabzusetzen.

Wann eine bloße Herabwürdigung oder noch eine sachliche Auseinandersetzung vorliegt, bedarf auch im Internet einer umfassenden einzelfallorientierten Betrachtungsweise und Abwägung. Da die bereitgehaltenen Inhalte grundsätzlich einem nicht überschaubaren Personenkreis zugänglich sind, können auch „an sich“ eher geringfügig erscheinende Belastungen in einem anderen Licht erscheinen. Dies hat auch das Thüringer Oberlandesgericht gewürdigt, wenn es ausführt, „dass die auf der beanstandeten Internetseite wiedergegebenen Tatsachenbehauptungen, Werturteile und Abbildungen jede für sich genommen eher unbedeutend und geringfügig belastend sind“, sich diese Beurteilung jedoch ändert, wenn das Bereithalten der Inhalte „in ihrer Gesamtheit und im Zusammenhang mit den transportierten Inhalten gesehen“ wird[438]. Nach der Rechtsprechung des BVerfG müssen wahre Aussagen zwar grundsätzlich hingenommen werden, auch wenn sie nachteilig für den Betroffenen sind[439]. Dies soll allerdings dann nicht gelten, wenn die Folgen dieser wahren Berichterstattungen für die Persönlichkeitsentfaltung des Betroffenen schwerwiegend sind und dessen

---

[436] BGH MMR 2001, 228, 230.

[437] Die Tatsache, dass nicht per se Unterlassung der Verbreitung einer Internetseite gefordert werden kann, nur weil diese sich mit einer bestimmten Person in welcher Form auch immer beschäftigt, hat auch das Thüringer Oberlandesgericht in der oben aufgeführten Entscheidung gewürdigt, vgl. Thüringer Oberlandesgericht AfP 2001, 78, 79.

[438] Thüringer Oberlandesgericht AfP 2001, 78, 79.

[439] BVerfG NJW 2000, 2413, 2414.

Schutzbedürftigkeit das Interesse an der Äußerung überwiegt[440], was insbesondere angesichts des globalen Nutzerkreises der Fall sein kann.

(2) Problem: Identität des Betroffenen

Angesichts der – wie sich aus der Zahl der Besucher entnehmen lässt – Popularität von Websites, die dem Nutzer die Möglichkeit bieten, online Dritte in ihrer Ehre herabzusetzen, hat eine dezidierte Auseinandersetzung mit der Frage zu erfolgen, ob auch dann von einer Ehrverletzung ausgegangen werden kann, wenn die Identität des Betroffenen – wie auf solchen Seiten vielfach der Fall – nicht genannt wird.

Das OLG München hatte in einem Urteil über eine Presseberichterstattung, die nicht im Internet, sondern in einer Zeitung erschienen war, entschieden, dass eine schwere Persönlichkeitsverletzung des Betroffenen vorliege, über den intime und private Tatsachen verbreitet wurden[441]. Das Gericht hatte es hierfür ausreichend erachtet, dass zwar keine volle Namensnennung des Betroffenen erfolgt war, seine Identifikation über seinen engeren Bekanntenkreis hinaus aber durch eine detaillierte Darstellung seiner privaten und beruflichen Umstände ermöglicht wurde.

Der Grundgedanke dieser Entscheidung lässt sich auch auf den Bereich des Internet übertragen: In den Fällen, in denen eine Identifikation des Betroffenen nicht möglich ist, liegt es nahe, eine Verletzung des Rechts der persönlichen Ehre abzulehnen, da der Betroffene von den Besuchern der Website ja nicht identifiziert werden kann. Diese auf den ersten Blick plausibel wirkende Lösung würde jedoch übersehen, dass in diesen Fällen durchaus eine Identifikation *durch den Herabgewürdigten selbst* erfolgen kann. Diesem ist es unter Umständen möglich, anhand der auf der Website genannten Details zu erkennen, dass sich die herabsetzenden Äußerungen auf seine Person beziehen. Ist dies der Fall, so stellt sich die Frage, ob dann eine Ehrverletzung gegeben ist.

Unter Zugrundelegung der oben dargestellten Grundsätze spricht für ein Überwiegen des Ehrenschutzes gegenüber der Meinungsäußerungsfreiheit, dass der Schutz der persönlichen Ehre einer Person nicht davon abhängen kann, ob für eine Vielzahl von Menschen eine Identifikation des Herabgewürdigten möglich ist oder nur für diesen selbst. Wie oben gezeigt umfasst der verfassungsrechtliche Ehrbegriff auch das Recht des einzelnen auf Achtung seiner personalen

---

[440] BVerfG NJW 2000, 2413, 2414; BVerfGE 97, 391, 403 f. = BVerfG NJW 1998, 2889, 2891. Nach BVerfG NJW 2000, 2413, 2414 soll dies etwa dann der Fall sein, „wenn die wahre Berichterstattung wegen ihres Gegenstandes zu einer Stigmatisierung des Betroffenen und damit zu einer nachhaltigen Beeinträchtigung der Persönlichkeitsentfaltung führen kann." Vgl. dazu auch *Cole*, NJW 2001, 795 f.

[441] OLG München ZUM 2001 S. 253.

Würde[442], so dass bei schweren Angriffen auf seine Ehre auch dann eine Persönlichkeitsrechtsverletzung zu bejahen ist, wenn nur der Betroffene sich in den Äußerungen wiedererkennt.

Ist andererseits auch dem Betroffenen eine Identifikation nicht möglich, so scheidet eine Ehrverletzung aus. Die auf der Website zu findenden Inhalte mögen dann zwar geschmacklos sein, die Ehre eines anderen greifen sie nicht an, da nur der diese Inhalte Äußernde in der Lage ist, sie einer bestimmten Person zuzuordnen.

(3) Fotomontagen, Karikaturen

In dem einer Entscheidung des OLG Köln zugrundeliegenden Sachverhalt[443] wandte sich ein Jagdschutzverband gegen die Darstellung auf einer Website eines im Internet publizierten Tierrechtsmagazins, die ein auf eine Markenabbildung des Jagdschutzverbandes urinierendes Männchen zeigte. Der klagende Jagdschutzverband, eine juristische Person, wandte sich gegen diese Darstellung, da diese seine Marken- und Persönlichkeitsrechte verletze. Das OLG Köln lehnte den geltend gemachten Unterlassungsanspruch ab. Weder könne sich der Jagdschutzverband auf markenrechtliche Unterlassungsansprüche aus § 14 Abs. 2 Nr. 3, Abs. 5 MarkenG[444] noch auf solche stützen, die auf den §§ 823, 1004 BGB wegen einer Verletzung des Persönlichkeitsrechts des klagenden Verbandes beruhen. Beiden Ansprüchen stehe nämlich das Recht der Beklagten aus Art. 5 Abs. 1 S. 1 GG auf Freiheit der Meinungsäußerung entgegen.

Das OLG setzte sich in der hierzu folgenden Begründung ausführlich mit der Meinungsäußerungsfreiheit auseinander und kam zu dem Ergebnis, dass es sich bei der Darstellung des urinierenden Männchens zwar um einen aggressiven und den Kläger verächtlich machenden Umgang mit dessen Marke handele, hinter diesem Umgang aber die Auseinandersetzung in der Sache stehe. Die herabsetzende Darstellung und die abwertende Kritik der von dem Jagdschutzverband vertretenen Belange ließen noch einen sachlichen und thematischen Bezugspunkt erkennen, der die geäußerte Meinung nicht als willkürliche, ausschließlich

---

[442] Vgl. oben S. 77.

[443] OLG Köln, Urteil vom 10.03.2000, JurPC Web-Dok. 75/2000 (http://www.jurpc.de/rechtspr/20000075.htm).

[444] Wobei das OLG Köln offen lassen konnte, ob ein dafür erforderliches Handeln der Beklagten im geschäftlichen Verkehr überhaupt vorgelegen hatte, vgl. OLG Köln, Urteil vom 10.03.2000, http://www.jurpc.de/rechtspr/20000075.htm (JurPC Web-Dok. 75/2000 Abs. 7 f.).

dem Zweck der Diffamierung des Klägers und seiner Marke dienende Schmähkritik erscheinen lasse[445].

Letztlich ist diese Entscheidung vor allem unter folgenden Gesichtspunkten interessant: Zunächst stellt das OLG Köln fest, dass sich der klagende Jagdschutzverband, ein eingetragener Verein, als juristische Person auf das Recht der persönlichen Ehre als Teil des Persönlichkeitsrechts berufen könne, soweit seine Funktion und soziale Wertgeltung als eingetragener Verein betroffen sei[446]. Und schließlich – und das ist entscheidend – stelle sich die Art der Darstellung als eine den Kläger in seiner Ehre kränkende Form der Meinungsäußerung dar, die zwar geeignet sei, ihn verächtlich zu machen und seine soziale Wertgeltung sowie sein Ansehen im Verkehr zu beschädigen, die sich aber trotz allem noch als

[445] OLG Köln, Urteil vom 10.03.2000, http://www.jurpc.de/rechtspr/20000075.htm (JurPC Web-Dok. 75/2000 Abs. 11)

[446] Die Frage, ob auch juristischen Personen der Schutz des allgemeinen Persönlichkeitsrechts zukommt, ist umstritten. Der BGH sagt, dass sich auch juristische Personen auf das durch Art. 2 Abs. 1 GG *und* Art. 1 Abs. 1 GG geschützte allgemeine Persönlichkeitsrecht berufen können, vgl. BGHZ 81, 75, 78; BGHZ 98, 94, 97. Das BVerfG hingegen hat es ausdrücklich offen gelassen, ob sich juristische Personen auf das allgemeine Persönlichkeitsrecht berufen können, betonte aber, dass Art. 2 Abs. 1 GG anerkanntermaßen als Ausfluss der allgemeinen Handlungsfreiheit auch die Freiheit im wirtschaftlichen Verkehr schütze, vgl. BVerfG NJW 1994, 1784. Auch juristische Personen könnten also insoweit eine Verletzung des Art. 2 Abs. 1 GG geltend machen, als ihr Recht auf freie Entfaltung im Sinne wirtschaftlicher Betätigung betroffen sei. Das zivilrechtliche Schrifttum bejaht in der Regel eine Anwendbarkeit des zivilrechtlichen allgemeinen Persönlichkeitsrechts auf juristische Personen, vgl. nur Mü-Ko-*Mertens*, § 823 BGB Rn. 484; Soergel-*Zeuner*, § 824 BGB Rn. 1. Die Auffassung der verfassungsrechtlichen Literatur ist dagegen weitgehend ablehnend. Während hier die überwiegende Auffassung ein Persönlichkeitsrecht juristischer Personen ablehnt, gibt es dennoch Stimmen, die ein allgemeines Persönlichkeitsrecht juristischer Personen bejahen. Zum Meinungsstand in der Literatur ausführlich *Kau*, Vom Persönlichkeitsschutz zum Funktionsschutz S. 25 ff mit umfassenden weiteren Nachweisen. Zutreffenderweise muss ein *allgemeines* Persönlichkeitsrecht, welches auf Art. 2 Abs. 1 GG *und* Art. 1 Abs. 1 GG fußt, für juristische Personen verneint werden. Denn die Menschenwürde des Art. 1 Abs. 1 GG steht schon begriffsnotwendig allein Menschen, also natürlichen Personen, zu. Daher scheint es folgerichtig, den Schutz des allgemeinen Persönlichkeitsrechts nicht auf juristische Personen auszuweiten. Vgl. auch *Hirte*, NJW 1988, 1698, 1704. Doch ist mit dem BVerfG davon auszugehen, dass auch juristische Personen eine Verletzung der Entfaltungsfreiheit des Art. 2 Abs. 1 GG geltend machen können, soweit ihr Recht auf freie Entfaltung im Sinne wirtschaftlicher Betätigung betroffen ist. Denn die allgemeine Handlungsfreiheit aus Art. 2 Abs. 1 GG kann auch juristischen Personen zustehen, vgl. BVerfGE 20, 323, 336; BVerfGE 44, 353, 372. Auch juristische Personen genießen daher Rufschutz nach Art. 2 Abs. 1 GG als Teil ihrer allgemeinen Handlungsfreiheit, vgl. *Faber*, Der Schutz der Ehre und des Rufes vor herabsetzenden Äußerungen des Staates S. 76; *Degenhart*, JuS 1992, 361, 368; *Frotscher*, JuS 1978, 505, 510; OVG Hamburg NVwZ 1995, 498, 499; OVG Münster NVwZ 1985, 123. Vgl. auch *Chang*, Persönlichkeitsschutz und Gegendarstellung S. 91 f.

eine dem Grundrecht aus Art. 5 Abs. 1 S. 1 GG unterfallende zulässige Meinungsäußerung ansehen lasse[447].

Auch in Fällen dieser Art ist zu untersuchen, ob es sich bei der Meinungsäußerung in Bildform noch um eine zulässige Kundgabe einer Meinung handelt oder ob diese lediglich eine von Art. 5 Abs. 1 S. 1 GG nicht mehr erfasste Schmähkritik zur Diffamierung einer Person darstellt. Ist vom Vorliegen einer Meinungsäußerung auszugehen, so ist erneut eine Abwägung der betroffenen Belange erforderlich und eine konkrete Einzelfallbetrachtung erforderlich[448].

bbb) Verletzungen durch Domainnamen?

Es besteht Klärungsbedarf, ob Verletzungen des Persönlichkeitsrechts außer durch ehrverletzende Inhalte auf Websites auch allein durch den Domainnamen angenommen werden können. Zur besseren Veranschaulichung der Problematik soll ein Fall herangezogen werden, mit dem sich das LG Berlin Anfang des Jahres 2001 zu beschäftigen hatte[449].

In diesem Fall ging es darum, dass die TotalFinaElf GmbH einer Umweltschutzorganisation gerichtlich untersagen wollte, die von dieser registrierte Website mit der URL „http://www.oil-of-elf.de" weiter zu betreiben. Auf dieser Seite fand eine kritische Berichterstattung über die Ölförderung der TotalFinaElf statt. Diese forderte die Organisation auf, es zu unterlassen, unter dieser Domain im Internet aufzutreten und führte zur Begründung Unternehmenskennzeichnungs- und Namensrechte an. Die Antragsgegnerin berief sich dagegen auf das Grundrecht der Meinungsfreiheit aus Art. 5 Abs. 1 S. 1 GG.

Am 18. Januar 2001 gab das LG Berlin einer einstweiligen Verfügung statt und untersagte es der Organisation, unter der Domain „oil-of-elf.de" im Internet aufzutreten. Begründet wurde dies damit, dass die Benutzung der besagten Domain das Namensrecht aus § 12 BGB von TotalFinaElf verletze, da diese Domain mit

---

447 OLG Köln, Urteil vom 10.03.2000, http://www.jurpc.de/rechtspr/20000075.htm (JurPC Web-Dok. 75/2000 Abs. 17 f.).

448 Neben den vorstehend genannten Beeinträchtigungen des Rechts der persönlichen Ehre auf Websites kommen noch Kollektivbeleidigungen, insbesondere durch politisch extremistische Informationen, in Betracht. Vgl. dazu *Holznagel/Kussel*, MMR 2001, 347 ff; *Sieber*, ZRP 2001, 97 ff. Hinsichtlich der rechtlichen Bewertung dieser Inhalte ergeben sich aber keine Unterschiede zu deren Würdigung in herkömmlichen Medien, so dass eine Beschränkung auf die vorstehend genannten Nachweise angezeigt ist.

449 LG Berlin, Urteil vom 6.3.2001, 16 O 33/01, JurPC Web-Dok. 141/2001; dazu auch *Rauschhofer*, http://www.rechtsanwalt.de/oil-of-elf.html. *Herberger/Junker*, Materialiensammlung zum Streit um „oil-of-elf.de". Vgl. dazu auch die ausführliche Berichterstattung der Netzeitung, z.B. http://www.netzeitung.de/servlets/page?section=784&item=132546, http://www.netzeitung.de/servlets/page?section=784&item=133277; http://www.netzeitung.de/servlets/page?section=784&item=133405.

der Firma von TotalFinaElf verwechslungsfähig sei[450]. Am 6. März 2001 schließlich bestätigte das LG Berlin die einstweilige Verfügung in der mündlichen Verhandlung[451]. Sowohl in dem Erlass der einstweiligen Verfügung als auch in deren späterer Bestätigung in der mündlichen Verhandlung zog das LG Berlin in erster Linie namensrechtliche Argumente zur Begründung seiner Entscheidung heran und untersagte den weiteren Internetauftritt unter dieser Domain aufgrund einer möglichen Verwechslungsgefahr[452]. Das Berliner Kammergericht hob am 23. Oktober 2001 diese Entscheidung auf. Es kam zu dem Schluss, dass das Markenrecht der TotalFinaElf nicht berührt sei sondern betonte vielmehr, dass in einer vorzunehmenden Interessenabwägung das Grundrecht auf Meinungs- und Pressefreiheit Vorrang habe[453].

Um zu klären, ob eine Domain eine Meinungsäußerung im Sinne des Art. 5 Abs. 1 S. 1 GG darstellen kann, muss man sich vor Augen halten, dass der Begriff der Meinungsäußerung weit zu verstehen ist. Ausdrücklich in Art. 5 Abs. 1 S. 1 GG genannt sind die Modalitäten der Meinungsäußerung in Wort, Schrift und Bild. Diese ausdrücklich genannten Formen der Meinungsäußerung sind jedoch nur beispielhaft und keinesfalls abschließend, sondern vielmehr umfassend zu verstehen: Geschützt ist jede Art und Weise der Äußerung[454]. Geschützt sind überdies alle Medien, durch die eine Meinung geäußert und verbreitet werden kann, also auch das Internet[455]. Legt man dieses weite Verständnis einer Meinungsäußerung zugrunde, so lassen sich nicht nur die Inhalte auf einer Website als Meinungsäußerungen ansehen, sondern auch allein der Domainname. Bei entsprechender Aussagekraft kann auch eine Domain als Meinungsäußerung angesehen werden.

Allerdings ist hier eine genaue Unterscheidung danach erforderlich, um was für einen Domainnamen es sich in dem jeweiligen Fall handelt. Hier muss ein Vorgriff auf die an späterer Stelle ausführlich zu erörternde Problematik erfolgen,

---

[450] Vgl. dazu auch http://www.netzeitung.de/servlets/page?section=784&item=132546.

[451] Vgl. dazu die Berichterstattung bei http://www.netzeitung.de/servlets/page?section=784&item=133277; http://www.netzeitung.de/servlets/page?section=784&item=133405.

[452] Die Meinungsfreiheit wurde in der mündlichen Verhandlung nur am Rande erwähnt, obwohl die Umweltschutzorganisation die Verletzung des Namensrechts von TotalFinaElf mit Art. 5 Abs. 1 S. 1 GG hatte rechtfertigen wollen. Das LG Berlin ließ lediglich mitteilen, dass durch sein Urteil nicht die kritische Berichterstattung untersagt werde, sondern lediglich die Nutzung der Domain „oil-of-elf.de".

[453] Vgl. KG Berlin MMR 2002, 686.

[454] Dreier-*Schulze-Fielitz*, Art. 5 I, II GG Rn. 48; BVerfGE 54, 129, 138 f.; BVerfGE 60, 234, 241; BVerfGE 68, 226, 230 f.; BVerfGE 76, 171, 192.

[455] Vgl. Dreier-*Schulze-Fielitz*, Art. 5 I, II GG Rn. 55 a.E. Vgl. auch *Bethge* in: Sachs, Art. 5 GG Rn. 45, der eine Anwendung des Art. 5 Abs. 1 S. 1 GG dann bejaht, wenn die Neuen Medien der Individualkommunikation dienen.

ob Domainnamen Namensfunktion im Sinne des § 12 BGB zukommt. In Rechtsprechung und Literatur ist es mittlerweile ganz herrschende Auffassung, dass einer Domain auch Namensfunktion nach § 12 BGB zukommt[456]. Ein Name stellt nun aber in aller Regel keine Meinungsäußerung dar. Denn die maßgebliche Bedeutung eines Namens ist dessen Unterscheidungsfunktion. Einem Namen kommt damit eine Ordnungsfunktion zu, er bezeichnet eine Person und steht gewissermaßen für diese Person[457]. Wesentlich für eine Meinungsäußerung im Sinne des Art. 5 Abs. 1 S. 1 GG ist hingegen, dass eine Meinung jedes Stellung beziehende Dafürhalten, also jede Ansicht, Auffassung, Anschauung oder Überzeugung umfasst[458]. Ein Name stellt nun aber keine solche Ansicht oder Auffassung dar, ihm fehlt es mithin an diesen für eine Meinungsäußerung charakteristischen Eigenschaften. Würde Domains daher *ausschließlich* Namensfunktion zukommen, so würden sie keine Meinungsäußerungen darstellen, da es insofern an der Äußerung einer Auffassung oder Ansicht fehlte.

Rechtsprechung und Literatur zum Domainnamensrecht arbeiten in diesem Zusammenhang teilweise ungenau. Denn erstens kann nur der Second Level Domain[459] Namensfunktion zukommen. Und zweitens wird in den Fällen, die den Gerichten zur Entscheidung vorliegen, pauschal ausgesagt, dass Domainnamen Namensfunktion im Sinne des § 12 BGB zukommt. Durch diese Vorgehensweise wird der Eindruck erweckt, einer Domain komme in jedem Fall Namensfunktion im Sinne des § 12 BGB zu. Dies ist jedoch nicht der Fall. Denn ebenso wie im herkömmlichen Namensrecht muss auch einem Domainnamen, um ihn als Namen im Sinne des § 12 BGB anerkennen zu können, Unterscheidungskraft zukommen. Wie im Anschluss bei der Erörterung des Domainnamensrechts noch genauer zu zeigen sein wird, werden namensartige Kennzeichen nur dann von dem Namensschutz erfasst, wenn ihnen originäre Unterscheidungskraft und damit Namensfunktion zukommt oder sie Namensfunktion durch Verkehrsgeltung erworben haben[460].

---

[456] Vgl. aus der Rechtsprechung z.B. LG Hamburg CR 1997, 157; LG Braunschweig CR 1997, 414 – braunschweig.de; OLG Hamm, CR 1998, 241, 242 – krupp.de; OLG Brandenburg MMR 2001, 174, 175; OLG Köln MMR 2001, 170; LG München I K&R 2001, 224, 225. Aus der Literatur z.B. *Sick/Richter*, K&R 2000, 339, 342 f.; *Wegner*, CR 1999, 250 ff.; Soergel-*Heinrich*, § 12 BGB Rn. 152a; *Bücking*, MMR 2000, 656; *Thiele/Rohlfing*, MMR 2000, 591, 592.

[457] Vgl. Soergel-*Heinrich*, § 12 BGB Rn. 2; v.Staudinger-*Weick/Habermann*, § 12 BGB Rn. 2.

[458] Dreier-*Schulze-Fielitz*, Art. 5 I, II GG Rn. 44.

[459] Auf Einzelheiten zum Domain-Name-System wird ausführlich beim Namensrecht aus § 12 BGB auf S. 148 f. einzugehen sein. Schematisch ist eine Domain wie folgt aufgebaut: http://www.second-level-domain.top-level-domain, konkret also z.B. http://www.uni-tuebingen.de oder http://www.jura.uni-tuebingen.de, wobei es sich in letzterem Fall bei dem Zusatz „jura“ um eine sog. Sublevel-Domain handelt.

[460] Vgl. Palandt-*Heinrichs*, § 12 BGB Rn. 10 f.; Soergel-*Heinrich*, § 12 BGB Rn. 118.

Wendet man diese Grundsätze auf Domainnamen an, so folgt daraus, dass diesen Namensfunktion im Sinne des § 12 BGB zukommen *kann*, dies jedoch nicht zwingend so sein *muss*. Denn insbesondere dann, wenn der jeweilige Domainname keine Unterscheidungskraft besitzt und Namensfunktion auch nicht durch Verkehrsgeltung erlangt hat, stellt er keinen Namen im Sinne des § 12 BGB dar, sondern bezeichnet mitunter nur die „Adresse" des teilnehmenden Rechners im Internet[461]. Es muss also jeweils untersucht werden, ob der Domainname Namensfunktion aufweist. Ist dies zu bejahen, so scheidet eine Meinungsäußerung aus den oben genannten Gründen aus. Kommt ihm hingegen keine solche Namensfunktion zu, so ist weiter zu untersuchen, ob es sich bei der Domain um eine Meinungsäußerung im Sinne von Art. 5 Abs. 1 S. 1 GG handelt[462].

Nach den Registrierungsrichtlinien der für die deutsche Top Level Domain „.de" zuständigen Vergabestelle (DENIC e.G.) beträgt die Mindestlänge einer Domain drei, die Höchstlänge 63 Zeichen[463]. Kann also ein Domainname gewählt werden, der die maximale Länge von 63 Zeichen hat, so wird deutlich, dass hier solche Bezeichnungen gewählt werden können, denen ein bestimmter Aussagegehalt zukommt, die also mitunter Meinungsäußerungen darstellen können[464]. Liegen also – was jeweils anhand des konkreten Einzelfalles zu entscheiden ist – Meinungsäußerungen in Form eines Domainnamens vor, so unterfallen diese wie alle übrigen Meinungsäußerungen dem Schutz des Art. 5 Abs. 1 S. 1 GG.

Auch an dieser Stelle gilt es aber zu beachten, dass auch für Domainnamen nichts anderes gelten kann wie für andere Meinungsäußerungen, wenn es zum Konflikt mit persönlichkeitsrechtlichen Belangen kommt. Auch hier kann es insbesondere zu Spannungen mit dem Recht der persönlichen Ehre kommen. Aufgrund der zeichenmäßigen Beschränkung eines Domainnamens kann eine kritische Auseinandersetzung natürlich nicht in dem gleichen Maße erfolgen, wie dies durch Inhalte auf einer Website der Fall ist. Hier sind die im Hinblick auf die Auseinandersetzung eigentlich relevanten Inhalte erst auf der Website selbst zu finden, doch dient der Domainname in diesen Fällen meist dazu, dem Internetnutzer bereits allein durch diesen Namen eine grobe Vorstellung davon

---

461 So wohl auch *Bücking*, Domainrecht Rn. 71. Wie noch zu zeigen sein wird steht diese Ansicht nicht im Widerspruch zu der nahezu einhellig vertretenen Meinung in Rechtsprechung und Literatur.

462 Auch dann ist aber zu beachten, dass regelmäßig nur die Second Level Domain eine Meinungsäußerung darstellen kann, da der Top Level Domain, also der Endung des Domainnamens, wohl nur in seltenen Ausnahmefällen in Verbindung mit der Second Level Domain ein Aussagegehalt zukommen kann.

463 Vgl. Punkt II. der DENIC Registrierungsrichtlinien unter http://www.denic.de.

464 Beispielhaft sei hier in Fortführung des oben genannten Beispielsfalles die Domain http://www.zensiert-durch-elf.de genannt, welche die Umweltschutzorganisation wählte, nachdem ihr in der einstweiligen Verfügung die weitere Nutzung der Domain „oil-of-elf.de" untersagt worden war. Vgl. dazu http://www.netzeitung.de/servlets/page?section=784&item=132546.

zu geben, welche Informationen ihn auf der eigentlichen Seite erwarten. Um eine Meinungsäußerung bejahen zu können, ist jedoch nicht die zeichenmäßige Länge der Domain entscheidend, vielmehr der in ihr enthaltene Aussagekern.

Unabhängig von dem neuen Medium Internet kann sich eine Domain vergleichbar mit einer Zeitungsschlagzeile als Meinungsäußerung darstellen. Daher spricht auch hier unter Heranziehung obiger Grundsätze erneut eine Vermutung für die Zulässigkeit der freien Rede. Dies bedeutet, dass zunächst grundsätzlich ein Domainname keine Verletzung des Recht der persönlichen Ehre darstellt, wenn er einen Bezug zu einer natürlichen oder juristischen Person aufweist. Etwas anderes kann nur dann gelten, wenn es sich auch bei dem Domainnamen lediglich um eine Schmähkritik handelt, bei welcher die Meinungsäußerungsfreiheit hinter das Recht der persönlichen Ehre zurückzutreten hat. Weist ein Domainname mithin einen beleidigenden oder ehrverletzenden Inhalt auf, so bedarf es einer umfassenden Einzelfallbetrachtung und entsprechenden Abwägung, um eine Verletzung des Recht der persönlichen Ehre festzustellen. Erschöpft sich die Domain aber lediglich in der Beschimpfung einer natürlichen oder juristischen Person, so ist in der Regel von einem Überwiegen des Ehrenschutzes auszugehen.

bb) Verletzungen des Rechts der persönlichen Ehre durch E-Mails

Als eine erste Möglichkeit, wie es durch E-Mails zu einer Verletzung des Rechts der persönlichen Ehre kommen kann, ist die Variante anzusehen, dass E-Mails mit den Empfänger beleidigenden Inhalten versendet werden. Fraglich ist jedoch, ob derartige E-Mails überhaupt geeignet sind, die Ehre des Empfängers zu verletzen. In der zivilrechtlichen Literatur wird nämlich häufig die Ansicht vertreten, herabsetzende Äußerungen gegenüber dem Herabgewürdigten selbst seien nicht geeignet, um eine Ehrverletzung zu bejahen[465] bzw. die innere Ehre könne aufgrund ihrer Unabhängigkeit von äußerer Wertschätzung durch andere nicht beeinträchtigt werden, so dass sie keines Rechtsschutzes bedürfe[466]. Dem-

[465] Vgl. v.Staudinger-*Hager*, § 823 Rn. C 84: „Die Äußerung muss zumindest Dritten gegenüber vorgenommen werden. Daher genügt es nicht, wenn die Kundgabe nur dem Opfer selbst gegenüber erfolgt.“; MüKo-*Rixecker*, Anh. § 12 BGB Rn. 61: „Geschützt vor der Äußerung von Missachtung oder Nichtachtung ist der Ruf, das Ansehen einer Person in den Augen anderer, ihre soziale Geltung, die Einschätzung, die Dritte von der Person haben, die sogenannte äußere Ehre. Nicht maßgeblich ist hingegen der subjektive Ehrbegriff des Betroffenen. Wird das Bild, das der einzelne von sich selbst hat, ohne dass andere es teilen, beeinträchtigt, greift der *zivilrechtliche* Ehrenschutz nicht ein“ (Hervorhebung durch den Verfasser); vgl. auch *Faber*, Schutz der Ehre und des Rufes vor herabsetzenden Äußerungen des Staates S. 73 (Fn.25).

[466] Vgl. dazu *Helle*, Der Schutz der Persönlichkeit, der Ehre und des wirtschaftlichen Rufes im Privatrecht S. 6. *Baston-Vogt* schränkt dies insofern ein, als dass die innere Ehre zwar vom Urteil anderer unabhängig sein mag, aber sehr wohl durch äußere Eingriffe beeinträchtigt

gegenüber steht die Ansicht, die eine Beeinträchtigung der inneren Ehre nicht generell ausschließen will[467].

Um das Problem zu lösen, ob auch herabsetzende Äußerungen in E-Mails die persönliche Ehre des Empfängers verletzen können, scheint es angebracht, einen Blick auf die strafrechtlichen Beleidigungstatbestände der §§ 185 ff. StGB zu werfen. Werden ehrenrührige Tatsachen gegenüber dem Beleidigten geäußert, so kommt eine Strafbarkeit nach § 185 StGB (Beleidigung) in Betracht. Daraus folgt, dass auch herabsetzende Äußerungen allein gegenüber dem Beleidigten eine Strafbarkeit des sich Äußernden auslösen können, unabhängig davon, ob Dritte von der Äußerung Kenntnis erlangen. Innere und äußere Ehre sind nun aber verfassungsrechtlich im allgemeinen Persönlichkeitsrecht verankert, und die zivil- und strafrechtlichen Ehrenschutzregeln stellen einfachgesetzliche Konkretisierungen dieses Rechtsinstituts dar[468]. Dann erscheint es aber auch geboten, in verfassungsrechtlicher Hinsicht herabsetzende Äußerungen allein gegenüber dem Empfänger ebenfalls als Verletzungen des Rechts der persönlichen Ehre anzusehen. Denn für den Beleidigten stellt es letztlich keinen Unterschied dar, ob auch Dritte von der herabsetzenden Äußerung Kenntnis erlangen oder nicht. Ist dies der Fall, so ist die herabsetzende Wirkung unter Umständen größer, da auch andere Personen die Ehrverletzung wahrnehmen, doch ändert dies nichts daran, dass der Herabgesetzte in seinem Ehrgefühl auch dann verletzt wird, wenn eine Herabwürdigung nur ihm gegenüber erfolgt. Von dem Recht der persönlichen Ehre wird gerade auch die innere Ehre geschützt, also nicht nur der soziale Achtungsanspruch einer Person, sondern auch sein Achtungsanspruch vor sich selbst. Daraus folgt, dass auch Äußerungen allein gegenüber dem Betroffenen zu einer Ehrverletzung führen können.

In diesem Bereich wird erneut die bereits oben erörterte mittelbare Drittwirkung von Grundrechten relevant. Denn auch bei E-Mails kann es ebenfalls zu einem Konflikt zwischen dem Recht der persönlichen Ehre, das als Ausgestaltung des allgemeinen Persönlichkeitsrechts aus Art. 2 Abs. 1 GG i.V.m. Art. 1 Abs. 1 GG verfassungsrechtlichen Schutz genießt, und den Freiheitsrechten des Art. 5

werden könne, vgl. *Baston-Vogt*, Der sachliche Schutzbereich des zivilrechtlichen allgemeinen Persönlichkeitsrechts S. 420 mit Beispielen und weiteren Nachweisen.

467 Vgl. *Tettinger*, JZ 1983, 317, 319: „Eine Beeinträchtigung der inneren Ehre ergibt sich von daher schon durchweg bei Verletzungen der Menschenwürde (...). Wenn von anderer Seite demgegenüber zum Ausdruck gebracht wird, das Recht habe es nur mit der äußeren Ehre zu tun, so ist eine solche pauschale Feststellung unzutreffend. Richtig ist lediglich die Beobachtung, dass die Großzahl der Interessenkonflikte zwischen Ehrenschutz und Meinungsfreiheit, wie zahlreiche Judikate belegen, den Bereich der äußeren Ehre betrifft." Vgl. auch *Funkel*, Schutz der Persönlichkeit durch Ersatz immaterieller Schäden in Geld S. 21, der die Möglichkeit einer Verletzung sowohl der äußeren als auch der inneren Ehre bejaht.

468 Vgl. Dreier-*Schulze-Fielitz*, Art. 5 I,II GG Rn. 119.

Abs. 1 GG kommen[469]. Auch bei E-Mails ist stets eine Abwägung zwischen dem Ehrenschutz des Empfängers und der Meinungsäußerungsfreiheit des Absenders vorzunehmen. Denn auch hier gilt, dass der Empfänger nicht verlangen kann, dass über ihn ausschließlich positiv berichtet wird bzw. dass er ausschließlich E-Mails mit für ihn positivem Inhalt erhält. Vielmehr muss er auch in diesem Bereich Kritik hinnehmen, die nun nicht in Presseveröffentlichungen oder auf Websites geäußert, sondern mittels E-Mail direkt an ihn adressiert wird. So ist insbesondere dann ein Überwiegen des Ehrenschutzes des Empfängers anzunehmen, wenn sich der Inhalt der E-Mail in bloßen Beschimpfungen des Empfängers erschöpft. Denn ebenso wenig wie im Rahmen einer Website können auch Äußerungen, deren Inhalt sich in Herabsetzungen erschöpft, nicht gegenüber dem Ehrenschutz überwiegen.

cc) Verletzungen des Rechts der persönlichen Ehre in Newsgroups

Newsgroups dienen wie oben dargestellt in erster Linie dem Austausch von Meinungen, Kenntnissen oder auch Daten. Angesichts der außerordentlich hohen Zahl der existierenden Newsgroups ist es offensichtlich, dass es in diesen elektronischen Foren aber nicht nur zu der Verbreitung „erlaubter" Inhalte kommen kann, vielmehr werden in den Newsgroups auch Inhalte ausgetauscht, die in rechtlicher Hinsicht problematisch erscheinen.

Demzufolge ist es denkbar, dass es in den Newsgroups auch zu Ehrverletzungen kommen kann, so etwa, wenn Beiträge gepostet werden, die beleidigenden Inhalts sind. Allerdings ist die Gefahr, dass es in Newsgroups zu Ehrverletzungen kommt, wohl vornehmlich bei unmoderierten Newsgroups gegeben, da es bei diesen jedem Teilnehmer freisteht, eigene Beiträge einzustellen. Bei den moderierten Newsgroups hingegen gibt der Moderator die inhaltliche Linie der Beiträge vor und kann somit verhindern, dass Beiträge gepostet werden, die inhaltlich nicht dem Charakter der betreffenden Newsgroup entsprechen. Jedoch gilt es sich in Erinnerung zu rufen, dass zum einen die Zahl der unmoderierten Newsgroups in der Praxis deutlich überwiegt, und zum anderen, dass es sich bei den Personen, die über die Inhalte der moderierten Newsgroups wachen, zumeist um juristische Laien handelt. Eine Einschätzung, welche Beiträge in rechtlicher Hinsicht zulässig sind und welche nicht ist in vielen Fällen nicht eindeutig, so dass auch bei den moderierten Newsgroups Rechtsverletzungen möglich sind.

Das Recht der persönlichen Ehre kann durch Newsgroup-Beiträge etwa dadurch verletzt werden, dass entweder andere Teilnehmer der Newsgroup in persönlicher Weise angegriffen werden oder aber dass herabsetzende Aussagen über

---

[469] Allgemein dazu neben den bereits oben genannten Nachweisen Dreier-*Schulze-Fielitz*, Art. 5 I,II GG Rn. 216; BVerfGE 34, 269, 282; BVerfGE 71, 206, 219 f.; BVerfGE 90, 241, 248 f.

Personen ausgesprochen werden, die sich außerhalb dieser elektronischen Diskussionsforen befinden. In beiden Fällen ist eine Ehrverletzung sowohl durch Textbeiträge in der Newsgroup als auch durch das Bereithalten bildlicher Inhalte möglich, welche die jeweilige Person in ihrer Ehre herabsetzen[470].

Man könnte nun zwar auf die Idee kommen, dass bei Newsgroups eine Ehrverletzung nicht sonderlich ins Gewicht falle, da wie oben dargestellt nach einem verhältnismäßig kurzen Zeitraum die einzelnen Beiträge wieder gelöscht werden, um die Newsgroup stets aktuell zu halten. Eine solche Betrachtungsweise würde aber übersehen, dass es für die Bejahung einer Verletzung des Rechts der persönlichen Ehre grundsätzlich nicht darauf ankommen kann, wie lange die ehrverletzenden Inhalte verfügbar sind.

Aber auch aus anderen Gründen trägt dieser Gedanke nicht. Es ist nämlich zu bedenken, dass es aufgrund der oben bei der technischen Funktionsweise der Newsgroups dargestellten Synchronisation der Newsgroups[471] innerhalb kurzer Zeit zu einer weltweiten Verbreitung und damit einhergehenden Abrufbarkeit der Beiträge kommt. Es würde dem Persönlichkeitsschutz widersprechen, würde man die Ansicht vertreten, eine Ehrverletzung liege nicht vor, da die Beiträge ja nach wenigen Tagen ohnehin wieder gelöscht würden. Diese Auffassung würde der Globalität des Internet nicht Rechnung tragen. Und schließlich spricht gegen eine solche Sichtweise auch die Tatsache, dass die Beiträge zwar nach Ablauf einer bestimmten Zeitspanne automatisch wieder von dem Newsserver gelöscht werden, bis zu diesem Zeitpunkt für die übrigen Nutzer aber die Möglichkeit besteht, sich die Inhalte auf ihre eigenen Rechner zu laden und gegebenenfalls weiter zu verbreiten.

Auf der anderen Seite darf freilich nicht vergessen werden, dass Newsgroups einen wichtigen Beitrag bei der Verwirklichung der freien Meinungsäußerungsfreiheit leisten und auch einen nicht unwesentlichen Anteil an der Information der Allgemeinheit haben[472]. Da sich der Schutz der freien Meinungsäußerung aus Art. 5 Abs. 1 S. 1 GG auch auf die Form der Äußerung bezieht[473], können auch Beiträge in Newsgroups diesem grundrechtlichen Schutz unterfallen. Somit bedarf es auch in den Fällen, in denen sich die Frage stellt, ob ein Beitrag in einer Newsgroup das Recht der persönlichen Ehre verletzt, der einzelfallorientierten Abwägung mit dem Recht der freien Meinungsäußerung. Insofern können auch für Newsgroups die oben herausgearbeiteten Grundsätze herangezogen werden.

---

[470] Wobei in letzterem Fall gerade auch an eine Verletzung des Rechts am eigenen Bild zu denken ist.

[471] Vgl. dazu S. 24 f.

[472] *Freytag*, Haftung im Netz S. 239.

[473] Vgl. nur BVerfG NJW 2000, 2413, 2415 mit weiteren Nachweisen.

dd) Verletzungen des Rechts der persönlichen Ehre in Chat-Foren

Das Spannungsfeld zwischen Ehrenschutz und Meinungsfreiheit in Chatforen wurde vom OLG Köln in einem Urteil beleuchtet[474].

Hier ging es um die Frage, ob dem Betreiber eines jedermann unentgeltlich zur Verfügung gestellten Chat-Forums ein „virtuelles Hausrecht" dergestalt zusteht, dass er einzelne Nutzer von der Teilnahme an dem Chat-Forum ausschließen kann, wenn diese beleidigende Aussagen gegenüber anderen Teilnehmern an dem Chat getätigt haben. Im Ergebnis wurde ein solches Hausrecht des Betreibers des Chat-Forums bejaht. Die Gerichte sagten aber nichts darüber aus, in welchen Fällen eine Ehrverletzung in einem Chat anzunehmen sei. Es muss daher für die Beantwortung dieser Frage auf die oben herausgearbeiteten Grundsätze zurückgegriffen werden, da auch ein Chat dem Austausch von Meinungen dienen kann. Da bei einem Chat keine Speicherung der Beiträge in Form von übermittelten Datensätzen auf dem Server des Providers erfolgt[475], ist eine solche Echtzeitkommunikation im weitesten Sinne einem Gespräch vergleichbar, in dem Meinungen ausgetauscht werden.

Eine Ehrverletzung während eines Chat scheint dergestalt möglich, dass die verletzenden Inhalte gegenüber dritten Teilnehmern an dem Chat geäußert werden oder aber direkt gegenüber dem betroffenen teilnehmenden Nutzer. Es bedarf nun einer Erörterung, wie die Tatsache zu bewerten ist, dass die Beteiligung an einem Chat unter Verwendung von Pseudonymen erfolgen kann. Man könnte sich nämlich auf den Standpunkt stellen, dass eine Ehrverletzung dann nicht gegeben ist, wenn die Person, gegenüber der herabsetzende Äußerungen getätigt werden, für die übrigen Nutzer lediglich durch einen Nickname bekannt ist. Diese Sichtweise würde gleichwohl der eigentlichen Problematik nicht gerecht. Denn auch wenn der Urheber der Ehrverletzung von derjenigen Person, auf die sich die Herabsetzung bezieht, in der Regel nur den verwendeten Nickname, nicht aber deren natürlichen Namen erfährt, wird der Adressat der Ehrverletzung direkt „angesprochen". Er wird in seiner persönlichen Ehre herabgesetzt, ob nun ein Nickname verwendet wird oder nicht.

Und schließlich darf es ebenso wenig wie für die oben im Zusammenhang mit der Behandlung von Newsgroups erfolgte Feststellung, dass es für den ehrverletzenden Charakter eines Beitrags nicht entscheidend sein kann, dass dieser nach einer gewissen Zeit wieder gelöscht wird, auch für die Beurteilung in Chat-Foren darauf ankommen, dass die einzelnen Äußerungen nur auf dem Bildschirm aller Teilnehmer erscheinen, nicht aber auf einem Server zwischengespeichert werden. Maßgeblich ist die Äußerung der Ehrverletzung, nicht deren zeitliche Abrufbarkeit.

---

[474] OLG Köln MMR 2001, 52 als Berufungsinstanz zu LG Bonn MMR 2000, 109 ff.
[475] *Sieber*, Verantwortlichkeit im Internet Rn. 110.

Was nun die Beurteilung der Beiträge als ehrverletzend betrifft, so kann auch hier erneut auf die allgemeinen Grundsätze zurückgegriffen werden. Wenn die Schwelle der kritischen Auseinandersetzung überschritten wird und sich die Beiträge als bloße Schmähungen darstellen, kann keine Berufung mehr auf die freie Meinungsäußerung erfolgen. Vielmehr ist auch in diesen Konstellationen ein Überwiegen des Ehrenschutzes anzunehmen.

ee) Zusammenfassung

Die obig dargestellten Fallgruppen haben gezeigt, dass es im Zusammenhang mit dem Internet in vielfältiger Weise zu einer Verletzung des Rechts der persönlichen Ehre kommen kann. In jedem Fall ist immer eine umfassende Einzelfallbetrachtung anzustellen, welche den Besonderheiten der jeweiligen Sachlage in angemessenem Maße Rechnung zu tragen vermag.

c) Ehrenschutz im Internet nach US amerikanischem Recht – Defamation und Cybersmear

aa) Defamation

Der Ehrenschutz in den USA wird durch den Deliktstatbestand der *Defamation* gewährleistet[476]. Dieser Tatbestand liegt vor, wenn die Ehre oder der Ruf einer Person durch eine Äußerung gegenüber Dritten in einer Weise beeinträchtigt wird, die geeignet ist, den Betroffenen im Ansehen Dritter herabzusetzen, ihn der Lächerlichkeit preiszugeben oder feindliche Gefühle oder Verachtung ihm gegenüber hervorzurufen[477]. Im Gegensatz zum *Right to Privacy*, das den Schutz der Gefühle des Betroffenen bezweckt, hat der *Defamation* Tatbestand den Schutz des guten Rufes und des Ansehens im Blick[478].

Liegt *Defamation* im Internet vor, so wird üblicherweise von *Cybersmearing* oder kurz *Cybersmear* gesprochen. Dies bedeutet, dass das Internet genutzt wird, um verleumderische und unwahre Tatsachenbehauptungen über eine na-

[476] In Betracht kommt zwar auch ein Schutz des Verletzten durch den Deliktstatbestand des *False Light*. Da jedoch der überwiegenden Mehrzahl der Gerichtsentscheidungen, die sich mit dem Ehrenschutz zu befassen hatten, der *Defamation* Tatbestand zugrundelag, wird auf das *False Light* erst im Rahmen des Bildnisschutzes eingegangen.
[477] *Restatement (Second) of Torts Sec. 559*: "A communication is defamatory if it tends to harm the reputation of another as to lower him in the estimation of the community or to deter third persons from associating or dealing with him."
[478] *Börger*, Deliktischer Rechtsschutz gegenüber Presseveröffentlichungen S. 138.

türliche oder juristische Person zu verbreiten[479]. Im US amerikanischen Rechtskreis sind viele Fälle des *Cybersmearing* bekannt geworden[480]. Am häufigsten sind hier Fälle, in denen die sog. *Cybersmearer* unternehmensinterne Informationen hauptsächlich über Investmentunternehmen auf Message Boards posten, die sich mit deren Finanzlage befassen oder die Konstellationen, in denen auf Websites ehemaligen oder noch Beschäftigten eines Unternehmens die Möglichkeit geboten wird, anonym an ihrem (ehemaligen) Arbeitgeber oder bestimmten (ehemaligen) Kollegen Rache zu nehmen[481]. Vielfach enthalten diese Postings Beschwerden, die sich auf einen namentlich genannten bestimmten Vorgesetzten beziehen und diesen der Inkompetenz oder Diskriminierung von Mitarbeitern bezichtigen.

Der *Defamation* Tatbestand unterfällt der bundesstaatlichen Gesetzgebungskompetenz[482]. Trotz mancher Unterschiede besteht eine grundsätzliche Übereinstimmung dieses einzelstaatlichen *Defamation Law*[483]. Der *Defamation* Tatbestand wird in *Libel* und *Slander* unterschieden[484]. Der *Libel* Tatbestand bezieht sich auf schriftliche, der *Slander* Tatbestand auf mündliche Ehrverletzungen[485].

bb) Unterschiede zum Ehrenschutz nach deutschem Recht

Ein Vergleich des Ehrenschutzes im deutschen Recht mit dem *Defamation* Tatbestand fördert einen wesentlichen Unterschied zutage: Im deutschen Recht sind Grundrechtskollisionen zwischen dem Recht der persönlichen Ehre und der Meinungsäußerungsfreiheit anhand einer Güterfallabwägung im Einzelfall zu lösen. Beide Rechte stehen sich grundsätzlich gleichrangig gegenüber, lediglich

---

479 Vgl. *Pascucci*, Cybersmearing: Internet Privacy vs. Accountability.

480 Eine Übersicht über Gerichtsentscheidungen im Zusammenhang mit dem *Defamation* Tatbestand findet sich unter http://www.phillipsnizer.com/int-defam.htm.

481 Vgl. auch *Pizzi*, New Jersey Law Journal July 23, 2001; *Hadley*, The Information Technology Magazine at the University of Virginia, Volume II, Number 1 Spring 1998.

482 *Kötz*, FS Engelschall S. 26.

483 *Zöllner*, ZUM 1997, 719, 721.

484 Vgl. *Cummins*, Defamation and Invasion of Privacy on the Internet; *Zöllner*, ZUM 1997, 719, 721. Ursprünglich bestand der Unterschied zwischen *Libel* und *Slander* darin, dass der Kläger bei einer *Libel*-Klage im Gegensatz zu einer *Slander*-Klage den bei ihm erfolgten Schadenseintritt nicht beweisen musste. Die Unterscheidung zwischen *Libel* und *Slander* wurde mittlerweile weitgehend aufgehoben; bei Ehrverletzungen durch Massenmedien wie dem Internet liegt grundsätzlich der *Libel* Tatbestand vor. Vgl. *Zöllner* a.a.O.

485 Vgl. die folgenden Legaldefintionen: „Libel consist of the publication of defamatory matter by written or printed words, by its embodiment in physical form or by any other form of communication that has the potentially harmful qualities characteristic of written or printed words", *Restatement (Second) of Torts Sec. 568 (1).*

"Slander consists of the publication of defamatory matter by spoken words, transitory gestures or by any form of communication other than those stated in Subsection (1)", *Restatement (Second) of Torts Sec. 568 (2).*

bei der sogenannten Schmähkritik kommt dem Persönlichkeitsschutz von vornherein der Vorrang zu. Nach der im *First Amendment* verankerten Redefreiheit sind Werturteile im US amerikanischen Recht dagegen in der öffentlichen Auseinandersetzung stets hinzunehmen, sogar solche Werturteile, die sich nach deutschem Recht als Schmähkritik darstellen würden[486]. So sagte der *Supreme Court* in der Entscheidung *Gertz v. Robert Welch, Inc.*:

> *"Under the First Amendment there is no such thing as a false idea. However pernicious an opinion may seem, we depend for its correction not on the conscience of judges but on the competition of other ideas"*[487].

Meinungsäußerungen genießen also nach dem *First Amendment* absoluten Schutz[488]. Der *Defamation* Tatbestand erfasst daher auch nur die Haftung für *unwahre* Tatsachenbehauptungen, während aus einer wahren Tatsachenbehauptung niemals Ersatzansprüche wegen *Libel* abgeleitet werden können, selbst dann nicht, wenn die Behauptung in der Absicht aufgestellt wurde, einem Dritten Schaden zuzufügen[489].

Voraussetzung einer *Defamation* bzw. *Libel* Klage ist, dass die unwahre Tatsachebehauptung geeignet sein muss, den Ruf des Betroffenen zu schädigen[490]. Und schließlich darf sich der Beklagte nicht auf das Vorliegen von Rechtfertigungsgründen, sog. *Privileges*, berufen können[491]. Ist ein solches *Privilege* gegeben, so kommt trotz des Vorliegens des deliktischen Tatbestandes eine Haftung nicht in Betracht.

---

[486] Vgl. *Börger*, Deliktischer Rechtsschutz gegenüber Presseveröffentlichungen S. 14. Das *First Amendment* von 1791 lautet: „*Congress shall make no law* respecting an establishment of religion, or prohibiting the free exercise thereof; or *abridging the freedom of speech, or of the press*; or the right of the people peaceably to assemble, and to petition the Government for a redress of grievances" (Hervorhebung durch den Verfasser).

[487] *Gertz v. Robert Welch, Inc.*, 418 U.S. 323, 339 f. (1974).

[488] In der Entscheidung *Milkovich v. Lorain Journal Co.*, 497 U.S. 1, 18 (1990) sagte der *Supreme Court* jedoch, dass nicht jede Meinungsäußerung den Schutz der Verfassung genieße: „(...) We do not think that this passage from *Gertz* was intended to create a wholesale defamation exemption for anything that might be labelled ‚opinion'." Denn häufig enthalte eine Meinungsäußerung die Behauptung einer Tatsache. Für reine Meinungsäußerungen bleibt es aber bei einem absoluten Schutz nach dem *First Amendment*. Vgl. auch *Lütcke*, Persönlichkeitsrechtsverletzungen im Internet S. 165; *Börger*, Deliktischer Rechtsschutz gegenüber Presseveröffentlichungen S. 21 f.

[489] Vgl. *Börger*, Deliktischer Rechtsschutz gegenüber Presseveröffentlichungen S. 23.

[490] Ausführlich zur rufschädigenden Eignung einer Tatsachenbehauptung vgl. *Börger*, Deliktischer Rechtsschutz gegenüber Presseveröffentlichungen S. 29 ff.

[491] Dazu zählen beispielsweise das *Privilege of Fair Comment* sowie bei Äußerungsdelikten im Bereich der Medien das *Fair Report Privilege*, das *Neutral Report Privilege* und das *Wire Service Privilege*. Dazu *Lütcke*, Persönlichkeitsrechtsverletzungen im Internet S. 156 ff.; *Börger*, Deliktischer Rechtsschutz gegenüber Presseveröffentlichungen S. 107 ff.; *Zöllner*, ZUM 1997, 719, 722.

cc) Verhältnis zur Meinungsfreiheit des First Amendment

In der Entscheidung *New York Times vs. Sullivan*[492] hatte sich der *US Supreme Court* erstmals mit dem Spannungsfeld zwischen Ehrenschutz durch den *Libel* Tatbestand und der im *First Amendment* garantierten Meinungsfreiheit zu befassen[493]. Er stellte dort klar, dass sich die Meinungsäußerungsfreiheit auch auf ehrenrührige Tatsachen erstrecken kann[494] und sagte ferner, dass ein Amtsträger – ein sog. *Public Official* – wegen einer unzutreffenden Tatsachenbehauptung nur dann einen Schadensersatzanspruch habe, wenn der sich Äußernde mit *Actual Malice* gehandelt, die Äußerung also in Kenntnis oder grob fahrlässiger Unkenntnis ihrer Unwahrheit aufgestellt habe[495].

Die *Actual Malice* Doktrin dehnte der *US Supreme Court* in der Entscheidung *Curtis Publishing Co. v. Butts*[496] von *Public Officials* auf *Public Figures* aus, die Personen der Zeitgeschichte im deutschen Recht entsprechen[497].

dd) Haftung für Defamation im Internet

Da der *Defamation* Tatbestand in *Libel* und *Slander* unterschieden wird, muss auch für das Internet eine Lösung gefunden werden, welche den Gegensätzen beider Erscheinungsformen Rechnung trägt. Für das Internet wird ganz überwiegend davon ausgegangen, dass ehrverletzende Informationen dem *Libel* Tatbestand unterfallen, da Äußerungen im Internet eine gewisse Dauer zukommt und ferner die Möglichkeit besteht, dass sie ausgedruckt werden können[498]. Bei abrufbaren Informationen auf Websites oder bei E-Mails liegt dementsprechend stets *Libel* vor. Aber auch bei Chat-Foren ist der *Libel* Tatbestand verwirklicht. Zwar wird vertreten, dass aufgrund der hier gegebenen Echtzeitkommunikation eine Vergleichbarkeit zum *Slander* Tatbestand gegeben sei[499], doch kann es auch hier zu einer Speicherung der Diskussion im Chat und damit einhergehend zu

---

[492] *New York Times v. Sullivan*, 84 S.Ct. 710 (1964).
[493] Zur Vorgeschichte dieser Entscheidung vgl. *Kötz*, FS Engelschall S. 27 ff.
[494] *New York Times v. Sullivan*, 84 S.Ct. 710, 721 (1964).
[495] *New York Times v. Sullivan*, 84 S.Ct. 710, 726 (1964): "(...) That the statement was made with 'actual malice' – that is, with knowledge that it was false or with reckless disregard of whether it was false or not."
[496] *Curtis Publishing Co. v. Butts*, 388 U.S. 130, 87 S. Ct. 1975 (1967).
[497] Ist der Kläger hingegen weder *Public Official* noch *Public Figure* und erfolgte dessen Ehrverletzung im Rahmen einer Angelegenheit von öffentlichem Interesse, so muss der Kläger nachweisen, dass der Beklagte zumindest fahrlässig gehandelt hat. Fordert er hingegen die Zubilligung von *Punitive Damages* – dies ist ein Strafschadensersatz –, so muss er dem Beklagten *Actual Malice* nachweisen. Zum ganzen ausführlich *Kötz*, FS Engelschall S. 32 f.
[498] So auch *Lütcke*, Persönlichkeitsrechtsverletzungen im Internet S. 167 m.w.N.
[499] Vgl. die bei *Lütcke*, Persönlichkeitsrechtverletzungen im Internet S. 167 (Fn. 626) genannten Nachweise.

einer Weiterverbreitung kommen, so dass die Anknüpfung am schriftliche Ehrverletzungen im Sinne des *Libel* Tatbestandes überzeugender ist.

Wird der *Defamation* Tatbestand durch herabsetzende Äußerungen in Newsgroups verwirklicht, so wird diskutiert, ob der verletzte Teilnehmer an einer Newsgroup-Diskussion als *Public Figure* anzusehen ist mit der Folge, dass bei dem Handelnden *Actual Malice* vorliegen muss[500]. Es wird teilweise gefordert, dass derjenige, der sich an einer Newsgroup-Diskussion beteiligt und in deren Rahmen beleidigt wird, als *Public Figure* zu erachten ist[501]. Begründet wird dies damit, dass sich die Teilnehmer freiwillig an der Diskussion beteiligt haben und für sie ferner die einfache Möglichkeit besteht, im Rahmen dieser Newsgroup auf die *Defamation* zu erwidern. Dieser Ansicht kann man entgegenhalten, dass durch das „Store and Forward"-Prinzip[502] bei Newsgroups die Gefahr besteht, dass der Verletzte eben nicht die gleiche Möglichkeit hat, auf die *Defamation* zu reagieren. Andererseits ist *Actual Malice* aber in der Regel anzunehmen, wenn in Newsgroups Dritte beleidigt werden.

Eine Haftung für *Defamation* im Internet hängt entscheidend davon ab, ob es sich bei den ehrverletzenden Inhalten um eigene oder fremde handelt. Die Haftung für eigene Informationen unterfällt in der Regel den gleichen Grundsätzen des *Defamation*-Rechts, die auch für herkömmliche Medien gelten, z.B. welche Informationen den Defamation Tatbestand verwirklichen oder wann eine Behauptung falsch ist.

Schwieriger gestaltet sich die Rechtslage dagegen bei der Haftung für fremde Inhalte. Eine diesbezügliche Haftung richtet sich maßgeblich nach den Bestimmungen des *Communications Decency Act*. Dieser trifft Regelungen in Bezug auf die Verantwortlichkeit der Provider für fremde Inhalte und war Gegenstand vielfältiger Diskussion und Rechtsprechung. Da es sich dabei aber um Probleme der Verantwortlichkeit handelt, soll eine eingehende Auseinandersetzung mit dieser Thematik erst an späterer Stelle erfolgen[503].

---

500 Dazu *Lütcke*, Persönlichkeitsrechtsverletzungen im Internet S. 168 ff. m.w.N.
501 Vgl. Lütcke, Persönlichkeitsrechtsverletzungen im Internet S. 168 (Fn. 633) m.w.N.
502 Zur Funktionsweise vgl. S. 25.
503 Vgl. dazu S. 215 ff.

2.) Das Recht am eigenen Bild

a) Einführung

aa) Das Recht am eigenen Bild als Ausprägung des allgemeinen Persönlichkeitsrechts

Das Recht am eigenen Bild stellt anerkanntermaßen in Rechtsprechung und Literatur eine besondere Ausprägung des allgemeinen Persönlichkeitsrechts dar[504]. Diese spezielle Ausformung des allgemeinen Persönlichkeitsrechts ist eng mit dem Schutz der Privatsphäre verbunden, da das unerlaubte Anfertigen von Fotos im privaten Bereich einen erheblichen Eingriff in die Privatsphäre des Abgebildeten darstellen kann.

Diese Ausprägung des allgemeinen Persönlichkeitsrechts hat eine gesetzliche Regelung in den §§ 22 ff. des Gesetzes betreffend das Urheberrecht an Werken der bildenden Künste und der Photographie (KUG) vom 9. Januar 1907 erfahren[505]. Mit dem Inkrafttreten des Gesetzes über Urheberrecht und verwandte Schutzrechte (UrhG) im Jahre 1965 wurde das KUG zwar aufgehoben, doch blieben nach § 141 Nr. 5 UrhG die Vorschriften des KUG über den Schutz von Bildnissen in Kraft[506].

---

[504] Vgl. *von Holleben*, Geldersatz bei Persönlichkeitsverletzungen durch die Medien S. 25; *Seifert*, NJW 1999, 1889, 1890; *Damm/Rehbock*, Widerruf, Unterlassung und Schadensersatz in Presse und Rundfunk Rn. 17. Vgl. auch *Funkel*, Schutz der Persönlichkeit durch Ersatz immaterieller Schäden in Geld S. 5, der unter Berufung auf *Götting*, Persönlichkeitsrechte als Vermögensrechte S. 23 f. vom Recht am eigenen Bild als besonderes Persönlichkeitsrecht spricht. Dazu auch *Dasch*, Die Einwilligung zum Eingriff in das Recht am eigenen Bild S. 7 ff. Zum allgemeinen Persönlichkeitsrecht in seiner Ausprägung als Recht am eigenen Bild aus der Rechtsprechung vgl. BVerfGE 34, 238, 246; BVerfGE 35, 202, 224; BVerfGE 54, 148, 154; BVerfGE 87, 334, 340; BVerfGE 97, 228, 268. und OLG Frankfurt am Main AfP 2000, 185.

[505] Reichs-GesetzBl. S. 7. Eingehend zu zu der Entwicklung, die schließlich zum Erlass des KUG führte *Götting*, Persönlichkeitsrechte als Vermögensrechte S. 19 ff. Zur historischen Entwicklung des Rechts am eigenen Bild vor und nach Erlass des KUG vgl. auch ausführlich *Neumann-Klang*, Das Recht am eigenen Bild aus rechtsvergleichender Sicht S. 9 ff.

[506] Da es sich bei dem Recht am eigenen Bild um einen Ausschnitt des allgemeinen Persönlichkeitsrechts handelt, ist es an sich systemwidrig im Urheberrecht verankert, doch sah man zum Zeitpunkt des Erlasses des KUG darin auch eine gewisse Beschränkung der Urheberrechte des Künstlers an dem von ihm geschaffenen Bildnis. Vgl. auch die Entscheidung BVerfG NJW 2001, 1921, 1923, in welcher der erkennende Senat zum Ausdruck bringt, dass die §§ 22, 23 KUG dem Persönlichkeitsschutz des Abgebildeten dienen und nicht etwa dem Schutz des Urheberrechts der Abbildenden.

Da der oben in Teil 1[507] angesprochene Entwurf eines Gesetzes zur Neuordnung des zivilrechtlichen Persönlichkeits- und Ehrenschutzes, der auch das Recht am eigenen Bild beinhaltet und eine Aufnahme dieses Rechts in das BGB vorgesehen hatte, jedoch aus den oben genannten Gründen nicht in Gesetzeswirklichkeit gelangte, so dass das Recht am eigenen Bild auch weiterhin seine gesetzliche Verankerung in den §§ 22 ff. des KUG findet.

bb) Der Regelungsgehalt der §§ 22 ff. KUG

Die wichtigsten Normen des KUG in Bezug auf das Recht am eigenen Bild sind die §§ 22, 23 KUG. § 22 S. 1 KUG stellt den Grundsatz auf, dass Bildnisse nur mit Einwilligung[508] des Abgebildeten verbreitet oder öffentlich zur Schau gestellt werden dürfen. Unter einem Bildnis in diesem Sinne wird jede Darstellung von Personen – also nicht von Sachen – verstanden, die deren äußere Erscheinung in einer für Dritte erkennbaren Weise wiedergibt[509]. Erforderlich aber auch ausreichend ist die Erkennbarkeit der Person, so dass zu einem Bildnis im Sinne des § 22 S. 1 KUG daher in erster Linie Fotografien, aber auch Fotomontagen, Zeichnungen, Gemälde, Karikaturen, Plastiken oder gar Darstellungen auf einer Gedenkmünze zählen[510].

Von dem Grundsatz, dass die Verbreitung oder die öffentliche Schaustellung von Bildnissen grundsätzlich der Einwilligung des Abgebildeten bedarf, macht § 23 Abs. 1 Nr. 1 bis 4 KUG eine Reihe von Ausnahmen. Die wohl wichtigste dieser Ausnahmen dürfte die Nr. 1 darstellen, wonach Bildnisse aus dem Bereich der Zeitgeschichte ohne die nach § 22 KUG erforderliche Einwilligung verbreitet und zur Schau gestellt werden dürfen. Der Grund für die Entbehrlichkeit des Einwilligungserfordernisses wird in einem legitimen Informationsinteresse der Allgemeinheit gesehen[511].

Der Begriff der Zeitgeschichte im Sinne des § 23 Abs. 1 Nr. 1 KUG ist weit auszulegen. Zur Zeitgeschichte zählt alles, was in der Öffentlichkeit beachtet wird, also nicht nur politische Vorgänge, sondern alle Ereignisse, die aus wel-

---

[507] Vgl. S. 14.

[508] Vgl. *Legler*, CR 1998, 439, 442, der zutreffend von dem Erfordernis der Einwilligung ausgeht, „selbst wenn es sich um ein einfaches Porträt handelt, das nicht der Privatsphäre entspringt." Die Rechtsnatur dieser Einwilligung ist umstritten, vgl. *Schulz/Jürgens*, JuS 1999, 664, 666. Einer Klärung dieser Frage soll im Rahmen dieser Arbeit jedoch nicht nachgegangen werden, vielmehr sei hier auf die einschlägige Literatur verwiesen wie *Dasch*, Die Einwilligung zum Eingriff in das Recht am eigenen Bild S. 38 ff.

[509] BGH NJW 1965, 2148 f.

[510] Zu letzterem vgl. BGH AfP 1996, 66, 67.

[511] Vgl. *Schertz*, AfP 2000, 495, 497.

chem Grund auch immer in das Blickfeld der Öffentlichkeit geraten sind[512]. Im Anschluss an *Neumann-Duesberg* wird weitergehend unterschieden zwischen sog. absoluten und relativen Personen der Zeitgeschichte[513]. *Neumann-Duesberg* versteht unter absoluten Personen der Zeitgeschichte solche, bei denen an allen Vorgängen, die ihre Teilnahme am öffentlichen Leben ausmachen, ein Informationsinteresse besteht. Unter relativen Personen der Zeitgeschichte versteht er solche, die lediglich in Bezug auf ein bestimmtes Geschehen in das Blickfeld der Öffentlichkeit treten und nur hinsichtlich dieses konkreten Ereignisses ein Informationsinteresse der Öffentlichkeit besteht. Bei absoluten Personen der Zeitgeschichte soll die Verbreitung von Bildnissen grundsätzlich einwilligungsfrei sein, während bei relativen Personen der Zeitgeschichte die Befugnis zur zustimmungsfreien Bildnisveröffentlichung nur dann bestehen soll, wenn sie im Zusammenhang mit dem jeweiligen zeitgeschichtlichen Vorgang erfolgt[514].

Die Befugnis, Bildnisse aus dem Bereich der Zeitgeschichte auch ohne Einwilligung des Abgebildeten zu verbreiten oder zur Schau zu stellen, wird jedoch durch § 23 Abs. 2 KUG wieder eingeschränkt, da diese Befugnis in den Fällen nicht bestehen soll, durch die ein berechtigtes Interesse des Abgebildeten verletzt wird. Im Rahmen des § 23 Abs. 2 KUG ist also eine einzelfallorientierte Abwägung zwischen dem Informationsinteresse der Öffentlichkeit und den berechtigten Interessen des Abgebildeten vorzunehmen[515].

Bei der Begrenzung der Abbildungsfreiheit nach § 23 Abs. 2 KUG handelt es sich aber nicht um die einzige Einschränkung, die bei der Verbreitung von Bildnissen von Personen der Zeitgeschichte bestehen soll. Vielmehr wird nach h.M. als ungeschriebenes Tatbestandsmerkmal des § 23 Abs. 1 Nr. 1 KUG ein Informationsinteresse der Allgemeinheit an der Abbildung gefordert[516]. Hinsichtlich der genauen Abgrenzung dieses ungeschriebenen Tatbestandsmerkmals des § 23 Abs. 1 Nr. 1 KUG von § 23 Abs. 2 KUG besteht jedoch keine Einigkeit. Gerade die Rechtsprechung ist in diesem Punkt sehr uneinheitlich. So wird oftmals zwar eine Abwägung zwischen den widerstreitenden Interessen der Öffentlichkeit einerseits und den berechtigten Interessen des Abgebildeten andererseits vorge-

---

[512] OLG Frankfurt am Main AfP 2000, 185 f.; *Wenzel*, Das Recht der Wort- und Bildberichterstattung Rn. 8.3.

[513] *Neumann-Duesberg*, JZ 1960, 114 ff. Die Literatur und Rechtsprechung ist dieser von *Neumann-Duesberg* entwickelten Terminologie gefolgt, vgl. nur *Helle*, Besondere Persönlichkeitsrechte im Privatrecht S. 145 und BVerfG NJW 2001, 1921, 1922.

[514] *Wenzel*, Das Recht der Wort- und Bildberichterstattung Rn. 8.4.

[515] Es entspricht ganz h.M., dass im Rahmen des § 23 Abs. 2 KUG eine Abwägung der Interessen des Betroffenen mit den Belangen der Allgemeinheit zu erfolgen hat. Zu den vereinzelten Stimmen, die eine Abwägung mit dem Informationsinteresse der Allgemeinheit ablehnen und bei § 23 Abs. 2 KUG nur entgegenstehende Interessen des Betroffenen prüfen wollen vgl. *Helle*, Besondere Persönlichkeitsrechte im Privatrecht S. 179.

[516] So z.B. *Götting*, Persönlichkeitsrechte als Vermögensrechte S. 32 ff.; *Schertz*, AfP 2000, 495, 497 f.

nommen, allerdings ohne diese Abwägung eindeutig § 23 Abs. 1 Nr. 1 oder Abs. 2 KUG zuzuordnen. Oder aber diese Abwägung erfolgt bereits im Rahmen der Prüfung, ob eine Einwilligung nach § 23 Abs. 1 Nr. 1 KUG ausnahmsweise entbehrlich ist[517].

Ein gelungener Ansatz zur Lösung dieser Problematik findet sich bei *Dasch*[518]. Zunächst müsse im Rahmen des § 23 Abs. 1 Nr. 1 KUG geprüft werden, ob die Bildnisveröffentlichung überhaupt Informationszwecken dient, um ohne Einwilligung des Abgebildeten zulässig zu sein. Darüber hinaus sei bereits an dieser Stelle zu klären, ob die Bildveröffentlichung von öffentlichem Interesse ist, was nicht der Fall sei, wenn die Bildberichterstattung den Abgebildeten nur in seiner Privatheit im weitesten Sinne betrifft. Nach Bejahung der Voraussetzungen des § 23 Abs. 1 Nr. 1 KUG sei in einer weiteren Abwägung im Rahmen des § 23 Abs. 2 KUG zu prüfen, ob trotz des öffentlichen Informationsinteresses berechtigte Interessen des Abgebildeten einer Bildnisveröffentlichung entgegenstehen.

Götting, der dieser Ansicht prinzipiell zustimmt, da sie der Systematik des Gesetzes gerecht werde, erkennt zutreffend, dass sich eine „trennscharfe Abgrenzung der beiden Tatbestände in vielen Fällen nur schwer durchführen lassen" wird[519].

Eine sachgerechte Lösung ist nach der hier vertretenen Auffassung folgendermaßen zu finden: Dem Ansatzpunkt von *Dasch* ist zuzugeben, dass es nicht ausreichend ist, im Rahmen von § 23 Abs. 1 Nr. 1 KUG lediglich festzustellen, dass es sich bei dem Bildnis um ein solches aus dem Bereich der Zeitgeschichte handelt. Vielmehr ist bereits an dieser Stelle die Frage aufzuwerfen, ob durch die Bildnisveröffentlichung überhaupt Informationszwecken genügt wird. Die Ansicht, die sagt, dass Abwägungen zwischen den berechtigten Interessen des Abgebildeten und dem Informationsinteresse der Allgemeinheit erst und allein auf der Ebene des § 23 Abs. 2 KUG vorzunehmen sind, da für die Tatbestände des § 23 Abs. 1 KUG vom Gesetzgeber dem Informationsbedürfnis der Allgemeinheit der Vorrang vor den Belangen des Abgebildeten zuerkannt wurde, und die beispielsweise von *Helle* vertreten wird[520], verkennt, dass die Gesetzesbegrün-

---

[517] Vgl. BGH GRUR 1966, 102, 103; BGH GRUR 1967, 205, 208 = NJW 1966, 2353, 2355 = JZ 1967, 317, 319 – Vor unserer eigenen Tür. Das OLG Frankfurt am Main sagt ausdrücklich, dass die vorzunehmende Abwägung nicht dem § 23 Abs. 2 KUG vorbehalten zu werden braucht, sondern auch schon im Rahmen der Tatbestandsvoraussetzungen des § 23 Abs. 1 Nr. 1 KUG erfolgen könne, OLG Frankfurt am Main AfP 2000, 185, 186. Die Rechtsprechung scheint also teilweise davon auszugehen, dass es gleichgültig ist, an welcher Stelle die Abwägung erfolgt, solange sie überhaupt vorgenommen wird. Vgl. dazu auch BGH GRUR 1979, 425, 426; BGH GRUR 1985, 398, 399 und BVerfGE 35, 202, 225 – Lebach, wo es heißt: „Dabei kommt es verfassungsrechtlich nicht darauf an, bei welchem Tatbestandmerkmal des § 23 KUG die Abwägung vorgenommen wird."

[518] *Dasch*, Die Einwilligung zum Eingriff in das Recht am eigenen Bild S. 16 ff.

[519] *Götting*, Persönlichkeitsrechte als Vermögensrechte S. 34.

[520] Vgl. *Helle*, Besondere Persönlichkeitsrechte im Privatrecht S. 142 ff.

dung als Motiv für die Beschränkungen des Bildnisschutzes bei Personen der Zeitgeschichte in § 23 Abs. 1 Nr. 1 KUG von einem schützenswerten Informationsinteresse der Allgemeinheit ausging[521].

Wie aber schon *Götting* zutreffend erkennt, ist die von *Dasch* vorgeschlagene zweistufige Prüfung nicht in allen Fällen präzise durchzuführen. Richtigerweise wird man daher von folgender Prämisse auszugehen haben: Die Ausnahme des § 23 Abs. 1 Nr. 1 KUG ist in all den Fällen nicht einschlägig und damit eine Einwilligung des Abgebildeten in die Bildnisveröffentlichung erforderlich, wenn durch die Abbildung ersichtlich keinerlei Informationsinteressen der Allgemeinheit befriedigt werden sollen. Dies ist beispielsweise der Fall, wenn mit der Abbildung einer Person Werbezwecke verfolgt werden sollen[522]. Erst wenn es zumindest möglich scheint, dass mit der Bildnisveröffentlichung auch Informationsinteressen der Allgemeinheit wahrgenommen werden sollen, ist gewissermaßen auf der zweiten Ebene des § 23 Abs. 2 KUG eine Abwägung dieser Interessen mit den berechtigten Interessen des Abgebildeten vorzunehmen. Durch diese Vorgehensweise wird eine Vermengung von § 23 Abs. 1 Nr. 1 KUG und § 23 Abs. 2 KUG vermieden. Soweit die Rechtsprechung jedoch teilweise davon ausgeht, dass diese Abwägung auch bereits bei § 23 Abs. 1 Nr. 1 KUG erfolgen könne[523] ist dies aufgrund möglicher Überschneidungen abzulehnen[524].

cc) Schutz gegen die Anfertigung von Bildnissen

Der eben dargestellte Regelungsbereich der §§ 22 ff. KUG umfasst nach dem Wortlaut des § 22 S. 1 KUG lediglich die Verbreitung und die Schaustellung von Bildnissen, nicht aber im Vorfeld dieser Handlungen liegende Vorgänge, namentlich die Anfertigung von Bildnissen. Nach nahezu einhelliger Ansicht

---

521 Vgl. die Nachweise dazu bei *Schertz*, AfP 2000, 495, 498; *v. Gamm*, Urheberrechtsgesetz Einf. Rn. 115; *Neumann-Duesberg*, Juristen-Jahrbuch 7. Band (1966/67), 144 f.

522 So auch BGH AfP 2000, 354, 355 – Der blaue Engel.

523 Vgl. die bereits oben genannte Entscheidung des OLG Frankfurt am Main AfP 2000, 185, 186.

524 Anders als die hier vertretene Ansicht aber *Dasch*, Die Einwilligung zum Eingriff in das Recht am eigenen Bild S. 16 f., der auch im Rahmen des § 23 Abs. 1 Nr. 1 KUG prüft, ob die Bildveröffentlichung von öffentlichem Interesse ist. Soll aber festgestellt werden, ob die Bildveröffentlichung nicht nur Informationsinteressen der Allgemeinheit dient sondern ferner auch von öffentlichem Interesse ist, so werden hierdurch die Grenzen zu § 23 Abs. 2 KUG verwischt. In vielen Fällen wird sich nicht immer eindeutig feststellen lassen, ob durch die Abbildung noch Informationsinteressen wahrgenommen werden. Nur wenn sich ein Informationsinteresse unproblematisch und offensichtlich ausschließen lässt, scheidet die Einwilligungsfreiheit aus. Es spricht indes nichts dagegen, die Abwägung der widerstreitenden Interessen erst bei § 23 Abs. 2 KUG vorzunehmen und die Einwilligungsfreiheit des § 23 Abs. 1 Nr. 1 KUG bereits dann zu bejahen, wenn ein öffentliches Informationsinteresse nicht offensichtlich ausscheidet.

muss der Betroffene aber auch bereits gegen die Anfertigung eines Bildnisses seiner Person geschützt werden[525]. Zur Begründung der Ausdehnung der Schutzrechte des Betroffenen wird angeführt, dass in den Fällen, in denen durch die Presse Fotos angefertigt würden, diese zumeist auch ohne Einwilligung des Betroffenen verbreitet oder zur Schau gestellt würden[526] und daher bereits in der Anfertigung des Bildnisses eine Rechtsverletzung des Abgebildeten drohe. Weiterhin wird gesagt, dass es einen massiven Eingriff in die Privatsphäre gerade Prominenter darstelle, wenn diese auf Schritt und Tritt von Fotografen verfolgt würden[527]. Da die §§ 22 ff. KUG diesen Gefahren aber aufgrund ihres insoweit eindeutigen Wortlauts nicht wirksam begegnen können, muss hinsichtlich der Anfertigung von Bildnissen auf das allgemeine Persönlichkeitsrecht zurückgegriffen werden[528].

Die einzelnen Voraussetzungen des Schutzes des Betroffenen vor der Anfertigung von Bildnissen sind aber umstritten[529]. Der BGH hat sich dezidiert mit der Frage auseinandergesetzt, was hinsichtlich der Herstellung von Abbildungen zu gelten hat[530]. Er hat hierzu ausgeführt, dass die Herstellung eines Bildnisses ohne Einwilligung des Abgebildeten einen unzulässigen Eingriff in dessen allgemeines Persönlichkeitsrecht bedeuten kann. Das allgemeine Persönlichkeitsrecht könne dabei aber nicht nur bei der Erschleichung eines Bildnisses verletzt werden, wenn etwa „Abbildungen einer Person in deren privatem Bereich gefertigt werden in der Absicht, sie der Öffentlichkeit zugänglich zu machen“, vielmehr könne auch die Herstellung von Bildnissen „in der Öffentlichkeit zugänglichen Bereichen und ohne Verbreitungsabsicht einen unzulässigen Eingriff in das Persönlichkeitsrecht des Betroffenen darstellen“[531]. Ob dies aber der Fall sei oder ob der Abgebildete eine solche Aufnahme hinzunehmen habe, lasse sich nur „unter Würdigung aller Umstände des Einzelfalls und durch Vornahme einer unter Berücksichtigung aller rechtlich (...) geschützten Positionen der Beteiligten durchgeführten Güter- und Interessenabwägung“ ermitteln[532].

---

525 Lediglich *Dittmar*, Anm. zu OLG Celle NJW 1979, 1311 ist anderer Auffassung und bejaht eine generelle Zulässigkeit der Bildnisherstellung.

526 So *Helle*, Besondere Persönlichkeitsrechte im Privatrecht S. 68.

527 *von Holleben*, Geldersatz bei Persönlichkeitsverletzungen durch die Medien S. 25 f.

528 Vgl. *Götting*, Persönlichkeitsrechte als Vermögensrechte S. 25; *Schulz/Jürgens*, JuS 1999, 664, 665. Dazu auch *Kloepfer/Breitkreuz*, DVBl. 1998, 1149, 1156. Vgl. aber auch *Helle*, Besondere Persönlichkeitsrechte im Privatrecht S. 70 f., der unter bestimmten Voraussetzungen bereits in der Anfertigung eines Bildnisses einen Verstoß gegen die §§ 22 ff. KUG begründet sieht.

529 Dazu *Prinz/Peters*, Medienrecht Rn. 809; *Helle*, Besondere Persönlichkeitsrechte im Privatrecht S. 68 ff.

530 BGH NJW 1995, 1955, 1956 f.

531 BGH NJW 1995, 1955, 1957.

532 BGH NJW 1995, 1955, 1957. Auch *Helle* plädiert dafür, die Zulässigkeit bzw. Unzulässigkeit der Aufnahme anhand einer Abwägung der Umstände der Aufnahme zu bewerten, vgl. *Helle*, Besondere Persönlichkeitsrechte im Privatrecht S. 75.

Dieser Ansicht ist zu folgen. Es ist mithin bei der Frage, ob bereits die Anfertigung eines Bildnisses das allgemeine Persönlichkeitsrecht des Abgebildeten verletzt, eine umfassende Einzelfallabwägung vorzunehmen. In diese Abwägung können Umstände einfließen wie die Frage, aus welcher Sphäre des Betroffenen die Aufnahmen stammen oder ob das Bildnis heimlich und ohne Wissen des Abgebildeten angefertigt wurde. Ferner können die Gesichtspunkte des § 23 KUG in diese Abwägung miteinbezogen werden, so dass also beispielsweise beachtet werden muss, ob es sich bei der abgebildeten Person um eine solche der Zeitgeschichte handelt, die eventuell die Anfertigung des Bildnisses zu dulden hat. Entscheidendes Kriterium ist aber eine am Einzelfall orientierte Abwägung, die sich maßgeblich an dem Privatsphärenschutz des Abgebildeten zu orientieren hat.

b) Mögliche Verletzungen des Rechts am eigenen Bild durch die Neuen Medien

aa) Die Darstellung von Bildnissen auf einer Website[533]

aaa) Übertragbarkeit der §§ 22, 23 KUG auf das Internet?

(1) Verbreitung oder öffentliche Schaustellung?

Zunächst muss geklärt werden, ob die den Schutz des Abgebildeten bezweckenden Vorschriften des KUG überhaupt auf den Bereich des Internet anwendbar sind. Die Veröffentlichung von Bildnissen auf Websites oder deren Versendung als E-Mail-Attachments müsste ein Verbreiten oder Schaustellen im Sinne der §§ 22, 23 KUG darstellen.

---

[533] Nicht in dieser Arbeit behandelt werden sollen Problemstellungen, die sich aus der Verbreitung von Bildnissen aus urheberrechtlicher Sicht ergeben; diesbezüglich sei auf die einschlägige urheberrechtliche Literatur verwiesen, vgl. z.B. *Rehbinder*, Urheberrecht Rn. 190 ff. Auch das Urheberpersönlichkeitsrecht, welches als eine besondere Ausprägung des allgemeinen Persönlichkeitsrechts angesehen wird, soll in dieser Arbeit nicht erörtert werden. Vgl. dazu auch *Schack*, Urheber- und Urhebervertragsrecht Rn. 44 f., der sagt, dass Urheberpersönlichkeitsrecht und allgemeines Persönlichkeitsrecht grundsätzlich gleichrangig nebeneinander stehen, das Urheberpersönlichkeitsrecht dem allgemeinen Persönlichkeitsrecht aber insoweit vorgeht, als es im UrhG eine spezielle Regelung erfahren hat. Trotz dieser Nähe des Urheberpersönlichkeitsrecht zum allgemeinen Persönlichkeitsrecht soll es hier unerwähnt bleiben, da es an den Urheber und sein Werk anknüpft und daher eher urheberrechtliche Bezüge aufweist.

Rechtsprechung und Literatur sind schon bei der Darstellung von Bildnissen in herkömmlichen Medien oftmals ungenau bei der Bestimmung der einschlägigen Veröffentlichungsalternative. Wiederholt ist die Rede davon, dass „die Veröffentlichung von Bildnissen" nur unter Beachtung der einschlägigen Bestimmungen des KUG zulässig ist, ohne dass geklärt wird, ob es sich bei der streitbefangenen Veröffentlichung um eine Verbreitung oder Schaustellung handelt[534]. Oder aber es wird zwar von einer Verbreitung des Bildnisses ausgegangen, ohne jedoch auf die im Zusammenhang mit dieser Veröffentlichungsmodalität bestehenden Fragen einzugehen[535]. Schließlich finden sich auch Stimmen, die eine Unterscheidung und Abgrenzung für entbehrlich und überflüssig halten, da hinsichtlich der Rechtsfolgen kein Unterschied bestehe[536]. Eine Auseinandersetzung mit dieser Problematik auf dem Gebiet des Internet ist soweit ersichtlich nicht erfolgt.

Insbesondere die für herkömmliche Bildnisveröffentlichungen vertretene zuletzt genannte Auffassung ist abzulehnen. Zwar ist zutreffend, dass sowohl die Verbreitung als auch die Schaustellung von Bildnissen grundsätzlich einer Einwilligung des Abgebildeten bedarf und auch die Rechtsfolgen bei einer unterbliebenen Einwilligung dieselben sind. Allerdings zeigt sich ein augenfälliger Unterschied schon bei der Lektüre des Wortlauts des § 22 S. 1 KUG, da nur die Schaustellung öffentlich zu erfolgen hat, nicht hingegen die Verbreitung. Eine derartige Argumentation würde sich sehenden Auges der Problematik verschließen, die im Internet besteht. Ferner zieht eine Ansicht[537] bei der Auslegung der Alternative des Verbreitens die urheberrechtliche Vorschrift des § 17 Abs. 1 UrhG heran, wonach nur *körperliche* Gegenstände verbreitet werden können[538]. Wird verallgemeinernd von einer Veröffentlichung der Bildnisse gesprochen, so wird der eben genannten Auffassung, die nur körperliche Gegenstände der Verbreitungsmodalität unterwirft, nicht hinreichend Rechnung getragen. Die hierdurch entstehenden Ungenauigkeiten können aber gerade im Bereich des Internet zu einer erheblichen Rechtsunsicherheit führen.

Nicht überzeugen kann ferner die Überlegung, dass eine Unterscheidung dahingestellt bleiben kann, da auf das allgemeine Persönlichkeitsrecht zurückgegriffen werden könne, wenn Verletzungshandlungen nicht vom KUG erfasst wer-

---

534 So z.B. OLG Frankfurt am Main AfP 2000, 185, 186; OLG Düsseldorf AfP 2000, 574, 575; LG Berlin AfP 2001, 247; BVerfG NJW 2001, 1921, 1922.

535 Wie beispielsweise, ob sich die Auslegung des Merkmals der Verbreitung an der urheberrechtlichen Bestimmung des § 17 Abs. 1 UrhG zu orientieren hat oder nicht. Insofern ungenau von einer Verbreitung eines Bildnisses ausgehend BGH NJW 1985, 1617, 1618; BGH AfP 2000, 354, 355.

536 So *Schulz/Jürgens*, JuS 1999, 664, 665.

537 Nach *Helle*, Besondere Persönlichkeitsrechte im Privatrecht S. 124 ist dies sogar die h.M.

538 Auch *Schulz/Jürgens*, JuS 1999, 664, 665 greifen bei der Bestimmung des Begriffs des Verbreitens auf § 17 Abs. 1 UrhG zurück.

den[539]. Denn ein solcher Rückgriff ist nur dann möglich, wenn zuvor festgestellt wurde, dass eine Anwendung der spezialgesetzlichen Ausprägung des allgemeinen Persönlichkeitsrechts in den §§ 22 ff. KUG ausgeschlossen ist. Es ist fraglich, welche der anerkannten Fallgruppen bei einem Rückgriff auf das allgemeine Persönlichkeitsrecht gegebenenfalls betroffen wäre, da Ehre und Privatsphäre bei der Verwendung von Bildnissen nicht zwingend verletzt sein müssen. Um derartige Unsicherheiten und Schutzlücken zu vermeiden, muss mithin einerseits entschieden werden, ob die §§ 22 ff. KUG überhaupt auf das Internet anwendbar sind und – sollte dies zu bejahen sein – ob für deren Auslegung dann auf urheberrechtliche Normen zurückgegriffen werden kann.

Helle sagt, dass nach h.M. eine Verbreitung im Sinne des § 22 S. 1 KUG in Anlehnung an den urheberrechtlichen Begriff des Verbreitens, wie er in § 17 Abs. 1 UrhG zu finden ist, dann gegeben ist, wenn das Bildnis angeboten oder in den Verkehr gebracht wird[540]. Nach dieser Ansicht werden von dem Begriff des Verbreitens nur *körperliche*, nicht aber auch unkörperliche Gegenstände erfasst[541]. Es entspricht allgemeiner Meinung, dass keine *öffentliche* Verbreitung erforderlich ist, da der eindeutige Wortlaut des § 22 S. 1 KUG nur für die zweite Alternative, die Schaustellung, die Öffentlichkeit erfordert. Eine Schaustellung gemäß § 22 S. 1 KUG meint hingegen jede unkörperliche Präsentation des Bildnisses[542], wobei diese Schaustellung nach dem Wortlaut des § 22 S. 1 KUG in öffentlicher Weise zu erfolgen hat. Auch hinsichtlich des für eine Schaustellung geforderten Merkmals der Öffentlichkeit kann nach h.M. auf urheberrechtliche Normen zurückgegriffen werden, genauer gesagt auf § 15 Abs. 3 UrhG[543]. Die Schaustellung des Bildnisses ist hiernach öffentlich, wenn sie für eine Mehrzahl von Personen bestimmt ist, es sei denn, dass der Kreis dieser Personen bestimmt abgegrenzt ist und sie durch gegenseitige Beziehungen oder durch Beziehung zum Veranstalter persönlich miteinander verbunden sind[544]. Durch das nur bei der Schaustellung geforderte Merkmal der Öffentlichkeit wird verdeutlicht, wa-

---

[539] *Schulz/Jürgens*, JuS 1999, 664, 665 führen aus, dass gegen die bloße Herstellung eines Bildnisses und andere vom KUG nicht erfasste Verletzungshandlungen dem Betroffenen das allgemeine Persönlichkeitsrecht zu Seite stehe. Vgl. dazu auch *Pietzko*, AfP 1988, 209, 214 f.

[540] *Helle*, Besondere Persönlichkeitsrechte im Privatrecht S. 124 f. Vgl. auch *Wenzel*, Das Recht der Wort- und Bildberichterstattung Rn. 7.27. *Helle* weist auf S. 122 (Fn. 178) richtigerweise auf die in der Sache zwar zutreffende, in der Formulierung jedoch ungenaue und insoweit missverständliche Formulierung *Wenzels* in diesem Zusammenhang hin.

[541] *Helle*, Besondere Persönlichkeitsrechte im Privatrecht S. 125; *Wenzel*, Das Recht der Wort- und Bildberichterstattung Rn. 7.27.

[542] Also beispielsweise die Vorführung des Bildnisses im Fernsehen oder das Ausstellen im Schaufenster, vgl. *Helle*, Besondere Persönlichkeitsrechte im Privatrecht S. 125.

[543] Vgl. *Helle*, Besondere Persönlichkeitsrechte im Privatrecht S. 123.

[544] *Helle*, Besondere Persönlichkeitsrechte im Privatrecht S. 123 sagt in diesem Zusammenhang, dass es nicht entscheidend ist, ob der Raum, in dem sich die Schaustellung vollzieht, ein öffentlicher oder privater Raum ist, da allein auf den Personenkreis abzustellen ist, der weder individuell noch der Zahl nach beschränkt sein darf.

rum geklärt werden muss, ob die Verwendung von Bildnissen auf einer Website eine Verbreitung oder eine Schaustellung darstellt.

Bei Beantwortung dieser Frage ist entscheidend auf den technischen Hintergrund abzuheben. Ein Bildnis im Internet stellt einen elektronischen Datensatz dar; ein unter Umständen ursprüngliches körperliches Bildnis liegt nicht (mehr) vor. Schon aus diesem Grund müsste die – laut *Helle* herrschende – Meinung die Alternative der Verbreitung ausschließen, da diese notwendigerweise nur körperliche Gegenstände erfasst, es einem Datensatz aber an dieser Körperlichkeit mangelt. Einen anderen Ansatz verfolgt hingegen *Gass*, der die Ansicht vertritt, dass eine Verbreitung im Sinne des § 22 KUG nicht dem Verbreitungsbegriff des § 17 Abs. 1 UrhG unterfällt[545]. Zur Argumentation führt er an, dass angesichts der technischen Möglichkeit der Digitalisierung nicht entscheidend sein könne, ob ein Gegenstand aus der Hand gegeben werde. Auch ein digitalisiertes Bild könne unkörperlich verbreitet werden[546]; es müssten auch keine Vervielfältigungsstücke erstellt, nur die digitale Information müsse kopiert werden.

Stellt man dagegen entscheidend auf den technischen Aspekt der Digitalisierung von Bildnissen und deren Verwendung im Internet ab, so vermag auch die von manchen Autoren herangezogene Berufung auf die Gesetzesmaterialien nicht zu überzeugen, die belegen würden, dass § 22 KUG allein den urheberrechtlichen Verbreitungsbegriff meine[547]. Das alleinige Abheben auf die Gesetzesmaterialien vermag nämlich nicht zu überzeugen und eine darauf gestützte Argumentation ist nicht tragfähig, da der historische Gesetzgeber zum Zeitpunkt der Schaffung des Gesetzes nicht ahnen konnte, welche technischen Fortschritte sich im Laufe der Zeit ergeben würden. Überdies gilt es zu beachten, dass das KUG vor dem Hintergrund geschaffen wurde, zur Gewährleistung der Persönlichkeitsrechte des Abgebildeten eine Einschränkung der Urheberrechte des Abbildenden vorzunehmen[548]. Die eigentliche Bedeutung der §§ 22 ff. KUG liegt aber weniger auf dem Gebiet des Urheberrechts als vielmehr darin, die Persönlichkeitsrechte des Abgebildeten zu schützen.

Dass für das Internet das Merkmal der Körperlichkeit letztlich nicht entscheidend sein kann zeigt sich dann, wenn man die Konsequenzen der Ansicht durchdenkt, die die Körperlichkeit auch für das Internet als konstitutiv für eine Verbreitung nach § 22 S. 1 KUG erachtet.

Werden Bildnisse auf einer Website gezeigt, so müsste die Ansicht, die für eine Verbreitung das Merkmal der Körperlichkeit fordert, diese Alternative des § 22 S. 1 KUG konsequenterweise ablehnen. Denn letztlich wird auf der Website nur ein Datensatz bereitgehalten, dem aber jede Körperlichkeit fehlt. Und auch der

545 *Gass* in: Möhring/Nicolini, Anh. § 60 UrhG/§ 22 KUG Rn. 36 ff.
546 Auf welche Art und Weise lässt *Gass* hingegen offen.
547 So *Helle*, Besondere Persönlichkeitsrechte im Privatrecht S. 125 unter Verweis auf RGSt, 45, 240, 241 f. *Helle* geht hier jedoch nicht auf digitalisierte Bildnisse ein.
548 *Ernst-Moll*, GRUR 1996, 558, 559.

Wortsinn der Verbreitungsalternative führt zum selben Ergebnis. Denn eine Verbreitung setzt schon begrifflich ein aktives Tätigwerden des Verbreitenden voraus. Allein das Einfügen eines Bildnisses bzw. der Bilddatei auf einer Website kann für ein solches aktives Handeln nicht ausreichen. Vielmehr erfüllt dieses Tun schon begrifflich die 2. Alternative des § 22 S. 1 KUG, nämlich die Schaustellung. In den meisten Fällen dürfte – wie sogleich zu zeigen sein wird – auch das für eine solche Schaustellung erforderliche Merkmal der Öffentlichkeit zu bejahen sein, so dass man der Ansicht zugeneigt sein könnte, die für die Auslegung des § 22 KUG auf § 17 Abs. 1 UrhG zurückgreifen will, da nach dieser Auffassung ohnehin keine Verbreitung als vielmehr eine Schaustellung vorläge, die keine Körperlichkeit des Bildnisses erfordert.

Die entscheidende Schwäche dieser Ansicht zeigt sich aber, wenn man diejenigen Fälle untersucht, in denen Bildnisse nicht auf einer Website dargestellt werden, sondern als Attachment einer E-Mail verschickt werden[549]. In diesen Fällen bietet die Ansicht, die darauf abstellt, dass ein körperliches Objekt verbreitet werden muss, dem Abgebildeten unter Gesichtspunkten des Rechts am eigenen Bild keinen Schutz. Die Verbreitung eines Bildnisses läge nach dieser Auffassung konsequenterweise nicht vor, da es wiederum an der Körperlichkeit des Objekts mangelt. Sowohl die E-Mail als auch das gewissermaßen als Anlage beigefügte Bildnis in Dateiform stellen keine körperlichen Gegenstände dar sondern digitale Informationen[550]. Und auch die Annahme einer Schaustellung im Sinne von § 22 S. 1, 2. Alt. KUG wirkt in diesem Kontext gekünstelt. Zum einen ist es wenig überzeugend, im Zusammenhang mit der Versendung einer E-Mail von einer öffentlichen Schaustellung im Sinne von § 22 S. 1 KUG auszugehen[551]. Nun kann zwar eine E-Mail an beliebig viele Empfänger verschickt werden, doch erfolgt die Bestimmung, wer im einzelnen die Nachricht erhält, allein durch den Absender, so dass schon das Merkmal der Öffentlichkeit fragwürdig erscheint. Aber auch vom Wortsinn des Begriffs der Schaustellung her mutet es seltsam an, in der Versendung einer E-Mail eine solche Schaustellung zu sehen. Allein vom Wortlaut her liegt hier eher eine Verbreitung des Bildnisses nahe. Die Annahme der Schaustellung eines Bildnisses bei der Versendung als Attachment einer E-Mail ist vielmehr von dem Bemühen geprägt, diese

---

[549] Dass diesen Fälle unter dem Gesichtspunkt des Rechts am eigenen Bild Relevanz zukommt, beweist nicht zuletzt die bereits oben genannten Entscheidung des LG München I, die eben eine solche Versendung von E-Mails mit entsprechenden Attachments zum Inhalt hatte, vgl. LG München I – Nacktfoto, Az. 7 O 8969/98. Ungenau daher *Gounalakis/Rhode*, Persönlichkeitsschutz im Internet Rn. 55, die der Frage, ob eine Verbreitung oder Schaustellung vorliegt, keine besondere Bedeutung zumessen, da „bei Online-Sachverhalten regelmäßig die Tathandlung des Zurschaustellens bejaht werden" müsse. Wie nachfolgend zu zeigen sein wird ist dies nämlich keineswegs die Regel.

[550] Daran vermag auch die Tatsache nichts zu ändern, dass eine Fixierung dieser digitalen Informationen auf einem Datenträger wie einer Festplatte oder Diskette möglich ist, da hierdurch keine Körperlichkeit dieser Informationen erreicht wird.

[551] Auf das Merkmal der Öffentlichkeit wird im Anschluss noch einzugehen sein.

Sachverhalte unter den Gesetzeswortlaut zu subsumieren, ohne die dann aber evidenten Widersprüche zu berücksichtigen.

Bei Zugrundelegung dieser Auffassung würde somit eine Schutzlücke bestehen. Dagegen lässt sich auch nicht anführen, dass ein Schutz der Persönlichkeitsrechte des Abgebildeten unter dem Gesichtspunkt des Rechts der persönlichen Ehre gewährleistet sein könnten, da Voraussetzung für das Eingreifen des Ehrenschutzes ist, dass das Rechtsgut der persönlichen Ehre überhaupt betroffen ist. Dies dürfte zwar bei einem Nacktfoto in der Regel der Fall sein[552], doch kann es ebenso sein, dass ein Bildnis nicht das Recht der persönlichen Ehre verletzt, der Abgebildete aber dennoch nicht mit der Veröffentlichung nicht einverstanden ist.

Fraglich ist, ob bei der Lösung der Problematik auf strafrechtliche Grundsätze zurückgegriffen werden kann. Ähnliche Schwierigkeiten bestehen insofern im Rahmen von § 184 Abs. 3 Nr. 1 und 2 StGB, der die Verbreitung oder öffentliche Zugänglichmachung sog. „harter Pornographie" unter Strafe stellt[553]. Möglicherweise kann das Begriffspaar der Verbreitung und öffentlichen Zugänglichmachung im strafrechtlichen Sinne für die Bestimmung des Verbreitungs- und Schaustellungsbegriffs herangezogen werden.

Nach der bislang h.L. und ständigen Rechtsprechung des BGH lag eine Verbreitung im Sinne von § 184 Abs. 3 Nr. 1 StGB dann vor, wenn die Schrift einem anderen körperlich übertragen wurde, es also zu einer Substanzübertragung kam[554]. Bei der Übermittlung entsprechender Inhalte im Internet erfolgt zwar eine Reproduktion der Daten, nicht hingegen deren Substanzübertragung, so dass die bisher h.M. die Tatvariante der Verbreitung für den Bereich des Internet ablehnte[555]. Ein Zugänglichmachen im Sinne des § 184 Abs. 3 Nr. 2 StGB wurde demgegenüber auch ohne körperliche Übermittlung der Inhalte angenommen, wenn einem anderen die Möglichkeit der Kenntnisnahme eröffnet wurde, wobei es unerheblich sein sollte, ob eine Kenntnisnahme tatsächlich erfolgte[556]. Dadurch wurde die Entstehung von Strafbarkeitslücken vermieden, da sowohl die

[552] Immer unter der Voraussetzung, dass keine Einwilligung des Abgebildeten vorliegt und diese auch nicht nach § 23 KUG entbehrlich ist.

[553] „Harte Pornographie" definiert der Gesetzgeber in § 184 Abs. 3 StGB als „pornographische Schriften (§ 11 Abs. 3 StGB), die Gewalttätigkeiten, den sexuellen Missbrauch von Kindern oder sexuelle Handlungen von Menschen mit Tieren zum Gegenstand haben."

[554] Vgl. nur *Pelz*, wistra 1999, 53; Sch/Sch-*Perron*, § 184 StGB Rn. 57; *Sieber*, JZ 1996, 494, 495; *Cornils*, JZ 1999, 394, 397; BGHSt 18, 63, 64; BGH NJW 1999, 1979, 1980; BayObLG MMR 2000, 758, 759.

[555] So auch *Cornils*, JZ 1999, 394, 397; Sch/Sch-*Perron*, § 184 StGB Rn. 57. Auf das Merkmal der Körperlichkeit wohl verzichtend *Germann*, Gefahrenabwehr und Strafverfolgung im Internet S. 191, der aber unrichtig davon ausgeht, dass eine Anzeige der Daten beim Nutzer auch ohne deren Übertragung möglich ist. Richtig hingegen *Gercke*, Anm. zu BGH MMR 2001, 676, 680.

[556] *Pelz*, wistra 1999, 53, 54.

Versendung als auch das Bereistellen von Daten im Internet in der Regel von der Tatvariante des Zugänglichmachens umfasst wurde[557].

Der BGH hat nun in einer Entscheidung aus neuester Zeit gesagt, dass die bisherige strafrechtliche Definition der Verbreitung, wonach eine Substanzübertragung gefordert wurde, auf den Bereich des Internet nicht übertragen werden könne[558]. Wegen der vom Gesetzgeber vorgenommenen Gleichstellung des Datenspeichers mit Schriften in § 11 Abs. 3 StGB könne „die Rechtsprechung, wonach ein Verbreiten von Schriften nur dann vorliege, wenn die Schrift ihrer Substanz nach – und damit körperlich – einem größeren, nach Zahl und Individualität unbestimmten Personenkreis zugänglich gemacht wird, auf Publikationen im Internet nicht übertragen werden“, denn gerade die Einbeziehung des unkörperlichen Arbeitsspeichers zeige, „dass es hier auf eine Verkörperung nicht mehr ankommen“ solle[559]. Nach dem BGH sei vielmehr ein für die Datenübertragung im Internet spezifischer Verbreitungsbegriff zu finden. Ein Verbreiten liege dann vor, „wenn die Datei auf dem Rechner des Internetnutzers – sei es im (flüchtigen) Arbeitsspeicher oder auf einem (permanenten) Speichermedium – angekommen ist“[560]. Ein Zugänglichmachen liege dagegen bereits dann vor, wenn eine Datei zum Lesezugriff ins Internet gestellt werde; die bloße Zugriffsmöglichkeit reiche hier aus, nicht erforderlich sei ein tatsächlicher Zugriff der Internetnutzer[561].

Gegen die Argumentation des BGH wendet sich aber *Gercke* in seiner Urteilsanmerkung mit beachtlichen Argumenten[562]. Denn die Aufgabe des Erfordernisses der Substanzübertragung bei dem Tatbestandsmerkmal des Verbreitens führe dazu, dass sich Verbreiten und Zugänglichmachen nur noch in der tatsächlich erfolgten Übertragung der Schrift im Falle des Verbreitens unterscheiden, mithin kein Fall einer Verbreitung mehr denkbar sei, der nicht zugleich ein öffentliches Zugänglichmachen darstellen würde[563]. Ferner verkenne der BGH die technischen Grundlagen der Datenübertragung im Internet. Denn er gehe davon aus, dass bei einem Verbreiten eine Datei nicht nur gelesen, sondern heruntergeladen und damit vervielfältigt und weitergegeben werden könne, während dies bei einer Zugänglichmachung nicht der Fall sei. *Gercke* bringt hiergegen aber überzeugend vor, dass „ein reiner Lesezugriff ohne Übertragung der entsprechenden Daten zum Rechner des Nutzers (...) technisch nicht möglich“ ist[564]. Die Darstellung der Inhalte beim Nutzer erfordere zwingend eine Übertragung und Speicherung der Daten auf lokalen Speichermedien wie dem Arbeitsspeicher.

---

557 Vgl. *Gercke*, Anm. zu BGH MMR 2001, 676, 679; Sch/Sch-*Perron*, § 184 StGB Rn. 57.
558 BGH MMR 2001, 676, 677 = BGH NStZ 2001, 596, 597.
559 BGH MMR 2001, 676, 677.
560 BGH MMR 2001, 676, 677.
561 BGH MMR 2001, 676, 678.
562 *Gercke*, Anm. zu BGH MMR 2001, 676, 679 f.
563 *Gercke*, Anm. zu BGH MMR 2001, 676, 679 f.
564 *Gercke*, Anm. zu BGH MMR 2001, 676, 680.

Hier stellt sich eine entscheidende Weiche, die letztlich offenbart, dass die strafrechtlichen Begrifflichkeiten nicht vorbehaltlos auf das KUG übertragen werden können: Sowohl die Alternative der Verbreitung nach § 184 Abs. 3 Nr. 1 StGB als auch die des Zugänglichmachens im Sinne von § 184 Abs. 3 Nr. 2 StGB setzen einen größeren, nach Zahl und Individualität unbestimmten Personenkreis voraus, dem die Schrift zugänglich gemacht wird. Während dies bei dem Zugänglichmachen bereits dem Gesetzestext zu entnehmen ist (*öffentliche* Zugänglichmachung) besteht bezüglich der Verbreitung Einigkeit in Rechtsprechung und Literatur, dass auch diese an einen größeren Personenkreis gerichtet sein muss[565]. Eventuelle Strafbarkeitslücken, die zu drohen scheinen, wenn die Schrift nur einer einzelnen Person oder einem begrenzten und überschaubaren Personenkreis zugänglich gemacht wird, werden durch § 184 Abs. 5 StGB überwunden, nach dem sich derjenige strafbar macht, der es unternimmt, sich oder einem Dritten den Besitz von pornographischen Schriften zu verschaffen, die den sexuellen Missbrauch von Kindern zum Gegenstand haben[566]. Ein entsprechender Schutz bei der Zugänglichmachung an Einzelpersonen oder einen überschaubaren Personenkreis existiert jedoch für das durch das KUG geschützte Recht am eigenen Bild nicht, so dass hier die Gefahr droht, dass ein lückenloser Schutz nicht mehr gewährleistet wäre, wollte man die strafrechtlichen Begrifflichkeiten ohne weiteres auf den Bildnisschutz übertragen.

Dem BGH[567] ist zwar zuzugeben, dass eine sachgerechte Lösung nur bei Berücksichtigung der internetspezifischen Besonderheiten gefunden werden kann, doch verkennt dieser wie soeben gezeigt eben diese Besonderheiten. Zunächst ist es rein technisch so, dass sowohl bei der Darstellung von Bildnissen auf Websites als auch bei deren Versendung mittels E-Mail keine körperliche Übertragung erfolgt. *Gercke*[568] ist insofern beizutreten, dass eine Datenübertragung notwendig ist, damit sich Bildnisse auf dem Rechner des Nutzers überhaupt darstellen lassen, doch fehlt diesen Daten die Körperlichkeit. Da die Datenübertragung im Internet nun aber losgelöst von der Substanzübertragung ist, müsste man, wollte man die Körperlichkeit als konstitutiv für das Merkmal des Verbreitens im Sinne von §§ 22, 23 KUG ansehen, bei der Verwendung von Bildnissen im Internet immer nur eine Schaustellung annehmen, ein Verbreiten wäre denknotwendig ausgeschlossen. Für den strafrechtlichen Bereich bliebe dies ohne

565 BayObLG MMR 2001, 758, 759; BGH MMR 2001, 676, 677; Sch/Sch-*Perron*, § 184 StGB Rn. 57; *Pelz*, wistra 1999, 53, 54; *Gercke*, Anm. zu BGH MMR 2001, 676, 679. Anders aber *Germann*, Gefahrenabwehr und Strafverfolgung im Internet S. 193, der fälschlicherweise sagt, dass die Alternative des Zugänglichmachens enger als die des Verbreitens sei, da erstere nur die öffentliche Wirkung unter Strafe stelle.

566 Vgl. *Sieber* in: Hoeren/Sieber, Handbuch Multimedia-Recht Teil 19 Rn. 621.

567 BGH MMR 2001, 676, 677.

568 *Gercke*, Anm. zu BGH MMR 2001, 676, 680.

Belang, da die einschlägigen Normen[569] hier von einem Zugänglichmachen sprechen und in der Sendung von Bildnissen als E-Mail-Attachments oder der Bereithaltung in Newsgroups ein solches Zugänglichmachen liegt. Im KUG ist hingegen von einer Schaustellung die Rede. Es wirkt nun aber sehr gekünstelt, wollte man angesichts der Vermeidung von Schutzlücken auch die Versendung eines Bildnisses per E-Mails als Schaustellung ansehen. Daher wird man letztlich auf das Merkmal der Körperlichkeit verzichten müssen.

Eine Abgrenzung des Begriffspaares „Verbreitung" und „Schaustellung" gemäß den §§ 22, 23 KUG ist folglich nur dann möglich, wenn man auf die Tätigkeit desjenigen abstellt, der im Internet die Bildnisse anderen zugänglich macht[570]. Liegt ein aktives Tun vor, beispielsweise durch die Versendung einer E-Mail, welche ein Bildnis als Attachment enthält, so liegt die Alternative der Verbreitung vor. Eine Schaustellung ist indes zu bejahen, wenn das Bildnis für andere wahrnehmbar gemacht wird, ohne dass die bei der Verbreitung entscheidende aktive Komponente gegeben ist. Danach unterfällt also beispielsweise das Zeigen von Bildnissen auf einer Website dem Begriff der Schaustellung, da wie bereits oben ausgeführt[571] allein das Einfügen des Bildnisses bzw. der Bilddatei auf einer Internetseite nicht als ein solches aktives Tätigwerden angesehen werden kann[572].

---

569 Neben § 184 Abs. 3 Nr. 2 StGB sind dies die §§ 86 Abs. 1, 130 Abs. 2 Nr. 1 b, 130a Abs. 1, Abs. 2 Nr. 1, 131 Abs. 1 Nr. 2 StGB.

570 Wie hier auch *Hilgendorf*, JuS 1997, 323, 330 für den strafrechtlichen Verbreitungsbegriff in § 184 Abs. 3 Nr. 2 StGB.

571 Vgl. S. 116.

572 *Prinz/Peters*, Medienrecht Rn. 829 f. gehen zwar im Bereich der herkömmlichen Medien davon aus, dass ein Verbreiten immer dann vorliegt, wenn „der Gegenstand, auf dem sich das Bildnis befindet (...), weggegeben, also einem anderen überlassen wird, so dass er die Verfügungsgewalt darüber enthält" und führen als klassische Beispiele hierfür das Abdrucken eines Bildnisses in einer Zeitung an. Man könnte daher annehmen, dass unter Zugrundelegung dieser Definition das Zeigen eines Bildnisses auf einer Website als Verbreitung desselben angesehen werden könnte, doch ist diese Schlussfolgerung nicht zwingend, da *Prinz/Peters* a.a.O. bzgl. der Schaustellung sagen, dass das Bildnis hier für andere wahrnehmbar gemacht wird, ohne dass diese die Verfügungsgewalt hierüber erhalten und führen als Beispiel für eine Schaustellung eines Bildnisses den Aushang in einem Schaukasten oder an einem Schwarzen Brett an. Die Annahme liegt nun nicht fern, in der Darstellung eines Bildnisses auf einer Website auch eine solche Schaustellung zu erblicken. Die bei *Prinz/Peters* genannten Beispiele beziehen sich auf den Bereich der herkömmlichen Medien und stehen der hier vertretenen Ansicht und Auslegung der beiden Veröffentlichungsmodalitäten des § 22 S. 1 KUG für den Bereich des Internet nicht entgegen. Wie hier wohl auch *Gass* in: Möhring/Nicolini, Anh. § 60 UrhG/§ 22 KUG Rn. 38, der, zwar etwas ungenau und ohne auf die Problematik tiefgreifend einzugehen, sagt, dass das Merkmal der Öffentlichkeit der Schaustellung fehlen kann, „wenn ein Bildnis im Internet einer nur sehr kleinen Anzahl von Personen zur Verfügung gestellt wird", demzufolge also in der Präsentation von Bildern auf einer Website ebenfalls eine Schaustellung erblickt.

Diese Lösung führt nicht nur zu sachgerechten Ergebnissen, auch die Unterschiede zwischen den beiden Alternativen des § 22 S. 1 KUG werden so hinreichend berücksichtigt. Schließlich lassen sich so auch präzisere Ergebnisse erzielen, da nicht lediglich von einer „Veröffentlichung" eines Bildnisses gesprochen wird.

(2) Das Merkmal der Öffentlichkeit

Wurden eben die einzelnen Modalitäten der Veröffentlichung eines Bildnisses im Internet erläutert, so ist nun noch klarzustellen, wie das bei der Alternative der Schaustellung von § 22 S. 1 KUG geforderte Merkmal der öffentlichen Darstellung zu verstehen ist.

Auch für die Bestimmung des Merkmals der Öffentlichkeit greift die laut *Helle* h.M. auf urheberrechtliche Vorschriften zurück, namentlich auf § 15 Abs. 3 UrhG[573]. Wie bei der soeben erfolgten Abgrenzung zwischen Verbreitung und Schaustellung hat auch für das Internet eine spezifisch auf dieses Medium abstellende Auslegung des Begriffs der Öffentlichkeit zu erfolgen. Wie aber im Anschluss ausführlich zu zeigen sein wird, kann hier anders als vorstehend teilweise auf urheberrechtliche Vorschriften ergänzend zurückgegriffen werden, da das Merkmal der Öffentlichkeit losgelöst ist von Fragen der Körperlichkeit.

Die Öffentlichkeit ist grundsätzlich dann gegeben, wenn das Bildnis zur Kenntnisnahme einer Mehrzahl von Personen bestimmt ist. Bei einer Mehrzahl von Personen ist – wie sich auch aus dem Gesetzeswortlaut des § 15 Abs. 3 UrhG ergibt – nicht entscheidend, wie viele Personen tatsächlich das Bildnis wahrnehmen, vielmehr ist auf all diejenigen abzustellen, an die sich die Wiedergabe richten soll[574]. Danach ist bei Websites grundsätzlich die Öffentlichkeit der Darstellung zu bejahen, da die Mehrzahl von Homepages sich an einen unüberschaubaren Nutzerkreis richtet. Bei dem Merkmal der Öffentlichkeit im Sinne des § 15 Abs. 3 UrhG geht eine verbreitete Meinung allerdings davon aus, dass diese nur dann anzunehmen ist, wenn eine Mehrzahl von Personen *gleichzeitig* erreicht werden soll[575]. Diese Gleichzeitigkeit wird gerade bei Online-Diensten häufig verneint, da bei diesen zwar durch eine *gleichförmige* Wiedergabe eine Mehrzahl von Personen erreicht werden soll, durch die Einbeziehung einer solchen gleichförmigen Wiedergabe in den Anwendungsbereich des § 15 Abs. 3 UrhG dieser aber „in einer mit dem Wortlaut der Legaldefinition unvereinbaren

---

573 Vgl. *Helle*, Besondere Persönlichkeitsrechte im Privatrecht S. 123; *Wenzel*, Das Recht der Wort- und Bildberichterstattung Rn. 7.28. In diesem Sinne auch *Gass* in: Möhring/Nicolini, Anh. § 60 UrhG/§ 22 KUG Rn. 38.
574 Vgl. Schricker-*v. Ungern-Sternberg*, § 15 UrhG Rn. 58.
575 Vgl. Schricker-*v. Ungern-Sternberg*, § 15 UrhG Rn. 59 m.w.N.

Weise ausgeweitet" würde[576]. Wieder andere Stimmen lehnen diese verbreitete Meinung und deren Postulat der Gleichzeitigkeit der Wiedergabe jedoch ab, da dieses für die Öffentlichkeit geforderte Merkmal keine Stütze im Gesetzeswortlaut des § 15 Abs. 3 UrhG finde[577].

Bei näherer Betrachtung zeigt sich aber, dass selbst dann, wenn man das für § 15 Abs. 3 UrhG teilweise geforderte Merkmal der Gleichzeitigkeit auch als konstitutiv für den Begriff der Öffentlichkeit einer Darstellung im Internet ansieht, sich keine Unterschiede ergeben, da dieses Merkmal bei der Darstellung von Bildnissen auf einer Website gegeben ist. Denn *v. Ungern-Sternberg* selbst räumt ein, dass eine öffentliche Wiedergabe „unzweifelhaft eingreifen würde", wenn Einzelnutzer zeitgleich auf das Werk zugreifen könnten[578]. Dies aber ist bei der Darstellung von Bildnissen auf einer Website der Fall. Es ist geradezu notwendig, dass Websites von einer Vielzahl von Nutzern simultan aufgerufen werden können.

Dennoch ist zu konstatieren, dass die in diesem Zusammenhang vorhandene Literatur auf den Bereich des Urheberrechts zugeschnitten ist[579]. In Bezug auf urheberrechtliche Fragen wird man mit den angebotenen Lösungsvorschlägen auch zu passablen Resultaten gelangen, doch stellen sich diese für den Bereich des Bildnisschutzes im Internet als nur bedingt brauchbar dar. Hier müssen einerseits die Besonderheiten des Internet, andererseits die persönlichkeitsrechtlichen Belange berücksichtigt werden. Werden Bildnisse im Internet auf einer Website dargestellt, so können diese grundsätzlich von einem unbegrenzten Personenkreis gleichzeitig abgerufen werden. Die Öffentlichkeit solcher Bildnispräsentationen ist somit zu bejahen, eines Rückgriffs auf urheberrechtliche Vorschriften bedarf es insoweit nicht. Eines solchen Rückgriffs bedarf es nur dann, wenn Zweifel bestehen, ob die Darstellung öffentlich ist oder nicht. Für diese Fälle kann § 15 Abs. 3 UrhG Anhaltspunkte bieten.

Dass übrigens auch die Rechtsprechung unstreitig von einem Vorliegen der Öffentlichkeit ausgeht, lässt sich an einer Entscheidung des LG München I aus

---

[576] So Schricker-*v. Ungern-Sternberg*, § 15 UrhG Rn. 59 f. In Rn. 24 sagt *v. Ungern-Sternberg*, dass die Übertragung auf Abruf aus einer Datenbank keine öffentliche Wiedergabe im Sinne des § 15 Abs. 3 UrhG sei, da hier lediglich „einer Öffentlichkeit die Möglichkeit zum Einzelabruf stets gleichförmiger Werkwiedergaben zur unmittelbaren Nutzung im eigenen Bereich des Abrufenden angeboten und in Erfüllung dieses Angebots das Werk an einen einzelnen Nutzer übertragen" werde.

[577] So Schricker-*Loewenheim*, § 17 UrhG Rn. 5.

[578] Schricker-*v. Ungern-Sternberg*, § 15 UrhG Rn. 24.

[579] So sagt beispielsweise *Kroitzsch* in: Möhring/Nicolini, § 15 UrhG Rn. 28, dass es am Begriff der Öffentlichkeit auch dann fehlt, wenn ein Werk von einer Vielzahl anderer Werknutzer aus einer öffentlichen Datenbank abgerufen wird. Nun geht es aber gerade im Bereich des Internets um einen Abruf der Bildnisse, da der Nutzer eine Website aufrufen muss, um die Bildnisse sehen zu können. Auch E-Mails, die als Attachment ein Bildnis enthalten, müssen von ihm erst abgerufen werden.

dem Jahre 1998 erkennen[580]. Dort hatte das Gericht dem Antragsgegner bei Androhung eines Ordnungsgeldes verboten, Nacktfotos seiner Ex-Freundin mit dem Text „Begleitservice und mehr..." im Internet zu veröffentlichen. Das LG führte hier lapidar aus, dass es dem Antragsgegner verboten sei, derartige Bilder zu verbreiten oder *öffentlich* zur Schau zu stellen, sofern die Antragstellerin hierzu keine Einwilligung erteilt habe, es ging also selbstverständlich davon aus, dass die Öffentlichkeit der Schaustellung zu bejahen ist. Mag man diese Ausführungen des Gerichts auch in den wesentlichen Punkten als zu knapp erachten, so ist dem Ergebnis, zu dem das Gericht gelangt, dennoch zuzustimmen. Zutreffend erkennt es die Schutzwürdigkeit der abgebildeten Person vor Bildnisveröffentlichungen im Internet an. Als Zwischenergebnis lässt sich somit festhalten, dass die Präsentation von Bildnissen auf einer Website grundsätzlich in öffentlicher Weise erfolgt. Bei Websites hingegen, die nicht für einen unbegrenzten Nutzerkreis konzipiert sind, könnte das Merkmal der Öffentlichkeit dagegen fraglich sein.

Hier wird man eine Unterscheidung zu treffen haben: Diejenigen Websites, die eine Registrierung verlangen, diese jedoch für jeden interessierten Nutzer durchgeführt wird, weisen ebenso wie Websites, die eine solche Registrierung nicht erfordern, das Merkmal der Öffentlichkeit auf. Schwieriger gestaltet sich die Beurteilung bei denjenigen Homepages, deren Nutzung ausschließlich einem vom Betreiber der Seite ausgewählten Personenkreis vorbehalten ist[581]. Dann könnte man aber annehmen, dass bei diesen das Merkmal der Öffentlichkeit zu verneinen ist. § 15 Abs. 3 UrhG verneint das Vorliegen der Öffentlichkeit, wenn der Kreis der Personen bestimmt abgegrenzt ist und sie durch gegenseitige Beziehungen oder durch Beziehungen zum Veranstalter persönlich untereinander verbunden sind. Wendet man diese Ausnahmen auf die Schaustellung von Bildnissen auf Websites an, so führt allein die Tatsache, dass nur diejenigen Personen, die über einen Internetzugang verfügen, Bildnisse auf Websites betrachten können, ersichtlich nicht dazu, dass der Kreis dieser Personen bestimmt abgegrenzt ist im Sinne von § 15 Abs. 3 UrhG, da es schon an der Bestimmbarkeit dieses unüberschaubaren Nutzerkreises fehlt. Eine Unterscheidung in Internetuser und solche, die dieses Medium nicht nutzen, ist nicht geeignet, um einen nach § 15 Abs. 3 UrhG abgegrenzten Personenkreis anzunehmen.

Eine bestimmte Abgegrenztheit des Nutzerkreises ließe sich in den Fällen, in denen nur registrierte Nutzer Zugang zu einem bestimmten Internetangebot auf einer Website haben und diese Registrierung nicht für jeden Nutzer erfolgt, wohl

[580] LG München I, Beschluss vom 20. Mai 1998 – Az. 7 O 8969/98 „Nacktfoto".

[581] Insbesondere bei Websites mit politisch extremistischen Inhalten ist oftmals festzustellen, dass nur sog. „Gesinnungsgenossen" Zutritt zu dem Internetangebot auf der betreffenden Seite nach Eingabe eines Passworts haben. *Wenzel*, Das Recht der Wort- und Bildberichterstattung Rn. 7.28 sagt, dass bei einer Schaustellung des Bildnisses in einem geschlossenen Kreis das Merkmal der Öffentlichkeit zu verneinen ist; er lässt jedoch offen, was unter einem solchen geschlossenen Kreis zu verstehen ist.

noch annehmen, da sich unter Umständen feststellen ließe, wem der Zugang zu der Website gewährt wird.

Doch müssten diese Personen dann aber nach dem Wortlaut des § 15 Abs. 3 UrhG auch durch gegenseitige Beziehungen oder durch Beziehungen zum Veranstalter[582] untereinander verbunden sein. Dies ist zum einen davon abhängig, wie groß der Personenkreis ist und zum anderen, welcher Art die Beziehungen sind[583]. Die Rechtsprechung zu § 15 Abs. 3 UrhG geht davon aus, dass unter allen Beteiligten ein engerer persönlicher Kontakt bestehen muss, der bei ihnen das Bewusstsein hervorruft, persönlich untereinander verbunden zu sein[584]. Legt man diese Anforderungen an die Verbundenheit des Personenkreises zugrunde, so werden auch bei Websites, die nur bestimmten Personen die Abrufbarkeit ermöglichen, in der Regel diese gegenseitigen Beziehungen zu verneinen sein. Denn es ist in der überwiegenden Zahl der Fälle so, dass sich die Nutzer solcher Seiten zwar mit den übrigen Usern in einer Art und Weise verbunden fühlen, die sich aus den spezifischen Inhalten der Website ergibt, zu den anderen Teilnehmern aber keinen persönlichen Kontakt haben. Eine genaue Grenzziehung, wo gegenseitige Kontakte bestehen, welche die Annahme einer persönlichen Verbundenheit rechtfertigen ist jedoch im Ergebnis Tatfrage und erfordert die Analyse der betreffenden Website im Einzelfall. Es spricht aber viel dafür, zumindest in der Regel eine gegenseitige Beziehung der Nutzer und damit eine persönliche Verbundenheit zueinander abzulehnen, falls keine besonderen Umstände festzustellen sind, die eine gegenteilige Annahme rechtfertigen[585].

Nichts anderes ergibt sich aber, wenn man die Möglichkeit untersucht, ob sich die persönliche Verbundenheit untereinander durch Beziehungen zum Veranstalter ergibt. Diese Beziehung zum Veranstalter muss so beschaffen sein, dass ein inneres persönliches Band auch zwischen allen Teilnehmern entstehen kann[586]. Bei kleineren, überschaubaren Teilnehmerzahlen kann dies im Einzelfall gegeben sein, doch dürfte auch die Entstehung einer persönlichen Verbundenheit durch Beziehungen zu demjenigen, der die Website unterhält, eher die Ausnahme sein. Auch hier gilt aber: Es bedarf immer einer einzelfallorientierten

---

[582] Veranstalter in diesem Sinne und für diesen Bereich des Internet ist beispielsweise derjenige, der auf einer von ihm unterhaltenen Website Informationen bereithält und die Nutzung dieses Informationsangebots ermöglicht.

[583] Vgl. Schricker-*v. Ungern-Sternberg*, § 15 UrhG Rn. 64, der davon ausgeht, dass diese Feststellung im wesentlichen Tatfrage ist.

[584] BGH GRUR 1975, 33, 34; BGH GRUR 1996, 875, 876.

[585] *Gass* in: Möhring/Nicolini, Anh. § 60 UrhG/§ 22 KUG zieht auch § 15 Abs. 3 UrhG zur Auslegung des Öffentlichkeitsmerkmals heran, und sagt dann, dass dieses zu verneinen ist, wenn das Bildnis im Internet nur einer sehr kleinen Anzahl von Personen zur Verfügung gestellt wird ohne auf die weiterhin erforderliche persönliche Verbundenheit der Mitglieder einzugehen.

[586] Vgl. dazu Schricker-*v. Ungern-Sternberg*, § 15 UrhG Rn. 67.

Betrachtungsweise, die sich genau an den tatsächlichen Gegebenheiten der fraglichen Website zu orientieren hat.

bbb) Bildnisse auf Websites

Auch im Cyberspace ist hinsichtlich der Darstellung von Bildnissen eine Unterscheidung danach erforderlich, ob es sich bei der abgebildeten Person um eine solche der Zeitgeschichte handelt oder nicht. Bei Websites mit journalistischen Inhalten ist eine Bildnisveröffentlichung etwa derart denkbar, dass diese im Rahmen der Online-Ausgabe eines Printmediums erfolgt. Für solche Veröffentlichungen gilt aber grundsätzlich nichts anderes als für Bildnisveröffentlichungen, die außerhalb des Internets erfolgen. Auch hier ist zunächst zu fragen, ob die Abbildung der Person nach § 22 S. 1 KUG einer Einwilligung des Abgebildeten[587] bedarf oder ob eine solche unter den Voraussetzungen der § 23 Abs. 1 Nr. 1 bis 4 KUG ausnahmsweise entbehrlich ist. Auch im Bereich des Internet stellt die bedeutendste Ausnahme von dem Einwilligungserfordernis wiederum § 23 Abs. 1 Nr. 1 KUG dar, also die Abbildung einer Person der Zeitgeschichte[588].

Bei Personen, die nicht der Zeitgeschichte zuzurechnen sind, ergeben sich in der Regel keine Schwierigkeiten: Hier ist nach § 22 S. 1 KUG eine Einwilligung der Betroffenen an der Verwendung ihres Bildnisses auf einer bestimmten Website erforderlich. Denn da die Regelungen der §§ 22 ff. KUG auch auf das Internet anzuwenden sind, gilt hier keine andere Beurteilung. Handelt es sich hingegen um Bildnisse aus dem Bereich der Zeitgeschichte gemäß § 23 Abs. 1 Nr. 1 KUG, so ist weiter zu differenzieren, ob es sich bei dem Abgebildeten um eine absolute oder relative Person der Zeitgeschichte handelt. Auch hier folgen die Gegebenheiten des Internet zunächst den herkömmlichen Regeln, die auch sonst für diesen Personenkreis gelten.

Als Beispiel soll hier eine Entscheidung des Landgerichts Hamburg aus jüngster Zeit herangezogen werden, die sich mit eben diesen Fragen zu befassen hatte[589]. Das Gericht gab einer einstweiligen Verfügung statt, die von einer Person der Zeitgeschichte beantragt worden war. Diese hatte sich gegen die Veröffentlichung ihres Bildnisses auf einer Website gewandt. Das Gericht sah in der Darstellung des Bildnisses eine Verletzung des Rechts am eigenen Bild[590] und un-

[587] Oder dessen Angehörigen unter den Voraussetzungen des § 22 S. 3 KUG.

[588] Demzufolge soll im Rahmen dieser Arbeit auch eine Beschränkung auf § 23 Abs. 1 Nr. 1 KUG erfolgen.

[589] LG Hamburg, Urteil vom 19.6.2001, Az. 324 O 266/01.

[590] Die betreffende Person der Zeitgeschichte berief sich darauf, dass sie nur Bildnisveröffentlichungen zu dulden habe, die ein öffentliches Interesse berührten, zu dem die Darstellung auf der Seite des Antragsgegners aber nicht beitrage. Dem Antragsgegner gehe es vielmehr allein darum, mit der Darstellung des Bildnisses für sich und seine Website zu werben.

tersagte dem Antragsgegner eine Bildnisveröffentlichung[591]. Zutreffend wandte das Gericht bei der Beurteilung des Falles keine anderen Maßstäbe an als bei herkömmlichen Bildnisveröffentlichungen, da die Veröffentlichung eines Bildnisses nicht in der realen Welt sondern im Internet grundsätzlich keine andere Würdigung rechtfertigt. Lässt sich das Bildnis auf einer Website als ein solches einer – absoluten oder relativen – Person der Zeitgeschichte klassifizieren, so ist wie oben erläutert zu verfahren: Es muss zunächst ein schützenswertes Informationsinteresse der Allgemeinheit gegeben sein, um überhaupt zu einer Entbehrlichkeit der Einwilligung des Abgebildeten nach § 23 Abs. 1 Nr. 1 KUG zu gelangen.

Ist aber ein solches Informationsinteresse der Öffentlichkeit gegeben, so ist die Präsentation eines Bildnisses auf einer Website nach § 23 Abs. 1 Nr. 1 KUG unter Zugrundelegung der allgemeinen Regeln zunächst einwilligungsfrei. Etwas anderes gilt auch für Bildnisse auf Websites nur in den Fällen des § 23 Abs. 2 KUG, wenn also einer Schaustellung ein berechtigtes Interesse des Abgebildeten entgegensteht[592]. Es ist also auch im Internet eine am jeweiligen Einzelfall orientierte Betrachtung vorzunehmen um festzustellen, ob die Informationsinteressen der Öffentlichkeit oder aber die geschützten Interessen des Abgebildeten überwiegen. Für das Merkmal der *öffentlichen* Schaustellung im Sinne von § 22 S. 1 KUG ist nicht entscheidend, wie viele Personen tatsächlich Kenntnis von dem Bildnis nehmen, doch ist im Rahmen der Abwägung zwischen Interessen der Allgemeinheit und solchen des Abgebildeten dem Umstand Rechnung zu tragen, dass weltweit User Zugriff auf diese Bildnisse haben.

Ferner ist im Interesse des Abgebildeten zu berücksichtigen, dass Websites relativ einfach zu erstellen sind. Und schließlich ist bei der Interessenabwägung

---

[591] Vgl. zu diesem Fall auch http://www.netzeitung.de/servlets/page?section=567&item=148550.

[592] Als solche berechtigten Interessen anerkannt sind beispielsweise die Achtung der Privatsphäre des Abgebildeten, die Respektierung seiner Intimsphäre, oder aber auch, wenn es durch die Darstellung zu einer Kränkung des Abgebildeten kommt, vgl. Schricker-*Gerstenberg/Götting*, § 60 UrhG/§ 23 KUG Rn. 34 ff.; *Helle*, Besondere Persönlichkeitsrechte im Privatrecht S. 179 ff. Die Schaustellung von Bildnissen zu Werbezwecken, die ebenfalls als eine Verletzung berechtigter Interessen des Abgebildeten angesehen wird, führt nach der hier vertretenen Auffassung bereits zu einer Verneinung der Einwilligungsfreiheit nach § 23 Abs. 1 Nr. 1 KUG, ohne dass es insoweit auf eine Prüfung des § 23 Abs. 2 KUG ankommt. Abweichend insofern *Helle*, Besondere Persönlichkeitsrechte im Privatrecht S. 185 f.; Schricker-*Gerstenberg/Götting*, § 60 UrhG/§ 23 KUG Rn. 38. Bei der Respektierung der Privatsphäre des Abgebildeten gelten zunächst dieselben Grundsätze, die auch sonst Achtung beanspruchen, wenn es um die Bildnisveröffentlichung von Personen der Zeitgeschichte geht. Hinsichtlich des geschützten Bereichs der Privatsphäre im Zusammenhang mit Bildnisveröffentlichung sei auf die umfangreiche Rechtsprechung und Literatur verwiesen, vgl. nur etwa BGH NJW 1995, 1955, 1957; BVerfG NJW 2001, 1921, 1923 ff.; Schricker-*Gerstenberg/Götting*, § 60 UrhG/§ 23 KUG Rn. 34 f.; *Helle*, Besondere Persönlichkeitsrechte im Privatrecht S. 180 f.

nach § 23 Abs. 2 KUG zu berücksichtigen, dass Bildnisse, die sich auf einer Website befinden, jederzeit von Dritten auf deren PC gespeichert und eventuell weiterverbreitet werden können.

Eine gewisse Sonderstellung nehmen Nacktfotos auf Websites ein. Dabei kann im Internet zwischen zwei Kategorien von Nacktfotos unterschieden werden: Zum einen solche, die Teil eines – kommerziellen – Angebots sind und zum anderen solche, die darauf abzielen, die abgebildete Person der Lächerlichkeit preiszugeben[593]. Werden Nacktfotos der zweiten Kategorie ohne das Wissen des Abgebildeten angefertigt und ohne dessen Einwilligung auf Websites zur Schau gestellt, so stellt dies eine Verletzung des Rechts am eigenen Bild dar[594].

Bei Personen, die nicht der Zeitgeschichte zuzurechnen sind, fehlt es bereits an der nach § 22 S. 1 KUG erforderlichen Einwilligung, während bei Personen der Zeitgeschichte bereits äußerst fraglich ist, ob bei der Schaustellung solcher Bilder ein Informationsinteresse besteht, welches nach § 23 Abs. 1 Nr. 1 KUG eine Ausnahme von dem Einwilligungserfordernis gewährt. Geht es demjenigen, der solche Bildnisse auf einer Website zur Schau stellt, allein darum, die abgebildete Person der Lächerlichkeit preiszugeben oder diese bloßzustellen, so fehlt es an einem anerkennenswerten Informationsinteresse und eine Einwilligung ist nicht nach § 23 Abs. 1 Nr. 1 KUG entbehrlich. Will man aber im Einzelfall ein Informationsinteresse ausnahmsweise bejahen, so führt auch die dann im Rahmen des § 23 Abs. 2 KUG vorzunehmende Güterabwägung zwischen dem Persönlichkeitsrecht, dessen Schutz der Abgebildete für sich in Anspruch nimmt, und dem in Art. 5 Abs. 1 S. 1 GG verbürgten Informationsinteresse der Allgemeinheit, auf das sich der Publizierende berufen kann, zu keinem anderen Ergebnis. Denn bei einer sog. Bildniserschleichung stellt bereits die Herstellung des Bildnisses, das die Intimsphäre des Abgebildeten berührt[595], eine Verletzung des allgemeinen Persönlichkeitsrechts dar[596]. Die Rechtswidrigkeit der Bildnisherstellung setzt sich gewissermaßen an der anschließenden Bildnisveröffentlichung auf ei-

[593] Liegt bei der erstgenannten Fallgruppe eine wirksame Einwilligung der abgebildeten Person vor, so ist eine Veröffentlichung solcher Bildnisse unter dem Gesichtspunkt des Rechts am eigenen Bild regelmäßig zulässig. Im Rahmen dieser Arbeit nicht behandelt werden die strafrechtlichen Implikationen, die sich hier ergeben können, insbesondere die Problematik von Kinderpornographie im Internet.

[594] Beispielhaft dafür sei eine Entscheidung des LG München I aus dem Jahre 1998 genannt. Dort untersagte das Gericht dem Antragsgegner, Nacktfotos seiner Ex-Freundin mit dem Text „Begleitservice und mehr..." im Internet zu veröffentlichen oder als E-Mail an ihre Arbeitskollegen zu versenden, vgl. LG München I, Beschluss vom 20. Mai 1998, Az. 7 O 8969/98. Auch im (europäischen) Ausland sind derartige Fälle bekannt geworden, vgl. exemplarisch nur die Berichterstattung unter http://www.netzeitung.de/servlets/page?section=784&item=149488.

[595] Und bei der Herstellung eines Nacktfotos ist die Intimsphäre des Abgebildeten berührt.

[596] Einzelheiten zu der Bildnisherstellung vgl. oben S. 110.

ner Website fort, so dass die Interessenabwägung zugunsten des Abgebildeten ausfällt und eine derartige Schaustellung unzulässig ist.

Werden Nacktfotos auf einer Website gezeigt, die zwar mit Wissen der abgebildeten Person hergestellt wurden, von dieser aber niemals zur Veröffentlichung bestimmt waren und die keine Personen der Zeitgeschichte zeigen, so ist dies bereits aufgrund einer mangelnden, nach § 22 S. 1 KUG aber erforderlichen Einwilligung des Abgebildeten unzulässig.

Aber auch bei Personen der Zeitgeschichte ergibt sich regelmäßig kein anderes Ergebnis. Bei Nacktfotos von Personen der Zeitgeschichte auf Websites liegt regelmäßig kein Schutz gebietendes Informationsinteresse der Öffentlichkeit vor, so dass eine Einwilligung nach § 22 S. 1 KUG erforderlich ist, ohne dass es einer Abwägung nach § 23 Abs. 2 KUG mehr bedarf.

Größere Probleme weist hingegen die Konstellation auf, in der die (Nackt-) Fotos bereits veröffentlicht waren, sei es auf anderen Websites oder in herkömmlichen Medien. Hier könnte man vertreten, dass eine nachfolgende Veröffentlichung dieser Bilder auf einer Website zulässig ist, da die Tatsache, dass die abgebildete Person Nacktfotos von sich anfertigen ließ, bei der Abwägung nach § 23 Abs. 2 KUG insofern Berücksichtigung finden muss, als einer Bildnisveröffentlichung auf einer Website kein berechtigtes Interesse des Abgebildeten entgegensteht[597]. Zur Lösung bietet es sich an, zunächst einen Blick auf die Rechtslage in den herkömmlichen Medien zu werfen. Das OLG Frankfurt a.M. sagte dazu, dass in den Fällen, in denen Nacktfotos einer Person der Zeitgeschichte veröffentlicht worden waren, „der Verbreitung der Nacktaufnahme (...) kein berechtigtes Interesse des Abgebildeten“ im Sinne von § 23 Abs. 2 KUG entgegenstehe[598]. Begründet wurde dies folgendermaßen: „Zwar zählt der nackte Körper zum intimsten Bereich eines Menschen, so dass die Entscheidung über die Veröffentlichung von Fotografien, die ihn nackt zeigen, grundsätzlich dem Abgebildeten vorzubehalten ist. Die Klägerin hat jedoch auf den absoluten Schutz dieses Bereichs ihrer Intimsphäre freiwillig verzichtet, indem sie von sich Nacktaufnahmen hat herstellen lassen und damit einverstanden war, dass die Fotos – wenn auch auf bestimmten Wegen – der Öffentlichkeit zugänglich gemacht werden.“

Andere Stimmen nehmen hierzu einen gegensätzlichen Standpunkt ein und führen aus, dass aus dem Umstand, der Abgebildete habe unter bestimmten Um-

---

597 Zu einem solchen Ergebnis bzw. einer Abwägung im Rahmen des § 23 Abs. 2 KUG gelangt man natürlich nur dann, wenn mit der Bildnisveröffentlichung überhaupt Informationsinteressen der Öffentlichkeit verfolgt werden. Dient das Bildnis wie oben bereits gesagt lediglich als Blickfang, so ist die Darstellung eines Bildnisses auf einer Website mangels Einwilligung unzulässig, selbst wenn dieses bereits veröffentlicht war.

598 OLG Frankfurt am Main AfP 2000, 185. Die von dem Gericht zu entscheidende „Zweitveröffentlichung“ erfolgte nun zwar nicht auf einer Website, die vom OLG Frankfurt am Main aufgestellten Grundsätze lassen sich aber auch auf diesen Bereich übertragen.

ständen Nacktfotos von sich anfertigen und veröffentlichen lassen nicht gefolgert werden können, andere, gegen seinen Willen erfolgende Veröffentlichungen des Nacktfotos berührten dessen berechtigte Interessen nicht mehr, da anderenfalls das Selbstbestimmungsrecht ausgehöhlt würde, dessen Schutz das Recht am eigenen Bild dient[599]. Gerade im Bereich des Internet ist es leicht möglich, bereits veröffentlichte Bildnisse auf vielen verschiedenen Websites zu zeigen. Die Dringlichkeit einer Entscheidung dieser Streitfrage ist daher evident.

Bei der Übertragung auf das Internet könnte für die Ansicht des OLG Frankfurt a.M. sprechen, dass die Person, von der ein Bildnis auf einer Website zu sehen ist, welches bereits zuvor mit deren Einwilligung an anderer Stelle veröffentlicht worden war, bewusst auf einen Teilbereich des Schutzes ihrer Intimsphäre verzichtet hat. Wird auf diesen Schutz – zumindest teilweise – verzichtet, so könnte man vertreten, dass ein berechtigtes Interesse des Abgebildeten, das bei der Abwägung nach § 23 Abs. 2 KUG zu beachten ist, nicht verletzt wird[600]. Andererseits könnte gegen eine solche Auffassung einzuwenden sein, dass auch in den Fällen, in denen der Abgebildete ursprünglich in eine Bildnisveröffentlichung einwilligte, es letztlich seiner Entscheidungsbefugnis vorbehalten werden muss, wann und wo Bildnisse von ihm veröffentlicht werden, insbesondere wenn es sich dabei um solche handelt, die dem intimsten Bereich seiner Persönlichkeit entstammen.

Eine interessengerechte Lösung dieses Problems kann nur erzielt werden, wenn die internetspezifischen Besonderheiten in die Überlegungen miteinbezogen werden. Es gilt nämlich zu beachten, dass durch die technischen Beschaffenheiten des Internet eine schnelle Verbreitung von Informationen, gerade auch von Bildern, möglich ist. Auf diese Weise kann ein nicht an Staatsgrenzen gebundener, schneller und unkomplizierter Informationsaustausch ermöglicht werden. Auch ist es nicht von der Hand zu weisen, dass derjenige, der aus freien Stücken sein Privatleben in die Öffentlichkeit trägt, bewusst auf einen Teil seiner Privatsphäre verzichtet[601]. Aber ebenso sehr ist in die Erwägungen einzubeziehen, dass es mit nur verhältnismäßig geringem Aufwand möglich ist, eine Website zu erstellen, durch die unter Umständen ein großer Personenkreis angesprochen werden kann. Für den Abgebildeten wird es daher nahezu ausgeschlossen sein, gegen all diejenigen rechtlich vorzugehen, die sein Bildnis auf von ihnen unterhaltenen Websites ihm unerwünscht zur Schau stellen.

Ist sein Bildnis auf einer Seite im Internet zu sehen, und verfolgt eben diese Seite mit der Darstellung des Bildnisses einen rechtlich nicht zu beanstandenden Informationszweck, so hindert dies Dritte nicht daran, dieses Bildnis auf von

599 *Helle*, Besondere Persönlichkeitsrechte im Privatrecht S. 184 f. m.w.N. So auch *Prinz/Peters*, Medienrecht Rn. 875.

600 Nochmals: Zu diesem Ergebnis könnte man aber freilich nur dann gelangen, wenn die Bildnisveröffentlichung überhaupt Informationsinteressen der Öffentlichkeit dient.

601 Dies erkennt auch *Helle*, Besondere Persönlichkeitsrechte im Privatrecht S. 184 an.

ihnen unterhaltenen Websites zu zeigen, die keine solchen Zwecke verfolgen. Es ist nun zwar kein internetspezifisches Problem, dass eine sich ursprünglich im Rahmen geltenden Rechts bewegende Bildnisveröffentlichung nunmehr in rechtlich unzulässiger Weise verwendet wird, aber im Internet ist diese Gefahr sehr viel präsenter als in vergleichbaren anderen Medien, da eine solche unzulässige Verwendung durch einen großen Personenkreis und relativ einfach erfolgen kann. Sachgerecht ist es daher, wenn man eine Einwilligung des Abgebildeten in die Veröffentlichung seines Bildnisses, das die Intimsphäre berührt, auf einer Website fordert, auch wenn dieses bereits anderweitig veröffentlicht wurde. Denn dann kann der Abgebildete selbst entscheiden, ob er seine Einwilligung zu einer Darstellung erklärt. Erteilt er diese, so trägt er das Risiko, dass es zu einer möglicherweise auch unzulässigen Verbreitung des Bildnisses kommt.

Als Ergebnis lässt sich daher festhalten, dass im Rahmen der bei § 23 Abs. 2 KUG vorzunehmenden Interessenabwägung die berechtigten Interessen des Abgebildeten überwiegen, so dass unter persönlichkeitsrechtlichen Aspekten bei der Schaustellung von Nacktfotos auf einer Website einer Person der Zeitgeschichte deren Einwilligung in die Bildnisveröffentlichung erforderlich ist, auch wenn das Bildnis bereits anderweitig veröffentlicht worden war.

ccc) Sonderproblem: Thumbnails

Bislang wurde dargestellt, dass es im Internet zu einer Verletzung des Rechts am eigenen Bild des Abgebildeten kommen kann, falls dessen nach § 22 S. 1 KUG erforderliche Einwilligung nicht vorliegt oder – falls diese ausnahmsweise nach § 23 Abs. 1 Nr. 1 bis 4 KUG entbehrlich ist – die im Rahmen des § 23 Abs. 2 KUG vorzunehmende Interessenabwägung zugunsten des Abgebildeten ausfällt. Nicht geklärt wurde hingegen, wie das Bildnis beschaffen sein muss, um eine Rechtsverletzung des Abgebildeten annehmen zu können. Fraglich ist nämlich, ob auch bereits sog. Thumbnails auf Websites eine Verletzung des Rechts am eigenen Bild begründen können. Unter Thumbnails versteht man gewissermaßen eine Vorschau auf das eigentliche Bild. Diese Vorschau hat ein deutlich kleineres Format als das eigentliche Bild, sowohl von den Abmessungen als auch von der Dateigröße. Der User erhält dadurch eine Art Entscheidungshilfe, ob er die Wartezeit, die er für das Laden des eigentlichen Bildes kalkulieren muss, in Kauf nehmen möchte oder nicht.

Entscheidend für die Frage, ob bereits durch das jeweilige Vorschaubild, den Thumbnail, das Recht am eigenen Bild des Abgebildeten verletzt wird oder erst durch das Bildnis „in Originalgröße", ist die Erkennbarkeit des Abgebildeten. Damit überhaupt von einem Bildnis im Sinne des KUG gesprochen werden kann, ist die Erkennbarkeit des Abgebildeten erforderlich[602]. In Rechtsprechung und Literatur wird eine großzügige Auslegung dieses Merkmals gefordert. In der Regel dürfte daher auch bei Thumbnails die Erkennbarkeit zu bejahen sein, da das verkleinerte Bild dem interessierten Nutzer einen Eindruck vermitteln will, was ihn nach dem Anklicken dieses Bildes erwartet. Um diesen Zweck zu erreichen, muss der Nutzer aber zumindest in groben Zügen erkennen können, was auf dem Bild in Originalgröße dargestellt ist. In der Regel dürfte daher bereits bei Thumbnails die Erkennbarkeit des Abgebildeten vorliegen. Dann wird das Recht am eigenen Bild aber bereits durch die Website verletzt, auf welcher der jeweilige Thumbnail abgebildet ist. In einzelnen Ausnahmefällen zeigen die Thumbnails indes nur einen Ausschnitt des eigentlichen Bildes. In diesen Fällen kann also die Erkennbarkeit des Abgebildeten zu verneinen sein. Dann liegt aber noch keine Verletzung des Rechts am eigenen Bild vor, diese ist vielmehr erst dann gegeben, wenn der Nutzer nach dem Anklicken des Thumbnails das eigentliche Bildnis in seiner vollständigen Darstellung abruft.

Es ist mithin eine Frage des Einzelfalls, ob bereits durch Thumbnails auf einer Website das Recht am eigenen Bild verletzt wird, wenngleich dies der Regelfall sein dürfte.

bb) Die Darstellung manipulierter Bildnisse

Die vorstehenden Ausführungen hatten sich auf die Darstellung von Bildnissen auf Websites bezogen, die einen tatsächlichen Lebensvorgang zeigten. Durch den zunehmenden technischen Fortschritt ist es möglich geworden, Bilder so zu verändern oder gar neu zu schaffen, dass es für den Betrachter nicht möglich ist zu erkennen, ob er es mit einem „Original“ oder einem manipulierten Bild zu tun hat. Auch im Internet sind derartige verfälschte Bilder und Bildnisse in einer Vielzahl von Fällen aufgetaucht, insbesondere im Zusammenhang mit Nacktfotos[603]. Es bedarf daher der Erörterung, ob und inwiefern diese Manipulation zu

[602] Vgl. *Helle*, Besondere Persönlichkeitsrechte im Privatrecht S. 93 und die oben in Fn.510, 510 genannten Nachweise.

[603] Beispielsweise werden auf Websites mit pornographischen Inhalten oftmals angebliche Bildnisse berühmter Persönlichkeiten zur Schau gestellt. Diese Bildnisse kamen vielfach jedoch derart zustande, dass ein Porträt der Berühmtheit auf den nackten Körper einer dritten Person „montiert“ wurde, vgl. die bei *Effross*, A dressing down for digital drag: Image manipulation on the Internet genannten Beispiele. Vgl. auch LG Köln, Urteil vom 5. Oktober 2001, Az. 28 O 346/01, das die Verletzung der Persönlichkeitsrechte der (ehemaligen) Tennisspielerin Steffi Graf als einer Person der Zeitgeschichte als gegeben ansah, als manipulierte Nacktfotos von ihr im Internet verbreitet wurden. Vgl. hierzu auch die Entcheidung der Berufungsinstanz OLG Köln TKMR 2002, 393.

einer Verletzung des Rechts am eigenen Bild desjenigen führen kann, der von dieser Manipulation betroffen ist[604].

Voraussetzung für eine mögliche Verletzung des Rechts am eigenen Bild wäre zunächst, dass die Manipulation selbst ein Bildnis im Sinne der Vorschriften des KUG darstellen würde. Nach einhelliger Ansicht können auch Fotomontagen grundsätzlich dem Bildnisschutz unterliegen[605]. Bei der gebotenen weiten Auslegung des Bildnisbegriffs ist dies auch sinnvoll, da selbst Zeichnungen, Karikaturen oder der Einsatz von Doubles als Bildnisse angesehen werden[606] und daher erst recht solche Darstellungen dem Bildnisschutz unterfallen müssen, bei denen der Eindruck erweckt wird, der Abgebildete habe sich tatsächlich in der bildlich festgehaltenen Situation befunden. Der Abgebildete kann sich mithin auf die zu seinem Schutz ausgeformten Vorschriften des KUG auch dann berufen, wenn er mittels einer Fotomontage abgebildet ist.

Nach Klärung dieser Vorfragen soll nunmehr auf den Schutzmechanismus der kunsturheberrechtlichen Vorschriften im einzelnen eingegangen werden, wenn auf Websites Fotomontagen dargestellt werden. In der weit überwiegenden Anzahl der Fälle wird es sich um manipulierte Bildnisse von Personen der Zeitgeschichte handeln. Zwar scheint es auch denkbar, dass auf Websites verfälschte Bildnisse auftauchen, die keine Personen der Zeitgeschichte zeigen, doch insbesondere bei Websites mit pornographischen Inhalten dienen angebliche Darstellungen prominenter Personen der Anlockung von Nutzern. Bei Bildnissen von Personen, welche nicht der Zeitgeschichte angehören, ist die Veröffentlichung einer Fotomontage auf einer Website an ihre Einwilligung gebunden, § 22 S. 1 KUG.

Auch bei Fotomontagen von Personen der Zeitgeschichte, durch die der Eindruck erweckt wird, der Abgebildete habe sich nackt fotografieren lassen, wird es überwiegend an einem Informationsinteresse fehlen. Das Einwilligungserfordernis wird daher nicht nach § 23 Abs. 1 Nr. 1 KUG obsolet.

Selbst wenn man im Einzelfall ein Informationsinteresse bejahen wollte, würde die im Rahmen des § 23 Abs. 2 KUG vorzunehmende Güter- und Interessenabwägung zu keinem anderen Ergebnis führen, da in deren Rahmen der Wahrheitsgehalt der Darstellung berücksichtigt werden muss[607]. Bei manipulierten Nacktfotos wird diese Abwägung regelmäßig zugunsten der abgebildeten Person ausfallen, da der unzutreffende Eindruck erweckt wird, es sei eine Darstellung

---

[604] Zu Fotomontagen in Zeitschriften vgl. *Zentai*, ZUM 2003, 363 ff. und zuletzt BGH ZUM 2004, 125.

[605] Vgl. nur *Wenzel*, Das Recht der Wort- und Bildberichterstattung Rn. 7.10. Vgl. auch LG Köln AfP 1978, 149, 150.

[606] Zu letzterer Erscheinungsform vgl. LG Stuttgart AfP 1983, 292, 293.

[607] Vgl. *Prinz/Peters*, Medienrecht Rn. 878, die sagen, dass § 23 Abs. 2 KUG einer Bildnisveröffentlichung entgegenstehe, wenn durch sie ein unzutreffender Eindruck beim unbefangenen Betrachter hervorgerufen werde.

aus dem Intimbereich gegeben, die sich tatsächlich so zugetragen hat. Hier sind die Interessen des Abgebildeten an der Vermeidung eines unzutreffenden Eindrucks höher zu bewerten als ein etwaiges Informationsinteresse der Öffentlichkeit. Angesichts der erwähnten Möglichkeit, dass Bildnisse im Internet eine rasche Verbreitung erfahren können, besteht die nicht unbegründete Gefahr, dass durch manipulierte Bildnisse eine verbreitete falsche Vorstellung von dem Abgebildeten unter Internetnutzern entstehen kann.

cc) Schaffung künstlicher Doppelgänger und Abbilder

aaa) Einsatzmöglichkeiten

Bevor untersucht wird, ob es im Internet zu einer Verletzung des Rechts am eigenen Bild durch die Schaffung künstlicher Doppelgänger und Abbilder kommen kann, soll zunächst beleuchtet werden, in welchen Bereichen des Internet solche künstlich erzeugten Bildnisse eingesetzt werden können.

Digitale Ebenbilder einer Person im Internet werden als Avatare bezeichnet[608]. Der Einsatz solcher Avatare im Internet ist nun in mannigfaltiger Weise denkbar. So können diese virtuellen Figuren beispielsweise als digitale Assistenten dergestalt auf Webseiten eingesetzt werden, dass beispielsweise dem Kunden eines Online-Shops ein virtueller Berater an die Hand gegeben wird, der diesen durch das Serviceangebot des Anbieters leitet. Die digitale Technik ist in diesem Bereich bereits so weit fortgeschritten, dass zwischen realer Person und künstlich geschaffener Figur vielfach in äußerer Hinsicht kein Unterschied mehr festgestellt werden kann. Die Technik ermöglicht nun aber nicht nur die Neuschöpfung von virtuellen Figuren, vielmehr können auch reale Personen dergestalt animiert werden, dass nicht mehr erkennbar ist, ob es sich um eine echte oder virtuelle Person handelt[609].

Eine weitere Möglichkeit der Verwendung digitaler Bildnisse im Internet ist ihr Einsatz im Zusammenhang mit Computerspielen. Spiele, bei denen der Spieler eine Figur steuern kann, die das äußere Erscheinungsbild einer realen Person hat, sind schon lange Realität und bei der Spielergemeinde äußerst populär[610].

---

608 Zu den rechtlichen Aspekten, die sich im Zusammenhang mit virtuellen Figuren ergeben können, vgl. *Lausen*, ZUM 1997, 86 ff.; *Schuppert* in: Spindler, Vertragsrecht der Internet-Provider Teil VII Rn. 82. Zum urheberrechtlichen Schutz solcher virtueller Figuren vgl. ferner *Schulze*, ZUM 1997, 77 ff.

609 Vgl. *Lausen*, ZUM 1997, 86.

610 Zur Problematik des persönlichkeitsrechtsverletzenden Einsatzes eines Prominenten in einem Computerspiel vgl. LG Hamburg CR 2004, 225. Dazu auch *Lober/Weber*, ZUM 2003, 658 ff.

Werden solche Spiele „über das Internet“, also online gegen andere Nutzer gespielt, so kann es in dem hier interessierenden Bereich des Internet unter Umständen zu Konflikten mit dem Recht am eigenen Bild kommen.

Und schließlich ist denkbar, dass durch Tricktechnik die „Wiederbelebung“ bereits verstorbener Personen möglich ist[611]. In der Vergangenheit war diese „technische Schöpfung“ gerade bei verstorbenen Schauspielern zu beobachten[612]. Zwar ist auch der Bereich der Spielfilme grundsätzlich nicht dem Bereich des Internet zuzurechnen, doch nutzen die Produzenten von Spielfilmen das Internet, um Werbung für ihre Filme zu betreiben, etwa dergestalt, dass ein Trailer zu einem Spielfilm vor dessen Ausstrahlung im Kino auf Websites im Internet abzurufen ist. Auch hier kann also das Recht am eigenen Bild berührt sein.

§ 22 S. 3 KUG dient dem postmortalen Bildnisschutz, da die Veröffentlichung eines Bildnisses bis zum Ablauf von zehn Jahren nach dem Tod des Abgebildeten der Einwilligung der Angehörigen bedarf[613].

bbb) Schaustellung virtueller Figuren

Welcher Schutz kommt nun aber demjenigen zu, dem diese virtuellen Figuren nachgebildet sind? Auf das Recht am eigenen Bild könnte sich dieser nämlich nur dann berufen, wenn es sich um Bildnisse im Sinne der §§ 22, 23 KUG handelt. Dies ist zu bejahen, da der Begriff Bildnisses weit auszulegen ist und *Lausen* zutreffend darauf hingewiesen hat, dass es nicht Voraussetzung ist, dass ein bestimmtes Verfahren zur Erstellung des Bildnisses angewandt worden sein muss[614]. Sieht die Rechtsprechung sogar die Darstellung auf einer Gedenkmünze als Bildnis an[615], dann kann für virtuelle Figuren, die einem – lebenden oder toten – Menschen nachempfunden sind, nichts anderes gelten.

Auch die einschlägige Tathandlung nach § 22 S. 1 KUG lässt sich anhand der oben gefundenen Lösung[616] als eine öffentliche Schaustellung klassifizieren. Die Zulässigkeit dieser Schaustellung beurteilt sich nach den oben herausgearbeiteten Regeln.

Zunächst ist zu konstatieren, dass es sich bei den eingesetzten virtuellen Figuren fast ausnahmslos um Bildnisse von Personen der Zeitgeschichte handeln dürfte.

---

611 Vgl. *Lausen*, ZUM 1997, 86, 88 f.
612 Vgl. *Lausen*, ZUM 1997, 86, 88.
613 Zum postmortalen Schutz der Persönlichkeitsrechte eingehend *Wessel*, Die Vermarktung Verstorbener S. 35 ff. Vgl. aus der Rechtsprechung zum Fortwirken des allgemeinen Persönlichkeitsrechts BGHZ 50, 133 ff. – Mephisto; BVerfG NJW 1971, 1645 ff. – Mephisto; BVerfG NJW 1993, 1462 – Heinrich Böll.
614 *Lausen*, ZUM 1997, 86, 87.
615 BGH AfP 1996, 66, 67.
616 Vgl. S. 115 ff.

Das für die Einwilligungsfreiheit nach § 23 Abs. 1 Nr. 1 bis 4 KUG erforderliche Informationsinteresse scheint hier zweifelhaft. Werden beispielsweise verstorbene Schauspieler für einen Trailer widerbelebt, der dann auf einer Website abrufbar ist, so dient dies zuvörderst dem Zweck, Werbung für den jeweiligen Film zu machen. Ein Informationsinteresse der Öffentlichkeit wird aber seit jeher bei der Verwendung eines Bildnisses zu Werbezwecken abgelehnt[617]. Und auch bei virtuellen Figuren, die erkennbar Personen der Zeitgeschichte nachempfunden sind und in Online-Spielen eingesetzt werden liegt ein solcher Informationszweck nicht vor. In beiden Fällen bedarf also der Einsatz solcher virtueller Figuren der Einwilligung der Abgebildeten, ohne diese ist der Einsatz solcher Figuren unzulässig[618].

ccc) Herstellung virtueller Figuren

Bei virtuellen Figuren lässt sich unter Umständen bereits im Vorfeld ihre Schaustellung auf Websites eine Verletzung von Persönlichkeitsrechten konstatieren. Bereits ihre Programmierung könnte nämlich eine Verletzung des allgemeinen Persönlichkeitsrechts darstellen. Nach der hier vertretenen Ansicht ist eine am Einzelfall orientierte umfassende Güter- und Interessenabwägung bei der Beantwortung dieser Frage erforderlich.

Gegen eine Verletzung des allgemeinen Persönlichkeitsrechts durch die Programmierung virtueller Figuren könnte sprechen, dass diese nicht vergleichbar mit Bildern auf Websites sind, die von den Nutzern auf ihren eigenen Rechner geladen und im Anschluss daran auf anderen Websites zur Schau gestellt werden können. Gerade diesem Aspekt der Möglichkeit der unkomplizierten weiten Verbreitung von Bildnissen wurde aber oben im Zusammenhang der Erörterung dieser Thematik einiges Gewicht beigemessen. Bei dem Einsatz von Avataren auf Websites ist es dem Nutzer hingegen grundsätzlich nicht möglich, diese zu speichern und gegebenenfalls auf anderen Websites darzustellen.

Ferner könnte gegen eine Verletzung des allgemeinen Persönlichkeitsrechts sprechen, dass die bei der gängigen Bildnisherstellung gebräuchliche Argumentation, dass eine solche grundsätzlich dann unzulässig sei und eine Persönlichkeitsrechtsverletzung darstelle, falls es sich um eine Bildniserschleichung handele[619], bei der Programmierung virtueller Figuren nicht eingreifen könnte, da diese gänzlich ohne das Zutun des Abgebildeten erfolgen kann, es ist also insbesondere kein heimliches Eindringen in die Privatsphäre des Abgebildeten erfor-

[617] BGHZ 20, 345, 350 f. – Paul Dahlke; BGH NJW 1979, 2205, 2206.
[618] Beispiele, wann der Einsatz virtueller Figuren ein Informationsinteresse der Öffentlichkeit befriedigen kann, finden sich bei *Lausen*, ZUM 1997, 86, 88, doch sind diese nicht auf den Bereich des Internets bezogen.
[619] So *Prinz/Peters*, Medienrecht Rn. 814.

derlich. Ebenso könnte man diesem Umstand aber die gegenteilige Bedeutung zumessen. Denn da die Programmierung eines Avatars grundsätzlich irgendein Bildnis voraussetzt – das auch mit Einwilligung des Abgebildeten angefertigt worden sein kann – könnte es zu einer umso höheren Gefährdung des allgemeinen Persönlichkeitsrechts kommen.

Die letztgenannte These stützt die Überlegung, dass in den Fällen, in denen eine virtuelle Figur programmiert wird, diese mit sehr großer Wahrscheinlichkeit auch eingesetzt werden wird. Denn die Programmierung ist aufwendig und kostenintensiv. Diese Mühen würden aber nicht gemacht, wenn der Einsatz der Figur nicht geplant wäre. Dies entspricht dem generellen Problem der Bildnisherstellung: Ist einmal ein Bildnis angefertigt, so besteht die Gefahr, dass es ohne Einwilligung des Betroffenen und ohne, dass dieser sonstige Einwirkungsmöglichkeiten hat, verbreitet oder öffentlich zur Schau gestellt wird[620]. Bei der Herstellung einer virtuellen Figur ist dies evident. Daher führt die Interessenabwägung zu einem Überwiegen der Interessen des Abgebildeten, so dass die Herstellung einer virtuellen Figur ohne die Einwilligung des Abgebildeten grundsätzlich eine Verletzung des allgemeinen Persönlichkeitsrechts darstellt.

ddd) Ergebnis

Die Schaustellung virtueller Figuren auf Websites sowie im Vorfeld liegende Handlungen, namentlich deren Programmierung, ohne Einwilligung des Abgebildeten stellt eine Verletzung des Rechts am eigenen Bild respektive des allgemeinen Persönlichkeitsrechts dar.

dd) Bildnisse im Internet im Zusammenhang mit Straftaten

Denkbar ist auch, dass Bildnisse auf Websites im Zusammenhang mit Straftaten zu finden sind. Im Rahmen dieser Fallgruppe muss weiter unterscheiden werden zwischen solchen Darstellungen, die von öffentlicher Seite, also durch den Staat, zu Fahndungszwecken erfolgen, und Bildnissen, die von privaten Dritten auf Websites veröffentlicht werden.

Die Strafverfolgungsbehören nutzen bereits seit längerem das Internet zu Zwecken der Fahndung, was angesichts der großen Zahl der Internetnutzer weltweit durchaus vielversprechend sein kann[621].

---

[620] Vgl. *Helle*, Besondere Persönlichkeitsrechte im Privatrecht S. 68.

[621] Zu den Problemen, die sich in diesem Kontext in strafprozessualer Hinsicht ergeben können vgl. *Soiné*, NStZ 1997, 166 ff., S. 321 ff.; *Bär*, CR 1997, 422 ff.; *Pätzel*, NJW 1997, 3131 ff.

Werden Bildnisse auf einer Website von Strafverfolgungsbehörden zum Zweck der Öffentlichkeitsfahndung zur Schau gestellt, so ist insbesondere die Vorschrift des § 24 KUG zu beachten[622].

Durch diese Norm soll vermieden werden, dass die Veröffentlichung von Bildnissen von Straftätern oder Personen, die unter dringendem Tatverdacht stehen, deren Einwilligung bedarf, womit diese Vorschrift im Gegensatz zu § 22 S. 1 KUG steht, der ein grundsätzliches Einwilligungserfordernis aufstellt[623]. Es wäre nämlich unsinnig, in diesem Bereich eine Bildnisveröffentlichung von der Einwilligung des Abgebildeten abhängig zu machen.

Dies bedeutet aber nicht, dass die Belange des Straftäters vollständig hintan zu stehen haben. Auch bei § 24 KUG ist nämlich eine Interessenabwägung erforderlich, wenngleich nicht mit demselben Umfang wie bei § 23 Abs. 2 KUG, da nicht das Informationsinteresse der Allgemeinheit, wohl aber das der Öffentlichkeit an der Aufklärung und Verhinderung von Verbrechen mit den Interessen des Abgebildeten abgewogen werden muss[624]. In diese Abwägung hat die Schwere der dem Abgebildeten zur Last gelegten Straftat unter besonderer Beachtung der grenzüberschreitenden Bedeutung des Internets Eingang zu finden. Wird der Täter bzw. der Tatverdächtige namentlich genannt und sein Bildnis gezeigt, so muss es sich um eine Tat von einiger Bedeutung handeln, Bagatelldelikte können eine Bildnisveröffentlichung auf Websites nicht nach § 24 KUG rechtfertigen. Zu beachten ist auch, dass bei solchen Straftaten, die beispielsweise durch ihre besondere Schwere in den Blickpunkt der Öffentlichkeit getreten sind, der Täter zu einer relativen Person der Zeitgeschichte werden kann. Dann kann wiederum § 23 Abs. 1 Nr. 1, Abs. 1 KUG eingreifen. Diesbezüglich gelten die oben herausgearbeiteten internetspezifischen Grundsätze bei der Abwägung.

Beachtung muss ferner der Tatsache geschenkt werden, dass § 24 KUG eine Ausnahme von dem grundsätzlichen Einwilligungserfordernis des § 22 S. 1 KUG nur dann macht, wenn das Bildnis eines Straftäters von Behörden veröffentlicht wird. Privatpersonen hingegen können sich auf die Vorschrift des § 24 KUG nicht berufen, da allein dem Staat und den in seinen Organismus eingegliederten Behörden das Monopol der Strafverfolgung obliegt. Zu denken wäre allenfalls an eine Einwilligungsfreiheit gemäß § 23 Abs. 1 Nr. 1 KUG, falls es sich um eine Person der Zeitgeschichte handelt. Ein Informationsinteresse der Öffentlichkeit ließe sich wohl bejahen, so dass anhand einer Abwägung nach § 23 Abs. 2 KUG zu entscheiden wäre, ob eine derartige Bildnisveröffentlichung zulässig wäre.

---

[622] Diese lautet: „Für Zwecke der Rechtspflege und der öffentlichen Sicherheit dürfen von den Behörden Bildnisses ohne Einwilligung des Berechtigten sowie des Abgebildeten oder seiner Angehörigen vervielfältigt, verbreitet und öffentlich zur Schau gestellt werden."
[623] Vgl. *Bär*, CR 1997, 422, 428.
[624] *Gass* in: Möhring/Nicolini, Anh. § 60 UrhG/§ 24 KUG Rn. 2.

In der bereits oben erwähnten Entscheidung des AG Charlottenburg[625] hatte das Gericht entschieden, dass die Veröffentlichung von Bild und Namen eines verurteilten Sexualtäters im Internet grundsätzlich keinen Schmerzensgeldanspruch wegen einer Verletzung seiner Persönlichkeitsrechte auslöst. Es führte hierzu aus, dass eine für einen Schmerzensgeldanspruch nötige schwere Persönlichkeitsrechtsverletzung sich nicht schon aus einer in nur unwesentlichen Punkten unwahren Darstellung, noch aus der Veröffentlichung der Täterdaten im Allgemeinen ergebe. Denn die Verbreitung wahrer, auch ehrenrühriger Tatsachen sei gestattet, es sei denn sie verletze ungerechtfertigt die Privatsphäre des Betroffenen. Das in den letzten Jahren verstärkte öffentliche Interesse an Straftaten gegen Kinder zu Präventionszwecken stellt nach Ansicht des Gerichts eine solche Rechtfertigung dar. Auch der Einwand einer gefährdeten Resozialisierung könne lediglich zu einem Unterlassungsanspruch führen, aber auch nur dann, wenn die Wiedereingliederung des Täters ernsthaft gefährdet und damit das allgemeine Informationsinteresse begrenzt sei.

Diese Ansicht vermag kaum zu überzeugen. Denn die Schaustellung verurteilter Straftäter auf privaten Websites bewirkt letztlich nur, dass die abgebildete Person an den Pranger gestellt wird. Dies ist insbesondere dann der Fall, wenn es dem Inhaber der Website nicht darum geht, einen Beitrag zur Strafverfolgung zu leisten, sondern bereits verurteilte Straftäter dargestellt werden. Derartige Bildnisveröffentlichungen stellen eine Verletzung des Rechts am eigenen Bild sowie eine Verletzung des Rechts der persönlichen Ehre dar.

ee) Verletzungen des Rechts am eigenen Bild durch E-Mails

In der bereits oben genannten Entscheidung des LG München I[626] wurden die betreffenden Nacktfotos nicht nur auf einer Website öffentlich zur Schau gestellt, sondern überdies als E-Mail-Attachment verschickt. Nach der hier vertretenen Auffassung stellt eine solche Versendung das Verbreiten eines Bildnisses nach § 22 S. 1 KUG dar. In dem der Entscheidung des LG München I zugrundeliegenden Sachverhalt war eine solche Verbreitung schon deshalb unzulässig, da es an der erforderlichen Einwilligung nach § 22 S. 1 KUG fehlte und die Verbreitung lediglich dem Zweck diente, die abgebildete Person in den Augen der Empfänger der E-Mail verächtlich zu machen. Eine Persönlichkeitsrechtsverletzung war mithin zu bejahen.

Die Verbreitung von Bildnissen mittels E-Mail oder in Newsgroups folgt keinen anderen regeln als den im Rahmen der Schaustellung auf Websites aufgestellten, so dass insoweit auf die dort erfolgten Ausführungen verwiesen werden kann.

---

625 Vgl. AG Charlottenburg, http://www.jurpc.de, Web-Dok. 193/2000 und die Ausführungen auf S. 83 zum Schutz des Rechts der persönlichen Ehre.
626 Vgl. S. 127 (Fn. 594).

Unterschiede ergeben sich nur insofern, als es sich um eine Verbreitung handelt, für die das Öffentlichkeitsmerkmal nicht erforderlich ist.

c) Der Bildnisschutz im Internet nach US amerikanischem Recht[627]

Auch in den USA sind Fälle bekannt geworden, in denen Bildnisse natürlicher Personen auf Websites zur Schau gestellt oder per E-Mail verbreitet wurden. So kam es beispielsweise zur Schaustellung manipulierter Nacktfotos berühmter Persönlichkeiten, deren Gesichter auf nackte Körper dritter Personen aufgesetzt wurden[628]. Oder es wurden tatsächlich angefertigte Nacktfotos nicht prominenter Personen auf Websites veröffentlicht, die zusätzlich Name, Adresse, geschäftliche und private Telefonnummern und E-Mail-Adressen enthielten[629].

aa) False Light

Ein Schutz der Abgebildeten kommt hier nach dem Deliktstatbestand des *False Light* in Betracht. Im Unterschied zur *Defamation* schützt der *False Light* Tatbestand nicht den guten Ruf einer Person in den Augen anderer als vielmehr deren Gefühlswelt vor Verletzungen[630]. Nach dem *Restatement (Second) of Torts Sec. 652 E* ist der Schutz dieses Tatbestandes wie folgt ausgestaltet:

> *„Publicity Placing Person in False Light – One who gives publicity to a matter concerning another that places the other before the public in a false light is subject to liability to the other for invasion of his privacy, if (a) the false light in which the other was placed would be highly offensive to a reasonable person, and (b) the actor had knowledge of or acted in reckless disregard as to the falsity of the publicized matter and the false light in which the other would be placed."*

Daraus ergeben sich die Voraussetzungen, die für eine Verletzung bei der Veröffentlichung eines Bildnisses im Internet vorliegen müssen: Der Beklagte muss zunächst öffentlich gehandelt haben. Ferner muss die angegriffene Darstellung falsch sein und sich auf den Kläger beziehen, dieser muss mithin erkennbar

---

[627] Eine Erörterung der Rechtslage in den USA erfolgt im Rahmen dieser Darstellung ebenfalls unter Ausschluss urheberrechtlicher Fragestellungen.

[628] Vgl. *Effross*, A dressing down for digital drag: Image manipulation on the Internet.

[629] Vgl. *Effross*, Steam heat but false light: Nude images on the Internet. Vgl. auch *Carpenter*, Virginia Journal of Law and Technology Spring 2001, Paragraph 1 f.

[630] *Börger*, Deliktischer Rechtsschutz gegenüber Presseveröffentlichungen S. 186.

sein[631]. Weiterhin muss die Veröffentlichung des Bildnisses für den Abgebildeten in hohem Maße verletzend sein *(Highly Offensive)*, was sich danach beurteilt, ob sie einen durchschnittlichen Betroffenen nachhaltig verletzt hätte[632]. Und schließlich ist bei dem Beklagten *Actual Malice* erforderlich, also Kenntnis oder rücksichtlose Missachtung von der Falschheit der Darstellung und deren Auswirkungen für den Betroffenen.

Übertragen auf die eingangs genannten Beispiele ergibt sich hier folgendes Bild: Eine öffentliche Darstellung ist sowohl bei der Veröffentlichung von Bildnissen auf Websites als auch bei der Versendung als E-Mail in der Regel gegeben[633]. Auch die Erkennbarkeit ist zu bejahen: Sowohl bei denjenigen Bildern, deren Echtheit der Kläger nicht bestreitet, als auch bei manipulierten (Nackt-) Fotos ist dies der Fall[634]. Bei manipulierten Nacktfotos lässt sich das falsche Licht, in dem der Betroffene erscheint, damit begründen, dass suggeriert wird, der Kläger habe sich tatsächlich so ablichten lassen[635]. In den oben genannten Fällen, in denen die tatsächlich und mit Einwilligung der abgebildeten Person angefertigten (Nackt-) Fotos auf Websites zur Schau gestellt oder in E-Mails verbreitet werden, wird ebenfalls der unzutreffende Eindruck erweckt, die abgebildete Person habe die Bilder selbst verbreitet[636]. Bei den Darstellungen auf Websites, die wie gezeigt zu einer Bedrohung des Abgebildeten führen können, müssen schließlich ebenfalls Umstände vorliegen, welche die betroffene Person in einem falschen Licht erscheinen lassen. Und auch die beiden letzten Voraussetzungen des *False Light* Tatbestandes – *Highly Offensive* und *Actual malice* – lassen sich bejahen, so dass in derartigen Fällen der *False Light* Tatbestand verwirklicht ist.

Man hat sich dann aber die Frage zu stellen, wie in derartigen Fällen das Verhältnis des *False Light* Tatbestandes zum *First Amendment* ausgestaltet ist. In einer Entscheidung, der die Konstellation manipulierter Bildnisse zugrunde lag, stellte das Gericht fest, dass weitere Beeinträchtigungen drohen würden, wollte man das *First Amendment* als Vorwand für ein solches irreführendes Vorbringen

---

631 Vgl. *Börger*, Deliktischer Rechtsschutz gegenüber Presseveröffentlichungen S. 188 f. m.w.N. aus der US amerikanischen Rechtsprechung.

632 *Börger*, Deliktischer Rechtsschutz gegenüber Presseveröffentlichungen S. 195.

633 Der Grundgedanke der hier für das deutsche Recht entwickelten Ausnahmen lässt sich insoweit auch auf das Öffentlichkeitserfordernis des *False Light* Tatbestandes übertragen.

634 Zu letzteren *Effross*, A dressing down for digital drag: Image manipulation on the Internet. Ausführlich zur Erkennbarkeit *Börger*, Deliktischer Rechtsschutz gegenüber Presseveröffentlichungen S. 189 m.w.N. aus der Rechtsprechung.

635 *Effross*, A dressing down for digital drag: Image manipulation on the Internet.

636 Vgl. *Effross*, A dressing down for digital drag: Image manipulation on the Internet: „However, the e-mail that combined her [the plaintiff's] personal information and sexual invitation with this image wrongly and offensive implied that she had distributed this material herself and that she was promiscuous."

heranziehen[637]. Es ist in derartigen Fällen also von dem Überwiegen des *Right to Privacy* auszugehen.

bb) Appropriation

Werden Bildnisse auf Websites zur Schau gestellt oder mittels E-Mail verbreitet, so kommt nach US amerikanischem Recht neben dem *False Light* Tatbestand der Deliktstatbestand der *Appropriation* in Betracht. Dieser *Tort* schützt den Betroffenen vor der Verwendung seines Namens oder seines Bildnisses durch Dritte. So heißt es im *Restatement (Second) of Torts Sec. 652 C*:

> *„One who appropriates to his own use or benefit the name or likeness of another is subject to liability to the other for invasion of privacy."*

Dem *Appropriation Tort* liegt der Gedanke zugrunde, dass die Gefühle des Klägers durch die Verwendung seines Namens oder seines Bildnisses verletzt werden[638]. Im Gegensatz zu dem im Anschluss zu erörternden *Right of Publicity*, das dem Einzelnen das Recht gewährt, selbst über die kommerzielle Verwendung seines Bildnisses zu entscheiden, steht bei dem Tatbestand der *Appropriation* die Verletzung der inneren Gefühlswelt im Vordergrund[639].

Da es sich bei der *Appropriation* um eine Spielart des *Right to Privacy* handelt, muss der Kläger geltend machen, dass er durch den unbefugten Gebrauch seiner Persönlichkeitsrechte durch den Beklagten erkennbar ist und weiter, dass dieser Gebrauch einen messbaren Schaden in seiner Gefühlswelt oder Würde hervorgerufen hat[640].

Schließlich muss der Betroffene nachweisen, dass sein Name oder sein Bildnis von dem Beklagten zu dessen Vorteil verwendet wurde, was beispielsweise bei der Verwendung zu Werbezwecken der Fall ist[641]. Aus dem *Restatement (Second) of Torts Sec. 652 C, Comment b* ergibt sich aber, dass der Tatbestand der *Appropriation* auch gegeben sein kann, wenn der Beklagte keinen gewerblichen oder geldwerten Nutzen mit dem Gebrauch des Namens oder Bildnisses verfolgt[642]. Für die oben beispielhaft genannten Fallgruppen ergibt sich somit fol-

[637] Vgl. dazu *Effross*, A dressing down for digital drag: Image manipulation on the Internet.

[638] *Börger*, Deliktischer Rechtsschutz gegenüber Presseveröffentlichungen S. 201.

[639] Nach *Börger*, Deliktischer Rechtsschutz gegenüber Presseveröffentlichungen S. 201 haben die amerikanischen Gerichte im Laufe der Entwicklung des *Right to Privacy* zunehmend betont, dass der *Appropriation* Tatbestand auch vermögenswerte recht des Klägers schützt.

[640] Carpenter, Virginia Journal of Law and Technology 2001, Paragraph 32.

[641] Vgl. *Börger*, Deliktischer Rechtsschutz gegenüber Presseveröffentlichungen S. 204 m.w.N.

[642] *Restatement (Second) of Torts Sec. 652 C, Comment b* lautet: "Apart from statute, however, the rule stated is not limited to commercial appropriation. It applies also when the

gendes Bild: Websites, die manipulierte Nacktfotos berühmter Persönlichkeiten enthalten, verlangen von den Nutzern oftmals die Entrichtung einer Zugangsgebühr oder platzieren auf diesen Seiten gegen Entgelt Werbung. Die Darstellung derartiger Bildnisse dient dann gerade dazu, möglichst viele Nutzer anzulocken und von diesen Zugangsgebühren zu erhalten. Für diesen ersten Fall ergibt sich damit, dass das Bildnis zum Vorteil des Verletzers verwendet wird[643].

Eine andere Beurteilung ergibt sich bei den Bildnissen, die auf Websites zur Schau gestellt oder per E-Mail verbreitet werden, um sich an dem Angebildeten zu rächen und diesen in ein schlechtes Licht zu rücken. Hier verfolgt der Verletzer keinen weiteren Nutzen mit der Darstellung, die ein Eingreifen des *Appropriation* Tatbestandes rechtfertigen würde[644].

Manche Stimmen gehen aber davon aus, dass gerade der *Appropriation* Tatbestand keinen ausreichenden Schutz biete, wenn Bildnisse auf Websites gezeigt werden oder dort der Name des Verletzten genannt wird[645]. Es wird daher vorgeschlagen, einen Schutz über das *Right of Publicity* zu erzielen.

cc) Right of Publicity

Das *Right of Publicity* wurde in den 50er Jahren des vergangenen Jahrhunderts entwickelt, um den neuen Technologien – namentlich Rundfunk und Fernsehen – zu begegnen, durch die eine Vermarktung der Identität berühmter Personen an einen unüberschaubaren Personenkreis drohte[646]. Das *Right of Publicity* wird umschrieben als „the right of every person to control the commercial use of his or her identity"[647]. Zwei Gründe waren hauptsächlich ausschlaggebend für die Entwicklung des *Right of Publicity*: Erstens waren viele Gerichte der Auffassung, dass berühmte Personen keine Rechte aus dem *Appropriation* Tatbestand geltend machen könnten, da sie sich freiwillig in das Licht der Öffentlichkeit begeben und damit auf einen Teil ihrer geschützten Privatsphäre verzichtet hät-

---

defendant makes use of the plaintiff's name or likeness for his own purposes and benefit, even though the use is not a commercial one, and even though the benefit sought to be obtained is not a pecuniary one."

643 Vgl. auch *Effross*, A dressing down for digital drag: Image manipulation on the Internet.

644 Von dem *Appropriation* Tatbestand ist diejenige Berichterstattung nicht erfasst, an der ein öffentliches Informationsinteresse (*Newsworthiness*) besteht, vgl. *Börger*, Deliktischer Rechtsschutz gegenüber Presseveröffentlichungen S. 206. Das Merkmal der *Newsworthiness* wird von amerikanischen Gerichten sehr weit ausgelegt und ist nicht nur auf die Verbreitung von Nachrichten über gegenwärtige Ereignisse beschränkt, vgl. *Börger* a.a.O.

645 So *Carpenter*, Virginia Journal of Law and Technology Spring 2001, Paragraph 32 ff. Zum möglichen Eingreifen des *Right of Publicity* vgl. auch *Effross*, A dressing down for digital drag: Image manipulation on the Internet.

646 Zur Entwicklung des *Right of Publicity* vgl. *Carpenter*, Virginia Journal of Law and Technology Spring 2001, Paragraph 7 ff.

647 *Carpenter*, Virginia Journal of Law and Technology Spring 2001, Paragraph 7.

ten[648]. Und zweitens wurde das *Right to Privacy* vielfach als unzureichend bezüglich des Schutzes der Interessen der Betroffenen an der Wahrung ihrer Identität angesehen[649].

Eine Vereinbarkeit des *Right of Publicity* mit dem *First Amendment* ist nach Ansicht des U.S. Supreme Court ebenfalls gegeben[650]. Es besteht zwar die Möglichkeit, dass sich derjenige, der sich einer Klage wegen einer Verletzung des *Right of Publicity* ausgesetzt sieht, darauf beruft, dass seine Publikation dem Schutz des *First Amendment* unterfällt. Dann ist folgende Unterscheidung zu treffen: Hat er das Bildnis zu Informationszwecken veröffentlicht, so stehen dem Abgebildeten keine rechtlichen Schritte unter dem Gesichtspunkt des *Right of Publicity* zu; wurde es hingegen zu gewerblichen Zwecken verwendet, so überwiegt das *Right of Publicity* gegenüber dem *First Amendment*[651].

Allerdings besteht auch beim *Right of Publicity* keine Einigkeit, welche Personen sich auf eine Verletzung dieses Rechts berufen können. Da der entscheidende Unterschied des *Right of Publicity* zum *Appropriation* Tatbestand darin besteht, dass ersteres vor Beeinträchtigungen der Verdienstmöglichkeiten des Klägers schützen will[652], waren manche Gerichte der Auffassung, dass sich nur sogenannte *Public Figures* auf das *Right of Publicity* berufen könnten, da nur diese die Möglichkeit hätten, ihre Persönlichkeit gewerblich zu vermarkten[653]. Dennoch wird auch ein *Right of Publicity* für solche Personen anerkannt, die nicht zu den *Public Figures* zählen, doch müssen hierfür besondere Voraussetzungen gegeben sein: Als Anzeichen für die Möglichkeit der Vermarktung ihrer Person wird die Tatsache angesehen, dass der Publizierende hohe Kosten für die Veröffentlichung in herkömmlichen Medien aufgewendet hat[654]. In diesen Fällen spricht eine Vermutung für einen „kommerziellen Wert" der Persönlichkeit des Abgebildeten[655]. *Carpenter* hat zutreffend darauf hingewiesen, dass diese in den USA für die herkömmlichen Medien entwickelten Grundsätze für *Non-Celebrities* nicht ohne weiteres auf das Internet übertragen werden können, da es dem einfachen Nutzer im Internet ohne detaillierte Fachkenntnisse möglich ist, Inhalte in professioneller Art und Weise zu publizieren, was noch durch den Umstand verstärkt wird, dass eine theoretisch unbegrenzter Personenkreis erreicht werden kann und zu vernachlässigende Kosten für den Publizierenden

648 *Carpenter*, Virginia Journal of Law and Technology Spring 2001, Paragraph 7.
649 Vgl. dazu *Carpenter*, Virginia Journal of Law and Technology Spring 2001, Paragraph 7.
650 *Zacchini v. Scripps-Howard Broadcasting Co.*, Supreme Court of the United States, 433 U.S. 562 (1977), abrufbar unter http://www.bc.edu/bc_org/avp/cas/comm/free_speech/zacchini.html.
651 Vgl. dazu *Carpenter*, Virginia Journal of Law and Technology Spring 2001, Paragraph 22.
652 *Börger*, Deliktischer Rechtsschutz gegenüber Presseveröffentlichungen S. 210 f.
653 Vgl. die bei *Carpenter*, Virginia Journal of Law and Technology Spring 2001, Paragraph 17 genannten Nachweise.
654 *Carpenter*, Virginia Journal of Law and Technology Spring 2001, Paragraph 42.
655 *Carpenter*, Virginia Journal of Law and Technology Spring 2001, Paragraph 42.

entstehen[656]. Da sich die Mehrzahl der Internetnutzer beim Surfen im Internet einschlägiger Suchmaschinen bedient, wird es für die eben angesprochenen Publizierenden möglich, eine große Zahl an Nutzern zu erreichen, wenn sie ihre Website mit sog. Meta Tags versehen, die populäre Key Words enthalten[657]. *Carpenter* sagt daher, dass ein neuer internetspezifischer Ansatz gewählt werden muss: Der Personenkreis, der sich auf den Schutz des *Right of Publicity* berufen kann, umfasse sowohl berühmte Persönlichkeiten als auch sog. *Non-Celebrities*. Der wirtschaftliche Wert, der dem *Right of Publicity* Kläger zukomme, müsse losgelöst von hergebrachten Bemessungsgrundlagen bestimmt werden. Er könne nicht mehr aufgrund hoher Kosten für den Druck bestimmt werden als vielmehr anhand der Besucherzahlen einer Website[658]. Die Rechtsprechung zum *Right of Publicity* in herkömmlichen Medien setzt voraus, dass nur ein begrenzter Raum für veröffentlichte Inhalte besteht und dass ein stärkeres Interesse der Leser an Informationen über Berühmtheiten besteht. Für das Internet gilt dies aber wie eben dargestellt nicht mehr uneingeschränkt, da dem Ersteller einer Website ein nahezu unbegrenzter Raum für seine Informationen zur Verfügung steht. Auch darin sieht *Carpenter* einen weiteren Grund, warum die Rechtsprechung zum *Right of Publicity* ihre bisherigen Positionen angesichts der Besonderheiten des Internet überdenken müsste[659].

Als Ergebnis lässt sich somit festhalten, dass der Bildnisschutz im Internet nach US amerikanischem Recht auf drei Arten gewährleistet wird: Durch die Deliktstatbestände *False Light* und *Appropriation* sowie durch das *Right of Publicity*.

III. Der Schutz des Namens

1.) Einführung

Auf dem Gebiet des Domainnamensrechts kann auf eine Fülle von Literatur und Rechtsprechung zurückgegriffen werden, die sich mit den verschiedensten Konstellationen im Zusammenhang mit Domainnamen beschäftigt. Im Rahmen der vorliegenden Untersuchung sollen die Problemfelder herausgegriffen werden, bei denen persönlichkeitsrechtliche Aspekte tangiert werden können, na-

[656] *Carpenter*, Virginia Journal of Law and Technology Spring 2001, Paragraph 43.

[657] Meta Tags können gewissermaßen unsichtbar in eine Website integriert werden und verfolgen den Zweck, von Suchmaschinen bei Erkennen des entsprechenden Schlagworts gefunden und im Rahmen des Suchergebnisses aufgelistet zu werden. Werden als Meta Tags häufig vorkommende Schlagworte oder berühmte Kennzeichen verwendet, so erhöhen sich die Chancen, dass die Website in dem Suchergebnis auftaucht, vgl. *Köhler/Arndt*, Recht des Internet Rn. 471.

[658] *Carpenter*, Virginia Journal of Law and Technology Spring 2001, Paragraph 44.

[659] *Carpenter*, Virginia Journal of Law and Technology Spring 2001, Paragraph 47 ff. mit weiteren Nachweisen zu populären Websites, die non-celebrities betreffen.

mentlich die Fälle des Domaingrabbing bzw. Cybersquatting[660]. In der Praxis besteht hier meist Streit darüber, wem ein bestimmter Domainname in namensrechtlicher Hinsicht zusteht, und ob ein Dritter, der Rechte an der streitbefangenen Domain geltend macht, Aufgabe und gegebenenfalls Übertragung dieser Domain verlangen kann[661].

a) Der Schutz des Namens nach § 12 BGB als Ausprägung des allgemeinen Persönlichkeitsrechts

Der bürgerlich-rechtliche Namensschutz ist in der hierfür grundlegenden Norm des § 12 BGB gewährleistet[662]. Das Namensrecht des § 12 BGB ist eine spezialgesetzliche Ausprägung des durch Art. 2 Abs. 1 GG i.V.m. Art. 1 Abs. 1 GG geschützten allgemeinen Persönlichkeitsrechts[663]. Ebenso wird das Namensrecht des § 12 BGB als sonstiges Recht im Sinne des § 823 Abs. 1 BGB geschützt[664]. Der persönlichkeitsrechtliche Charakter des Namensrechts ist zumindest für natürliche Personen grundsätzlich unbestritten[665], doch wird das Namensrecht in den Fällen, in denen es der Bezeichnung eines Unternehmens dient und dessen Identitätsinteresse im Wettbewerb schützt, von einigen Stimmen als Immaterialrechtsgut angesehen[666]. Insbesondere das Namensrecht juristischer Personen wird als reines Immaterialrechtsgut erachtet[667]. Ungeachtet der dogmatischen Unterschiede bezüglich der Klassifizierung des Namensrechts als Persönlich-

[660] Es handelt sich bei diesen oft synonym verwendeten Begriffen um Fälle, in denen sich eine Person eine Vielzahl – oftmals mehrere tausend – von Domainnamen registrieren lässt, denen im Wirtschaftsleben oder aufgrund sonstiger Vorteile, z.B. wegen besonderer Einprägsamkeit, spezielle Bedeutung zukommt, um diese später den wahren Berechtigten dieser Namen gegen Zahlung einer entsprechenden Summe zu überlassen. Auf diese Praxis wird an späterer Stelle noch genauer einzugehen sein. Relevanz kommt dem Domaingrabbing außer unter persönlichkeitsrechtlichen Aspekten noch in marken- und wettbewerbsrechtlicher Hinsicht zu.

[661] Gerade in der zuletzt erwähnten Fragestellung des Anspruchsinhalts und auch des Anspruchsgegners besteht kein Konsens.

[662] Vgl. dazu nur Soergel-*Heinrich*, § 12 BGB Rn. 1 ff. Zur geschichtlichen Entwicklung des zivilrechtlichen Namensschutzes in § 12 BGB ausführlich *Klippel*, Der zivilrechtliche Schutz des Namens S. 237 ff.; *Götting*, Persönlichkeitsrechte als Vermögensrechte S. 70 ff.

[663] Erman-*Westermann*, § 12 BGB Rn. 2; *Larenz/Wolf*, Allgemeiner Teil des Bürgerlichen Rechts § 8 Rn. 9; *Prell*, Das Namensrecht der Gemeinden S. 22; *Starck*, Art. 1 Abs. 1 GG Rn. 100 in: v.Mangoldt/Klein/Starck. Aus der Rechtsprechung des BVerfG vgl. BVerfGE 78, 38, 49 = BVerfG NJW 1988, 1577; BVerfGE 97, 391, 399 f.

[664] Vgl. Soergel-*Heinrich*, § 12 BGB Rn. 19.

[665] Vgl. Soergel-*Heinrich*, § 12 BGB Rn. 20 f.

[666] Diese Ansicht vertreten beispielsweise v.Staudinger-*Weick/Habermann*, § 12 BGB Rn. 41; Erman-*Westermann*, § 12 BGB Rn. 2. Eingehend zu den hierzu vertretenen Meinungen Soergel-*Heinrich*, § 12 BGB Rn. 21 f.

[667] Vgl. die Nachweise bei Soergel-*Heinrich*, § 12 BGB Rn. 21 (Fn.124).

keits- oder Immaterialrechtsgut[668] soll im Rahmen der vorliegenden Arbeit gerade im Hinblick auf Domainstreitigkeiten der Namensschutz natürlicher, aber auch juristischer Personen behandelt werden. Denn gerade beim sog. Domaingrabbing stellt sich die Frage, ob und inwiefern sich juristische Personen unter dem Gesichtspunkt des § 12 BGB gegen die Verwendung ihrer Ansicht nach dem Anspruchsgegner nicht zustehender Domains zu Wehr setzen können.

aa) Der von § 12 BGB geschützte Personenkreis

Dem Namensschutz des § 12 BGB unterfallen zunächst die natürlichen Personen. Ihr gesetzlich vorgeschriebener und kraft Gesetzes erworbener bürgerlicher Name wird geschützt. Dieser Schutz umfasst in erster Linie den Familiennamen einschließlich Adelsbezeichnungen und grundsätzlich auch das Pseudonym[669].

Obwohl die Vorschrift des § 12 BGB im Allgemeinen Teil des BGB unter der Überschrift „Natürliche Personen" steht, kommt auch juristischen Personen des Privatrechts grundsätzlich der Schutz des § 12 BGB zu, ungeachtet der Frage, ob es sich dabei um ein Persönlichkeits- oder Immaterialrechtsgut handelt, da sie ebenso wie die natürlichen Personen ein schutzwürdiges Interesse an dem Namensschutz haben können[670]. Aber auch auf nichtrechtsfähige Personenvereinigungen des Privatrechts findet der Schutz des § 12 BGB Anwendung[671]. Schließlich kommt der Namensschutz auch den juristischen Personen des öffentlichen Rechts zu[672].

bb) Die von § 12 BGB geschützten Objekte

Der Schutzbereich des § 12 BGB wird extensiv ausgelegt, so dass auch Firmenteile oder Firmenabkürzungen, die im Verkehr eine schlagwortartige Bedeutung für den vollständigen Firmennamen erlangt haben, nach der Rechtsprechung

[668] Immaterialrechtsgüter sind subjektive Rechte, die an unkörperlichen Gütern bestehen und einen selbständigen Vermögenswert haben. Im Gegensatz dazu handelt es sich bei Persönlichkeitsrechten um solche Rechte, deren Gegenstand mit Würde und Entfaltung der Persönlichkeit zusammenhängt, vgl. v.Staudinger-*Weick/Habermann*, § 12 BGB Rn. 37.

[669] Einzelheiten hierzu bei MüKo-*Schwerdtner*, § 12 BGB Rn. 41 ff.; Soergel-*Heinrich*, § 12 BGB Rn. 27 f., insbesondere Rn. 119 ff. für den namensrechtlichen Schutz von Pseudonymen. Eingehend zu den geschützten Bezeichnungen der natürlichen Person unter Einbeziehung des Geburts- und Vornamens, des Pseudonyms, des Adelsnamens, der Firma des Einzelkaufmanns sowie sonstiger Kennzeichen wie z.B. Wappen auch *Klippel*, Der zivilrechtliche Schutz des Namens S. 447 ff.

[670] Vgl. MüKo-*Schwerdtner*, § 12 BGB Rn. 51 ff.; Soergel-*Heinrich*, § 12 BGB Rn. 29 ff.

[671] Soergel-*Heinrich*, § 12 BGB Rn. 31.

[672] Soergel-*Heinrich*, § 12 BGB Rn. 135.

dem Schutz des § 12 BGB unterfallen[673]. Und auch Abkürzungen, Namensteile, Schlagworte, sonstige geschäftliche Kennzeichen, Wahrzeichen, Telegrammadressen und schließlich Domainnamen[674] werden dem Schutz des § 12 BGB unterstellt[675].

Hinsichtlich dieser sonstigen namensartigen Kennzeichen gilt es jedoch zu beachten, dass sie nur dann von dem Namensschutz erfasst werden, wenn ihnen originäre Unterscheidungskraft und damit Namensfunktion zukommt oder sie Namensfunktion durch Verkehrsgeltung erworben haben[676]. Namensfunktion kommt einer Bezeichnung nur dann zu, wenn diese geeignet ist, eine Person oder ein Unternehmen unterscheidungskräftig zu bezeichnen[677]. Bei Phantasiebegriffen oder solchen Wörtern, die sich auf den ersten Blick als bloße Aneinanderreihung von Buchstaben darstellen, ist die Namensfunktion dann zu bejahen, wenn sie im Verkehr anerkannt sind, also Verkehrsgeltung besitzen[678]. Die Unterscheidungskraft von Bezeichnungen ist bei solchen der Umgangssprache, geographischen oder Gattungsbezeichnungen grundsätzlich zu verneinen. Schutzfähig im Sinne des § 12 BGB sind derartige Bezeichnungen aber wiederum in den Fällen, in denen sie Verkehrsgeltung erlangt haben[679].

cc) Die von § 12 BGB geschützten Interessen

Bezüglich der von § 12 BGB geschützten Interessen muss danach unterschieden werden, ob der Name innerhalb oder außerhalb des Geschäftsverkehrs gebraucht wird. Der Wortlaut des § 12 S. 1 BGB spricht davon, dass ein *Interesse* des Berechtigten durch den unbefugten Namensgebrauch verletzt wird. Zwar ist der Begriff dieses Interesses grundsätzlich weit auszulegen, doch muss es sich um ein schutzwürdiges Interesse handeln[680]. Bei Namensführungen außerhalb des Geschäftsverkehrs sind Interessen jeglicher Art schutzwürdig, auch wenn es sich bei ihnen um rein persönliche, ideelle oder bloße Affektionsinteressen handelt[681]. Im Wirtschafts- und Geschäftsverkehr hingegen sind nur solche Interessen schutzwürdig, die geschäftlicher Art sind, wobei sich ein solches geschäftli-

---

[673] Vgl. BGHZ 15, 107, 109; BGHZ 11, 214, 215; BGHZ 24, 238, 240 f.; BGHZ 43, 245, 252.

[674] Wobei anfangs strittig war, ob Domainnamen Namen im Sinne des § 12 BGB darstellen. Dazu ausführlich unten S. 150 ff.

[675] Soergel-*Heinrich*, § 12 BGB Rn. 115.

[676] Vgl. Palandt-*Heinrichs*, § 12 BGB Rn. 10; Soergel-*Heinrich*, § 12 BGB Rn. 118.

[677] Palandt-*Heinrichs*, § 12 BGB Rn. 11.

[678] Palandt-*Heinrichs*, § 12 BGB Rn. 11.

[679] Palandt-*Heinrichs*, § 12 BGB Rn. 11.

[680] Vgl. Soergel-*Heinrich*, § 12 BGB Rn. 188.

[681] MüKo-*Schwerdtner*, § 12 BGB Rn. 234.

ches Interesse ausnahmsweise auch aus ideellen Belangen ergeben können soll[682].

dd) Rechtsfolgen

Bei Beeinträchtigungen des Namensrechts ordnet § 12 S. 1 BGB zunächst die Beseitigung derselben an. Nach § 12 S. 2 BGB kann auf Unterlassung geklagt werden, wenn weitere Beeinträchtigungen zu besorgen sind, also Wiederholungsgefahr besteht. Beide Ansprüche sind verschuldensunabhängig.

Da es sich bei dem Namensrecht des § 12 BGB ferner um ein sonstiges Recht im Sinne des § 823 Abs. 1 BGB handelt[683], besteht bei einer schuldhaften Verletzung dieses Rechts überdies ein Schadensersatzanspruch.

b) Domainnamen als Namen im Sinne des § 12 BGB

aa) Das Domain-Name-System

aaa) Die Adressierung[684]

Wie oben[685] gesagt werden die teilnehmenden Rechner im Internet über die IP-Adresse identifiziert. Aus Gründen der Nutzerfreundlichkeit wurde das Domain-Name-System (DNS) eingeführt, das eine Umwandlung der numerischen Adressen in ein weltweit einheitliches, hierarchisch strukturiertes und aus Buchstaben bestehendes Namenssystem und die Zuordnung eines Domainnamens zu einer bestimmten IP-Adresse ermöglichte.

bbb) Der Domainname

Das Domain-Name-System, mithin die eigentlichen Domainnamen sind hierarchisch gegliedert. Es sind mehrere Ebenen zu unterscheiden, die von rechts nach links gelesen werden: Ganz rechts, also rechts nach dem letzten Punkt der Domain, steht die sog. Top Level Domain (TLD), die entweder in thematischer

---

682 Vgl. Palandt-*Heinrichs*, § 12 BGB Rn. 29.
683 Vgl. Soergel-*Heinrich*, § 12 BGB Rn. 19.
684 Eingehend dazu *Bücking*, Domainrecht Rn. 14 ff.; *Bettinger/Freytag*, CR 1999, 28, 29; *Nordemann*, NJW 1997, 1891 f.
685 Siehe S. 22.

Hinsicht bezeichnet, welcher Art die jeweiligen Inhalte auf einer Website sind[686], oder die Aufschluss darüber gibt, durch welche Vergabeorganisation die Second Level Domain vergeben wurde[687].

Es gilt bei den Top Level Domains zu beachten, dass es aufgrund der erforderlichen eindeutigen Bezeichnung der Domains nicht möglich ist, dass unter derselben Top Level Domain zwei identische Second Level Domains bestehen. Unter verschiedenen Top Level Domains können allerdings gleichlautende Domainnamen registriert werden.

Die in namensrechtlicher Hinsicht relevante Second Level Domain (SLD) macht den eigentlichen Domainnamen aus und schließt links an die Top Level Domain an. Die Second Level Domain kann grundsätzlich frei gewählt werden. Unterhalb der Second Level Domain sind weitere Untergliederungen möglich, die sog. Subdomains, die ebenfalls grundsätzlich frei gewählt werden können[688].

ccc) Die Vergabe der Domainnamen

Auf die dezentrale Struktur des Internet wurde bereits oben im 2. Teil dieser Arbeit hingewiesen[689]. Dennoch werden im Bereich des Domain-Name-Systems in Bezug auf die Vergabe der Domainnamen diese Aufgaben aufgrund eines bestimmten Organisationsablaufs wahrgenommen. Das Domain-Name-System wird von der Internet Corporation for Assigned Names and Numbers (ICANN) verwaltet. Die ICANN wurde im Jahre 1999 auf Veranlassung der US-amerikanischen Regierung gegründet; sie ist die Nachfolgerin der IANA (Internet Assigned Numbers Authority), die ursprünglich für die Verteilung und Verwaltung der IP-Adressen und Domainnamen zuständig war und hinter der das US-amerikanische Handelsministerium (Department of Commerce) stand[690]. Bei der ICANN handelt es sich um eine privatrechtliche, gemeinnützige Organisation mit Sitz in Los Angeles, Kalifornien. Das amerikanische Wirtschaftsministerium übt die staatliche Aufsicht über die ICANN aus.

---

686 Hierbei handelt es sich um die sog. generischen Top Level Domains (gTLDs) wie z.B. .com oder .gov.

687 Dies sind die sog. Country Code Top Level Domains (ccTLDs) wie z.B. .de für Deutschland. Eine Übersicht über alle ccTLDs findet sich bei http://www.iana.org/cctld/cctld-whois.htm. Die ccTLDs gegen aber nur Auskunft darüber, in welchem Land die Domain registriert wurde, sie sagen hingegen nicht in jedem Fall auch etwas über die Nationalität des Domaininhabers aus.

688 Zur Veranschaulichung der hierarchischen Struktur der Domainnamen sei an dieser Stelle auf das bei *Bücking*, Domainrecht Rn. 18 enthaltene Schema verwiesen: http://www.subdomain.second-level-domain.top-level-domain.

689 Vgl. oben S. 19.

690 Zu dem Vergabesystem vgl. *Marwitz*, ZUM 2001, 398 ff.; *Renck*, NJW 1999, 3587, 3588; *Bettinger/Freytag*, CR 1999, 28, 29 f.; *Boehme-Neßler*, Cyberlaw S. 92 ff. sowie die Erläuterungen bei http://www.icann.org, insbesondere http://www.icann.org/general/glossary.htm.

Die ICANN schloss mit mehreren Registrierungsstellen Verträge, in denen die Zuständigkeit für die Vergabe der einzelnen Top Level Domains geregelt ist. Die ccTLDs werden von sog. Network Information Centers (NICs) vergeben, für Asien ist dies das Asia Pacific Network Information Center (APNIC) und für Europa das Réseaux IP Européens Network Coordination Centre (RIPE NIC). Tochterorganisationen des RIPE NIC und des APNIC vergeben für die jeweiligen Staaten in ihrem geographischen Registrierungsraum die Second Level Domains unter den einzelnen ccTLDs. So erfolgt in Deutschland die Verwaltung und Vergabe von Second Level Domains unter der ccTLD „.de“ durch die DENIC e.G. mit Sitz in Frankfurt am Main[691]. Alle anderen Top Level Domains werden vom International Network Information Center (InterNIC) vergeben.

Das Vergabeverfahren richtet sich grundsätzlich nach dem Prinzip „first come, first served.“ Dies bedeutet, dass die zuständigen Stellen für denjenigen eine Registrierung des gewünschten Domainnamens vornehmen, der sie zuerst beantragt. Es gilt hier der Prioritätsgrundsatz; eine dahingehende Prüfung, ob die Domain demjenigen auch tatsächlich zusteht, der ihre Registrierung beantragt, erfolgt nicht[692].

bb) Domainnamen als Namen im Sinne des § 12 BGB

Um überhaupt eine Verletzung des Namensrechts anzunehmen, müssten Domainnamen als Namen im Sinne des § 12 BGB angesehen werden können. In Rechtsprechung und Literatur besteht hierüber weitgehend Einigkeit, so dass eine diesbezügliche Darstellung in der gebotenen Kürze erfolgen kann.

Als erstes wegweisendes Urteil bezüglich der Namensfunktion von Internetdomains kann die unter dem Namen „heidelberg.de“ bekannt gewordene Entscheidung des LG Mannheim vom 8.2.1996 gesehen werden[693]. In dieser Entschei-

---

[691] Eine ausführliche Übersicht über die Aufgaben der DENIC e.G. findet sich auf deren Website http://www.denic.de. Hinsichtlich der dort zu findenden Registrierungsbedingungen und Registrierungsrichtlinien ist insbesondere wichtig, dass eine Registrierung der gewählten Second Level Domain unter der Top Level Domain „.de“ durch die DENIC grundsätzlich immer schon dann erfolgt, wenn die Domain nicht bereits für einen Dritten registriert ist, wobei die DENIC sich nach ihren Registrierungsbedingungen nicht verpflichtet sieht zu prüfen, ob die Nutzung durch den Anmelder rechtmäßig ist. Nur bei offensichtlichen Rechtsverletzungen behält sich die DENIC das Recht vor, die Registrierung zu verweigern. Zu Bestrebungen, die Vergabe von Domainnamen und IP-Nummern der Regulierungsbehörde für Telekommunikation und Post (RegTP) zu unterwerfen vgl. *Holznagel*, MMR 2003, 219 ff.

[692] Die DENIC sieht in § 3 Abs. 1 ihrer Registrierungsbedingungen lediglich die Versicherung des Kunden, also desjenigen, der den Registrierungsauftrag stellt, vor, dass dessen Angaben richtig sind und er zur Nutzung der Domain berechtigt ist. Insbesondere darf die Domain keine Rechte Dritter verletzen und nicht gegen allgemeine Gesetze verstoßen, vgl. http://www.denic.de.

[693] LG Mannheim NJW 1996, 2736 – heidelberg.de.

dung führte das LG Mannheim aus, dass die klagende Stadt Heidelberg von der Beklagten nach § 12 S. 2 BGB die Unterlassung der weiteren Benutzung der Internetadresse „heidelberg.de" verlangen könne, da die Verwendung dieses Domainnamens einen unbefugten Gebrauch des Namens der Stadt Heidelberg darstelle[694]. In der Folgezeit ergingen weitere Entscheidungen von Land- und Oberlandesgerichten, die sich mit der Namenseigenschaft von Internetdomains auseinander zu setzen hatten. Diese Gerichte bejahten fast ausnahmslos die Namensfunktion von Second Level Domains, ein Domainname wurde mithin als ein nach § 12 BGB geschütztes namensartiges Kennzeichen angesehen[695]. Die Literatur ist dieser Ansicht der Rechtsprechung überwiegend beigetreten und bejaht ebenfalls einen Namensschutz für Internetdomains[696].

Die entgegengesetzte Auffassung, die Domains keine Namensfunktion zusprechen wollte, kann spätestens seit der Entscheidung des BGH zur rechtswidrigen Verwendung der Domain „shell.de"[697] als obsolet erachtet werden. Der BGH sprach Domains in dieser Entscheidung Namensfunktion im Sinne des § 12 BGB zu. Dieser Entscheidung ist zuzustimmen, da die konträre, hauptsächlich auf technische Aspekte abhebende Sichtweise, auch inhaltlich nicht zu überzeugen vermochte. Zwar ist eine Internetdomain rein technisch gesehen vergleichbar mit einer bloßen Adressierung, da sie den teilnehmenden Rechner im Inter-

---

[694] LG Mannheim NJW 1996, 2736, 2737.

[695] Vgl. z.B. LG Hamburg CR 1997, 157; LG Frankfurt am Main CR 1997, 287 – das.de; LG Braunschweig CR 1997, 414 – braunschweig.de; LG Düsseldorf CR 1998, 165, 170 – epson.de; OLG Hamm, CR 1998, 241, 242 – krupp.de; LG Duisburg MMR 2000, 169; OLG Brandenburg MMR 2001, 174, 175; OLG Köln MMR 2001, 170; LG Berlin K&R 2001, 118; LG München I K&R 2001, 224, 225. Anderer Auffassung war allerdings das LG Köln, CR 1997, 291 f. – pulheim.de, ebenso in seinen beiden Entscheidungen vom 17.12.1996, LG Köln BB 1997, 1121 - kerpen.de (mit ablehnender Anmerkung *Zahrnt* S. 1121) und LG Köln GRUR 1997, 377 – huerth.de. Das OLG Köln als Berufungsinstanz wich jedoch von dieser Rechtsprechung des LG Köln ab und bejahte einen Namensschutz, vgl. OLG Köln, CR 1999, 385. Die Ansicht des LG Köln dürfte damit überholt sein.
Eine höchstrichterliche Rechtsprechung zur Eigenschaft von Domainnamen als Namen im Sinne des § 12 BGB existierte bis zur Entscheidung des BGH vom 22. November 2001 – I ZR 138/99 – shell.de = ZUM 2002, 545 nicht. Zwar hatte der BGH bereits am 17. Mai 2001 erstmalig über die Zulässigkeit von Domainnamen zu befinden gehabt, doch bezogen sich diese Entscheidungen zum einen auf die Verantwortlichkeit der DENIC und zum anderen auf die Zulässigkeit von Gattungsbezeichnungen als Domainnamen, sagten jedoch nichts darüber aus, ob Domainnamen Namensfunktion im Sinne des § 12 BGB zukommt. Die Entwicklung der Rechtsprechung nachzeichnend Ernst, MMR 2001, 368 ff. In der Entscheidung des BGH vom 22. November 2001 – I ZR 138/99 – shell.de = ZUM 2002, 545 hat dieser die Namenseigenschaft von Domains anerkannt.

[696] Vgl. nur *Sick/Richter*, K&R 2000, 339, 342 f.; *Wegner*, CR 1999, 250 ff.; Soergel-*Heinrich*, § 12 BGB Rn. 152a; *Bücking*, MMR 2000, 656; *Thiele/Rohlfing*, MMR 2000, 591, 592; *Fechner*, Medienrecht Rn. 861; *Ernst*, NJW-CoR 1997, 426 f. Einen namensrechtlichen Schutz ablehnend etwa *Schließ*, ZUM 1999, 307, 309; *Wilmer*, CR 1997, 562, 564; *Kur*, CR 1996, 590, 591. Offenlassend *Nordemann*, NJW 1997, 1891, 1892.

[697] BGH, Az. I ZR 138/99 – shell.de = ZUM 2002, 545. Vgl. dazu *Foerstl*, CR 2002, 518 ff.

net bezeichnet. Eine allein auf diesen technischen Gesichtspunkt abstellende Sichtweise würde jedoch übersehen, dass die Mehrzahl der Internetnutzer, die eine Domain aufrufen, mit dieser den hinter der Domain stehenden Anbieter bzw. denjenigen, den sie hinter der Domain vermuten, in Verbindung bringen. Im Gegensatz zu rein technischen Kennungen wie z.B. Telefonnummern kommt einem Domainnamen eine erhöhte Aussagekraft zu, da er Rückschlüsse auf die „hinter ihm" stehende natürliche oder juristische Person zulässt. Daher kommt einem Domainnamen zumindest mittelbare Namensfunktion zu[698].

Zu beachten ist aber, dass ein Domainname wie oben gezeigt aus mehreren hierarchisch aufgebauten Ebenen besteht, der Top Level Domain ganz rechts, der Second Level Domain links neben der Top Level Domain sowie gegebenenfalls weiteren Subdomains. Es stellt sich dann aber die Frage, *welchem* Teil „der Domain" Namensfunktion zukommt, ob also die ganze Domain oder aber gewissermaßen nur ein bestimmter Teil davon Namensfunktion im Sinne von § 12 BGB besitzt.

Eine Gesamtbetrachtung der einzelnen Ebenen einer Domain führt zu dem Ergebnis, dass lediglich der Second Level Domain Namensfunktion im Sinne des § 12 BGB zukommt, da die Top Level Domain, also untechnisch gesprochen die „Endung" des eigentlichen Domainnamens, nicht über namensmäßige Kennzeichnungskraft verfügt; ihr kommt nicht die für einen Namen erforderliche Unterscheidungs- und Kennzeichnungsfunktion zu[699]. In Rechtsprechung und Literatur wird zwar teilweise dieses Verständnis der Second Level Domain als Name im Sinne des § 12 BGB ausdrücklich genannt[700], überwiegend wird jedoch etwas missverständlich davon gesprochen, dass „dem Domainnamen" Namensfunktion zukommt[701]. Zwar wird gerade in den Entscheidungen der Gerichte, die sich mit Second Level Domains zu beschäftigen haben, aus dem Kontext deutlich, dass die Namensfunktion auf die Second Level Domain bezogen wird, doch sollte hier angesichts wünschenswerter Genauigkeit von der Namensfunktion der Second Level Domain gesprochen werden. Ist im folgenden von der Namensfunktion von Domainnamen die Rede, so ist darunter stets diese Second Level Domain zu verstehen.

Wie oben im Rahmen des Ehrenschutzes bereits angesprochen gilt es jedoch zu beachten, dass eine Domain nicht in jedem Fall einen Namen im Sinne des § 12

---

[698] OLG Brandenburg MMR 2001, 174, 175. Auch die Ansicht, die Domainnamen lediglich mittelbare Namensfunktion zuspricht, gelangt zu keinen anderen Ergebnissen hinsichtlich des namensrechtlichen Schutzes, so dass nicht näher auf diese wohl eher theoretische Unterscheidung eingegangen werden soll.

[699] Zutreffend führt diesen Aspekt das OLG Karlsruhe MMR 1999, 604, 605 an und sagt ferner, dass die Top Level Domain gegenüber der Second Level Domain in ihrer Bedeutung für den Gesamteindruck völlig zurücktrete.

[700] Vgl. z.B. LG Duisburg MMR 2000, 168, 169; *Hoffmann*, Beilage zu NJW 14/2001, 16.

[701] Vgl. nur *Kort*, DB 2001, 249, 251; *Sick/Richter*, K&R 2000, 339, 343; OLG Brandenburg MMR 2001, 174, 175 = K&R 2000, 406, 407; LG Berlin K&R 2001, 118.

BGB darstellen *muss*[702]. Vielmehr ist bei der Beurteilung der jeweiligen Second Level Domain festzustellen, ob der gewählte Name Unterscheidungskraft besitzt oder ihm Unterscheidungskraft durch Verkehrsgeltung zukommt. Erforderlich für das Vorliegen eines Namens nach § 12 BGB ist nämlich, dass die Kennzeichnung geeignet ist, eine natürliche oder juristische Person unterscheidungskräftig zu bezeichnen[703]. Fehlt es an diesen Voraussetzungen, so liegt nach den allgemeinen Anforderungen, die im Sinne von § 12 BGB an das Vorliegen eines Namens oder namensähnlichen Kennzeichens zu stellen sind, kein Name im bürgerlich-rechtlichen Sinne vor. Ist umgekehrt durch den Domainnamen eine Unterscheidung von anderen Personen oder Institutionen möglich, so stellt die Internetdomain einen Namen im Sinne des § 12 BGB dar. Erforderlich ist also immer eine dem Einzelfall gerecht werdende Betrachtung, ob dem jeweiligen streitbefangenen Domainnamen die erforderliche Unterscheidungsfunktion zukommt oder nicht; Domainnamen *kann* also Namensfunktion zukommen, zwingend ist dies jedoch nicht[704].

c) E-Mail-Adressen als Namen im Sinne des § 12 BGB

Nachdem vorstehend erörtert wurde, dass Domainnamen der namensrechtliche Schutz des § 12 BGB zukommen kann, soll nun geklärt werden, ob sich dieser Schutz auch auf E-Mail-Adressen erstreckt.

E-Mail-Adressen sind – vergleichbar der URL einer Website – hierarchisch aufgebaut. Sie bestehen vereinfacht gesagt aus zwei Teilen, die voneinander durch das „@"-Symbol getrennt sind. Der vordere Teil vor diesem Symbol bezeichnet meist einen bestimmten Teilnehmer bzw. den Inhaber dieser E-Mail-Adresse, während der Teil nach dem „@" oft Rückschlüsse auf die jeweilige „Organisation" gibt, welcher der Inhaber der Adresse angehört bzw. auf den Provider, der die Einrichtung persönlicher E-Mail-Adressen ermöglicht[705].

Das LG Köln hatte in einem Urteil vom 23.2.2000 entschieden, dass in dem zugrundeliegenden Rechtsstreit der Kläger keinen Anspruch auf Unterlassung der Verwendung eines bestimmten Namens in einer E-Mail-Adresse bzw. einer Website aus § 12 S. 2 BGB habe[706]. Es lehnte diesen Anspruch aber nicht etwa mit der Argumentation ab, einer E-Mail-Adresse komme keine Namensfunktion zu, während ein Anspruch aus § 12 S. 2 BGB aber gerade den unbefugten Gebrauch des gleichen *Namens* voraussetze. Vielmehr führte es aus, dass ein

---

702 Vgl. dazu bereits die Ausführungen auf S. 93 f.
703 Vgl. auch OLG Brandenburg MMR 2001, 174, 175.
704 So auch *Kort*, DB 2001, 249, 251.
705 Eine E-Mail-Adresse kann beispielsweise so aussehen: nutzer@firma.de oder nutzer@provider.com.
706 LG Köln MMR 2000, 437.

unbefugter Gebrauch der *Domain* dann vorliegen könne, wenn schutzwürdige Interessen des Klägers als Namensinhaber verletzt werden, was etwa der Fall der Fall sein könne, wenn durch den Gebrauch der Domain eine Identitäts- oder Zuordnungsverwirrung unter den Internetnutzern entstehe, diese also personelle oder organisatorische Zusammenhänge oder eine Zustimmung des Namensinhabers vermuten[707].

Im Anschluss an diese Ausführungen stellte das LG Köln fest, dass auch keine Verwechslungsgefahr dadurch entstehe, dass an den Namensinhaber gerichtete elektronische Post dem Inhaber der Internet-Domain zugehe. Zur Begründung führte das Gericht an, dass die Gefahr einer falschen Zustellung bei einer E-Mail tatsächlich nicht bestehe, da eine E-Mail in der Regel nicht ohne Kenntnis der entsprechenden Adresse verschickt werde, da es ohne bekannte Adresse nahezu unmöglich sei, dass die E-Mail den gewünschten Empfänger erreiche[708]. Ein Internetnutzer werde daher eine E-Mail nicht auf Verdacht verschicken, sondern er werde sich zunächst nach der entsprechenden Adresse erkundigen, bevor er seine E-Mail versendet[709]. Aus dieser Argumentation wird ersichtlich, dass das Gericht gerade nicht ausdrücklich die Namensfunktion einer E-Mail-Adresse ablehnte, vielmehr wurde nur die Verwechslungsgefahr ausgeschlossen.

Das LG Köln argumentiert hier ungenau, da nicht deutlich wird, ob sich die durch die E-Mail-Adresse drohende Verwechslungsgefahr auf die korrespondierende Internetdomain bezieht oder ob das Gericht damit zum Ausdruck bringen will, dass einer E-Mail-Adresse Namensfunktion zukommen kann und in diesem Rahmen eine mögliche Verwechslungsgefahr untersucht[710].

Bei der Beantwortung der Frage, ob einer E-Mail-Adresse Namensfunktion zukommt, muss vielmehr auf die allgemeinen Grundsätze zurückgegriffen werden, die für Namen im Sinne des § 12 BGB gelten. Für Domainnamen wurde ausgeführt, dass sich für den Nutzer der Name als Rückschluss auf eine bestimmte natürliche oder juristische Person darstellen muss. Aufgrund der Tatsache, dass der durchschnittliche Nutzer einen Domainnamen mit der dahinter stehenden

---

[707] LG Köln MMR 2000, 437, 438.

[708] Vgl. LG Köln MMR 2000, 427, 438.

[709] LG Köln MMR 2000, 437, 438.

[710] Das OLG Köln als Berufungsinstanz hatte die Auffassung des LG Köln bestätigt, lehnte einen Anspruch des Klägers auf Unterlassung der Nutzung eines bestimmten Namens in Form einer E-Mail-Adresse oder Internet-Homepage also ebenfalls ab, OLG Köln MMR 2001, 170 = ZUM 2001, 250. Allerdings befasst sich das OLG in seinen Entscheidungsgründen lediglich mit der Frage, ob ein Unterlassungsanspruch nach § 12 S. 2 BGB in Bezug auf die streitbefangene Website besteht. Auf die Frage hingegen, ob einer E-Mail-Adresse Namensfunktion zukommt, geht das Gericht jedoch mit keinem Wort ein, so dass auch aus dieser Entscheidung nichts darüber gesagt werden kann, ob eine E-Mail-Adresse ein Name im Sinne von § 12 BGB sein kann.

Person in Verbindung bringt, wurde die Namenseigenschaft von Domainnamen grundsätzlich bejaht[711].

Nun wird zwar auch bei E-Mail-Adressen häufig der Name des Inhabers dieser Adresse vor das „@"-Symbol geschrieben. Allerdings ist es anhand der großen Zahl von möglichen Kombinationen nahezu ausgeschlossen, dass E-Mails den gewünschten Empfänger ohne genaue Kenntnis der E-Mail-Adresse auch tatsächlich erreichen. Es bestehen unzählige Internetdienstleister, die dem Nutzer die Einrichtung einer oder mehrerer E-Mail-Adressen seines Wunsches ermöglichen, eine Unterscheidungskraft scheint daher fraglich. Der durchschnittliche Internet- bzw. E-Mail-Nutzer, auf den auch in diesem Zusammenhang wieder abzustellen ist, wird aber in diesen Fällen regelmäßig nicht annehmen dürfen, dass hinter einer E-Mail-Adresse, die als Teil vor dem „@"-Zeichen den Namen einer natürlichen oder juristischen Person enthält, auch in jedem Fall eben diese Person steht. Aus diesem Grund kann der durchschnittliche Internet- und E-Mail-Nutzer in der Regel nicht davon ausgehen, dass eine bestimmte Person tatsächlich unter einer solchen E-Mail-Adresse zu erreichen sein wird. Daher kann in diesen Fällen regelmäßig kein Rückschluss auf eine bestimmte natürliche oder juristische Person erfolgen, die Unterscheidungsfähigkeit derartiger E-Mail-Adressen ist nicht gegeben, so dass diese Adressen keine Namen im Sinne des § 12 BGB darstellen[712].

2.) Mögliche Verletzungen des Namensrechts durch die Neuen Medien

a) Verletzungen durch Websites

Bei Verletzungen des Namensrechts durch Websites sind als Verletzungshandlungen insbesondere die Fälle des sogenannten Domaingrabbing zu erörtern. Wie oben bereits erläutert ist darunter die Registrierung zahlreicher Domains, die den Namen oder die Marke anderer, vornehmlich bekannter natürlicher oder juristischer Personen enthalten, durch eine dritte Person zu verstehen, der keine Namens- oder sonstigen schützenswerten Rechte an der Bezeichnung zustehen. Die Ziele der Domaingrabber liegen in erster Linie darin, dass sie entweder die Zahlung teilweise beträchtlicher Abstandssummen von den Namens- oder Markeninhabern verlangen, um die Domain(s) freizugeben. Oder aber sie nutzen die

---

[711] Zu den Ausnahmen, die sich in diesem Bereich ergeben können vgl. oben S. 152.

[712] Ohne nähere Begründung erstrecken *Gounalakis/Rhode*, Persönlichkeitsschutz im Internet Rn. 222 den namensrechtlichen Schutz des § 12 BGB auch E-Mail-Adressen. Lediglich in den Fällen, in denen unter Verletzung des Namensrechts des Berechtigten eine Domain registriert und im Zuge dessen entsprechende E-Mail-Adressen registriert wurden, kann sich der gegen die weitere Nutzung der Domain gerichtete Unterlassungsanspruch auch gegen die weitere Nutzung der E-Mail-Adresse richten.

Berühmtheit der Namens- und Markeninhaber aus, um Nutzer auf ihre Website zu locken[713].

Namensrechtliche Konflikte können aber nicht nur in den Fällen des Domaingrabbing zu Tage treten, sondern beispielsweise auch dann, wenn mehrere Personen eine identische Second Level Domain unter derselben Top Level Domain begehren, etwa in Fällen der Gleichnamigkeit.

Zwar kann Domainnamen auch unter marken- und wettbewerbsrechtlichen Gesichtspunkten Schutz zukommen[714]. Vielfach wird dieser Schutz für den Betroffenen aber nicht ausreichend sein, da der markenrechtliche Schutz von Domainnamen an die Voraussetzung geknüpft ist, dass der Domainname, gegen den sich der Inhaber der Marke wendet, im geschäftlichen Verkehr benutzt wird[715]. Die Fälle, in denen ein Domainname von einer Privatperson registriert wird, die damit unter Umständen unlautere Zwecke verfolgt, zum Beispiel das Ziel, die Domain dem Inhaber der Marke nach Zahlung einer bestimmten Geldsumme zu überlassen, können zwar von geschäftlichen Interessen desjenigen geprägt sein, der diese Ziele verfolgt, doch stellt dieses Verhalten kein in markenrechtlicher Hinsicht relevantes Verhalten im geschäftlichen Verkehr dar[716]. Vielmehr ist der Markeninhaber in diesen Fällen auf den namensrechtlichen Schutz des § 12 BGB angewiesen.

Auch auf den Schutz von Domainnamen nach Wettbewerbsrecht kann sich der Anspruchsinhaber nur dann berufen, wenn die Handlung, also die Benutzung des Domainnamens, im geschäftlichen Verkehr zu Zwecken des Wettbewerbs erfolgt. Es muss daher zwischen den streitenden Parteien ein Wettbewerbsverhältnis vorliegen. Gerade beim Domaingrabbing ist ein solches Wettbewerbsverhältnis aber eher selten gegeben, da es dem Domain-Grabber in erster Linie nicht darum geht, sich im geschäftlichen Verkehr wettbewerbsrechtliche Vorteile zu verschaffen, sondern darum, den Domainnamen dem eigentliche Berech-

---

713 Weiterhin kann das Verlangen der Domaingrabber dahin gehen, von den Namens- oder Markeninhabern die Zahlung von Lizenzgebühren für die Nutzung der Domain oder aber die Vergabe von Aufträgen zur Errichtung und Gestaltung entsprechender Websites zu fordern, vgl. *Sick/Richter*, K&R 2000, 339, 340. Zum Cybersquatting in Deutschland und den USA unter marken- und wettbewerbsrechtlichen Aspekten ausführlich *Wendlandt*, Cybersquatting, Metatags und Spam S. 403 ff.

714 Zum Schutz von Domains nach Marken- und Wettbewerbsrecht vgl. *Sick/Richter*, K&R 2000, 339 ff.; *Kort*, DB 2001, 249, 251 ff.; *Hoffmann*, Beilage zu NJW 14/2001, 20 ff.; *Freitag* in: Kröger/Gimmy, Handbuch zum Internetrecht S. 344 ff.; *Boehme-Neßler*, Cyberlaw S. 101 ff. Vgl. ferner *Köhler/Arndt*, Recht des Internet Rn. 22 ff. sowie *Bücking*, MMR 2000, 656, 659 ff.; *Joller*, Markenrecht 2000, 341 ff.; *Reinhart*, WRP 2001, 13 ff. Zum markenrechtlichen Schutz vgl. auch *Stein*, Schutz von Name und Kennzeichen gegen eine Verwendung als Domain-Name durch Dritte S. 46 ff.

715 Dazu ausführlich *Kort*, DB 2001, 249, 252. Vgl. ferner *Reinhart*, WRP 2001, 13 ff. Aus der Rechtsprechung nur LG Hamburg MMR 2000, 620, 621 f.; LG München I K&R 2001, 270; LG Hamburg CR 2001, 418, 419 und nun auch BGH MMR 2001, 671 – ambiente.de.

716 So auch *Sick/Richter*, K&R 2000, 339, 345.

tigten gegen Zahlung einer Geldsumme zu überlassen[717]. Auch hier kann aber der namensrechtliche Schutz nach § 12 BGB hilfreich sein.

aa) Domaingrabbing

Beim Domaingrabbing kommen als Verletzungshandlungen nach dem Wortlaut des § 12 BGB die Namensbestreitung (§ 12 S. 1, 1.Alt. BGB) sowie die Namensanmaßung (§ 12 S. 1, 2.Alt. BGB) in Betracht.

aaa) Namensbestreitung

Eine Namensbestreitung liegt vor, wenn dem Namensträger das Recht zum Gebrauch des Namens abgesprochen wird[718]. Dieses Bestreiten kann ausdrücklich geschehen oder durch Handlungen, die konkludent zum Ausdruck bringen, dass der Namensträger zur Namensführung nicht berechtigt ist und gegenüber dem Namensträger selbst, aber auch gegenüber Dritten erfolgen. Die Namensbestreitung muss zu einer Beeinträchtigung des Namensträgers geführt haben, hierfür ist bereits eine einmalige Handlung des Bestreitenden ausreichend[719]. Im Gegensatz zur Namensanmaßung ist nicht erforderlich, dass der Bestreitende den Namen für sich oder sein Unternehmen in Anspruch nimmt.

bbb) Namensanmaßung

Die 2.Alternative des § 12 S. 1 BGB, die wohl bedeutendere Namensanmaßung, ist dann zu bejahen, wenn ein Dritter den gleichen Namen wie der Berechtigte gebraucht, dieses Gebrauchen unbefugt ist und dadurch Interessen des berechtigten Namensträgers verletzt werden. Ein solcher Gebrauch eines fremden Namens ist nicht nur in den Fällen der Identitätstäuschung gegeben, wenn also ein fremder Name für die eigene Person verwendet wird[720], sondern vielmehr auch

[717] Die Verschaffung von Wettbewerbsvorteilen durch Domaingrabbing kann aber in den Fällen zu bejahen sein, in denen die Unternehmenskennzeichnung eines Wettbewerbers als Domain registriert wird (und meistens vielfältige Abwandlungen dieser Kennzeichnung), um diesem dadurch die Benutzung eben dieser Domain unmöglich zu machen und potentielle Kunden, die hinter der Domain ein bestimmtes Unternehmen vermuten, auf die eigene Website zu locken. Vgl. dazu *Boehme-Neßler*, Cyberlaw S. 112.

[718] MüKo-*Schwerdtner*, § 12 BGB Rn. 167.

[719] Soergel-*Heinrich*, § 12 BGB Rn. 170; MüKo-*Schwerdtner*, § 12 BGB Rn. 169.

[720] Zu diesem Gebrauch eines fremden Namens zur Kennzeichnung der eigenen Person vgl. ausführlich MüKo-*Schwerdtner*, § 12 BGB Rn. 176 ff. Hierbei gilt es insbesondere die Kennzeichnungskraft des Namens zu beachten. Ist diese gering, so können schon geringe Abweichungen des benutzten Namens von dem des Berechtigten dazu führen, dass eine Namensan-

in den Fällen, in denen der Anschein erweckt wird, der Namensträger stehe in einer wie auch immer gearteten Beziehung zu der mit diesem Namen bezeichneten Person, Gegenstand oder Leistung[721]. In dem zuletzt genannten Bereich gilt es aber zu beachten, dass eine Namensanmaßung und damit eine Verletzung von § 12 BGB nur dann gegeben ist, wenn die Gefahr einer Zuordnungsverwirrung besteht, da nicht in jeder Benutzung eines fremden Namens automatisch auch immer eine Verletzung des Namensrechts zu sehen ist, eine solche vielmehr nur dann in Betracht kommt, wenn die Leistungen oder Erzeugnisse dem Namensträger zuzurechnen sind, diese mithin als solche des Namensträgers angesehen werden[722].

Unbefugt ist der Namensgebrauch dann, wenn demjenigen, der den Namen gebraucht, kein Recht zur Führung dieses Namens zusteht; nach h.M. ist „unbefugt" gleichbedeutend mit „widerrechtlich" im Sinne des § 823 Abs. 1 BGB[723]. Hinsichtlich der Unbefugtheit ist zu unterscheiden zwischen dem bürgerlichen (Zwangs-) Namen und dem Wahlnamen. Während bei ersterem der Gebrauch des eigenen Namens grundsätzlich nicht unbefugt ist, kann bei Wahlnamen der unbefugte Namensgebrauch insbesondere in den Fällen gegeben sein, in denen dadurch eine Verwechslungsgefahr hervorgerufen wird oder es zu Konflikten mit prioritätsälteren Namensträgern kommt[724].

maßung zu verneinen ist. Insbesondere in Bezug auf den bürgerlichen Namen ist dies der Fall, während im geschäftlichen Bereich in der Regel ausreichend für eine Namensanmaßung sein soll, dass die Bezeichnung nur verwechslungsfähig oder ähnlich sein soll, da gerade bei Namen, denen im wirtschaftlichen Bereich ein gewisser Bekanntheitsgrad zukommt, die Verwechslungsgefahr für die Öffentlichkeit auch schon bei geringen Abweichungen gegeben sein kann.

[721] Diese Konstellation ist insbesondere in den Fällen von gesteigerter Bedeutung, in denen der Name einer Person oder eines Unternehmens ohne deren Wissen bzw. Zustimmung für Werbemaßnahmen verwendet wird. Dazu *Götting*, Persönlichkeitsrechte als Vermögensrechte S. 89 ff.

[722] Vgl. BGHZ 30, 7, 9 f. – Caterina Valente; BGHZ 81, 75, 78 – Carrera. Derartige Zuordnungsverwirrungen sind insbesondere in den Fällen beabsichtigt, in denen der Name zu Werbezwecken verwendet werden soll. Ist eine Zurechnung nach der Art des Namensgebrauchs auszuschließen, so kann die unbefugte Verwendung des Namens eines anderen (zu Werbezwecken) dennoch eine Verletzung des allgemeinen Persönlichkeitsrechts des Namensträgers darstellen, auch wenn dessen spezialgesetzliche Ausprägung des § 12 BGB nicht verletzt ist, vgl. BGHZ 30, 7, 11. Vgl. auch Soergel-*Heinrich*, § 12 BGB Rn. 172; MüKo-*Schwerdtner*, § 12 BGB Rn. 187. In BGHZ 81, 75, 80 zieht der BGH eine Parallele zu dem Bildnisschutz der §§ 22, 23 KUG und führt aus, dass es allein der Entscheidung des Abgebildeten obliege, ob und in welcher Weise er sein Bild den Geschäftsinteressen Dritter zur Verfügung stelle. Gleiches müsse auch für den unbefugten Namensgebrauch in der Werbung gelten; dem Namensträger müsse es mithin vorbehalten sein darüber zu entscheiden, „ob und unter welchen Voraussetzungen sein Name in der Öffentlichkeit in Erscheinung" trete.

[723] Vgl. nur MüKo-*Schwerdtner*, § 12 BGB Rn. 207.

[724] Vgl. Soergel-*Heinrich*, § 12 BGB Rn. 182.

An dieser Stelle kann es bei der Feststellung der Unbefugtheit zu Überschneidungen mit der letzten Voraussetzung des § 12 S. 1, 2.Alt. BGB kommen. Werden durch den Gebrauch des Namens nämlich schutzwürdige Interessen des Berechtigten verletzt, so stellt sich der Namensgebrauch als unbefugt dar. Wie bereits angedeutet wird der Begriff des schutzwürdigen Interesses weit ausgelegt und umfasst nach ständiger Rechtsprechung nicht nur wirtschaftliche Interessen, sondern grundsätzlich jedes Interesse des Namensträgers, auch ein rein persönliches oder ideelles, sogar ein Affektionsinteresse[725]. Die Möglichkeit der Verletzung eines geschäftlichen Interesses kommt insbesondere in Betracht, wenn eine Verwechslungsgefahr gegeben ist, mithin die Gefahr besteht, dass entweder ein Irrtum über die Identität des Unternehmens entsteht oder der Verkehr auf Zusammenhänge wirtschaftlicher, geschäftlicher oder organisatorischer Art schließen kann[726]. In den Bereichen, die nicht dem geschäftlichen zuzurechnen sind, reicht es aus, dass der Berechtigte durch den unbefugten Gebrauch des Namens in irgendeine Beziehung mit dem Verwender gebracht wird[727].

ccc) Lösung

Das Domaingrabbing dürfte ausnahmslos eine unbefugte Namensanmaßung im Sinne von § 12 S. 1, 2.Alt. BGB darstellen. Anders als beispielsweise in den Fällen der Gleichnamigkeit, in denen es ebenfalls zu einer Interessenkollision kommen kann, geht es den Domaingrabbern nicht um solche Interessen, die von der Rechtsordnung als schützenswert empfunden werden, in denen sich der Namensgebrauch folglich nicht als unbefugt darstellt. Für Domaingrabber stehen in erster Linie monetäre Gesichtspunkte im Vordergrund, sei es, dass die Zahlung von Abstandssummen für die Freigabe der Domain verlangt wird, sei es, dass Lizenzgebühren für die Nutzung des betreffenden Domainnamens gefordert werden, oder dass durch den Domainnamen, der eigentlich einem Dritten zusteht, die Internetnutzer auf die Seite des Domaingrabbers gelockt werden sollen.

Beim Domaingrabbing lässt sich eine Person eine Domain registrieren, die zumeist die Bezeichnung bzw. den Namen einer berühmten Person oder Marke wiedergibt . Die eigentlich diesen Namen führende Person kann unter dieser Top Level Domain mit der bestimmten Bezeichnung nicht mehr im Internet präsent sein, da wie oben angesprochen eine Second Level Domain unter derselben Top Level Domain nur ein einziges mal vergeben werden kann.

Bei der Bestimmung, ob durch Domaingrabbing eine Namensbestreitung oder eine Namensanmaßung vorliegt, ist zu konstatieren, dass insbesondere die Lite-

[725] Vgl. nur BGHZ 43, 245, 255.
[726] Vgl. Soergel-*Heinrich*, § 12 BGB Rn. 190.
[727] Vgl. BGHZ 43, 245, 255.

ratur in diesem Zusammenhang teilweise ungenau arbeitet. Zwar wird in den Fällen des Domaingrabbing durchgehend eine Verletzung des Namensrechts angenommen, doch verweisen manche Autoren lediglich darauf, dass dem Berechtigten namensrechtlicher Schutz nach § 12 BGB zustehe, dieser also Beseitigung der Beeinträchtigung (§ 12 S. 1 BGB) oder Unterlassung (§ 12 S. 2 BGB) verlangen könne[728]. Eine genaue Feststellung, ob nun der Tatbestand der Namensbestreitung oder der Namensanmaßung erfüllt ist, erfolgt in vielen Fällen hingegen nicht[729]. Freilich sind die Rechtsfolgen bei beiden Verletzungshandlungen dieselben, nämlich Ansprüche auf Beseitigung der Beeinträchtigung und Unterlassung. Dennoch scheint eine exakte Benennung der Verletzungshandlung ob der Tatsache angebracht, dass die 2.Alt. des § 12 S. 1 BGB, die Namensanmaßung, ein unbefugtes Gebrauchen des Namens und damit einhergehend eine Interessenverletzung des Berechtigten erfordert, während für die 1.Alt. des § 12 S. 1 BGB, die Namensbestreitung, diese Voraussetzungen nicht vorliegen müssen, der Berechtigte also insbesondere kein spezielles Interesse dartun muss.

Es könnte zunächst eine Namensbestreitung im Sinne von § 12 S. 1, 1.Alt. BGB vorliegen. Eine solche liegt wie oben gezeigt vor, wenn dem Namensträger ausdrücklich oder konkludent das Recht zum Führen des Namens abgesprochen wird. Ob die Registrierung einer Domain, die den Namen des im rechtlichen Sinne eigentlich Berechtigten enthält, eine ausdrückliche Bestreitung dessen Namensrechts darstellt, kann dahingestellt bleiben, da in diesem Verhalten zumindest eine konkludente Namensbestreitung gesehen werden könnte. Man könnte nämlich der Auffassung sein, dass derjenige, der eine Domain für sich registrieren lässt, damit schlüssig zum Ausdruck bringt, dass allein seiner Person die Rechte zur Führung des betreffenden Namens in Form der Second Level Domain unter der bestimmten Top Level Domain zustehen, nicht jedoch Dritten. Diese Auffassung vertritt beispielsweise *Ernst*[730], der davon ausgeht, dass der eigentlich Berechtigte aufgrund der Einmaligkeit eines Domainnamens unter einer bestimmten Top Level Domain zur Führung eines anderen Namens gezwungen werde. Zwar werde der Name des Berechtigten nicht wirklich bestritten, vielmehr sei lediglich eine konkrete Verwendungsart des Namens nicht möglich. Die Möglichkeit, einen Namen in einer bestimmten Art zu führen, sei aber Teil des positiven namensrechtlichen Gehalts des Rechts, seinen Namen führen zu dürfen. Eine Namensbestreitung sei in diesen Fällen demgemäß zu bejahen[731].

---

[728] So z.B. *Sick/Richter*, K&R 2000, 339, 343 f.; *Kort*, DB 2001, 249, 255.

[729] Eine genaue Unterscheidung wird aber beispielsweise getroffen bei *Wegner*, CR 1999, 250 ff. und in den Entscheidungen LG Duisburg MMR 2000, 168, 169 f.; OLG Köln ZUM 2001, 250, 251 f.

[730] *Ernst*, NJW-CoR 1997, 426, 427. Dazu auch *Wegner*, CR 1999, 250, 253 f. m.w.N.

[731] *Ernst*, NJW-CoR 1997, 426, 427.

Entgegengesetzter Ansicht ist beispielsweise *Wegner*, der *Ernst* zwar zugibt, dass eine Namensbestreitung nicht ausdrücklich erfolgen muss, sondern vielmehr auch konkludent möglich ist[732]. Dennoch berücksichtige die Auffassung, welche darauf abstellt, dass eine Second Level Domain unter ein- und derselben Top Level Domain nur einmal vergeben werden könne, die Besonderheiten des Internet nicht ausreichend. Vielmehr müsse man sich in erster Linie am Gesetzeswortlaut orientieren und fragen, ob der Domainanmelder tatsächlich konkludent erklärt, dass der eigentliche Berechtigte nicht zum Gebrauch des Namens befugt sei. *Wegner* sagt, dass dies in den Fällen des Domaingrabbings zu bejahen sein könnte, im Falle eines redlichen Anmelders aber wohl eher zu verneinen sei[733].

An dieser Stelle sieht man sich vor die Frage gestellt, welcher der beiden gegensätzlichen Ansichten der Vorzug zu geben ist. Für die erstgenannte Auffassung und damit für eine Namensbestreitung spricht, dass man ein solches Bestreiten tatsächlich dann annehmen könnte, wenn eine weite Auslegung dieses Begriffes zugrunde gelegt wird. Nimmt man nämlich mit den Vertretern dieser Meinung eine Namensbestreitung bereits in all den Fällen an, in denen das Verhalten dem Namensrecht des Berechtigten objektiv zuwiderläuft[734], so stellt die Registrierung einer Domain, die aus dem Namen einer anderen Person besteht, eine Namensbestreitung dar. Denn gerade beim Domaingrabbing, wo viele Domains registriert werden, die den Namen einer Person in vielfältigen Abwandlungen enthalten, ist es dieser Person nicht möglich, mit der gewünschten Domain unter einer bestimmten Top Level Domain im Internet aufzutreten. Dass ein solches Verhalten aber dem Namensrecht des Berechtigten objektiv zuwiderläuft liegt auf der Hand. Dafür könnte auch sprechen, dass es als ausreichend für eine konkludente Namensbestreitung angesehen wird, wenn ein dauerndes Benennen mit dem „falschen" Namen erfolgt[735].

Gegen die Annahme einer Namensbestreitung könnte hingegen sprechen, dass die Fälle, in denen ein fremder Name zur Bezeichnung der eigenen Person, eines Unternehmens oder bestimmter Erzeugnisse gebraucht wird, die typischen Konstellationen einer Namensanmaßung nach § 12 S. 1, 2.Alt. BGB darstellen[736]. Es erscheint fraglich, ob in der Reservierung einer Vielzahl von Domains eine Namensbestreitung gesehen werden kann, da der Name des Berechtigten ja lediglich in seiner konkreten Verwendung als Domainname unter einer bestimmten Top Level Domain nicht genutzt werden kann, also gewissermaßen

[732] *Wegner*, CR 1999, 250, 253.
[733] *Wegner*, CR 1999, 250, 253.
[734] So *Ernst*, NJW-CoR 1997, 426, 427; *Krüger-Nieland*, § 12 BGB Rn. 80 in: BGB-RGRK. Eine Namensbestreitung bejahend LG Frankfurt/Main BB 1997, 1120.
[735] So z.B. Palandt-*Heinrichs*, § 12 BGB Rn. 18.
[736] Vgl. Palandt-*Heinrichs*, § 12 BGB Rn. 21 f.

nur ein Ausschnitt des Namensrechtes beeinträchtigt wird. Insofern ist *Wegner* auch zuzugeben, dass eine andere Ansicht auf einen „mehrdimensionalen Namensraum“ zugeschnitten ist, den Besonderheiten eines „eindimensionalen Namensraumes“ wie dem Internet aber nicht gerecht wird[737]. Nicht gefolgt werden kann *Wegner* hingegen in der Annahme, im Falle einer „Domain-Erpressung“[738] könne unter Umständen von einer Namensleugnung ausgegangen werden. Denn die oben genannten Ziele, die mit dem Domaingrabbing verfolgt werden, also z.B. Zahlung eines bestimmten Betrages zur Freigabe der Domain oder das Locken von Nutzern auf die eigene Website stellen m.E. keine Namensbestreitung als vielmehr den typischen Fall eines unbefugten Namensgebrauches dar. Denn der Domaingrabber stellt nicht, auch nicht konkludent, das Namensrecht des Berechtigten in Abrede. Die Registrierung mehrerer Domains leugnet nicht das Recht des Namensträgers, diesen Namen *generell* zu führen; durch die Registrierung einer Domain wird dem Namensträger nicht schlechthin das Recht zur Namensführung abgesprochen. Ebensowenig sagt derjenige, der die Domain für sich registrieren lässt, dass der Namensträger diese sich nicht auch hätte registrieren lassen dürfen. Die faktische Unmöglichkeit des wahren Berechtigten, seinen Namen dann unter einer bestimmten Top Level Domain zu führen, ist lediglich Nebenfolge des unbefugten Namensgebrauches bedingt durch die Besonderheiten des Domain Name Systems[739]. Wie sogleich zu zeigen sein wird ist gerade auf die Fälle des Domaingrabbings die 2.Alt. des § 12 S. 1 BGB, die unbefugte Namensanmaßung, zugeschnitten[740]. Die Entscheidungen, die von einer Namensbestreitung ausgegangen waren, hatten sich vornehmlich mit der besonderen Problematik zu beschäftigen, welche Rechte dem Namensträger zustehen, falls es zwar noch nicht zu einer Registrierung einer Domain für einen Nichtberechtigten, aber bereits zu einer Reservierung dieser Domain gekommen war. In diesen Fällen der bloßen Reservierung konnte offensichtlich noch kein Namensgebrauch erblickt werden, so dass lediglich auf die Namensbestreitung zurückgegriffen werden konnte. Da die bloße Reservierung einer Domain mittlerweile aber von der DENIC nicht mehr vorgenommen wird, kann wohl nicht mehr flankierend auf diese Entscheidungen zurückgegriffen werden. Die besseren Argumente sprechen mithin dafür, im Domaingrabbing keine Namensbestreitung zu sehen.

Domaingrabbing könnte aber als unbefugter Namensgebrauch im Sinne von § 12 S. 1, 2.Alt. BGB erachtet werden. Die Registrierung einer Domain und die

[737] *Wegner*, CR 1999, 250, 253.
[738] Damit ist wohl das Domaingrabbing gemeint.
[739] Wie hier *Viefhues* in: Hoeren/Sieber, Multimedia-Recht Teil 6 Rn. 230.
[740] So auch *Viefhues* in: Hoeren/Sieber, Multimedia-Recht Teil 6 Rn. 230, der zutreffenderweise darauf hinweist, dass anderenfalls die Namensanmaßung zu einem Unterfall der Namensleugnung gemacht würde.

Erreichbarkeit unter dieser URL stellt unproblematisch einen Namensgebrauch dar[741]. Dieser Namensgebrauch müsste unbefugt sein. Unbefugt ist die Verwendung einer Domain in namensrechtlicher Hinsicht dann, wenn dem Domaininhaber kein Recht an der streitigen Bezeichnung zusteht oder wenn gegen eine Rechtsnorm oder schutzwürdige Belange des Namensträgers verstoßen wird[742]. Beim Domaingrabbing ist die Unbefugtheit des Namensgebrauchs wohl ausnahmslos zu bejahen, da der Domaingrabber weder selbst Träger dieses Namens ist und ihm auch nicht aufgrund besonderer Rechtsvorschriften oder aufgrund einer Gestattung durch den Namensberechtigten das Recht zur Führung dieses Namens zusteht.

Und schließlich müsste dieser unbefugte Namensgebrauch auch schutzwürdige Interessen des wahren Berechtigten verletzen. Eine solche Interessenverletzung ist in all den Fällen anzunehmen, in denen es zu einer Verwechslungsgefahr kommen kann oder aber – und gerade außerhalb des Geschäftsverkehrs ist der Begriff des geschützten Interesses weit auszulegen – persönliche, ideelle oder Affektionsinteressen des Namensträgers beeinträchtigt werden[743]. Es wird als ausreichend angesehen, wenn der Namensträger durch den unbefugten Gebrauch durch einen Dritten mit diesem in irgendeine Beziehung gebracht wird[744]. Wie oben bei der Klärung der Frage, ob einer Domain Namensqualität zukommen kann, angesprochen, bringt die Mehrzahl der Internetnutzer mit einer Domain die dahinterstehende Person in Verbindung. Gerade bei bekannten natürlichen oder juristischen Person liegt diese Vermutung nahe. Dann aber kann es zu einer Verwechslungsgefahr kommen, wenn unter der speziellen Domain nicht eine Website der Person aufgerufen werden kann, die dahinter vermutet wird, sondern die eines Dritten. Demjenigen, der den Namen eines anderen als Domain registrieren lässt, geht es gerade nicht darum, eigene namensrechtliche Interessen wahrzunehmen[745]. An dieser Beurteilung vermag auch die Tatsache nichts zu ändern, dass der Nutzer unter Umständen sofort nach Aufruf der fraglichen Seite erkennen kann, dass es sich nicht um die eigentlich gewünschte Website handelt. Denn zum einen kann es wie *Ernst* zutreffend ausführt, zu einer fortbestehenden Zuordnungsverwirrung hinsichtlich einer möglichen Gestattung der Domain-Nutzung durch den Berechtigten kommen[746]. Und zum anderen ist die rechtlich relevante Namensanmaßung bereits dann gegeben, wenn die Website

---

741 Natürlich ist hier zu beachten, dass ein Namensgebrauch nur dann zu bejahen ist, wenn die Namensfunktion der jeweiligen Second Level Domain gegeben ist. Diese Fragestellung wurde oben bereits eingehend erörtert. An dieser Stelle soll auf diejenigen Second Level Domains eingegangen werden, denen eine derartige Namensfunktion zukommt.

742 *Ernst*, NJW-CoR 1997, 426, 427; Palandt-*Heinrichs*, § 12 BGB Rn. 25. Vgl. auch *Stein*, Schutz von Name und Kennzeichen gegen eine Verwendung als Domain-Name durch Dritte S. 170.

743 LG Duisburg MMR 2000, 168, 170; OLG Köln ZUM 2001, 250, 251 f.

744 OLG Köln ZUM 2001, 250, 252.

745 Wie dies beispielsweise bei der noch zu erörternden Gleichnamigkeit der Fall sein kann.

746 *Ernst*, NJW-CoR 1997, 426, 427.

aufgerufen werden *kann* und nicht erst, wenn es tatsächlich zu einem Aufruf kommt.

Nun mag man einwenden, dass es angesichts der Tatsache, dass es schon durch kleine Abwandlungen des Namens wieder möglich ist, eine Website zu registrieren und dort Inhalte bereitzuhalten, nicht zu nennenswerten Beeinträchtigungen des Namensträgers kommt. Diese Sichtweise würde aber die wahre Problematik verkennen und den Gegebenheiten im Internet nicht gerecht werden. Denn findige Domaingrabber beschränken sich nicht allein auf die alleinige Registrierung des Domainnamens, den der durchschnittliche Internetnutzer in erster Linie mit der dahinter stehenden Person in Verbindung bringt. Vielmehr lassen sie eine Vielzahl von möglichen Domains für sich registrieren, die aus Abwandlungen oder Zusätzen bestehen. Damit wird es erstens dem eigentlichen Namensberechtigten erschwert oder gar gänzlich unmöglich, unter der gewünschten Top Level Domain einen Domainnamen für sich registrieren zu lassen, und zweitens wird so eine erheblich größere Zahl an Internetnutzern auf die Seite des Domaingrabbers gelockt.

Zusammenfassend lässt sich festhalten, dass Domaingrabbing eine Namensanmaßung im Sinne von § 12 S. 1, 2.Alt. BGB darstellt, eine Verletzung des Namensrechts jedenfalls gegeben ist.

bb) Verwechslungsfähige Domainnamen

Im engen Zusammenhang mit der vorgenannten Problematik des Domaingrabbing ist die Frage zu sehen, ob sich der Namensschutz des § 12 BGB auch auf verwechslungsfähige Domains erstreckt. Hier unterscheiden sich die Domainnamen von dem geschützten Namen schon in der Schreibweise. Dadurch wird aber die Frage aufgeworfen, ob auch derartige Domainnamen rechtlichen Schutz genießen[747].

Eine ihm Schutz bietende Norm könnte erneut § 12 BGB darstellen. Auch hier kommt die Variante des § 12 S. 1, 2.Alt. BGB, die Namensanmaßung, in Betracht. Dafür müssten aber auch Domainnamen, die sich von dem Namen des

[747] Das deutsche Markengesetz bietet dem Inhaber einer Marke gemäß §§ 14, 15 MarkenG nicht nur Schutz, wenn ein Dritter ein mit der geschützten Marke identisches Zeichen benutzt, sondern auch, wenn das durch den Dritten verwendete Zeichen mit dem geschützten Kennzeichen verwechselt werden kann oder es geeignet ist, die Unterscheidungskraft oder Wertschätzung der geschützten Marke in unlauterer Weise auszunutzen oder zu beeinträchtigen[747]. Daraus folgt, dass das MarkenG dem Markeninhaber auch dann einen Unterlassungsanspruch gegen Dritte gewährt, wenn der durch diese verwendete Domainname mit dem Namen des Berechtigten zwar nicht identisch ist, mit diesem aber aufgrund der Zeichenähnlichkeit verwechselt werden kann. Zu beachten ist aber erneut, dass das Markenrecht den Markeninhaber nur dann schützt, wenn eine Benutzung des geschützten Kennzeichens im geschäftlichen Verkehr erfolgt.

Berechtigten in der Schreibweise unterscheiden, unter den Schutz der Vorschrift fallen. Würde man sich streng an den Wortlaut des § 12 S. 1, 2.Alt. BGB halten, so könnte man zu der Auffassung gelangen, dass eine Namensanmaßung nicht gegeben ist, da § 12 S. 1, 2.Alt. BGB davon spricht, dass „ein anderer unbefugt *den gleichen Namen* gebraucht", es sich aber auch bei einer nur leichten Variation des Namens nicht mehr um dieselbe Bezeichnung handeln könnte. In Rechtsprechung und Literatur besteht allerdings Einigkeit darüber, dass es bei der Frage, ob derselbe Name im Sinne von § 12 S. 1, 2.Alt. BGB gebraucht wird, darauf ankommt, welche Wirkung der Name in den beteiligten Kreisen hat[748]. Eine Verwechslungsgefahr soll für den unbefugten Gebrauch ausreichen, so dass eine geringfügige Abweichung in der Schreibweise unerheblich sein soll[749]. Zwar ist die Verwechslungsfähigkeit insbesondere dann gegeben, wenn prägende Bestandteile des Namens in der Domain verwendet werden. Denn hier kann der durchschnittliche Internetnutzer vermuten, dass hinter der Domain, die als prägenden Teil einen Namen enthält, auch tatsächlich der Namensträger steht. Aber nicht nur in den Fällen, in denen der Name des Berechtigten einen Teil der Second Level Domain nebst anderen Zusätzen bildet, kann es zu einer Verwechslungsgefahr kommen, sondern auch dann, wenn sich der Domainname von dem Namen nur in Feinheiten wie einem Buchstaben unterscheidet. Denn in vielen Fällen weiß der durchschnittliche Internetnutzer nicht um die exakte Schreibweise des Namens oder aber er vertippt sich. Dann aber kann er auf eine andere als die eigentlich gewünschte Website gelangen, falls diese ebenfalls registriert ist. Die Tatsache, dass dies für den Nutzer oftmals unmittelbar nach Aufruf der Seite zu erkennen ist, vermag an dieser Beurteilung wie oben dargestellt nichts zu ändern.

Fraglich ist, ob derjenige, der sich die streitbefangene Domain registrieren ließ, das Risiko tragen soll, dass ein Internetnutzer nicht um die exakte Schreibweise weiß oder ein Tippfehler vorliegt. *Bücking* meint, um sachgerechte Ergebnisse erzielen zu können, müsse eine Unterscheidung danach erfolgen, ob die Registrierung der Domain gutgläubig erfolgte oder damit Ziele verfolgt wurden, die sich mit dem des Domaingrabbing vergleichen lassen, also insbesondere um Internetnutzer auf die eigene Website zu locken[750]. Diese Unterscheidung sei deshalb erforderlich, da aufgrund der dargestellten Besonderheiten des Domain Name System schon die kleinsten Abweichungen der Domain von einer anderen eine Registrierung ermöglichen, vorausgesetzt, der gewünschte Domainname ist noch nicht vergeben. Würde man nun auch bei einer mit einem geschützten Namen verwechslungsfähigen Domain, die durch einen gutgläubigen Nutzer registriert wurde, eine Rechtsverletzung annehmen, so liefe dieser Gefahr, „sich durch

---

[748] Vgl. v.Staudinger-*Weick/Habermann*, § 12 BGB Rn. 277.
[749] *Bücking*, Domainrecht Rn. 54.
[750] *Bücking*, Domainrecht Rn. 149.

seine Registrierung einer unabsehbaren Vielzahl geschützter Kennzeichen rechtsverletzend anzunähern“[751].

Zwar beziehen sich die Ausführungen *Bückings* auf markenrechtliche Ansprüche, und der markenrechtliche Unterlassungsanspruch des Berechtigten nach §§ 14 Abs. 5, 15 Abs. 4 MarkenG erfordert kein schuldhaftes Handeln desjenigen, der Markenrechte verletzt. Aber auch der namensrechtliche Unterlassungsanspruch des § 12 S. 2 BGB sieht kein Verschulden des Anspruchsgegners vor. Es ist daher zu überlegen, diese Überlegungen auch auf den namensrechtlichen Unterlassungsanspruch übertragen werden können.

Der Unterlassungsanspruch des § 12 S. 2 BGB setzt kein Verschulden desjenigen voraus, der sich eine Domain registrieren lässt. Ebenso ist anerkannt, dass ein Gebrauch des gleichen Namens im Sinne von § 12 S. 1, 2.Alt. BGB auch bei geringfügigen Abweichungen gegeben ist. Richtig ist sicherlich, dass es durch die Annahme eines unbefugten Namensgebrauchs auch bei verwechslungsfähigen Domains zu einer Ausweitung der Haftung kommen kann, gerade weil die namensrechtlichen Ansprüche das Verschuldenserfordernis nicht kennen. Doch führt dies nicht zu einer unangemessenen Benachteiligung desjenigen, der sich die Domain registrieren ließ, da sich die Frage, ob er den weiteren Gebrauch dieser Domain zukünftig zu unterlassen hat, nach allgemeinen namensrechtlichen Grundsätzen richtet. Dabei ist insbesondere zu fragen, wem die besseren Rechte an dem Domainnamen zustehen. Und auch eventuell drohende Schadensersatzansprüche aus § 823 Abs. 1 S. 1 BGB i.V.m. § 12 BGB[752] werden dadurch abgemildert, dass diese ein Verschulden voraussetzen, was bei Domaingrabbern gegeben sein dürfte, nicht jedoch bei denjenigen, die nicht um die Kollision mit fremden Namensrechten wussten.

Zu fragen ist daher in erster Linie, wem die besseren Rechte an einer Domain zustehen. In diese Bewertung kann auch die der Registrierung zugrundeliegende Motivation einbezogen werden, ob also von Domaingrabbing gesprochen werden kann oder nicht.

cc) Das Recht der Gleichnamigen

Problematisch ist, wie Domainstreitigkeiten zu lösen sind, bei denen zwei Personen um eine Domain unter derselben Top Level Domain streiten und diese Personen den gleichen Namen tragen bzw. beide Namensrechte für die streitbefangene Domain geltend machen können. Diskutiert wird diese Problematik in

[751] *Bücking*, Domainrecht Rn. 149.

[752] Das Namensrecht des § 12 BGB als ein „sonstiges Recht“ im Sinne des § 823 Abs. 1 S. 1 BGB.

Rechtsprechung und Literatur unter dem Schlagwort des Rechts der Gleichnamigen[753].

Grundsätzlich gilt, dass niemand am redlichen Gebrauch seines eigenen Namens gehindert werden darf[754]. Der ältere Namensträger kann dem jüngeren die Namensführung nicht einfach verbieten, vielmehr muss ein Interessenausgleich stattfinden[755]. Zu beachten ist, dass die DENIC e.G. ausweislich § 2 Abs. 1 ihrer Registrierungsbedingungen eine Domain unter der Top Level Domain „.de" schon dann registriert, wenn diese nicht bereits für einen Dritten registriert ist. Eine Verpflichtung der DENIC e.G., zu prüfen, ob die Nutzung der Domain durch den Anmelder rechtmäßig ist, wird ausdrücklich zurückgewiesen, doch behält sie sich das Recht vor, bei offensichtlichen Rechtsverletzungen die Registrierung zu verweigern[756]. In dieser Bestimmung kommt die grundsätzliche Geltung des Prioritätsprinzips – first come, first served – zum Ausdruck. Dies würde sich auch für das Internet als konsequente Fortführung des Prinzips darstellen, dass niemand an dem redlichen Gebrauch seines Namens gehindert werden darf. Allerdings wurde dieses Prinzip von der Rechtsprechung dann eingeschränkt, wenn sich die Partei, welche sich gegen die zuvor von einem gleichnamigen Dritten erfolgte Registrierung der Domain zur Wehr setzt, auf eine überragende Verkehrsgeltung des Namens berufen kann[757].

In einer Grundsatzentscheidung hat der BGH zu der Problematik der Gleichnamigkeit bei Domainnamen Stellung genommen[758]. Er entschied, dass auch die private Verwendung einer Domain zu einer Verletzung des Namensrechts eines gleichnamigen Unternehmens führen kann. Geklagt hatte die Deutsche Shell GmbH, ein Tochterunternehmen des weltweit bekannten Mineralölunternehmens Shell; Beklagter war eine natürliche Person mit Nachnamen „Shell", für die die streitbefangene Domain „shell.de" registriert war[759]. In den Vorinstanzen

[753] Vgl. LG Hamburg MMR 2000, 620, 622; LG Augsburg K&R 2001, 423; *Schmittmann*, K&R 1999, 510, 512; *Hoffmann*, Beilage zu NJW 14/2001, 16; *Boehme-Neßler*, Cyberlaw S. 108 f; *Linke*, CR 2002, 271 ff.

[754] *Schmittmann*, K&R 1999, 510, 512; BGH NJW-RR 1993, 934, 935.

[755] Palandt-*Heinrichs*, § 12 BGB Rn. 27.

[756] Vgl. § 2 Abs. 1 S. 2, 3 der DENIC e.G.-Registrierungsbedingungen.

[757] OLG Hamm MMR 1998, 214, 216 – krupp.de; OLG München CR 1999, 382, 383 – shell.de; LG Hamburg MMR 2000, 620, 621 f. – joop.de.

[758] BGH, Urteil vom 22. November 2001 – I ZR 138/99. Vgl. dazu auch http://www.spiegel.de/netzwelt/politik/0,1518,169558,00.html.

[759] Zu den Hintergründen: Als die Deutsche Shell im Jahre 1996 die Domain „shell.de" für sich registrieren wollte, erfuhr sie, dass dieser Domainname kurz zuvor von einem Unternehmen reserviert worden war, das eine Vielzahl von Domains hatte registrieren lassen zu dem Zweck, diese Domains später den Namensträgern anzubieten. Solch ein Angebot wurde auch der Deutschen Shell gemacht, die dieses jedoch ablehnte, worauf das Unternehmen die Domain auf den Beklagten des Rechtsstreits vor dem BGH übertrug.

hatte die Klage Erfolg[760]. Diese waren der Ansicht, der Beklagte verletze durch die Verwendung der Domain „shell.de" das Namensrecht der Klägerin. Begründet wurde dies damit, dass aufgrund der überragenden Bekanntheit und Berühmtheit des Namens und der Marke „Shell" der Internetnutzer, der direkt im Adressfeld seines Browsers die Adresse „shell.de" eingebe, die Homepage der Klägerin erwarte und nicht die einer ihm unbekannten Person mit dem Familiennamen Shell. Sowohl die Klägerin als auch die Allgemeinheit hätten ein berechtigtes Interesse daran, dass diejenigen, die mit dem Unternehmen in Kontakt treten wollten, nicht auf der Homepage des Beklagten landeten.

Der BGH hat diese Entscheidungen im Wesentlichen gebilligt und der Klägerin einen entsprechenden aus dem Namensrecht fließenden Unterlassungsanspruch zugesprochen[761]. Auch in der privaten Verwendung der Domain „shell.de" sei eine Verletzung des Namensrechts der Klägerin zu sehen. Zwar sagte der BGH, dass in den Fällen, in denen mehrere Personen als berechtigte Namensträger für einen Domainnamen in Betracht kämen, deren Interessen gegeneinander abzuwägen seinen, wobei in erster Linie das Prioritätsprinzip entscheidend sei. Bei einem Domainstreit zweier Gleichnamiger müsse sich dem grundsätzlich auch der bekanntere Namensträger unterwerfen, einen Vorrang geschäftlicher vor privaten Interessen erkannte der BGH nicht an. In dem konkreten Streit um die Domain „shell.de" war der BGH aber der Auffassung, dass die Interessen der Parteien von derart unterschiedlichem Gewicht seien, dass es ausnahmsweise nicht bei der Anwendung des Prioritätsgrundsatzes bleiben könne. Die zwischen Gleichnamigen geschuldete Rücksichtnahme[762] gebiete, dass der Beklagte für seine Domain einen Zusatz wähle, um zu vermeiden, dass eine Vielzahl von Internetnutzern, die sich für den Internetauftritt der Deutschen Shell interessierten, statt dessen seine Homepage aufriefen. Damit bestätigte der BGH die ergangenen Gerichtsentscheidungen, die eine Ausnahme von dem Prioritätsprinzip gemacht hatten, wenn die überragende Verkehrsgeltung des Namens dies veranlasste[763].

Im Namensraum des Internet besteht die Besonderheit, dass bereits geringfügige Änderungen der Second Level Domain die Registrierung von Domains ermöglichen, denen eine identische Bezeichnung zugrunde liegt. Daraus folgt, dass es

---

[760] Vgl. OLG München MMR 1999, 487 mit Anm. *Hackbarth*.

[761] In diesem Sinne auch die Entscheidungen des OLG Hamm MMR 1998, S. 214 – krupp.de und LG Hamburg MMR 2000, S. 620 ff. – joop.de.

[762] Dazu bereits LG Hamburg MMR 2000, 620, 622; *Boehme-Neßler*, Cyberlaw S. 109.

[763] Entgegen der Auffassung der Vorinstanz des OLG München sei der gleichfalls von der Klägerin geltend gemachte Anspruch auf Übertragung der Domain hingegen unbegründet und generell abzulehnen, da – dies war in dem von dem BGH zu entscheidenden Sachverhalt allerdings nicht der Fall – einem Dritten ein gleich gutes oder gar besseres Recht an dem Domainnamen zustehen könnte. Da es sich insoweit aber um Fragen des Anspruchsinhalts handelt, soll ein ausführliche Erörterung dieser Problematik auch erst an dieser Stelle erfolge, vgl. S. 234 ff.

demjenigen Gleichnamigen, dem die „schlechteren" Rechte an dem Namen zustehen, zuzumuten ist, einen unterscheidungskräftigen Zusatz zu wählen, um so eine Verwechslung zu vermeiden. Dann stellt sich aber die entscheidende Frage, wem die „besseren" Rechte an dem Namen zustehen. Hierfür ist grundsätzlich auf das Prioritätsprinzip zurückzugreifen. Dem prioritätsjüngeren Namensträger ist es danach eher zuzumuten, Verwechslungen durch die Hinzufügung unterscheidungskräftiger Zusätze zu verhindern. Hiervon sind jedoch im Falle der überragenden Bekanntheit des prioritätsjüngeren Namensträgers Ausnahmen zu machen[764]. Zur Feststellung, ob eine überragende Bedeutung der Bezeichnung vorliegt bzw. wem die besseren Rechte zustehen, ist eine Gesamtbetrachtung vorzunehmen. Eine Beschränkung entweder auf die Bekanntheit im Internet oder auf die außerhalb ist schon allein deshalb nicht praktikabel, da Namen bekannter natürlicher oder juristischer Personen sowohl als Domainnamen als auch außerhalb des Internet zu finden sind und andererseits Unternehmen, die ihre Geschäftstätigkeit überwiegend oder ausschließlich auf das Internet beschränken auch außerhalb des Cyberspace einen großen Bekanntheitsgrad erreichen können.

Liegt hingegen kein überragender Bekanntheitsgrad der Beteiligten vor, so ist das Prioritätsprinzip mit seiner Maxime „first come, first served" anzuwenden, vorausgesetzt es liegt ein redlicher Gebrauch des Namens vor, was beim Domaingrabbing nicht der Fall ist. Denn auch der ältere Namensträger, dessen Namen ebenso wenig wie dem des jüngeren ein überragender Bekanntheitsgrad zukommt, erlangt durch § 12 BGB keine namensrechtliche Exklusivität als vielmehr das Recht, sich gegen persönlichkeitsrechtsverletzende Namensanmaßungen zur Wehr zu setzen[765]. Eine solche liegt aber grundsätzlich nicht vor, wenn sich der jüngere Namensberechtigte redlicherweise zuerst eine Domain registrieren lässt, die aus dem Namen der Gleichnamigen besteht.

Durch die Verpflichtung desjenigen, der einer Domain einen Zusatz hinzuzufügen hat, wird man aber bereits der nächsten Problematik gewahr: Aufgrund der Möglichkeit, die Domain lediglich in einem einzigen Zeichen zu verändern, kann es unter Umständen doch wieder zu einer Verwechslungsgefahr kommen. Allerdings besteht die Verpflichtung darin, einen *unterscheidungskräftigen* Zusatz zu wählen, was nicht der Fall ist, wenn die Domain nur um ein Zeichen ergänzt oder gekürzt wird.

---

[764] Dem Gesichtspunkt der überragenden Bekanntheit eines der Namensberechtigten misst auch der BGH entscheidende Bedeutung zu, wenn er sagt, dass bei einer solchen überragenden Bekanntheit der Bezeichnung die am Internetangebot des Trägers dieser Bezeichnung interessierten Nutzerkreise nicht auf einfache Weise darüber informiert werden können, dass der Internetauftritt unter einer anderen Domain als der bekannten Bezeichnung zu finden sei, während dies insbesondere bei einer privaten Homepage leichter möglich sei, vgl. BGH, Urteil vom 22.11.2001 – I ZR 138/99 – shell.de = ZUM 2002, 545, 548.

[765] Vgl. OLG Köln ZUM 2001, 250, 252.

Problematisch ist, ob die Verwechslungsgefahr durch die Wahl unterschiedlicher Top Level Domains beseitigt werden kann. Den streitenden Gleichnamigen ist es nämlich möglich, dieselbe Second Level Domain unter jeweils unterschiedlichen Top Level Domains zu registrieren, falls die Second Level Domain unter dieser Top Level Domain noch vergeben werden kann. Richtigerweise sind unterschiedliche Top Level Domains grundsätzlich nicht geeignet, eine Verwechslungsgefahr auszuschließen. Denn bei Unterscheiden nur in der Top Level Domain wird der durchschnittliche Internetnutzer gerade bei bekannten Bezeichnungen regelmäßig davon ausgehen, dass der Inhaber beider Domains identisch ist oder dass zwischen den Inhabern eine rechtliche Verbindung besteht[766]. Gerade die Top Level Domain „.com“ vermag eine Verwechslungsgefahr nicht auszuräumen, da auch nicht-kommerziell tätige Inhaber eine Registrierung unter dieser Top Level Domain vornehmen können. Auch das OLG Karlsruhe hat dem Domainbestandteil „.com“ eine namensmäßige Kennzeichnungskraft abgesprochen und auch für eine Gemeinde, eine juristische Person des öffentlichen Rechts, betont, dass die Top Level Domain in ihrer Bedeutung für den Gesamteindruck völlig zurücktrete[767].

3.) Der Schutz von Domains nach US amerikanischem Recht

Der Schutz von Domains wird in den USA durch den *Anticybersquatting Consumer Protection Act (ACPA)* gewährleistet, der am 29. November 1999 erlassen wurde[768]. Der *ACPA* ergänzt den *Lanham Act* durch die Hinzufügung der neuen Sec. 43 (d)[769]. Der Schutz des *Lanham Act* konnte erstreckte sich zwar auch auf Domainnamen, da er Schutz vor Verwässerung oder Verwechslung bietet. Er greift jedoch für Domains mancherorts zu kurz. Der Verwässerungsschutz wird nämlich nur dort gewährleistet, wo es sich um ein berühmtes Kennzeichen handelt und dieses von demjenigen, der es unberechtigt verwendet, zu

---

[766] So auch *Viefhues* in: Hoeren/Sieber, Multimedia-Recht Teil 6 Rn. 93. Zur Unterscheidungskraft der Top Level Domain ferner *Bücking*, MMR 2000, 656, 657 f und LG Frankfurt am Main MMR 1998, 151, 152.

[767] OLG Karlsruhe MMR 1999, 604, 605 – badwildbad.com. Vereinzelt wird vorgebracht, dass eine Verwechslungsgefahr insbesondere bei den neu eingeführten bzw. noch einzuführenden Top Level Domains ausscheidet, da beispielsweise bei der Top Level Domain „.firm“ der durchschnittliche Internetnutzer nicht davon ausgehen könne, hinter dieser URL stehe eine Privatperson. Eine solche Verwechslungsgefahr lässt sich aber nur dann zuverlässig ausschließen, wenn in den Vergaberichtlinien der einzelnen Registrierungsstellen festgelegt ist, dass tatsächlich nur die vorgesehenen Personenkreise Domains unter der entsprechenden Top Level Domain registrieren können.

[768] Zur Gesetzgebungsgeschichte vgl. *Spirig*, Lauterkeitsrechtliche Konflikte im Internet S. 142. Zum Schutz von Domains in den USA vor Erlass des *ACPA* und vor allem unter markenrechtlichen Gesichtspunkten vgl. *Bäumer*, CR 1998, 174 ff.

[769] Der Wortlaut des *ACPA* ist abrufbar unter http://www.gigalaw.com/library/ anticybersquattingact -1999-11-29-p1.html.

geschäftsmäßigen Zwecken gebraucht wird[770]. Bereits für das deutsche Recht wurde gezeigt, dass sich die Schutzbedürftigkeit von Domains nicht allein auf berühmte Kennzeichen erstreckt[771]. Und auch ein geschäftsmäßiges Handeln wird sich dem Domaingrabber bzw. Cybersquatter nicht immer unproblematisch nachweisen lassen[772]. Der Schutz nach dem *ACPA* ist daher folgendermaßen ausgestaltet[773]:

> *„15 U.S.C. Sec. 1125 (d) (1) (A): A person shall be liable in a civil action by the owner of a mark, including a personal name which is protected as a mark under this section, if, without regard to the goods or services of the parties, that person (i) has a bad faith intent to profit from that mark, including a personal name which is protected as a mark under this section; and (ii) registers, traffics in, or uses a domain name that (I) in the case of a mark that is distinctive at the time of registration of the domain name, is identical or confusingly similar to that mark; or (II) in the case of a famous mark that is famous at the time of registration of the domain name, is identical or confusingly similar to or dilutive of that mark (...)"*

Entscheidend für ein Vorgehen nach dem *ACPA* ist der Nachweis von *Bad Faith* bei demjenigen, der sich die Domain registrieren ließ. *Bad Faith* ist dann nicht gegeben, wenn nachgewiesen werden kann, dass bei der Registrierung vernünftige Gründe bestanden, die für einen rechtmäßigen Gebrauch der Domain sprachen[774]. Kann der Cybersquatter nachweisen, dass die Registrierung der Domain nicht nur zu dem Zweck erfolgte, sie dem Kennzeicheninhaber zu verkaufen, so wird in der Gerichtspraxis das *Bad Faith* Merkmal regelmäßig zu verneinen sein[775].

---

770 *15 U.S.C. 1125 Sec. 43 (c) (1).*

771 Vgl. *15 U.S.C. Sec. 1125 (c) (1)*: „The owner of a *famous* mark shall be entitled (...)", Hervorhebung durch den Verfasser.

772 Vgl. *Spirig*, Lauterkeitsrechtliche Konflikte im Internet S. 142.

773 Zum Anwendungsbereich des *ACPA* vgl. auch *Eisenberg*, A guide to the Anticybersquatting Consumer Protection Act.

774 Vgl. *15 U.S.C. Sec. 1125 (d) (1) (B) (ii)*: "Bad faith intent (…) shall not be found in any case in which the court determines that the person believed and had reasonable grounds to believe that the use of the domain name was a fair use or otherwise lawful."

775 Der *ACPA* gibt den Gerichten in *15 U.S.C. Sec. 1125 (d) (1) (B) (i)* eine Reihe von Indizien an die Hand, die für das Vorliegen von *Bad Faith* sprechen, so z.B. das Angebot des *Cybersquatters*, die Domain an den Kennzeicheninhaber oder einen Dritten zu verkaufen, um finanziell von diesem Verkauf zu profitieren, ohne dass Inhalte unter der Domain hinterlegt wurden oder die Absicht, mögliche Kunden des Kennzeicheninhabers auf eine andere Website zu locken, die das Ansehen des geschützten Kennzeichens beschädigt. Zum *Anticybersquatting Law* in Kalifornien vgl. *Eisenberg*, People, Too: New California Anti-Cybersquatting Law enhances protections for individual persons.

Spirig hat gezeigt, dass in den USA auch das öffentliche Interesse in die Gerichtsentscheidung einbezogen wird[776]. Dieses ist nicht gegeben, wenn die Internetnutzer irregeführt werden. Allerdings sind danach selbst umstrittene oder sogar verachtenswerte Meinungsäußerungen unter Zuhilfenahme einer Domain zulässig, da im öffentlichen Interesse.

Bei einer Verletzung der Bestimmungen des *ACPA* bestimmt dieser als Rechtsfolge, dass das Gericht die Übertragung der Domain von demjenigen, der sie unberechtigt registrieren ließ, auf den Kläger anzuordnen hat. Auch Schadensersatzansprüche des Kennzeicheninhabers bestehen[777].

---

[776] *Spirig*, Lauterkeitsrechtliche Konflikte im Internet S. 144.

[777] Neben der Möglichkeit des Kennzeicheninhabers, die zuständigen Gerichte anzurufen, kann er sich ferner an speziell für Domainstreitigkeiten vorgesehene Schiedsgerichte wenden, welche die von der *ICANN* erlassene *Uniform Domain Name Dispute Resolution Policy (UDRP)* anwenden. Dazu ausführlich *Spirig*, Lauterkeitsrechtliche Konflikte im Internet S. 149 ff.; *Radcliffe/Dolkas*, Domain Names: ICANN and new remedies against Cybersquatting.

Vierter Teil: Ansprüche bei Verletzungen der Persönlichkeitsrechte in den Neuen Medien

I. Überblick über die gesetzlichen Regelungen und deren dogmatische Einordnung

1.) Gesetzliche Normierungen

Bereits frühzeitig hat der Gesetzgeber erkannt, dass die allgemeinen Gesetze und die daraus abgeleiteten Ansprüche bei Persönlichkeitsrechtsverletzungen mitunter zu einer zu weitreichenden Haftung führen und dass hierdurch die Entwicklung des Internet und des E-Commerce behindert werden können. Die einschlägigen rechtlichen Regelungen drohten erhebliche Auswirkungen auf den wirtschaftlichen Verkehr und die Meinungsfreiheit im Internet zu haben.

Dies vor Augen wurde im Jahre 1997 eine weitgehende Parallelregelung von Bund und Ländern geschaffen, welche einen einheitlichen Rechtsrahmen für das Internet bezweckte[778]. Der Bundesgesetzgeber erließ das Gesetz zur Regelung der Rahmenbedingungen für Informations- und Kommunikationsdienste (Informations- und Kommunikationsdienste-Gesetz – IuKDG vom 22.7.1997)[779], dessen zentraler Bestandteil das Gesetz über die Regelung von Telediensten (Teledienstegesetz – TDG) war.

Auf Länderebene kam es diesbezüglich zu einer Regelung in dem Staatsvertrag über Mediendienste (Mediendienste-Staatsvertrag – MDStV), der in der Zeit vom 20.1.1997 bis 7.2.1997 von den Ländern unterzeichnet wurde und am 1.8.1997 in Kraft trat[780].

Sowohl das TDG als auch der MDStV enthielten in ihrem jeweiligen § 5 eine weitgehend inhaltsgleiche Regelung in Bezug auf die Verantwortlichkeit der Anbieter von Inhalten. Dabei hat das TDG, wie dessen Name schon impliziert, die Anbieter von Telediensten[781] im Blick, während der MDStV für das Angebot und die Nutzung von Mediendiensten[782] gilt.

---

[778] Dazu *Wimmer/Michael*, Der Online-Provider im neuen Multimediarecht S. 14 ff.

[779] BGBl I 1997, S. 1870. Das IuKDG wird umgangssprachlich auch als „Multimediagesetz" bezeichnet.

[780] Abgedruckt z.B. in bwGBl. 1997, S. 181.

[781] Nach der in § 2 Abs. 1 TDG enthaltenen Legaldefinition sind dies alle elektronischen Informations- und Kommunikationsdienste, die für eine individuelle Nutzung von kombinierbaren Daten wie Zeichen, Bilder oder Töne bestimmt sind und denen eine Übermittlung mittels Telekommunikation zugrunde liegt.

[782] Darunter versteht man nach der Legaldefinition in § 2 Abs. 1 S. 1 MDStV alle an die Allgemeinheit gerichteten Informations- und Kommunikationsdienste in Text, Ton oder Bild, die

Die zunehmende Europäisierung des Rechts wird auch auf diesem Gebiet augenfällig. So zielte die Richtlinie 2000/31/EG des Europäischen Parlaments und des Rates vom 8. Juni 2000 über den elektronischen Geschäftsverkehr[783] auf eine Harmonisierung der geltenden innerstaatlichen Regeln für Dienste der Informationsgesellschaft und auf die Sicherstellung des freien Dienstleistungsverkehrs ab. Die Umsetzung dieses auch als E-Commerce-Richtlinie (ECRL) bezeichneten Regelungswerks in innerstaatliches Recht musste bis zum 17. Januar 2002 erfolgen. Daher erließ die Bundesregierung den Regierungsentwurf eines Gesetzes über rechtliche Rahmenbedingungen für den elektronischen Geschäftsverkehr (Elektronischer Geschäftsverkehr-Gesetz – EGG), der unter anderem eine Änderung des TDG bewirkte, von der auch der bisherige § 5 TDG betroffen war, der die Inhalteverantwortlichkeit der Anbieter von Telediensten regelte. Am 20.12.2001 wurde das EGG verkündet und trat am 21.12.2001 in Kraft[784]. Die Verantwortlichkeit der Diensteanbieter wird nunmehr in den §§ 8 bis 11 TDG in einem eigenen Abschnitt 3 unter der Überschrift „Verantwortlichkeit" geregelt.

Auf Länderebene wurde der Sechste Staatsvertrag zur Änderung des Rundfunkstaatsvertrages, des Rundfunkfinanzierungsstaatsvertrages und des Mediendienste-Staatsvertrages (Sechster Rundfunkänderungsstaatsvertrag) geschlossen, durch den der Mediendienste-Staatsvertrag geändert wurde[785]. In den §§ 6 bis 9 MDStV n.F. ist die Verantwortlichkeit von Diensteanbietern im Sinne des MDStV für eigene und fremde Informationen geregelt. Wie bisher § 5 MDStV a.F. stimmen die neuen Verantwortlichkeitsregelungen mit denjenigen des TDG weitgehend wort- und inhaltsgleich überein.

2.) Dogmatische Einordnung der Regelungen

Wie die bisherigen Regeln in § 5 TDG / MDStV a.F. stellen auch die neuen Vorschriften der §§ 8 bis 11 TDG / 6 bis 9 MDStV keine haftungsbegründenden, sondern haftungsbeschränkende Normen dar[786]. Sind im Einzelfall die Voraussetzungen der allgemeinen Vorschriften für eine Haftung erfüllt, so ist der

---

unter Benutzung elektromagnetischer Schwingungen ohne Verbindungsleitung oder längs oder mittels eines Leiters verbreitet werden.

783 Abl. EG Nr. L 178/1 vom 17. Juli 2000.

784 BGBl. I 2001, S. 3721. Ein Überblick über die wesentlichen Änderungen und Neuerungen durch das EGG findet sich bei *Bröhl/Bender/Röder-Messell*, Das neue E-Commerce-Recht S. 26 ff. Vgl. ferner *Hoffmann*, MMR 2002, 284 ff.

785 Gesetz zum Sechsten Rundfunkänderungsstaatsvertrag und zur Änderung des Gesetzes zu dem Staatsvertrag über den Rundfunk im vereinten Deutschland vom 20. Juni 2002, abgedruckt z.B. in bwGBl. S. 207 ff.

786 Vgl. die Begründung zum EGG, Bundestagsdrucksache 14/6098 S. 23.

Diensteanbieter gleichwohl nicht verantwortlich, wenn er sich auf das Eingreifen der §§ 9 bis 11 TDG / 7 bis 9 MDStV berufen kann[787].

Die dogmatische Einordnung des § 5 TDG / MDStV a.F. wurde nicht immer einheitlich beurteilt. Die überwiegende Ansicht ging von einer Art „Filterwirkung" des § 5 TDG / MDStV a.F. aus, was bedeutete, dass zunächst diese Regelung vorgeschaltet zu prüfen war und erst im Falle des Passierens dieses Filters die Prüfung nach den Maßstäben des Haftungsrechts des jeweils einschlägigen Rechtsgebiets – Zivilrecht, Strafrecht, Öffentliches Recht – erfolgen konnte[788]. Andere Stimmen lehnten diese Auslegung des § 5 TDG / MDStV als eine der zivil-, straf- und öffentlich-rechtlichen Prüfung vorgelagerte Norm mit unterschiedlichen Begründungen ab[789].

Die Intention des Gesetzgebers, die §§ 9 bis 1 TDG / 7 bis 9 MDStV als eine Art Filter auszugestalten, kommt nunmehr expressis verbis in der Gesetzesbegründung des EGG zum Ausdruck[790], eine andere Ansicht ist damit nicht mehr haltbar[791]. Bevor der Anbieter von Diensten also auf Grundlage der allgemeinen Vorschriften zur Verantwortung gezogen werden kann, muss *zuvor* geprüft werden, ob die aus diesen allgemeinen Vorschriften folgende Verantwortlichkeit nicht durch die §§ 9 bis 11 TDG / 7 bis 9 MDStV ausgeschlossen ist[792].

Dies bestimmt einerseits die Verantwortlichkeitsprüfung in der Praxis als auch den weiteren Gang dieser Arbeit: Zunächst müssen die Vorschriften der §§ 9 bis 11 TDG / 7 bis 9 MDStV beleuchtet werden, um festzustellen, ob eine Verant-

---

787 So auch die Begründung zum EGG, Bundestagsdrucksache 14/6098 S. 23.

788 So z.B. *Engels*, AfP 2000, 524, 526; *Müller-Terpitz*, MMR 1998, 478, 479; *v.Bonin/Köster*, ZUM 1997, 821, 823; *Engel-Flechsig/Maennel/Tettenborn*, NJW 1997, 2981, 2984.

789 So beispielsweise *Freytag*, ZUM 1999, 185, 189, der davon ausging, dass § 5 TDG/MDStV weder erst im Rahmen des Verschuldens noch im Wege einer sog. Zwei-Stufen-Prüfung als Filter losgelöst vom übrigen Haftungsrecht zu prüfen sei, sondern bereits auf Tatbestandsebene als ausdrückliche gesetzliche Regelung des Zurechnungszusammenhangs zwischen kausaler Mitwirkungshandlung und Tatbestandsverwirklichung. Kritisch zu der Filterwirkung des § 5 TDG/MDStV auch *Waldenberger*, MMR 1998, 124, 126. Vgl. auch *Haft/Eisele*, JuS 2001, 112, 117 f., die für eine Berücksichtigung der Haftungseinschränkungen erst beim jeweiligen Straftatbestand eintreten und eine Auslegung der einzelnen Merkmale im Lichte der einschlägigen Norm vornehmen wollen.

790 Begründung zum EGG, Bundestagsdrucksache 14/6098 S. 23.

791 Unrichtig daher *Gounalakis/Rhode*, Persönlichkeitsschutz im Internet Rn. 264, die davon ausgehen, dass auch nach der Neufassung der Haftungsregeln deren Verortung in der Anspruchsprüfung dahingestellt bleiben kann.

792 Begründung zum EGG, Bundestagsdrucksache 14/6098 S. 23. In § 6 Abs. 1 MDStV ist jetzt etwas missverständlich die Rede davon, dass Diensteanbieter für eigene Informationen, die sie zur Nutzung bereit halten, *nach diesem Staatsvertrag oder den allgemeinen Gesetzen* verantwortlich sind (Hervorhebung durch den Verfasser). Dies wird man wohl so zu verstehen haben, dass eine umfassende Haftung für eigene Informationen begründet werden soll. Vgl. dazu auch die Ausführungen zu § 8 TDG / 6 MDStV.

wortlichkeit des Diensteanbieters eventuell ausgeschlossen ist. Sind die Voraussetzungen der Haftungsprivilegierungen der §§ 9 bis 11 TDG / 7 bis 9 MDStV gegeben, so scheidet eine Haftung der Diensteanbieter nach den allgemeinen Gesetzen aus. Erst im umgekehrten Fall, wenn die haftungsprivilegierenden Normen nicht eingreifen, weil die Diensteanbieter die Voraussetzungen der §§ 9 bis 11 TDG / 7 bis 9 MDStV nicht erfüllen, kommt eine Verantwortlichkeit der Diensteanbieter nach den allgemeinen Gesetzen in Betracht[793].

II. Die Verantwortlichkeitsregelungen der §§ 8 bis 11 TDG / 6 bis 9 MDStV

Mit dem EGG wurden unter anderem die Änderungen im TDG umgesetzt, welche die ECRL mit sich brachte. Die von der ECRL geregelten „Dienste der Informationsgesellschaft" fallen unter den Anwendungsbereich des § 2 Abs. 1 TDG, falls es sich um Teledienste handelt, als auch unter § 2 Abs. 1 MDStV, falls Mediendienste vorliegen. Anders als die ECRL sind TDG und MDStV nicht auf wirtschaftlich ausgerichtete Informations- und Kommunikationsdienste des elektronischen Geschäftsverkehrs beschränkt.

Die §§ 8 bis 11 TDG / 6 bis 9 MDStV entsprechen im Grundsatz § 5 TDG / MDStV a.F. und setzen die in den Artikeln 12 bis 15 ECRL vorgesehenen Beschränkungen der Verantwortlichkeit von Vermittlern elektronischer Kommunikation in innerstaatliches Recht um. Die Richtlinienbestimmungen über die Verantwortlichkeit sind, soweit sie Privilegierungen der Verantwortlichkeit vorsehen, als Vollharmonisierung gedacht, d.h. die Mitgliedstaaten dürfen weder weitere noch engere Regelungen im nationalen Recht treffen.

Den Richtlinienbestimmungen liegt ein abgestuftes Haftungssystem zugrunde, welches seine Vorbilder im deutschen und US-amerikanischen Recht hat[794]. Wie in der bisherigen Regelung des § 5 TDG / MDStV a.F. differenzieren die §§ 8 bis 11 TDG / 6 bis 9 MDStV zwischen eigenen und fremden Informationen. Für das Eingreifen der §§ 8 bis 11 TDG / 6 bis 9 MDStV ist es wie nach § 5

793 Allgemeine Gesetze in diesem Sinne sind alle zivil-, straf- und öffentlich-rechtlichen Tatbestände, also z.B. alle verschuldensabhängigen und verschuldensunabhängigen zivilrechtlichen Ansprüche wie Schadensersatzansprüche aus § 823 Abs. 1 BGB wegen Verletzungen des allgemeinen Persönlichkeitsrechts als „sonstiges Recht" im Sinne der Vorschrift oder Unterlassungs- oder Widerrufsansprüche aus § 1004 Abs. 1 BGB analog. Vgl. *Bleisteiner*, Rechtliche Verantwortlichkeit im Internet S. 151; *Lütcke*, Persönlichkeitsrechtsverletzungen im Internet S. 46.

794 Vgl. die Begründung zum EGG, Bundestagsdrucksache 14/6098 S. 22. Aus dem US amerikanischem Recht ist hier insbesondere der Digital Millennium Copyright Act zu nennen, der hinsichtlich der Haftungsregelungen nach den einzelnen Providerarten differenziert. Vgl. dazu Fn. 925.

TDG / MDStV a.F. unerheblich, ob die fremden Informationen geschäftsmäßig oder nur privat und gelegentlich übermittelt und gespeichert werden[795].

Die Verantwortlichkeitsregelungen der §§ 8 bis 11 TDG / 6 bis 9 MDStV sehen als Adressaten die Diensteanbieter vor. Diensteanbieter im Sinne des TDG / MDStV sind nach § 3 Nr. 1 TDG / MDStV natürliche oder juristische Personen, die eigene oder fremde Tele- bzw. Mediendienste zur Nutzung bereithalten oder den Zugang zur Nutzung vermitteln.

Angesichts der Tatsache, dass die neuen Regelungen ebenso wie § 5 TDG / MDStV a.F. eine abgestufte Haftung für die Verantwortung der Diensteanbieter vorsehen, empfiehlt es sich zum besseren Verständnis, zunächst einen Blick auf die früheren Verantwortlichkeitsregelungen des § 5 TDG / MDStV zu werfen und ferner vorab eine Abgrenzung zwischen Tele- und Mediendiensten vorzunehmen, da auch nach den Neuregelungen, die im Zuge der ECRL und des EGG mit den Änderungen im TDG und dem MDStV einhergehen, die Unterscheidung in Tele- und Mediendienste aufrechterhalten bleibt und die Richtlinienbestimmungen, die ihre Umsetzungen in den §§ 8 bis 11 TDG / 6 bis 9 MDStV fanden, nachweislich von dem deutschen Haftungssystem der § 5 TDG / MDStV beeinflusst wurden[796].

1.) Die Anwendungsbereiche von TDG und MDStV

a) Tele- und Mediendienste

Die Änderungen des TDG durch das EGG betreffen nicht die in § 2 Abs. 1 TDG enthaltene Legaldefinition der Teledienste sowie die in § 2 Abs. 2 TDG enthaltenen Regelbeispiele. Und auch die zum 1. Juli 2002 wirksam gewordenen Änderungen des MDStV gestalten lediglich die Haftungsregeln um, nicht hingegen die Begrifflichkeit des Mediendienstes.

Nach § 2 Abs. 1 TDG sind unter Telediensten alle elektronischen Informations- und Kommunikationsdienste zu verstehen, die für eine individuelle Nutzung von kombinierbaren Daten wie Zeichen, Bildern oder Tönen bestimmt sind und denen eine Übermittlung mittels Telekommunikation zugrunde liegt. Mediendienste sind nach § 2 Abs. 1 S. 1 MDStV an die Allgemeinheit gerichtete Informations- und Kommunikationsdienste in Text, Ton oder Bild, die unter Benutzung elektromagnetischer Schwingungen ohne Verbindungsleitung oder längs oder mittels eines Leiters verbreitet werden.

---

[795] Begründung zum EGG, Bundestagsdrucksache 14/6098 S. 23.
[796] Vgl. die Begründung zum EGG, Bundestagsdrucksache 14/6098 S. 11, 22.

Anhand dieser Legaldefinitionen wird ein wichtiges Unterscheidungskriterium zwischen Tele- und Mediendiensten augenfällig: Während Teledienste für eine individuelle Nutzung bestimmt sind, richten sich Mediendienste an die Allgemeinheit. Bei näherer Betrachtung zeigt sich aber, dass die auf den ersten Blick scheinbar eindeutige Trennlinie zwischen Tele- und Mediendiensten tatsächlich nicht existiert. Denn letztlich ist es für die meisten dieser Dienste charakteristisch, dass sie für einen unbestimmten Personenkreis zum Abruf bereitgehalten werden, also an die Allgemeinheit gerichtet sind. Aus der Sicht des Nutzers, der solche Kommunikations- und Informationsdienste abruft, stellt sich dies hingegen als individuelle Nutzung dar[797]. Eine Grenzziehung zwischen Tele- und Mediendiensten ist demzufolge allein anhand der in den jeweiligen Gesetzestexten enthaltenen Legaldefinitionen schwerlich möglich. Diese Schwierigkeit wird verstärkt durch das in § 2 Abs. 2 Nr. 4 MDStV enthaltene Regelbeispiel, wonach ein Mediendienst bei Abrufdiensten vorliegt, die im Wege einer Übertragung von Daten *auf Anforderung eines einzelnen Nutzers* erbracht werden. Dieses Merkmal der Anforderung durch einen einzelnen Nutzer ist nun aber auch bei jeder individuellen Nutzung gegeben, eine Abgrenzung damit erschwert[798]. So wird denn auch in der Literatur kritisiert, dass die im TDG und MDStV vorgenommene Abgrenzung vielfach mit Schwierigkeiten verbunden und oftmals in der nach dem Gesetzeswortlaut suggerierten eindeutigen Art und Weise schlechthin unmöglich sei[799].

Ungeachtet aller Schwierigkeiten, die bei dem Versuch einer Abgrenzung zwischen Tele- und Mediendiensten bestehen, muss man sich stets vor Augen halten, dass entscheidendes Kriterium hierbei eine einzelfallbezogene Betrachtung ist[800]. In einem ersten Schritt ist zu untersuchen, ob sich der in Frage stehende Dienst inhaltlich typischerweise an die Allgemeinheit richtet oder an einen individuellen Nutzerkreis. Im erstgenannten Fall ist weiter zu prüfen, ob bei dem jeweiligen Dienst die redaktionelle Gestaltung zur Meinungsbildung für die Allgemeinheit im Vordergrund steht. Denn wie § 2 Abs. 4 Nr. 3 TDG zum Ausdruck bringt, kommt diesem Merkmal entscheidende Bedeutung für die Abgrenzung zu, da nach dieser Vorschrift das TDG bei eben solchen Angeboten nicht gelten soll[801]. Daraus folgt, dass solche Dienste zur individuellen Nutzung be-

[797] So auch *Pankoke*, Von der Presse- zur Providerhaftung S. 32; *Lütcke*, Persönlichkeitsrechtsverletzungen S. 27; *Wimmer/Michael*, Der Online-Provider im neuen Multimediarecht S. 36;

[798] Vereinzelt wird eine Abgrenzung sogar für unmöglich gehalten, vgl. *Kröger/Moos*, AfP 1997, 675, 680.

[799] Vgl. *Spindler*, § 2 TDG Rn. 28 in: Roßnagel, Recht der Multimediadienste; *v.Bonin/Köster*, ZUM 1997, 821; *Martenczuk*, ZUM 1999, 104, 105; *Pichler*, MMR 1998, 79, 80.

[800] So auch *Gercke*, Rechtswidrige Inhalte im Internet S. 31.

[801] Vgl. den Wortlaut des § 2 Abs. 4 Nr. 3 TDG, wonach das TDG nicht gilt für inhaltliche Angebote bei Verteildiensten und Abrufdiensten, soweit die redaktionelle Gestaltung zur Meinungsbildung für die Allgemeinheit im Vordergrund steht.

stimmt sind und damit dem TDG unterfallen, bei denen zwar ein größerer, nicht individuell abgrenzbarer Personenkreis erreicht werden kann und soll, da dies wie oben gezeigt bei der weitaus überwiegenden Zahl der Dienste der Fall ist, die redaktionelle Gestaltung zur Meinungsbildung für die Allgemeinheit jedoch nicht im Vordergrund steht[802]. Um aber festzustellen, ob ein Dienst redaktionell gestaltet ist zur Meinungsbildung für die Allgemeinheit, bedarf es einer einzelfallorientierten Betrachtungsweise[803].

b) Abgrenzung von Tele- und Mediendiensten im Einzelfall

Wurden eben die Kriterien bestimmt, anhand derer sich eine Angrenzung von Tele- und Mediendiensten vornehmen lässt, so ist damit noch keine dahingehende Feststellung getroffen, wann ein Angebot im konkreten Einzelfall einem er beiden Dienste zugerechnet werden kann. Es besteht nämlich gerade bei umfangreicheren Online-Angeboten die Möglichkeit, dass sich dieses sowohl aus Tele- als auch aus Mediendiensten zusammensetzt[804]. Insbesondere dann stellt sich aber die Frage nach einer Zuordnung.

Hierzu werden verschiedene Lösungsansätze diskutiert: Nach einer Ansicht ist eine wertende Gesamtbetrachtung des Online-Angebotes vorzunehmen[805]. Danach stellt das gesamte Online-Angebot eines Anbieters nach Vornahme einer Gesamtschau einen einheitlichen Tele- oder Mediendienst dar, je nachdem, welche Einzelangebote überwiegen. Den konträren Standpunkt vertritt die Auffassung, die jedes einzelne Angebot gesondert betrachtet, also bei mehreren Angeboten innerhalb eines Gesamtangebots gerade keine Gesamtbetrachtung vornimmt[806].

Keine dieser entgegengesetzten Ansichten vermag letztlich vollends zu überzeugen. Die Ansicht, die aufgrund einer wertenden Gesamtbetrachtung entscheiden will, ob entweder ein Tele- oder ein Mediendienst vorliegt, sieht sich der Kritik ausgesetzt, dass sie den bestehenden Unterschieden zwischen den einzelnen

---

802 So auch *Pankoke*, Von der Presse- zur Providerhaftung S. 34 f.

803 Die von Teilen der Literatur als Kompetenzüberschreitung der Länder verstandene Regelung des § 23 Abs. 2 MDStV a.F., wonach es zu einer Ausdehnung des MDStV auch auf solche Teledienste kommen kann, die an die Allgemeinheit gerichtet sind, ohne eine redaktionelle Gestaltung aufzuweisen, was dann wiederum zu einer Anwendung des Art. 31 GG („Bundesrecht bricht Landesrecht“) führen soll, soll nicht Gegenstand dieser Darstellung sein. Ergänzend sei hierfür auf die Darstellung bei *Pankoke*, Von der Presse- zur Providerhaftung S. 35 und *Spindler*, § 2 TDG Rn. 29 in: Roßnagel, Recht der Multimediadienste, jeweils mit weiteren Nachweisen, verwiesen.

804 Vgl. das bei *Bleisteiner*, Rechtliche Verantwortlichkeit im Internet S. 115 genannte Beispiel.

805 So beispielsweise *Waldenberger*, MMR 1998, 124, 125.

806 So *Pichler*, MMR 1998, 79, 80.

Diensten des Gesamtangebots nicht Rechnung trägt, wenn letztlich nur ein Dienst vorliegen soll. Denn dann würde eine Zuordnung zu einem bestimmten Dienst danach erfolgen, welche Dienste zufälligerweise in dem Gesamtangebot überwiegen[807]. Die Gegenansicht, die jedes einzelne Angebot gesondert betrachtet, differenziert zwar zwischen den einzelnen Angeboten, muss sich aber den Vorwurf gefallen lassen, dass das Gesamtangebot stark und oftmals zu formalistisch zergliedert wird[808].

Zu einer befriedigenden Lösung gelangt man nur über eine differenzierende Betrachtungsweise, welche zwischen beiden konträren Auffassungen vermittelt und deren jeweiligen Vor- und Nachteilen Rechnung trägt. Grundlage dieser hier vertretenen Ansicht ist die Anerkennung der Eigenständigkeit von Tele- und Mediendiensten. Die Qualifizierung eines Online-Angebots als Tele- oder Mediendienst aufgrund einer Gesamtbetrachtung vermag schon deshalb nicht zu überzeugen, da sie diese Eigenständigkeit nicht berücksichtigt und es zudem oftmals dem Zufall überlassen bleibt, welcher Art ein Angebot ist, je nachdem, welcher Dienst im Gesamtangebot überwiegt, und sei es auch nur marginal. Es ist demgemäss im Grundsatz von der gesonderten Betrachtung der einzelnen Angebote auszugehen. Diese Einzelbetrachtung kann jedoch nicht immer praktikabel sein, wie ihre Kritiker anmerken[809]. Daher wird man eine Modifikation dahingehend vorzunehmen haben, dass in den Fällen, in denen offensichtlich ist, dass ein Dienst weit überwiegt, während der andere eindeutig in den Hintergrund tritt, eine Gesamtbetrachtung dergestalt vorzunehmen ist, dass der eindeutig dominierende Dienst vorgibt, welcher Regelungskomplex – TDG oder MDStV – zur Anwendung gelangt[810]. Denn es wäre wenig überzeugend, den im Rahmen eines Gesamtangebots untergeordneten und häufig als alleinige Ausnahme vorkommenden Dienst gesondert zu beurteilen, wenn es offenkundig ist, dass er unselbständig in das Gesamtangebot integriert ist.

Es darf aber auch nicht übersehen werden, dass die Abgrenzung von Tele- und Mediendiensten gerade in dem hier relevanten Bereich der Haftungsfragen keine allzu große Bedeutung in der Praxis hat, da die Haftungsregeln sowohl nach den bisher geltenden Bestimmungen im TDG und MDStV (§ 5 TDG / MDStV) als auch nach den Neuregelungen in den §§ 8 bis 11 TDG / 6 bis 9 MDStV weitgehend identisch sind, so dass sich in der Praxis weit weniger Unterschiede ergeben als man vermuten könnte[811].

---

[807] Vgl. *Lütcke*, Persönlichkeitsrechtsverletzungen S. 26.

[808] So aber *Lütcke*, Persönlichkeitsrechtsverletzungen im Internet S. 26; ebenfalls *Schuster*, § 4 TKG Rn. 4a in: Beck'scher TKG-Kommentar. Ablehnend hingegen *Waldenberger*, MMR 1998, 124, 125.

[809] So *Waldenberger*, MMR 1998, 124, 125, der meint, dass es „wenig sinnvoll (erscheint), auf ein- und derselben Website eines ‚Dienstes' zwei unterschiedliche Datenschutzregime zu beachten."

[810] Ähnlich *Pankoke*, Von der Presse- zur Providerhaftung S. 31.

[811] So auch *Sieber*, Verantwortlichkeit im Internet Rn. 269.

2.) Die bislang geltenden Regelungen zur Verantwortlichkeit nach § 5 TDG / MDStV a.F.

Bevor die im Zuge der Umsetzung der ECRL bedingten Änderungen der Haftungsregeln des TDG[812] durch das EGG behandelt werden sollen, empfiehlt es sich zum besseren Verständnis, zunächst einen Blick auf das bislang geltende Haftungssystem des § 5 TDG / MDStV a.F. zu werfen, da die Richtlinienbestimmungen, die ihre Umsetzungen in den §§ 8 bis 11 TDG / 6 bis 9 MDStV fanden, nachweislich von dem deutschen Haftungssystem der § 5 TDG / MDStV beeinflusst wurden[813]. Da sich in § 5 TDG a.F. als auch in § 5 MDStV a.F. weitgehend inhaltsgleiche Regelungen fanden, kann eine gemeinsame Erörterung beider Vorschriften erfolgen[814].

Charakteristisch für die Haftungsregeln des § 5 TDG / MDStV a.F. war, dass sie ein abgestuftes Haftungssystem für Inhalte[815] umfasste, das in allen Rechtsgebieten – Strafrecht, Zivilrecht, Öffentliches Recht – zur Anwendung gelangte[816]. Es wurde eine Unterscheidung zwischen der Verantwortlichkeit der Diensteanbieter für eigene Inhalte (Abs. 1) und für fremde Inhalte (Abs. 2, 3) getroffen. Bei fremden Inhalten wurde ferner unterschieden zwischen dem Bereithalten (Abs. 2) und der Zugangsvermittlung (Abs. 3) zur Nutzung. Wer (Dienste-) Anbieter ist wird unverändert in § 3 Nr. 1 TDG / MDStV bestimmt. Danach sind

---

812 Und damit verbunden eine Anpassung des MDStV an die veränderten Umstände.

813 Vgl. die Begründung zum EGG, Bundestagsdrucksache 14/6098 S. 22.

814 Die Verfassungsmäßigkeit des § 5 MDStV a.F. wurde von Stimmen der Literatur bisweilen mangels Gesetzgebungskompetenz der Länder zumindest für das Urheberrecht und den gewerblichen Rechtsschutz bezweifelt, vgl. etwa *Engels/Köster*, MMR 1999, 522, 523. Es wurde vorgeschlagen, die Vorschrift des § 5 TDG a.F. in diesen Fällen analog auch auf Mediendienste anzuwenden, um so Regelungslücken zu vermeiden. In diesem Sinn *Pankoke*, Von der Presse- zur Providerhaftung S. 20. Eine analoge Anwendung des § 5 TDG a.F. ablehnend beispielsweise *Pichler*, MMR 1998, 79, 81, der davon ausging, dass es in diesem Bereich bei der bisherigen Rechtslage bleibe. Andere Stimmen wiederum bejahten die Verfassungsmäßigkeit des § 5 MDStV a.F., teilweise wurde von einer Annexkompetenz der Länder ausgegangen, vgl. *Waldenberger*, MMR 1998, 124, 126, während andere die Auffassung vertraten, dass der Bundesgesetzgeber im Wege einer stillschweigenden Ermächtigung einen „Gesetzgebungskorridor" für die Länder öffnete, vgl. *Müller-Terpitz*, MMR 1998, 478, 480. Eine vertiefte Stellungnahme zu dieser Streitfrage soll hier nicht erfolgen, da die Nichtigkeit des § 5 MDStV a.F. vornehmlich für den Bereich des Urheberrechts und des gewerblichen Rechtsschutzes vertreten wurde, die nicht Gegenstand dieser Arbeit sind. Es sei daher neben den bereits genannten Literaturstimmen weiterführend verwiesen auf *Spindler*, NJW 1997, 3193, 3194; *Decker*, MMR 1999, 7, 8; *Martenczuk*, ZUM 1999, 104, 108 ff.; *Freytag*, ZUM 1999, 185, 186 ff.; *Sieber*, Verantwortlichkeit im Internet Rn. 223 ff.; *Bleisteiner*, Rechtliche Verantwortlichkeit im Internet S. 213 ff.; *Lütcke*, Persönlichkeitsrechtsverletzungen im Internet S. 18 ff.

815 Wie sich § 2 Abs. 1 TDG entnehmen lässt, sind unter Inhalten Daten wie Zeichen, Bilder oder Töne zu verstehen.

816 *Sieber*, Verantwortlichkeit im Internet Rn. 276.

dies natürliche oder juristische Personen oder Personenvereinigungen, die eigene oder fremde Tele- oder Mediendienste zur Nutzung bereithalten oder den Zugang zu deren Nutzung vermitteln.

a) Haftung für eigene Inhalte, die zur Nutzung bereitgehalten werden (§ 5 Abs. 1 TDG / MDStV a.F.)

§ 5 Abs. 1 TDG / MDStV a.F. sagte, dass die (Dienste-) Anbieter für eigene Inhalte[817], die sie zur Nutzung bereithalten, nach den allgemeinen Gesetzen verantwortlich waren. Diese Anbieter gelangten nicht in der Genuss einer Haftungsprivilegierung. Der Grund hierfür ist darin zu sehen, dass derjenige, der eigene Inhalte zur Nutzung bereithält, diese Inhalte auch kontrollieren kann, da er sie selbst gestaltet oder ausgewählt hat. Ihn treffen daher dieselben Verpflichtungen nach den allgemeinen Gesetzen wie denjenigen, der eigene Inhalte in Druckwerken veröffentlicht[818].

b) Haftung für fremde Inhalte, die zur Nutzung bereitgehalten werden (§ 5 Abs. 2 TDG / MDStV a.F.)

Der Gesetzgeber ging davon aus, dass eine Haftungsbeschränkung nur im Hinblick auf fremde Inhalte gerechtfertigt sein kann. Dementsprechend fand sich in § 5 Abs. 2 TDG / MDStV a.F.[819] eine Privilegierung desjenigen Anbieters, der fremde Inhalte zur Nutzung bereithielt. Er sollte nämlich nur dann verantwortlich sein, wenn er von diesen Inhalten Kenntnis hatte und es ihm technisch möglich und zumutbar war, deren Nutzung zu verhindern.

§ 5 Abs. 2 TDG / MDStV a.F. war in erster Linie auf den Service Provider zugeschnitten, der seinen Kunden für deren Inhalte Speicherplatz auf seinen oder fremden Rechnern zur Verfügung stellte. Diese Privilegierung rechtfertigte sich damit, dass es dem Service Provider aufgrund der großen Datenmengen, die von seinen Kunden auf seinem oder von ihm gemieteten fremden Rechnern gespeichert wurden, nahezu unmöglich war, alle diese fremden Inhalte zur Kenntnis zu

[817] Strittig ist, was unter *eigenen* Inhalten zu verstehen ist. Abzugrenzen ist dies von der Frage der Unterscheidung zwischen eigenen und fremden Inhalten. Vgl. zu den vertretenen Ansichten, die sich um eine Konkretisierung der eigenen Inhalte bemühen *Lütcke*, Persönlichkeitsrechtsverletzungen im Internet S. 37 ff.
[818] *Sieber*, Verantwortlichkeit im Internet Rn. 280.
[819] Zu § 5 Abs. 2 TDG a.F. vgl. *Rothe*, Die Haftung für fremde Online-Inhalte nach § 5 Abs. 2 TDG am Beispiel des Internet-Host-Providers S. 33 ff. Vgl. ferner BGH CR 2004, 48 mit Anm. *Spindler*, CR 2004, 50 f. Vgl. auch *Pankoke*, MMR 2004, 211 ff.

nehmen und auf ihre Rechtmäßigkeit zu überprüfen[820]. Hatte er aber Kenntnis von den rechtswidrigen Inhalten, so bestanden für ihn insbesondere Verpflichtungen zur Löschung und Sperrung dieser Inhalte nur dann, wenn ihm dies technisch möglich und zumutbar war, da technisch unmögliche Maßnahmen stets als unzumutbar angesehen wurden.

c) Haftung für fremde Inhalte, zu denen lediglich der Zugang zur Nutzung vermittelt wird (§ 5 Abs. 3 TDG / MDStV a.F.)

Die weitgehendste Haftungsprivilegierung sah § 5 Abs. 3 TDG / MDStV a.F. schließlich für den Access Provider vor; diese waren für fremde Inhalte, zu denen sie lediglich den Zugang zur Nutzung vermittelten, nicht verantwortlich. Denn zum einen war es diesen schon technisch nicht möglich, angesichts der exorbitanten Datenmengen eine Kontrolle auf rechtswidrige Inhalte vorzunehmen. Zum anderen beruht die gesetzgeberische Motivation, den Access Provider weitegehend von einer Haftung freizustellen, auch auf rechtspolitischen Überlegungen, da eine umfassende Überwachung des Datenaustausches als nicht wünschenswert angesehen wurde[821].

Als Zugangsvermittlung wurde nach § 5 Abs. 3 S. 2 TDG / MDStV a.F. gleichfalls die automatische und kurzzeitige Vorhaltung fremder Inhalte auf Grund Nutzerabfrage angesehen. Diese Regelung bezog sich ausweislich der Gesetzesbegründung auf Proxy-Cache-Server[822].

3.) Die Neuregelung der Haftung in den §§ 8 bis 11 TDG / 6 bis 9 MDStV

Die augenfälligste Änderung durch die Neuregelung besteht darin, dass die Haftungsregeln nunmehr nicht wie bislang in einer einzigen Norm, nämlich § 5 TDG / MDStV a.F., enthalten sind, sondern einen eigenen Abschnitt im TDG bzw. dem MDStV erhalten. Sie finden sich nun unter der Überschrift „Abschnitt 3: Verantwortlichkeit“ in den §§ 8 bis 11 TDG bzw. unter „II. Abschnitt: Besondere Pflichten und Rechte der Diensteanbieter“ wieder. Für eigene Informationen sind Diensteanbieter nach den allgemeinen Gesetzen verantwortlich[823], insoweit normiert § 8 Abs. 1 TDG eine rechtliche Selbstverständlichkeit und hat insofern nur klarstellenden Charakter. Werden fremde Informationen durchgeleitet, zwischengespeichert oder für einen Nutzer gespeichert, so besteht keine Haftung von Diensteanbietern, wenn diese die in §§ 9 bis 11 TDG / 7 bis 9

[820] Vgl. Begründung zum IuKDG, Bundestagsdrucksache 13/7385 S. 20.
[821] Vgl. *Sieber*, Verantwortlichkeit im Internet Rn. 284; *Gercke*, ZUM 2001, 34, 36.
[822] Begründung zum IuKDG, Bundestagsdrucksache 13/7385 S. 20.
[823] Bzw. nach § 6 Abs. 1 MDStV nach diesem Staatsvertrag oder den allgemeinen Gesetzen. Dazu sogleich.

MDStV an sie gestellten Anforderungen erfüllen. Die §§ 9 bis 11 TDG / 7 bis 9 MDStV enthalten somit eine Haftungsprivilegierung für Diensteanbieter, welche die im Gesetz bezeichneten Handlungen vornehmen.

Das System der Haftungsregeln in den §§ 8 bis 11 TDG / 7 bis 9 MDStV offenbart, dass der nationale Gesetzgeber den technisch orientierten Ansatz der ECRL übernommen hat. Bei genauerer Betrachtung zeigt sich, dass die Regelungen der ECRL teilweise nahezu unverändert übernommen wurden. Die Regelungen des TDG und des MDStV sind aber insofern weiter als die ECRL, als dass sie anders als diese nicht auf wirtschaftlich ausgerichtete Informations- und Kommunikationsdienste beschränkt sind[824].

a) Die Systematik der §§ 8 bis 11 TDG / 6 bis 9 MDStV

aa) § 8 TDG / 6 MDStV – Allgemeine Grundsätze der Verantwortlichkeit

§ 8 Abs. 1 TDG / 6 Abs. 1 MDStV bestimmt, dass Diensteanbieter für eigene Informationen, die sie zur Nutzung bereithalten, nach den allgemeinen Gesetzen verantwortlich sein sollen[825]. Wie nach § 5 Abs. 1 TDG / MDStV a.F. soll der Content Provider nach den allgemeinen Gesetzen haften, ohne dass sich aus dem TDG / MDStV Beschränkungen seiner Verantwortlichkeit ergeben[826].

Auffallend ist, dass statt wie bisher in § 5 TDG / MDStV a.F. in § 8 TDG / 6 MDStV nicht mehr von der Verantwortlichkeit für Inhalte die Rede ist, vielmehr spricht das Gesetz nunmehr von Informationen. Der Begriff der Information ist dem Text der ECRL entlehnt, der in den Artikeln 12 bis 15 ECRL ebenfalls von der Verantwortlichkeit für Informationen spricht. Ausweislich der Begründung des Regierungsentwurfs soll der Begriff der Information dem Inhaltsbegriff des

---

[824] *Glatt*, ZUM 2001, 390, 396.

[825] Bzw. nach dem MDStV oder den allgemeinen Gesetzen. Während die in § 6 Abs. 1 MDStV ausgesprochene Verantwortlichkeit nach den allgemeinen Gesetzen wiederum rechtlich selbstverständlich ist, ist der Zusatz, dass für eigene Informationen auch nach dem MDStV gehaftet wird, zumindest missverständlich. Die Verantwortlichkeit für eigene Informationen nach dem MDStV wird man wohl dahingehend zu verstehen haben, dass Diensteanbieter beispielsweise auch die in § 10 MDStV aufgestellten Informationspflichten zu beachten sowie die in § 11 Abs. 1 MDSTV allgemeinen Gesetze und die gesetzlichen Bestimmungen zum Schutz der Ehre einzuhalten haben.

[826] Zutreffend weisen *Gounalakis/Rhode*, Persönlichkeitsschutz im Internet Rn. 274 darauf hin, dass für den Begriff des Bereithaltens i.S.d. § 8 Abs. 1 TDG entscheidend ist, wer die Möglichkeit hat, auf die bestimmte Information einzuwirken, nicht hingegen, wer die Informationen speichert. Damit kann unproblematisch auch derjenige Content Provider sein, der von ihm erstellte Informationen auf dem Server eines Dritten speichert.

§ 5 TDG a.F. entsprechen und alle Angaben umfassen, die im Rahmen des jeweiligen Teledienstes übermittelt oder gespeichert werden[827].

§ 8 Abs. 2 TDG / 6 Abs. 2 MDStV setzt Art. 15 Abs. 1 ECRL in innerstaatliches Recht um und besagt, dass Diensteanbietern im Sinne der §§ 9 bis 11 TDG / 7 bis 9 MDStV keine Verpflichtung auferlegt wird, die von ihnen übermittelten oder gespeicherten Informationen zu überwachen oder nach Umständen zu forschen, die auf eine rechtswidrige Tätigkeit hinweisen. Diese Freistellung von allgemeinen Überwachungs- und Nachforschungspflichten sahen das TDG bzw. der MDStV bisher nicht vor, so dass eine diesbezügliche Regelung erforderlich war[828].

Wie nach § 5 Abs. 4 TDG a.F. bleiben die Diensteanbieter aber nach § 8 Abs. 2 S. 2 TDG weiterhin verpflichtet, rechtswidrige Informationen nach den allgemeinen Gesetzen[829] zu entfernen oder zu sperren, auch im Falle der Nichtverantwortlichkeit nach den §§ 9 bis 11 TDG. Dies bedeutet, dass auch Diensteanbieter, die nach den §§ 9 bis 11 TDG in den Genuss einer Haftungsprivilegierung gelangen, quasi-negatorischen Unterlassungs- und Beseitigungsansprüchen ausgesetzt sein können. Einen entsprechenden Zusatz sieht nunmehr auch § 6 Abs. 2 S. 2 MDStV vor.

bb) § 9 TDG / 7 MDStV – Durchleitung von Informationen

§ 9 TDG / 7 MDStV setzt Art. 12 ECRL in innerstaatliches Recht um und entspricht im Grundsatz § 5 Abs. 3 TDG / MDStV a.F. § 9 Abs. 1 TDG / 7 Abs. 1 MDStV bestimmt, dass Diensteanbieter für fremde Informationen, die sie in einem Kommunikationsnetz übermitteln oder zu denen sie den Zugang zur Nutzung vermitteln, nicht verantwortlich sind, sofern sie die Übermittlung nicht veranlasst (§ 9 Abs. 1 Nr. 1 TDG / 7 Abs. 1 Nr. 1 MDStV), den Adressaten der übermittelten Informationen nicht ausgewählt (§ 9 Abs. 1 Nr. 2 TDG / 7 Abs. 1

[827] Begründung zum EGG, Bundestagsdrucksache 14/6098 S. 23.

[828] In seiner Stellungnahmen erachtete der Bundesrat diese Regelung als überflüssig und forderte die Bundesregierung zu deren Streichung auf, da sich bereits aus dem Regelungszusammenhang der Vorschriften zur Verantwortlichkeit ergebe, dass keine allgemeine positive Überwachungspflicht bestehe und die ECRL ebenfalls nicht zur Aufnahme einer solchen Regelung zwinge, vgl. Stellungnahme des Bundesrates zum EGG, Bundestagsdrucksache 14/6098 S. 33. Dem ist die Bundesregierung nicht gefolgt. Aus Art. 15 Abs. 1 der ECRL ergebe sich nämlich, dass die Mitgliedstaaten den Anbietern keine allgemeinen Überwachungspflichten auferlegen dürften. Die Umsetzung der Regelungen der Richtlinie über die Verantwortlichkeit als Vollharmonisierung setze daher eine klarstellende Regelung voraus, die überdies Rechtssicherheit für die Anbieter schaffe, vgl. Gegenäußerung der Bundesregierung, Bundestagsdrucksache 14/6098 S. 37.

[829] Unter Beachtung des § 85 TKG.

Nr. 2 MDStV) und die übermittelten Informationen nicht ausgewählt oder verändert haben (§ 9 Abs. 1 Nr. 3 TDG / 7 Abs. 1 Nr. 3 MDStV).

§ 9 Abs. 2 TDG / 7 Abs. 2 MDStV, der dem bisher geltenden § 5 Abs. 3 S. 2 TDG / MDStV a.F. entspricht, besagt, dass der Übermittlung von Informationen oder der Zugangsvermittlung zu ihnen im Sinne von Abs. 1 grundsätzlich auch die automatische kurzzeitige Zwischenspeicherung dieser Informationen unterfallen.

Wie bisher beruht die Haftungsprivilegierung in § 9 TDG / 7 MDStV darauf, dass sich die Tätigkeit des Diensteanbieters bei der reinen Durchleitung von Informationen lediglich darauf beschränkt, die von Dritten zur Verfügung gestellten Informationen zu übermitteln oder kurzzeitig zwischenzuspeichern, ohne Kenntnis von diesen Informationen zu haben oder diese zu kontrollieren[830]. Der Diensteanbieter kann sich aber auf die Haftungsprivilegierung des § 9 TDG / 7 MDStV nicht berufen, wenn er mit einem der Nutzer seines Dienstes zusammenarbeitet, um rechtswidrige Handlungen zu begehen[831]. In diesen Fällen leistet er nämlich mehr als die reine Durchleitung von Informationen und haftet wie für eigene Informationen nach den allgemeinen Vorschriften. Dieselbe Haftung trifft den Diensteanbieter im Sinne des § 9 TDG / 7 MDStV, wenn von § 9 Abs. 1 Nr. 1 bis 3 TDG / 7 Abs. 1 Nr. 1 bis 3 MDStV abgewichen wird, er also an dem Übermittlungsvorgang beteiligt ist[832].

cc) § 10 TDG / 8 MDStV – Zwischenspeicherung zur beschleunigten Übermittlung von Informationen (Caching)

§ 10 TDG / 8 MDStV dient der Umsetzung von Art. 13 Abs. 1 ECRL und ordnet an, dass Diensteanbieter für eine automatische, zeitlich begrenzte Zwischenspeicherung, welche allein dem Zweck dient, die Übermittlung der fremden Information an andere Nutzer auf deren Anfrage effizienter zu gestalten – sog. Caching[833] – grundsätzlich nicht verantwortlich sein sollen. Genauere Spezifikationen, welche Voraussetzungen die Anbieter im einzelnen zu erfüllen haben, um in den Genuss dieser Haftungsprivilegierung zu gelangen, finden sich in den Nummern 1 bis 5 des § 10 TDG / 8 MDStV. So ist beispielsweise in Nr. 1 das Erfordernis enthalten, dass Diensteanbieter nur dann nicht verantwortlich sein sollen, wenn sie die zwischengespeicherten Informationen nicht verändern, während in Nr. 5 die Haftungsprivilegierung von einem unverzüglichen Handeln des Diensteanbieters abhängig macht, gespeicherte Informationen im Sinne des § 10 TDG / 8 MDStV zu entfernen oder zu sperren, sobald sie Kenntnis davon erhal-

[830] Vgl. die Begründung zum EGG, Bundestagsdrucksache 14/6098 S. 24.
[831] Begründung zum EGG, Bundestagsdrucksache 14/6098 S. 24.
[832] Begründung zum EGG, Bundestagsdrucksache 14/6098 S. 24.
[833] Zur Funktionsweise siehe oben S.62.

ten haben, dass die Informationen am ursprünglichen Ausgangsort der Übertragung aus dem Netz entfernt wurden oder der Zugang zu ihnen gesperrt wurde oder die Entfernung oder Sperrung durch ein Gericht oder eine Verwaltungsbehörde angeordnet wurde.

§ 10 TDG / 8 MDStV geht über die Regelung in § 9 TDG / 7 MDStV insoweit hinaus, als dass sich die Verantwortlichkeitsprivilegierung in § 10 TDG / 8 MDStV auf die Zwischenspeicherung bezieht und nicht auf die übermittelte Information. Insbesondere von § 9 Abs. 2 TDG / 7 Abs. 2 MDStV unterscheidet sich § 10 TDG / 8 MDStV dadurch, dass es sich bei der Zwischenspeicherung nach § 9 Abs. 2 TDG / 7 Abs. 2 MDStV um eine Kopie handelt, „die während und ausschließlich zum Zwecke der Übertragung der Informationen erstellt wird und zu der der Nutzer keinen direkten Zugang hat. Die Zwischenspeicherung im Rahmen des Caching hingegen erfolgt, um Nutzern schnelleren Zugang zu den Informationen zu verschaffen“[834].

Bereits in § 5 Abs. 3 S. 2 TDG / MDStV a.F. war angeklungen, dass die Haftungsprivilegierung darauf beruht, dass die Tätigkeit des Diensteanbieters beim Caching auf die technische Seite beschränkt ist, nämlich der Betreibung eines Kommunikationsnetzes und der Vermittlung des Zugangs zu diesem. So hat auch der Diensteanbieter im Sinne von § 10 TDG / 8 MDStV in aller Regel keine Kenntnis von den gespeicherten Inhalten und kann diese auch nicht kontrollieren, da der Vorgang der Zwischenspeicherung zur beschleunigten Übermittlung von Informationen automatisiert ist und der Diensteanbieter keine eigenen Entscheidungen trifft. Dies ist auch der Grund, warum die Haftungsprivilegierung nach § 10 TDG / 8 MDStV nicht voraussetzt, dass der Diensteanbieter keine Kenntnis von dem Inhalt der Informationen hat.

dd) § 11 TDG / 9 MDStV – Speicherung von Informationen (Hosting)

Schließlich ist noch auf die Vorschrift des § 11 TDG / 9 MDStV einzugehen, die eine Haftungsprivilegierung für diejenigen Diensteanbieter enthält, die fremde Informationen für einen Nutzer speichern (Hosting)[835]. Voraussetzung für diese Privilegierung ist aber, dass die Diensteanbieter entweder nach § 11 Nr. 1 TDG / 9 Nr. 1 MDStV keine Kenntnis von der rechtswidrigen Handlung oder Information haben – und ihnen im Falle von Schadensersatzansprüchen auch keine Tatsachen oder Umstände bekannt sind, aus denen die rechtswidrige Handlung oder die Information offensichtlich wird – oder dass sie unverzüglich tätig geworden sind, um die Information zu entfernen oder den Zugang zu ihr zu

[834] Begründung zum EGG, Bundestagsdrucksache 14/6098 S. 24.
[835] Die Haftung eines Auktionshauses für jugendgefährdende Inhalte nach § 11 TDG ablehnend LG Potsdam CD 2003, 217, 218 f.

sperren, sobald sie diese Kenntnis erlangt haben, § 11 Nr. 2 TDG / 9 Nr. 2 MDStV[836].

§ 11 TDG / 9 MDStV setzt Art. 14 ECRL in innerstaatliches Recht um und entspricht dem Grundsatz nach dem bisherigen § 5 Abs. 2 TDG / MDStV a.F. Auch nach der Neuregelung soll es zu einer Privilegierung des Service Providers kommen, der lediglich fremde Informationen auf seinen Rechnern speichert und in der Regel keine Kenntnis von deren Inhalten hat.

Nach § 11 S. 2 TDG / 9 S. 2 MDStV findet die Haftungsprivilegierung des S. 1 keine Anwendung, wenn der Nutzer dem Diensteanbieter untersteht oder von ihm beaufsichtigt wird.

b) Haftungsrechtliche Probleme der §§ 8 bis 11 TDG / 6 bis 9 MDStV

aa) Eigene und fremde Informationen im Sinne der §§ 8 bis 11 TDG / 6 bis 9 MDStV

Wesentliches Kriterium bei der Beantwortung der Frage, ob ein Diensteanbieter in den Genuss einer Haftungsprivilegierung gelangt, ist die Unterscheidung nach eigenen und fremden Informationen. Denn während § 8 TDG / 6 MDStV bestimmt, dass Diensteanbieter für eigene Informationen, die sie zur Nutzung bereithalten, nach den allgemeinen Gesetzen verantwortlich sind[837], bezieht sich die Haftungsprivilegierung in den §§ 9 bis 11 TDG / 7 bis 9 MDStV ausschließlich auf fremde Informationen.

Da der Begriff der Informationen dem im bisher geltenden § 5 TDG verwendeten Begriff der Inhalte entspricht[838], können bei der Abgrenzung eigener von fremden Informationen die hierzu bei § 5 TDG / MDStV a.F. entwickelten Grundsätze und vertretenen Ansichten herangezogen werden.

---

[836] Vgl. auch *Flechsig*, MMR 2002, 347 ff., wonach das Haftungsprivileg des § 11 TDG auch dann entfällt, wenn der Antragsgegner keine Vorkehrungen trifft, die es dem Enduser ermöglichen, gegen den nach § 8 Abs. 1 TDG für den Inhalt selbst Verantwortlichen vorzugehen, da dieser Fall dem Ausschluss des § 11 S. 2 TDG gleichzustellen sei, wonach das Haftungsprivileg keine Anwendung findet, wenn der Nutzer dem Diensteanbieter untersteht oder von ihm beaufsichtigt wird.
[837] Und gem. § 6 Abs. 1 MDStV auch nach dem MDStV.
[838] Begründung zum EGG, Bundestagsdrucksache 14/6098, S. 23.

aaa) Die zu § 5 TDG / MDStV a.F. vertretenen Ansichten

Hinsichtlich des Begriffs der Inhalte im Sinne von § 5 TDG / MDStV a.F. war umstritten, wie eine Abgrenzung zwischen eigenen und fremden Inhalten vorzunehmen sei. Einigkeit bestand lediglich für die selbst hergestellten Inhalte, diese sollten unproblematisch zu den eigenen Informationen zählen[839]. Für andere als selbst erschaffene Informationen existiert hingegen kein Konsens. Im Wesentlichen werden hier zwei unterschiedliche Ansichten vertreten:

Eine Auffassung zieht bei der Abgrenzung die im Presserecht entwickelten Grundsätze heran[840]. Danach sollen neben den unstreitig eigene Informationen darstellenden selbst hergestellten auch von Dritten erstellte Informationen als eigene anzusehen sein, wenn sich der Diensteanbieter sich diese zu eigen machte[841]. Ein solches Zu-Eigen-Machen sollte beispielsweise dann vorliegen, wenn der Diensteanbieter Inhalte nicht als fremde kennzeichnete oder sich nicht von diesen distanzierte und sich daraus der Rückschluss ziehen ließ, dass er sich die Inhalte objektiv zurechnen lassen wollte[842]. Fremde Inhalte sollten hingegen dann vorliegen, wenn sie ersichtlich von einem Dritten stammen und sich der Diensteanbieter auch nicht mit ihnen identifizierte[843]. Indes wurde allein die Kenntlichmachung der Inhalte als von einem Dritten stammend nicht in jedem Fall als ausreichend angesehen, dass es sich dann tatsächlich um fremde Inhalte handelte[844].

Die Kritik an dieser auch auf die §§ 8 bis 11 TDG / 6 bis 9 MDStV übertragbaren Auffassung setzt dort an, wo ihre Vertreter sagen, dass fremde Informationen bereits dann vorliegen sollen, wenn sich der Diensteanbieter nur von diesen distanziert bzw. sie als fremde Informationen kennzeichnet. Denn dadurch würde die Möglichkeit geschaffen, dass Informationen Dritter zwar vollständig in das eigene Angebot integriert werden können, allein der Hinweis auf die Fremdheit dieser Informationen aber zu einer Haftungsprivilegierung führen könnte. Zwar erkennen dies auch die Vertreter dieser Ansicht, wenn sie sagen, dass die Kennzeichnung einer Information als fremde nicht immer eine Haftungsprivilegierung begründen kann[845], doch vermag es nicht zu überzeugen, wenn unter Heranziehung presserechtlicher Grundsätze darauf abgestellt wird, dass eine

[839] Vgl. *Engels*, AfP 2000, 524, 527; *Freytag*, ZUM 1999, 185, 191.

[840] So *Engels*, AfP 2000, 524, 527; *Spindler*, NJW 1997, 3193, 3196; *Engels/Köster*, MMR 1999, 522, 523. Nach *Sieber*, Verantwortlichkeit im Internet Rn. 293 handelt es sich bei dieser Auffassung um die h.M.

[841] *Engels/Köster*, MMR 1999, 522, 523; *Altenhain*, AfP 1998, 457, 459 f.; *Pelz*, ZUM 1998, 530, 532.

[842] In dieser Richtung *Koch*, CR 1997, 193, 197; *Ernst*, Anm. zu AG München, NJW-CoR 1998, 362, 364; *Bleisteiner*, Rechtliche Verantwortlichkeit im Internet S. 163 f.

[843] *Pelz*, ZUM 1998, 530, 533.

[844] *Spindler*, NJW 1997, 3193, 3196.

[845] Vgl. die in Fn. 844 angeführten Nachweise.

ernsthafte Distanzierung des Diensteanbieters von den Äußerungen eines Dritten gefordert wird[846]. Denn es bleibt offen, wann eine solche *ernsthafte* Distanzierung vorliegen soll. Würde bereits jede Distanzierung mittels eines Disclaimers ausreichend sein, um zur Bejahung fremder Informationen zu führen, so würde dies dem Diensteanbieter eine weitgehende Haftungsprivilegierung ermöglichen, eine derartige „Flucht in die Haftungsprivilegierung" kann jedoch vom Gesetzgeber nicht gewollt sein[847].

Nach anderer Auffassung sollte für die Abgrenzung bei § 5 TDG / MDStV a.F. ein urheberrechtlicher Ansatzpunkt gewählt werden. Danach sollte entscheidend sein, ob der Anbieter durch inhaltliche Gestaltung oder Auswahl selbst den maßgeblichen Einfluss auf die Inhaltsgestaltung der Informationen hatte oder ob dieser bei einem Dritten lag[848]. Ergänzend wurde dem Gesichtspunkt Bedeutung zugemessen, ob der Anbieter ein bestimmendes wirtschaftliches oder sonstiges Interesse an der Verbreitung eines Inhalts in der jeweiligen Gestaltung hatte[849]. War dies der Fall sollte auch bei ursprünglich fremden nunmehr von eigenen Inhalten ausgegangen werden.

Gegen diese Konzeption für die §§ 8 bis 11 TDG / 6 bis 9 MDStV lässt sich jedoch vorbringen, dass die Grenzziehung zwischen eigenen und fremden Inhalten in vielen Fällen nicht möglich sein wird, wenn man das entscheidende Kriterium in dem Einfluss auf die inhaltliche Gestaltung sieht. Denn bei der vollständigen und unveränderten Einbettung einer von einem Dritten erstellten Information in das eigene Angebot müsste man nach dieser Ansicht davon ausgehen, dass es sich um eine fremde Information handelt, da der Diensteanbieter zwar über die inhaltliche Gestaltung des Gesamtangebots entscheidet, nicht aber den Inhalt der einzelnen übernommenen Information festlegt. Noch deutlicher zeigen sich die Schwächen dieser Auffassung aber in den Fallgestaltungen, in denen eine von einem Dritten erstellte Information gerade nicht unverändert in das eigene Angebot übernommen wird. Unterliegt die ursprünglich vorhandene Information Veränderungen, dann nimmt der Diensteanbieter Einfluss auf deren Inhalt. Wann aber die Grenze erreicht ist, an der noch von einer fremden Information oder schon von einer eigenen gesprochen werden kann, bleibt im Unklaren. Das Merkmal des maßgeblichen Einflusses auf die inhaltliche Gestaltung einer Information ist daher untauglich.

[846] So aber *Spindler*, NJW 1997, 3193, 3196 unter Verweis auf die Rechtsprechung zur erforderlichen Distanzierung von Presseorganen gegenüber übernommenen Zitaten oder Informationen.
[847] *Spindler*, NJW 1997, 3193, 3196 fordert zwar eine *ernsthafte* Distanzierung des Anbieters, doch bleibt im Unklaren, wann eine solche vorliegt.
[848] So *Freytag*, ZUM 1999, 185, 191.
[849] *Freytag*, ZUM 1999, 185, 191.

Aber auch das von dieser Auffassung hilfsweise herangezogene Abgrenzungskriterium des bestimmenden wirtschaftlichen oder sonstigen Interesses an der Verbreitung einer Information in der jeweiligen Gestalt vermag nicht zu der Klärung der Abgrenzungsfrage beizutragen. Denn die Eigenschaft eines bestimmenden Interesses an der Verbreitung einer Information ist völlig konturlos.

Es lässt sich festhalten, dass keine dieser beiden Lösungsvorschläge zu überzeugenden Ergebnissen führt.

bbb) Eigener Lösungsweg

Zunächst sind diejenigen Fälle zu benennen, bei denen nach allen vertretenden Meinungen Einigkeit besteht. So ist es trotz aller Unterschiede der verschiedenen Lösungsversuche einmütige Auffassung, dass eigene Informationen solche sind, die von dem jeweiligen Diensteanbieter selbst erstellt und von ihm jetzt bereitgehalten werden. Die Auffassung, die auf presserechtliche Erwägungen abstellen will, sagt beispielsweise ausdrücklich, dass zu den eigenen Informationen zweifellos die selbst hergestellten zählen[850]. Aber auch die Ansicht, die urheberrechtliche Gesichtspunkte heranziehen will, muss davon ausgehen, dass der Diensteanbieter bei von ihm erstellten und bereitgehaltenen Informationen maßgeblichen Einfluss auf deren Inhaltsgestaltung hat.

Die eigentlichen Schwierigkeiten bestehen bei den Informationen, die nicht von dem Diensteanbieter erstellt wurden. Zwar kann insoweit der wohl h.M., die presserechtliche Grundsätze heranzieht, gefolgt werden, als dass Informationen auch dann als eigene angesehen werden können, die zwar von Dritten erstellt wurden, die sich der Diensteanbieter aber zu eigen macht[851]. Die h.M. sagt aber zumeist nicht eindeutig, wann ein solches Zu-Eigen-Machen von Inhalten vorliegen soll.

Zur Lösung des Abgrenzungsproblems wird vorgeschlagen, entscheidend auf die technische Seite abzustellen[852]. Daran ist sicherlich richtig, dass die ECRL den technischen Aspekt in den Vordergrund stellt, was sich bereits anhand der Überschriften der einzelnen Normen zeigt (Art. 12 ECRL: Reine Durchleitung; Art. 13 ECRL: Caching; Art. 14 ECRL: Hosting) und sich in deren Inhalt fortsetzt. Dass dieser technische Aspekt nun auch für die neuen Haftungsregeln des TDG entscheidende Geltung beansprucht, wird bereits dadurch augenfällig, dass die §§ 9 bis 11 TDG / 7 bis 9 MDStV die Artt. 12 bis 14 ECRL nahezu identisch umsetzen.

---

[850] Vgl. nur *Engels/Köster*, MMR 1999, 522, 523.
[851] So beispielsweise *v.Bonin/Köster*, ZUM 1997, 821, 824.
[852] *Pankoke*, Von der Presse- zur Providerhaftung S. 105 f.

Um diesem technischen Ansatz gerecht zu werden, empfiehlt es sich, in einem ersten Schritt eine negative Abgrenzung vorzunehmen: Keine eigenen Informationen liegen immer dann vor, wenn diese fremd im Sinne der §§ 9 bis 11 TDG / 7 bis 9 MDStV sind. Es muss also zunächst festgestellt werden, ob die zu beurteilenden Informationen von dem Diensteanbieter lediglich durchgeleitet werden (§ 9 TDG / 7 MDStV), ob er sie zur beschleunigten Übermittlung von Informationen zwischenspeichert (§ 10 TDG / 8 MDStV) oder ob er sie für einen Nutzer speichert (§ 11 TDG / 9 MDStV). Ist dies zu bejahen – und dies wird in der Regel vergleichsweise einfach möglich sein – so sind die Informationen fremd. Erst wenn die reine Durchleitung der Informationen, deren Zwischenspeicherung zur beschleunigten Übermittlung oder ihre Speicherung für einen Nutzer verneint wird, ist eine weitere Untersuchung bzw. Abgrenzung vonnöten.

Es wäre hingegen unrichtig anzunehmen, alle übrigen Informationen seien als eigene im Sinne von § 8 TDG / 6 MDStV zu klassifizieren. Denn dann hätte der Gesetzgeber § 8 Abs. 1 TDG / 6 Abs. 1 MDStV auch dergestalt formulieren können, dass für all diejenigen Informationen, die keine solchen im Sinne der §§ 9 bis 11 TDG / 7 bis 9 MDStV darstellen, nach den allgemeinen Vorschriften gehaftet wird. Der Gesetzgeber ging aber gerade davon aus, dass auch bei Informationen, die zur Nutzung bereitgehalten werden und die sich nicht unter die §§ 9 bis 11 TDG / 7 bis 9 MDStV subsumieren lassen, eine Differenzierung in eigene und fremde vonnöten ist. Eine Gesamtbetrachtung der §§ 9 bis 11 TDG / 7 bis 9 MDStV zeigt, dass Diensteanbieter grundsätzlich privilegiert sind, wenn sie fremde Informationen lediglich in einem Kommunikationsnetz übermitteln oder zu ihnen den Zugang vermitteln (§ 9 TDG / 7 MDStV), sie fremde Informationen für einen Nutzer speichern (§ 11 TDG / 9 MDStV) oder nur eine automatische, zeitlich begrenzte Zwischenspeicherung vorliegt (§ 10 TDG / 8 MDStV). Um den Genuss der Haftungsprivilegierung zu erlangen ist aber ferner erforderlich, dass sie die in den §§ 9 bis 11 TDG / 7 bis 9 MDStV aufgestellten Erfordernisse erfüllen. Daraus folgt aber im Umkehrschluss unter Heranziehung des § 8 Abs. 1 TDG / 6 Abs. 1 MDStV, dass für diejenigen fremden Informationen nicht gehaftet wird, die sich schon nicht den Modalitäten der §§ 9 bis 11 TDG / 7 bis 9 MDStV mit den dort niedergelegten Anforderungen zuordnen lassen. Es muss demzufolge nach Wegen gesucht werden, wie sich diese Informationen in eigene und fremde unterscheiden lassen.

Wie oben bereits angeklungen ist kann es nicht überzeugen, wenn man es für eine Verneinung der eigenen Informationen bereits ausreichen lassen will, dass sich der Anbieter ausdrücklich von ihnen distanziert. Bindet der Diensteanbieter von Dritten erstellte Informationen bewusst und in einer Weise in sein Angebot ein, die den Schluss zulassen, dass er hierfür die Verantwortung übernehmen will, so ist von eigenen Informationen auszugehen[853]. Wann dies aber der Fall ist

---

[853] Ähnlich *Lütcke*, Persönlichkeitsrechtsverletzungen im Internet S. 40, der für die Charakterisierung einer Information als eigene darauf abstellt, ob der Diensteanbieter die objektive

muss sich nach den Umständen des konkreten Einzelfalls richten[854]. Entscheidendes Kriterium für das Zu-Eigen-Machen fremder Informationen muss also sein, dass der Diensteanbieter sie bewusst und in Kenntnis ihres Inhalts ausgewählt und in sein Angebot eingefügt hat und dadurch unmissverständlich zum Ausdruck bringt, dass er für diese Informationen die Verantwortung übernehmen will. Dies kann auch der Fall sein, wenn eine Kennzeichnung der Informationen als fremde oder eine Distanzierung vorgenommen wird, da es entscheidend auf die Erscheinungsform des Angebots ankommt. Dadurch wird der Diensteanbieter auch nicht unangemessen benachteiligt, da dies nur dann gilt, wenn er die Informationen bewusst in sein Angebot aufgenommen hat. Damit werden zwar nicht alle bewusst in das eigene Angebot aufgenommenen fremden Informationen zu eigenen, wohl aber diejenigen von ihnen, für die der Diensteanbieter die Verantwortung übernehmen will. Hierdurch zeigt sich der Vorteil der hier vertretenen Ansicht, da eine Prüfung auf mehreren Ebenen erfolgt, die den Umständen des Einzelfalls Rechnung zu tragen vermag.

Es ist also zunächst eine negative Vorprüfung geboten, mit der all diejenigen Informationen als nicht eigene ausgeschieden werden, die eine Modalität der §§ 9 bis 11 TDG / 7 bis 9 MDStV erfüllen. In einem zweiten Schritt ist anschließend zu klären, ob eine bewusste Aufnahme der Informationen in das Angebot des Diensteanbieters erfolgte, bevor in einem letzten Schritt schließlich gefragt wird, ob der Diensteanbieter für die Informationen die Verantwortung übernehmen will.

bb) Sonderproblem: Hyperlinks

Eng verbunden mit der vorstehend erörterten Schwierigkeit in Bezug auf die Abgrenzung zwischen eigenen und fremden Informationen ist die Problematik im Zusammenhang mit Hyperlinks. Es ist nämlich fraglich, ob es allein durch diejenigen Websites zu Verletzungen der Persönlichkeitsrechte kommen kann,

---

Möglichkeit hat, den konkreten Inhalt eines Angebots zu bestimmen. Vgl. auch *Sieber*, Verantwortlichkeit im Internet Rn. 304.

[854] So auch LG Potsdam K&R 2003, 86, 88, das eine *ernsthafte* Distanzierung des Providers von den fremden Inhalten fordert, um seine Verantwortlichkeit verneinen zu können (Hervorhebung durch den Verfasser). Ebenso *Leible/Sosnitza*, Anm. zu LG Potsdam K&R 2003, 86, 90. Die Entscheidung des LG Potsdam ist in mehrerer Hinsicht bedeutsam. Zum einen handelt es sich um sie erste Entscheidung, die sich mit den neugefassten Haftungsregelungen der §§ 8-11 TDG befasst, zum anderen setzt sich das Gericht ausführlich und in überzeugender Weise mit der Haftung von Online-Auktionshäusern für gewaltverherrlichende und jugendgefährdende Inhalte auseinander und verneint zu Recht eine solche Haftung des Auktionshauses eBay, da dieses sich die fremden Informationen nicht zu Eigen mache und daher nicht nach § 8 TDG hafte. Auch eine Haftung nach § 11 S. 1 Nr. 1 TDG wird vom LG Potsdam richtigerweise abgelehnt. Zustimmend auch *Leible/Sosnitza*, Anm. zu LG Potsdam K&R 2003, 86, 90 ff.

auf denen die betreffenden Informationen enthalten sind, oder nicht vielmehr auch durch diejenigen, die Hyperlinks auf diese Seiten enthalten[855].

Dabei muss man sich in Erinnerung rufen, dass eine zu strenge Haftung für Hyperlinks dem Grundgedanken des Internet nach größtmöglicher Freiheit zuwiderlaufen würde. Hyperlinks stellen geradezu das Herzstück des World Wide Web dar, eine umfassende Haftung würde dazu im Widerspruch stehen.

Das erste Urteil eines deutschen Gerichts zur Haftung für Hyperlinks erging am 12.5.1998 durch das LG Hamburg[856]. In dem zugrundeliegenden Sachverhalt hatte der Beklagte auf seiner Website Links auf ehrverletzende und beleidigende Tatsachenbehauptungen über den Kläger aufgenommen, die sich auf einer dritten Website fanden. In dem Einrichten dieser Links sah das Gericht eine Persönlichkeitsrechtsverletzung durch den Beklagten, da er sich die Ehrverletzungen und Beleidigungen auf der anderen Homepage zu eigen gemacht habe.

Interessanterweise ging das Gericht hier in keiner Weise auf die naheliegende Haftungsfrage im Zusammenhang mit § 5 TDG / MDStV a.F. ein. Vielmehr führte es unter Berufung auf eine Entscheidung des BGH[857] zur Wiedergabe einer herabsetzenden Tatsachenbehauptung aus, dass dieser Gedanke auch auf Hyperlinks übertragen werden könne. Denn in dem zu entscheidenden Fall stellte das Setzen des Hyperlinks auf eine von einem Dritten über einen anderen aufgestellte herabsetzende Tatsachenbehauptung ebenfalls eine Persönlichkeitsrechtsverletzung dar, da keine ausreichende Distanzierung von den Behauptungen vorliege. Durch die Aufnahme des Links liege auch nicht die Einrichtung eines „Markts der Meinungen" vor. Ein solcher könne zwar die Linksetzung legitimieren, doch ging es nach dem LG Hamburg dem Beklagten nicht darum, „das Kaleidoskop von Behauptungen in einer die Öffentlichkeit berührenden Angelegenheit möglichst umfassend in alle möglichen Richtungen vertiefend wiederzugeben" als vielmehr darum, eine Zusammenschau ehrverletzender Artikel über den Kläger zu erstellen[858].

Es bedarf der Feststellung, ob sich solche Fallgestaltungen abweichend von den dargestellten Überlegungen nicht dem Verantwortlichkeitssystem der §§ 8 bis 11 TDG / 6 bis 9 MDStV unterfallen. Hierzu empfiehlt es sich, zunächst der

[855] Zur strafrechtlichen Problematik beim Setzen von Hyperlinks im Rahmen des § 5 TDG vgl. *Haft/Eisele*, JuS 2001, 112, 117. Allgemein zur strafrechtlichen Haftung nach den §§ 8 ff. TDG *Vassilaki*, MMR 2002, 659 ff.

[856] LG Hamburg CR 1998, 565. Wenig später erlangte ein weiteres Urteil eines deutschen Gerichts weltweite Aufmerksamkeit, nämlich die CompuServe-Entscheidung des AG München vom 28.5.1998, abgedruckt in NJW 1998, 2836. Dort hatte sich das Gericht mit der Strafbarkeit der Zugangsvermittlung zu pornographischen Informationen im Internet zu befassen. Vgl. dazu nur *Kühne*, NJW 1999, 188 ff. und *Kühne*, NJW 2000, 1003 ff.

[857] BGH NJW 1996, 1131.

[858] LG Hamburg CR 1998, 565, 566.

Frage nachzugehen, ob und gegebenenfalls an welcher Stelle Hyperlinks eine gesetzliche Regelung erfahren haben.

aaa) Ausdrückliche gesetzliche Regelungen im Bezug auf Hyperlinks?

Als anwendbare Normkomplexe kommen sowohl die ECRL als auch das TDG und der MDStV in Betracht.

In der ECRL finden sich Ausführungen zu Hyperlinks in Art. 21 Abs. 2 ECRL. Doch nimmt Art. 21 Abs. 2 ECRL lediglich auf Art. 21 Abs. 1 ECRL Bezug, der die Kommission verpflichtet, dem Europäischen Parlament, dem Rat und dem Wirtschafts- und Sozialausschuss alle zwei Jahre einen Bericht über die Anwendung der ECRL vorzulegen und gegebenenfalls Vorschläge für die Anpassung der Richtlinie an die rechtlichen, technischen und wirtschaftlichen Entwicklungen im Bereich der Dienste der Informationsgesellschaft zu unterbreiten. Art. 21 Abs. 2 ECRL sagt unter anderem, dass in diesem Bericht insbesondere untersucht werden soll, ob Vorschläge bezüglich der Anbieterhaftung bei Hyperlinks erforderlich sind, trifft aber selbst keine Regelung[859].

Und auch in der Neufassung des TDG und des MDStV ist – den Vorgaben der ECRL folgend – keine Regelung im Hinblick auf Hyperlinks enthalten. In der Stellungnahme des Bundesrates zum Regierungsentwurf zum EGG findet sich die Forderung nach der Aufnahme von Regelungen betreffend Hyperlinks[860]. Eine rechtliche Regelung sei schon deshalb geboten, da die Beurteilung von Vorgängen im Zusammenhang mit Hyperlinks in Rechtsprechung und Lehre umstritten sei.

Die Bundesregierung ist diesen Vorschlägen allerdings nicht gefolgt. In ihrer Gegenäußerung legt sie dar, dass die ECRL die Problematik bei Hyperlinks bewusst nicht geregelt habe, diese nach Art. 21 Abs. 2 ECRL vielmehr in die vorgesehene Evaluierung der Richtlinie einbezogen habe[861]. Im Rahmen der Vollharmonisierung der Richtlinie habe die Bundesregierung davon abgesehen, Vorschriften für Hyperlinks mit aufzunehmen. Letztlich sei zunächst die weitere

---

859 Ferner findet sich in Art. 21 Abs. 2 ECRL die Verpflichtung, in dem Bericht zu untersuchen, ob Vorschläge hinsichtlich von Instrumenten zur Lokalisierung von Informationen, Verfahren zur Meldung und Entfernung rechtswidriger Inhalte („notice and take down"-Verfahren) und eine Haftbarmachung im Anschluss an die Entfernung von Inhalten erforderlich sind.

860 Vgl. Begründung zum EGG, Bundestagsdrucksache 14/6098 S. 34: „Der Bundesrat hält es für dringend erforderlich, dass im weiteren Gesetzgebungsverfahren eine spezifische Regelung zur Verantwortlichkeit bei Vorgängen im Zusammenhang mit sogenannten Hyperlinks geschaffen wird."

861 Begründung zum EGG, Bundestagsdrucksache 14/6098, S. 37.

Entwicklung in Wissenschaft und Rechtsprechung zu verfolgen und eine denkbare generelle Regelung möglichst auf europäischer Ebene anzustreben[862].

Auch im nationalen Recht bleibt die Hyperlink-Problematik somit ungeregelt.

bbb) Hyperlinks im System von TDG und MDStV

Es stellt sich die Frage, ob sich die Verantwortlichkeit für Hyperlinks dennoch von den Haftungsregelungen der §§ 8 bis 11 TDG / 6 bis 9 MDStV erfassen lässt[863]. Dagegen könnte zunächst sprechen, dass bewusst keine Regelungen für Hyperlinks Aufnahme in die gesetzliche Neuregelung fanden. Der Gesetzgeber wollte vielmehr zunächst die weitere Entwicklung in Rechtsprechung und Literatur verfolgen und strebte eine generelle Regelung auf europäischer Ebene an; bis dahin soll es für Hyperlinks bei der Haftung nach den allgemeinen Vorschriften bleiben[864].

Allein der Umstand, dass die Verantwortung für Hyperlinks keine ausdrückliche Regelung in der Neuregelung des TDG und des MDStV erfahren hat, rechtfertigt jedoch nicht die Annahme, dass sich Hyperlinks nicht unter den Anwendungsbereich der §§ 8 bis 11 TDG / 6 bis 9 MDStV subsumieren lassen. Der 3. Abschnitt des TDG bzw. der 2. Abschnitt des MDStV über die Verantwortlichkeit der Diensteanbieter regelt die Haftung derjenigen, die dem Internetnutzer Informationen zugänglich machen. Dies kann nach dem Wortlaut der Vorschriften durch die Speicherung oder die Durchleitung von Informationen geschehen. Aber auch mittels Hyperlinks werden dem Nutzer Informationen zugänglich gemacht. Durch das TDG und den MDStV sollte die Beschränkung der Verantwortlichkeit von Diensteanbietern umfassend geregelt werden[865]. Aus dem Fehlen einer ausdrücklichen Regelung kann mithin nicht der Schluss gezogen werden, dass Hyperlinks nicht von den Haftungsregeln der §§ 8 bis 11 TDG / 6 bis 9 MDStV erfasst werden.

---

[862] Begründung zum EGG, Bundestagsdrucksache 14/6098, S. 37. Vgl. auch *Müglich*, CR 2002, 583, 584.

[863] Bei der Beantwortung der Frage, ob Hyperlinks dem TDG oder dem MDStV unterfallen, kann auf die oben herausgearbeiteten Abgrenzungskriterien zurückgegriffen werden. Letztlich ist eine Entscheidung aber angesichts des identischen Wortlauts der beiden Normkomplexe nicht vonnöten.

[864] So ausdrücklich die Gegenäußerung der Bundesregierung in der Begründung zum EGG, Bundestagsdrucksache 14/6098, S. 37.

[865] Begründung zum EGG, Bundestagsdrucksache 14/6098, S. 22. So auch *Bettinger/Freytag*, CR 1998, 545, 547 zur bislang geltenden Fassung des TDG.

Und auch im Schrifttum zu § 5 TDG / MDStV a.F. wurde eine Anwendung dieser Haftungsnormen auf Hyperlinks trotz mangelnder gesetzlicher Regelung ausnahmslos bejaht[866].

Mit der Feststellung, dass Hyperlinks den Haftungsregelungen des TDG bzw. des MDStV unterfallen, ist aber noch keine Aussage darüber getroffen, welches Regelungswerk einschlägig ist. Freilich ist eine exakte Zuordnung zu einem der Normkomplexe nicht vonnöten, da die Länder bei der Anpassung des MDStV an das geänderte TDG eine wort- und inhaltsgleiche Regelung im Auge hatten[867]. Dennoch lässt sich festhalten, dass ein Hyperlink *an sich* keine Information im Sinne des TDG bzw. des MDStV darstellt. Je nach Art des Links – einfacher Link, Deep Link, Frame Link – muss anhand des Einzelfalles entschieden werden, ob das TDG oder der MDStV Anwendung findet[868].

ccc) Haftung für Hyperlinks nach den Verantwortlichkeitsregelungen im TDG und MDStV

Der Unterscheidung von eigenen und fremden Informationen kommt auch bei der Haftung für Hyperlinks erhebliche Bedeutung zu. Lassen sich Hyperlinks nämlich als eigene Informationen kategorisieren, so kommt eine Haftung nach § 8 Abs. 1 TDG / 6 Abs. 1 MDStV in Betracht, während bei der Einstufung als

---

866 Vgl. nur *Bettinger/Freytag*, CR 1998, 545, 547. Stillschweigend eine Anwendbarkeit des § 5 TDG/MDStV voraussetzend *Gercke*, ZUM 2001, 34, 35; *Koch*, MMR 1999, 704, 705 ff.; *von Lackum*, MMR 1999, 697, 700; *v. Bonin/Köster*, ZUM 1997, 821, 823. *Bleisteiner*, Rechtliche Verantwortlichkeit im Internet S. 169 ff. So auch LG Frankfurt am Main CR 1999, 45, 46. *Völker/Lührig*, K&R 2000, 21 f. lehnen eine Anwendbarkeit des § 5 TDG/MDStV nur für den von ihnen behandelten Sonderfall ab, bejahen aber in den Fällen dessen Anwendbarkeit, in denen ein Dritter nicht (nur) gegen den ursprünglichen Verbreiter der Inhalte, sondern auch gegen denjenigen vorgehen will, der durch einen Link diese Inhalte zusätzlich verfügbar macht.

867 Die Frage der Qualifizierung von Hyperlinks als Tele- oder Mediendienst im Sinne des § 5 TDG/MDStV a.F. ausdrücklich offen lassend *Bettinger/Freytag*, CR 1998, 545, 547. Zur Frage der Verantwortlichkeit für Hyperlinks nach dem neuen TDG vgl. *Spindler*, MMR 2002, 495 ff.

868 Beim Frame- und Deep-Linking werden die gelinkten Informationen in das Angebot des Linksetzenden integriert, so dass sich die Beurteilung, ob ein Tele- oder Mediendienst vorliegt, an der Website des Linksetzenden zu orientieren hat. Es ist möglich, dass das ursprüngliche Webangebot des Linksetzenden ein Teledienst ist, während die verlinkten Informationen Mediendienste darstellen. Ob sich diese „neuen" Informationen dann als Tele- oder Mediendienste darstellen ist nach der oben S. 179 ff. erläuterten Abgrenzungsmethode zu bestimmen. Bei einfachen Hyperlinks wird man hingegen auf den Charakter der verweisenden Seite abstellen müssen. Denn erst durch Links auf dieser Ausgangsseite werden Informationen Dritter zugänglich gemacht.

fremde Informationen die zusätzlichen Erfordernisse der §§ 9 bis 11 TDG / 7 bis 9 MDStV erfüllt sein müssen, um zu einer Haftungsprivilegierung zu gelangen[869 870].

(1) § 10 TDG / 8 MDStV

Bei dem Versuch, Hyperlinks unter die Vorschriften der §§ 8 bis 11 TDG / 6 bis 9 MDStV zu subsumieren, muss man sich vor Augen halten, dass der Normgeber den Verantwortlichkeitsregeln ein technisches Verständnis zugrunde gelegt hat. Eine Einordnung unter die Vorschrift des § 10 TDG / 8 MDStV kann mithin ausgeschlossen werden, da dieser lediglich das Caching betrifft, also nur die zeitlich begrenzte Zwischenspeicherung von Informationen erfasst mit dem Zweck, die Übermittlung einer Information effizienter zu gestalten. Der Zweck und die Funktionsweise von Hyperlinks fällt aber ersichtlich nicht hierunter[871].

---

[869] Auch bezüglich der bislang geltenden Vorschriften des TDG wurde diskutiert, ob sich Hyperlinks unter die Haftungsregelungen des § 5 Abs. 1 bis 3 TDG a.F. einordnen lassen. Zu dieser Streitfrage findet sich eine umfangreiche Literatur, vgl. etwa *Eichler/Helmers/Schneider*, Supplement Kommunikation und Recht, Betriebsberater für Medien, Telekommunikation, Multimedia, Beilage 18 zu Heft 48/1997, 23 ff; *v. Bonin/Köster*, ZUM 1997, 821, 823 ff.; *Spindler*, NJW 1997, 3193, 3198; *Flechsig/Gabel*, CR 1998, 351, 354; *Bettinger/Freytag*, CR 1998, 545, 547, die ausführen, dass das Unterhalten von Links unstreitig unter eine der Regelungen des § 5TDG/MDStV fällt; *Engels/Köster*, MMR 1999, 522, 523 f.; *Koch*, MMR 1999, 704, 705 ff.; *Gercke*, ZUM 2001, 34, 35 ff. In dieser Frage wurden nahezu alle denkbaren Möglichkeiten vertreten, von dem Verständnis von Hyperlinks als bereitgehaltene eigene Inhalte im Sinne von § 5 Abs. 1 TDG a.F. über deren Einordnung als bereitgehaltene fremde Inhalte nach § 5 Abs. 2 TDG a.F. bis hin zu ihrer Qualifizierung als fremde Inhalte, zu denen der Zugang vermittelt wird im Sinne von § 5 Abs. 3 TDG a.F. Dazu auch *Lütcke*, Persönlichkeitsrechtsverletzungen im Internet S. 73 ff.; *Sieber*, Verantwortlichkeit im Internet Rn. 307 ff.; *Pankoke*, Von der Presse- zur Providerhaftung S. 123 ff.

[870] Auf eine ausführliche Darstellung der Haftung von Suchmaschinenbetreibern soll an dieser Stelle verzichtet werden. Die nach einer Suche dargestellten Hyperlinks werden automatisch von den eingesetzten Suchprogrammen generiert, der Suchmaschinenbetreiber hat also keine Kenntnis vom Inhalt der gelinkten Websites. Er kann allenfalls das Ergebnis der Suche beeinflussen, wenn das Suchprogramm bestimmte Schlagworte (z.B. solche, die auf eine eindeutig rechtswidrige Information hindeuten), nicht in die Suche einbezieht. Die Verhinderung einer Darstellung kann jedoch von dem Ersteller der fraglichen Website dadurch umgangen werden, dass er „harmlose" Begriffe in die meta tags seiner Website integriert. Eigene Informationen des Suchmaschinenbetreibers liegen daher nicht vor. Und auch eine Haftung für fremde Informationen nach dem einzig in Betracht kommenden § 9 TDG scheidet aus, da es sich im Gegensatz zu Hyperlinks, die manuell eingefügt werden, um einen automatischen Vorgang handelt. Zur alten Rechtslage nach § TDG/MDStV a.F. und der Funktionsweise von Suchmaschinen vgl. *v.Lackum*, MMR 1999, 697 ff.

[871] Vgl. auch die Begründung zum EGG, Bundestagsdrucksache 14/6098 S. 24, wo es zu § 10 TDG heißt, dass Hintergrund der hier enthaltenen Haftungsprivilegierung der Gedanke ist, dass die „Tätigkeit des Dienstanbieters auf den *technischen* Vorgang beschränkt ist, ein

(2) § 11 TDG / 9 MDStV

Möglich scheint aber, dass Hyperlinks § 11 TDG / 9 MDStV unterfallen, der die Speicherung fremder Informationen zum Inhalt hat. Denn diese Norm entspricht dem Grundsatz des § 5 Abs. 2 TDG / MDStV a.F.[872], für den vertreten wurde, dass Hyperlinks ein Bereithalten fremder Inhalte zur Nutzung darstellen[873]. Allerdings spricht die Begründung zu § 11 TDG des Regierungsentwurfs zum EGG nur davon, dass § 11 TDG *dem Grundsatz* des § 5 Abs. 2 TDG a.F. entspricht und weiter, dass die Beschränkung der Verantwortlichkeit des Anbieters von Diensten gemäß § 11 TDG darauf beruht, dass seine Tätigkeit „auf den technischen Vorgang der Speicherung von Informationen beschränkt ist und ebenso wie im Fall des § 10 dem bloßen Vermittlungsvorgang zuzurechnen ist"[874].

Hierdurch wird erneut ersichtlich, dass die Neuregelung stärker als das alte Gesetzeswerk auf technische Aspekte abstellt. Charakteristisch für Hyperlinks ist nun aber weniger, dass sie als fremde Informationen für einen Nutzer gespeichert – gehostet – werden. Vielmehr hat derjenige, der einen Hyperlink setzt, in der Regel Kenntnis dieser Informationen[875], was ihn von dem Host Provider unterscheidet, der zwar weiß, dass er fremde Informationen speichert, von deren Inhalt aber aufgrund der riesigen Datenmengen in aller Regel keine Kenntnis hat. Diese Sachlage verdeutlicht, warum Hyperlinks nicht als für einen Nutzer gespeicherte fremde Informationen im Sinne von § 11 TDG / 9 MDStV angesehen werden können[876]. Auch eine weite Auslegung der Speicherung fremder Informationen im Sinne des § 11 TDG / 9 MDStV kann hier nicht helfen, da durch das Setzen eines Hyperlinks zwar der Zugang zu Informationen eröffnet wird, der Linksetzende diese aber in keinster Weise für den Nutzer speichert.

Konnte das Setzen eines Hyperlinks aufgrund der weit weniger ausgeprägten technischen Orientierung des § 5 Abs. 2 TDG / MDStV a.F. unter Umständen als das Bereithalten fremder Inhalte zur Nutzung angesehen werden[877], so

---

Kommunikationsnetz zu betreiben und den Zugang zu diesem zu vermitteln, über das (...) Informationen übermittelt oder zum alleinigen Zweck vorübergehend gespeichert werden, die Übermittlung effizienter zu gestalten" (Hervorhebung durch den Verfasser).

[872] So die Begründung zum EGG zu § 11 TDG, Bundestagsdrucksache 14/6098 S. 25.

[873] So z.B. *Bettinger/Freytag*, CR 1998, 545, 550 f. Ähnlich *Engels/Köster*, MMR 1999, 522, 524. Zu der Einordnung von Hyperlinks unter § 5 Abs. 2 TDG a.F. vgl. auch *Rothe*, Die Haftung für fremde Online-Inhalte nach § 5 Abs. 2 TDG am Beispiel des Internet-Host-Providers S. 45 ff.

[874] Begründung zum EGG zu § 11 TDG, Bundestagsdrucksache 14/6098 S. 25.

[875] Zu den Ausnahmen hiervon sogleich.

[876] Ebenso *Spindler*, MMR 2002, 495, 496 f. und *Stadler*, Haftung für Informationen im Internet Rn. 156.

[877] So auch *Lütcke*, Persönlichkeitsrechtsverletzungen im Internet S. 77. Anders *Pankoke*, Von der Presse- zur Providerhaftung S. 128 f.

scheint dies nach der Neufassung des TDG und MDStV nicht mehr haltbar. Denn selbst die Autoren, die zu § 5 Abs. 2 TDG / MDStV a.F. diese Auffassung vertraten, räumten ein, dass eine Subsumtion unter diese Vorschrift nur in Betracht komme, da der Begriff des Bereithaltens nicht in einem rein technischen Sinne zu verstehen sei[878]. Die Neuregelungen der Normen zur Verantwortlichkeit nach dem TDG und MDStV stellen aber in konsequenter Umsetzung der Vorgaben der ECRL entscheidend auf technische Aspekte ab, so dass es nicht überzeugen kann, das Setzen von Hyperlinks dem Hosting fremder Informationen zu unterwerfen.

(3) § 9 TDG / 7 MDStV

Hyperlinks könnten aber unter die Durchleitung von Informationen im Sinne von § 9 TDG / 7 MDStV subsumiert werden. In Betracht kommt aber weniger die Alternative der Übermittlung fremder Informationen in einem Kommunikationsnetz, als vielmehr die Vermittlung des Zugangs zur Nutzung der Informationen. Denn in dem Setzen eines Hyperlinks könnte eine Zugangsvermittlung gesehen werden, da auf diesem Wege eine Nutzung fremder Informationen ermöglicht wird.

Der Wortlaut des § 9 Abs. 1 TDG / 7 Abs. 1 MDStV legt eine solche Deutung nahe. Es gilt jedoch zu beachten, dass die Haftungsprivilegierung des § 9 TDG / 7 MDStV als Teil der Verantwortlichkeitsregelungen einen technischen Ansatz verfolgt: Die Tätigkeit des Diensteanbieters, der fremde Informationen in einem Kommunikationsnetz übermittelt oder den Zugang zur Nutzung zu diesen vermittelt, ist automatischer Natur. Er hat in aller Regel keine Kenntnis über diese Informationen und kann sie auch nicht kontrollieren[879]. Die Setzung eines Hyperlinks erfolgt aber nicht automatisch, sondern bewusst, so dass zumindest zur Zeit der Linksetzung eine Kenntnis bzw. Kenntnismöglichkeit des Diensteanbieters gegeben ist[880]. Schon allein aus diesem Grund scheint eine Anwendung des § 9 TDG / 7 MDStV für Hyperlinks fraglich.

Aber auch die von § 9 TDG / 7 MDStV weiterhin geforderten Voraussetzungen werden von dem Linksetzer nicht erfüllt. Nach § 9 Abs. 1 Nr. 3 TDG / 7 Abs. 1 Nr. 3 MDStV ist für die Haftungsprivilegierung des Diensteanbieters zusätzlich erforderlich, dass er die übermittelten Informationen nicht ausgewählt hat. Durch die Aufnahme eines Links wählt der Diensteanbieter aber gerade Infor-

---

[878] *Lütcke*, Persönlichkeitsrechtsverletzungen S. 78.

[879] Vgl. Begründung zum EGG, Bundestagsdrucksache 14/6098, S. 24.

[880] So zutreffend *Köhler/Arndt*, Recht des Internet Rn. 500 und *Stadler*, Haftung für Informationen im Internet Rn. 156. Anders ist dies bei Suchmaschinen, hier liegt in der Regel ein automatischer Vorgang vor, vgl. Fn. 870.

mationen für den Nutzer aus. Von einem automatischen Vorgang im Sinne des § 9 TDG / 7 MDStV kann dann aber keine Rede mehr sein[881].

Da eine direkte Anwendung des § 9 TDG / 7 MDStV somit nicht in Frage kommt, wird eine analoge Heranziehung dieser Norm vorgeschlagen[882]. Es sei unangemessen, den Linksetzenden nach den allgemeinen Bestimmungen für fremden Content haften zu lassen, weshalb die Ratio des § 9 TDG / 7 MDStV auf ihn zu übertragen sei[883]. Diese Analogie vermag indes nicht zu überzeugen[884]. Raum für eine analoge Anwendung des § 9 TDG / 7 MDStV wäre nämlich nur dann, wenn in Bezug auf Hyperlinks eine haftungsrechtliche Regelungslücke in den §§ 8 bis 11 TDG / 6 bis 9 MDStV bestehen würde. Wie sogleich zu zeigen sein wird, kann für Hyperlinks aber auf § 8 TDG / 6 MDStV zurückgegriffen werden, mit dem sich sachgerechte Ergebnisse erzielen lassen. Eine analoge Heranziehung des § 9 TDG / 7 MDStV ist dann nicht vonnöten.

(4) § 8 TDG / 6 MDStV

Das Setzen von Hyperlinks könnte als Bereithalten eigener Informationen zur Nutzung gemäß § 8 Abs. 1 TDG / 6 Abs. 1 MDStV angesehen werden und zu einem Eingreifen dieser Norm führen, wenn sich die Informationen, auf die gelinkt wird, als eigene darstellen würden. Nach der oben vorgeschlagenen Vorgehensweise zur Abgrenzung eigener und fremder Informationen scheidet wie gezeigt die Einordnung von Hyperlinks als fremde Informationen im Sinne der §§ 10, 11 TDG / 8, 9 MDStV aus; eine (direkte) Anwendung von § 9 TDG / 7 MDStV kommt ebenfalls nicht in Betracht. Und auch die weitere Voraussetzung des bewussten Bereithaltens von Informationen lässt sich bejahen, da das Setzen eines Hyperlinks willentlich geschieht[885].

---

881 So auch *Spindler*, MMR 2002, 495, 496. Im Ergebnis ebenso *Köhler/Arndt*, Recht des Internet Rn. 500, die aber davon ausgehen, der Diensteanbieter veranlasse durch die Linksetzung die Übermittlung (mit) gemäß § 9 Abs. 1 Nr. 3 TDG und wähle durch das Setzen des Hyperlink die Adressaten der übermittelten Informationen aus im Sinne von § 9 Abs. 1 Nr. 2 TDG, da es sich bei diesen Adressaten um die Besucher der Website des Linksetzenden handele.
Missverständlich insoweit *Pankoke*, Von der Presse- zur Providerhaftung S. 123, der davon ausgeht, dass sowohl beim Setzen eines Links als auch bei der Integration eines fremden Inhalts nicht ein Diensteanbieter handelt, sondern ein Nutzer. Für diese Deutung können aber weder § 9 TDG bzw. Art. 12 ECRL noch die Legaldefinitionen des Diensteanbieters und Nutzers nach § 3 Nr. 1, 2 TDG bzw. Art. 2 lit. b, d ECRL Anhaltspunkte liefern. Warum der Linksetzende nicht Diensteanbieter gemäß den Verantwortlichkeitsregelungen sein soll, bleibt unklar.

882 *Köhler/Arndt*, Recht des Internet Rn. 501.

883 *Köhler/Arndt*, Recht des Internet Rn. 501.

884 Eine Analogie zu den §§ 9 – 11 TDG ebenfalls ablehnend *Koch*, CR 2004, 213, 215.

885 Zu den Besonderheiten bei Suchmaschinen vgl. Fn. 870.

Eine differenziertere Betrachtung erfordert hingegen die Frage, ob derjenige, der einen Hyperlink setzt, für die gelinkten Inhalte Dritter auch Verantwortung übernehmen will, sich diese mithin zu eigen machen will. Es ist diesbezüglich eine Unterscheidung nach der Art des Hyperlinks zu treffen: Bei Deep Links wird sich ein solches Zu-Eigen-Machen in der Regel bejahen lassen. Da die fremden Informationen hier automatisch als Teil der Website des Diensteanbieters dargestellt und integriert werden, stellen sie sich sowohl vom Standpunkt desjenigen, der einen Deep Link setzt, als auch aus der Perspektive des Nutzers als Bereithalten eigener Informationen nach § 8 Abs. 1 TDG / 6 Abs. 1 MDStV dar. Denn der Linksetzer bindet die fremden Informationen so in sein Angebot ein, dass der Anschein erweckt wird, sie stammten originär von ihm. Ein Zu-Eigen-Machen der ursprünglich fremden Informationen ist gegeben.

Beim Frame-Linking ist das äußere Erscheinungsbild zu untersuchen: Deutet dieses auf eine einheitliche Information hin, so liegt die Übernahme der Verantwortung für die in das eigene Angebot integrierten fremden Informationen vor, ein Zu-Eigen-Machen der derselben ist dann ebenfalls gegeben[886]. Dies gilt insbesondere dann, wenn für den Nutzer nicht erkennbar ist, dass in dem Frame fremde Informationen dargestellt werden und der Diensteanbieter auch keinen dementsprechenden Hinweis aufgenommen hat.

Schließlich besteht noch die Möglichkeit, dass das Anklicken eines Hyperlinks dazu führt, dass der Nutzer dadurch die Website des den Link setzenden Diensteanbieters verlässt und auf die gelinkte Seite gelangt. Im Adressfeld des Browsers des Nutzers wird jetzt die URL der Website angezeigt, auf die gelinkt wird. Diese Konstellation weist die meisten Probleme auf. Denn man könnte einerseits vertreten, dass der Linksetzer gerade keine Verantwortung für die fremden Informationen übernehmen will, da er diese nicht mittels Deep Links oder Frames in sein Angebot einbindet. In diesem Falle blieben die Informationen fremd. Oder man könnte die entgegengesetzte Auffassung vertreten und das Bereithalten eigener Informationen bejahen, da der Diensteanbieter den jeweiligen Hyperlink immerhin bewusst gesetzt hat, weshalb eine Identifikation mit dem fremden Angebot in Betracht kommt.

Für eine Lösung dieser Problematik können die oben herausgearbeiteten Grundsätze hinsichtlich der Abgrenzung von eigenen und fremden Informationen herangezogen werden[887]. Danach reicht eine einfache, pauschale Distanzierung von den gelinkten Informationen mittels eines Disclaimers in aller Regel nicht aus, um eine Verantwortlichkeit zu verneinen. Der Grund hierfür ist in der erwähnten unangemessenen Haftungsfreizeichnung zu sehen, wenn nach objekti-

---

[886] Die Gliederung der Website des den Link setzenden Diensteanbieters wird bei dieser Technik ebenso wenig verändert wie die URL.

[887] Vgl. S. 191 ff.

ver Beurteilung ein Zu-Eigen-Machen der Informationen nahe liegt. Erforderlich ist vielmehr auch hier eine am jeweiligen Einzelfall orientierte Betrachtungsweise. Diese hat zu berücksichtigen, inwiefern eine glaubwürdige Distanzierung von den fremden Informationen erfolgt und wo diese nur vorgeschoben scheint. Es lässt sich bei einfachen Links keine dahingehende Vermutung aufstellen, wonach bei diesen grundsätzlich von einem Zu-Eigen-Machen der fremden Informationen auszugehen ist oder dass ein solches Zu-Eigen-Machen regelmäßig fehlt. Sachgerechte Ergebnisse lassen sich nur mittels einer umfassenden Einzelfallbetrachtung unter Heranziehung der oben genannten Kriterien erzielen.

Köhler/Arndt, die demgegenüber für eine analoge Anwendung des § 9 TDG eintreten, lehnen das Vorliegen eigener Informationen beim Einsatz von Hyperlinks ab, da sich diese nur als Hinweis auf fremden Content und höchstens als Aufforderung des Linksetzenden darstellen, sich die entsprechenden Informationen nicht auf der Website des Linksetzenden zu verschaffen, sondern von einer fremden Website abzurufen[888]. Eine andere Auffassung würde verkennen, dass Hyperlinks „Teil des Wesens des Internet und das integrale Merkmal dieses Mediums" sind[889].

Diese Ansicht vermag aus mehreren Gründen nicht zu überzeugen. Richtig ist zwar zunächst, dass Hyperlinks ein notwendiger Bestandteil des Internet sind und eine Haftung für gelinkte Inhalte daher nur unter eingeschränkten Voraussetzungen in Betracht kommen darf. Auch *Köhler/Arndt* wollen den Linksetzenden nicht von jeglicher Haftung freisprechen, was sich an dem von ihnen gezogenen Analogieschluss zu § 9 TDG zeigt. Wird in diesem Zusammenhang gesagt, eine Analogie komme nach der Ratio des § 9 TDG in Betracht, da auch der Linksetzer letztlich den Zugang zur Nutzung fremder Informationen vermittele und keine Einwirkungsmöglichkeit auf diesen Content habe, so widerspricht dies gerade den zuvor von ihnen genannten Gründen, mit denen eine direkte Anwendung des § 9 TDG abgelehnt wurde, da § 9 TDG eine Privilegierung der Diensteanbieter bezweckt, die automatische Dienstleistungen erbringen. Der vorgeschlagene Analogieschluss ist von dem Bemühen geprägt, den Linksetzenden nicht nach den allgemeinen Bestimmungen für fremden Content haften zu lassen, da dies unangemessen sei[890].

Fremde Informationen liegen aber dann nicht mehr vor, wenn sich der Linksetzende diese zu Eigen gemacht hat. Für die dann bestehenden eigenen Informationen kommt aber gerade die eben dargestellte Haftung nach § 8 TDG / 6 MDStV in Betracht. Dies erkennen auch *Köhler/Arndt* an, wenn sie ausführen, dass in den Fällen, in denen sich der Linksetzenden die Informationen zu eigen

---

[888] *Köhler/Arndt*, Recht des Internet Rn. 500.
[889] *Köhler/Arndt*, Recht des Internet Rn. 500.
[890] *Köhler/Arndt*, Recht des Internet Rn. 501.

macht, auf die gelinkt wird, er sich mit ihnen identifiziert oder er eine Technik verwendet, die den Nutzer nicht erkennen lässt, dass er beim Anklicken des Links auf eine fremde Website gelangt, er sich die Informationen über § 8 Abs. 1 TDG zuzurechnen lassen hat. Dieser Rückgriff auf § 8 TDG ist letztlich inkonsequent. Ergibt die einzelfallorientierte Betrachtungsweise, dass sich der Linksetzer die gelinkten Informationen zu eigen gemacht hat, so haftet er hierfür nach § 8 Abs. 1 TDG / 6 Abs. 1 MDStV. Ist dies nicht der Fall, so scheidet eine Haftung aus. Eines Rückgriffs auf eine (analoge) Anwendung des § 9 TDG / 7 MDStV bedarf es dann nicht mehr.

Unzutreffend ist schließlich auch die Prämisse von *Gounalakis/Rhode*, die gegen eine direkte Anwendung des § 8 TDG auf Hyperlinks vorbringen, die verlinkten Informationen würden nicht zur Nutzung bereitgehalten und stattdessen vielmehr für eine analoge Anwendung des § 11 TDG plädieren[891]. *Gounalakis/Rhode* gehen insofern von einem inkorrekten Verständnis des Begriffs des „Bereithaltens" i.S.d. § 8 Abs. 1 TDG aus, da sie dem Linksetzer die Möglichkeit absprechen, den in Bezug genommenen verlinkten Inhalt zu beherrschen[892]. Zwar kann dieser auf die ursprünglich verlinkten Informationen tatsächlich nicht in der Art einwirken, dass er sie innerhalb des ursprünglichen Angebots verändern könnten, doch stellt § 8 Abs. 1 TDG / 6 Abs. 1 MDStV auf diejenigen Informationen ab, die von dem Diensteanbieter bereitgehalten werden. Ein Bereithalten im Sinne dieser Norm liegt aber auch dann vor, wenn Hyperlinks auf von Dritten erstellte Informationen gesetzt werden, und auch die für ein Bereithalten i.S.v. § 8 Abs. 1 TDG / 6 Abs. 1 MDStV erforderliche Einflussmöglichkeit ist zu bejahen, da der Content Provider jederzeit die Möglichkeit hat, einen Hyperlink zu entfernen. Es spricht daher nichts gegen eine Anwendung des § 8 Abs. 1 TDG / 6 Abs. 1 MDStV auf Hyperlinks, eines Rückgriffs auf eine analoge Anwendung des § 11 TDG / 9 MDStV bedarf es dann nicht.

Mittels der dargestellten Differenzierung lassen sich billige Ergebnisse erzielen, welche die Bedeutung von Hyperlinks als das Herzstück des Internet berücksichtigen. Stellen sich die gelinkten Informationen als fremde dar, so darf der Linksetzende keinen Ansprüchen ausgesetzt sein. Dabei kann der in Art. 21 Abs. 2 S. 1 ECRL enthaltene „notice and take down"-Grundsatz[893] ergänzend herangezogen werden: Eine Haftung des Diensteanbieters für die gelinkten fremden Informationen kann allenfalls dann begründet werden, wenn er auf die Rechtswidrigkeit der Informationen hingewiesen wird, sich auch von seinem

[891] *Gounalakis/Rhode*, Persönlichkeitsschutz im Internet Rn. 304.
[892] *Gounalakis/Rhode* a.a.O.
[893] Dazu Fn. 859.

Standpunkt aus eine Persönlichkeitsrechtsverletzung geradezu aufdrängen muss und er dennoch untätig bleibt.

ddd) Nachträgliche Änderung der Informationen

Fraglich ist, ob der Linksetzende für eine Änderung der gelinkten Informationen haftbar gemacht werden kann, wenn diese Änderung nach der Setzung des Hyperlink vorgenommen wird. Hier lässt sich ebenso wenig wie bei der oben vorzunehmenden Abgrenzung zwischen eigenen und fremden Informationen oder der Abgrenzung zwischen Tele- und Mediendiensten eine allgemeinverbindliche Aussage treffen. Vielmehr ist auch hier eine einzelfallorientierte Betrachtung dergestalt vorzunehmen, dass der einzelne Hyperlink zu untersuchen ist.

Handelt es sich um einen Deep Link oder um einen solchen Frame Link, bei dem die gelinkten Informationen so in die eigene Website integriert werden, dass für den Nutzer nicht erkennbar ist, dass sie ursprünglich von einem Dritten stammten, so muss sich der Linksetzende eine nachträgliche Änderung der Drittinformationen zurechnen lassen, da ihm ja auch die mit der Linksetzung verbundenen Vorteile zugute kommen. Es handelt sich bei diesen Links um eigene Informationen nach § 8 Abs. 1 TDG / 6 Abs. 1 MDStV, so dass eine Haftung gegeben ist.

Die eigentlich problematischen Fälle sind erneut bei einfachen Hyperlinks gegeben. Eine Haftung kann hier nur dann begründet werden, wenn es sich bei den gelinkten Informationen nach dem oben Gesagten um eigene handelt. Aber auch dann ist fraglich, ob der Linksetzende in jedem Fall nach den allgemeinen Gesetzen haften soll. Denn dies würde letztlich auf eine Pflicht des Linksetzenden bedeuten, in regelmäßigen Abständen seine Hyperlinks zu überprüfen, was zumindest in dieser Pauschalität nicht angebracht und überdies unzumutbar scheint.

Man wird daher zwischen „statischen“ und „dynamischen“ Links zu unterscheiden haben: Wird auf eine bestimmte Einzelseite gelinkt, bei der der Linksetzende nicht mit einer Veränderung der Informationen zu rechnen braucht (statische Links)[894], so scheidet eine Haftung bei einer dennoch erfolgenden nachträglichen Änderung der Informationen aus[895]. Handelt es sich demgegenüber um einen Link auf eine Website, bei der dem Linksetzende bewusst ist, dass diese regelmäßigen Veränderungen unterworfen ist (dynamische Links), so ist es ihm

[894] Was beispielsweise dann der Fall ist, wenn auf einen bestimmten Artikel in einem Online-Magazin gelinkt wird.

[895] Auch hier ist allerdings wieder an die oben erwähnten „notice and take down“-Grundsätze zu denken.

auch zuzumuten, eine entsprechende Linkpflege vorzunehmen, also die von ihm gesetzten Hyperlinks regelmäßig zu überprüfen[896].

cc) Die Verpflichtung zur Entfernung oder Sperrung der Nutzung von Informationen nach § 8 Abs. 2 S. 2 TDG / 6 Abs. 2 S. 2 MDStV

Diensteanbieter, die eigene Informationen zur Nutzung bereithalten, sind im Falle der Rechtswidrigkeit dieser Informationen zu deren Entfernung verpflichtet. Dies ergibt sich aus den einschlägigen Unterlassungsverpflichtungen der allgemeinen Gesetze, auf die § 8 Abs. 1 TDG / 6 Abs. 1 MDStV verweist. Aber auch Diensteanbieter, die nach den §§ 9 bis 11 TDG / 7 bis 9 MDStV nicht verantwortlich sind, bleiben zur Entfernung oder Sperrung der Nutzung der Informationen nach den allgemeinen Gesetzen verpflichtet, beispielsweise also nach § 1 UWG oder § 1004 Abs. 1 BGB. Dies bestimmt § 8 Abs. 2 S. 2 TDG / 6 Abs. 2 S. 2 MDStV[897].

An dieser Vorschrift entzündete sich heftige Kritik seitens der Provider und der Internet-Wirtschaft[898]. Anders als die bislang geltende Vorschrift des § 5 Abs. 4 TDG a.F., die eine Verpflichtung zur Sperrung nur dann vorsah, wenn der Diensteanbieter von den rechtswidrigen Inhalten Kenntnis erlangte und ihm eine Sperrung technisch möglich und zumutbar war, ist eine derartige Einschränkung nun in § 9 TDG / 7 MDStV nicht mehr vorgesehen. Auch die Vorschriften der §§ 10 S. 1 Nr. 5 TDG / 8 S. 1 Nr. 5 MDStV und § 11 S. 1 Nr. 2 TDG / 9 S. 1 Nr. 2 MDStV sehen eine entsprechende Verpflichtung zur Entfernung und Sperrung ab Kenntniserlangung vor. Dadurch könnte es zu einer Ausweitung der Haftung der Diensteanbieter kommen, obwohl eine weitgehende Kontrolle der Inhalte wirtschaftlich nicht zumutbar und die automatische Sperrung rechtlich zweifelhafter Inhalte überdies technisch nicht möglich ist.

Die Befürchtungen der Provider, durch das Fehlen der Merkmale der Möglichkeit und Zumutbarkeit der Sperrung drohe eine Zunahme von Abmahnungen, falls Informationen nicht entfernt oder gesperrt werden, sind weitgehend unbegründet. Denn der Gesetzgeber hat diese Problematik sehr wohl erkannt, wenn-

[896] Da es sich in den meisten Fällen um juristische Laien handelt, ist die Haftung in den meisten Fällen wohl auf offensichtliche Rechtsverletzungen zu beschränken.

[897] Sind beispielsweise auf einer Website eines Content Providers persönlichkeitsrechtsverletzende Informationen über einen Dritten enthalten, so kann dieser vom Service- oder Access Provider des Täters zwar keinen Schadensersatz wegen einer Verletzung seiner Persönlichkeitsrechte verlangen, wenn dieser unter den Voraussetzungen des § 11 TDG nicht verantwortlich, mithin privilegiert ist. Dennoch kann der Verletzte auch vom Service- bzw. Access Provider nach § 8 Abs. 2 S. 2 TDG die Entfernung oder Sperrung der Nutzung dieser Informationen verlangen, wenn die übrigen Voraussetzungen vorliegen (dazu sogleich). Vgl. auch *Bleisteiner*, Rechtliche Verantwortlichkeit im Internet S. 207.

[898] Vgl. zu dieser Kritik http://www.heise.de/newsticker/data/hod-10.10.01-000/

gleich keine ausdrückliche Regelung erfolgt ist. In der Begründung des Gesetzentwurfs wird nämlich ausgeführt, dass die Neuregelung des § 8 Abs. 2 S. 2 TDG der bisherigen Rechtslage des § 5 Abs. 4 TDG a.F. entspricht, „ungeachtet des Umstandes, dass das Gesetz jetzt nicht mehr ausdrücklich darauf abstellt, dass die Sperrung technisch möglich und zumutbar sein muss"[899]. Denn das Erfordernis, dass eine Sperrung und Entfernung möglich und zumutbar sein muss, ergibt sich bereits aus übergeordneten Grundsätzen, da das Recht technisch Unmögliches ebenso wenig verlangen darf wie Unzumutbares[900]. Auch nach der neuen Rechts- und Gesetzeslage sind die Verpflichtungen zur Sperrung und Entfernung von Informationen also an die Erfordernisse der Möglichkeit und Zumutbarkeit geknüpft[901].

Auch bzgl. des in § 5 Abs. 4 TDG a.F. enthaltenen Erfordernisses der Kenntnis des Diensteanbieters von den Inhalten gilt, dass der Gesetzgeber diese trotz fehlender positiver Regelung in § 8 Abs. 2 S. 2 TDG als selbstverständliche Voraussetzung für die Sperrung und Entfernung von Informationen erachtet[902].

Probleme könnten aber dadurch entstehen, dass sich in der Gesetzesbegründung keine ausdrückliche Bestimmung findet, wie das Merkmal der Kenntnis auszulegen ist. Die historische Auslegung des gesetzgeberischen Willens ergibt allerdings, dass der Gesetzgeber hinsichtlich der Kenntnis davon ausging, dass die bisherige Rechtslage fortgelten sollte. Denn in der Begründung des Gesetzentwurfes heißt es: „Dementsprechend ordnet § 8 Abs. 2 S. 2 an, dass Verpflichtungen zur Entfernung oder Sperrung der Nutzung rechtswidriger Informationen nach den allgemeinen Gesetzen auch bei Vorliegen der Voraussetzungen der §§ 9 bis 11 unberührt bleiben, wenn der Diensteanbieter von solchen Informationen Kenntnis erlangt. *Dies entspricht der bisherigen Rechtslage* (...)"[903]. Würde sich der Verweis auf das bislang geltende Recht lediglich auf die Verpflichtung zur Entfernung oder Sperrung beziehen, nicht aber auf das Merkmal der Kenntnis, so wäre eine entsprechende Klarstellung durch den Gesetzgeber erfor-

---

899 Begründung zum EGG, Bundestagsdrucksache 14/6098 S. 23.

900 Begründung zum EGG, Bundestagsdrucksache 14/6098 S. 23. Für die §§ 10 Nr. 5, 11 S. 1 Nr. 2 TDG gilt entsprechendes, vgl. die Begründung zum EGG, Bundestagsdrucksache 14/6098 S. 25.

901 Vgl. auch OLG München K&R 2003, 145 f. Dort ging es um die Frage, ob eine untersagte Äußerung im Online-Archiv des Unterlassungsschuldners verbleiben darf. Das OLG sagte, dass das Verbot, eine Behauptung zu unterlassen, auch das aktive Handeln umfasse, um eine Veränderung zu bewirken. Allein in der Anweisung an den Systemadmininstator, die verbotene Äußerung von der Homepage der Unterlassungsschuldnerin zu löschen, habe diese nicht die ihr möglichen und zumutbaren Anstrengungen unternommen, ihrer Verpflichtung nachzukommen. Vielmehr hätte sie sich ausreichend darüber vergewissern müssen, dass die beanstandete Äußerung auf ihrer Internetseite gelöscht wurde.

902 Begründung zum EGG, Bundestagsdrucksache 14/6098 S. 23. In den §§ 10 Nr. 5, 11 S. 1 Nr. 2 TDG ist das Kenntniserfordernis ausdrücklich enthalten.

903 Begründung zum EGG, Bundestagsdrucksache 14/6098 S. 23, Hervorhebung durch den Verfasser.

derlich gewesen. Da eine solche Klarstellung nicht erfolgt ist, lässt sich für das Merkmal der Kenntnis auf § 5 Abs. 4 TDG a.F. zurückgreifen.

Danach ist die positive Kenntnis des Diensteanbieters von den Informationen erforderlich, eine fahrlässige Nichtkenntnis im Sinne eines Kennenmüssens ist nicht ausreichend[904]. Zu beachten ist, dass sich diese Kenntnis lediglich auf die Informationen bezieht, nicht hingegen auf deren Rechtswidrigkeit[905]. Daraus folgt, dass der Diensteanbieter von vornherein nur zur Entfernung und Sperrung derjenigen Informationen verpflichtet ist, von denen er positive Kenntnis hat. Hat er diese Kenntnis aber, dann ist seine Verpflichtung zur Entfernung und Sperrung nicht deswegen ausgeschlossen, weil er keine positive Kenntnis von der Rechtswidrigkeit der Informationen besitzt.

Hinsichtlich § 5 Abs. 2 TDG a.F. wurde vertreten, dass eine Haftung des Diensteanbieters bereits dann in Betracht komme, wenn ihn bzgl. der Rechtswidrigkeit der ihm positiv bekannten Inhalte ein Fahrlässigkeitsvorwurf treffe[906]. Dem Diensteanbieter wurde somit die Pflicht auferlegt, die ihm positiv bekannten fremden Inhalte auf leicht erkennbare Rechtsverletzungen hin zu überprüfen. Dies lässt sich bezüglich § 8 Abs. 2 S. 2 TDG aber nicht ohne Modifizierungen übernehmen, da § 5 Abs. 2 TDG a.F. die Haftung des Anbieters nach den allgemeinen Vorschriften regelte, also auch Schadensersatzansprüche beinhaltete. Im Rahmen des § 8 Abs. 2 S. 2 TDG / 6 Abs. 2 S. 2 MDStV besteht aber nur eine Verpflichtung zur Entfernung oder Sperrung der Nutzung im Falle der Nichtverantwortlichkeit des Diensteanbieters nach den §§ 9 bis 11 TDG / 7 bis 9 MDStV, so dass die Kenntnis der Rechtswidrigkeit der Informationen diesem Umstand entsprechend anzupassen ist. Daraus folgt, dass der Diensteanbieter seiner Verpflichtung zur Entfernung und Sperrung von Informationen dann nachkommt, wenn ihm dies einerseits technisch möglich und zumutbar ist, er ferner positive Kenntnis von diesen Informationen hat und sich ihm schließlich die Rechtswidrigkeit der Informationen geradezu aufdrängen muss. Nur wenn offenkundig ist, dass die Informationen rechtswidrig sind, besteht eine Verpflichtung des Diensteanbieters zur Entfernung und Sperrung der Information[907].

---

904 Vgl. zur alten Rechtslage *Spindler*, § 5 TDG Rn. 73 in: Roßnagel, Recht der Multimediadienste; *Pichler*, MMR 1998, 79, 87.

905 Hinsichtlich des Merkmals der Kenntnis bei § 5 Abs. 2 TDG a.F. war fraglich, ob sich die Kenntnis nicht auch auf die Rechtswidrigkeit bezog, da die Gesetzesbegründung zum TDG a.F. unter Kenntnis vorsätzliches Handeln verstand, der zivilrechtliche Vorsatzbegriff aber auch das Bewusstsein der Rechtswidrigkeit umfasst. Gegen eine solche Auffassung wurde gewichtige Bedenken vorgebracht, so dass es ganz überwiegende Meinung war, dass sich die Kenntnis im Sinne von § 5 Abs. 2 TDG a.F. nur auf die Informationen bezog. Vgl. dazu *Pichler*, MMR 1998, 79, 87 f; *Spindler*, § 5 TDG Rn. 85 in: Roßnagel, Recht der Multimediadienste.

906 Vgl. *Decker*, MMR 1999, 7, 9.

907 Zur fehlenden Kenntnis eines Internet-Auktionshauses vgl. ausführlich LG Potsdam K&R 2003, 86, 89.

Damit wird ein interessengerechter Ausgleich erzielt zwischen den Interessen desjenigen, dessen Persönlichkeitsrechte betroffen sind einerseits und den Diensteanbietern andererseits. Eine andere Wertung würde zu einer übermäßigen Belastung der Diensteanbieter führen[908].

dd) Privilegierung des Network Providers durch § 9 TDG / 7 MDStV?

Bei persönlichkeitsrechtsverletzenden rechtswidrigen Informationen stellt sich die Frage, ob nach der Neuregelung des TDG und des MDStV auch der Network Provider von der Haftungsprivilegierung der §§ 9 bis 11 TDG / 7 bis 9 MDStV erfasst wird. Zielte die bisherige Regelung des § 5 Abs. 3 TDG / MDStV a.F. primär auf den Access Provider ab, so ist nach § 9 Abs. 1 TDG / 7 Abs. 1 MDStV nunmehr auch der Network Provider erfasst, da diese Vorschrift ihrem Wortlaut nach auch diejenigen Diensteanbieter meint, die fremde Informationen in einem Kommunikationsnetz übermitteln[909].

Die Erweiterung dieser Haftungsprivilegierung des § 9 Abs. 1 TDG / 7 Abs. 1 MDStV steht jedoch im Widerspruch zu der Begriffsbestimmung des § 3 Nr. 1 TDG / MDStV, wonach Diensteanbieter jede natürliche oder juristische Person bezeichnet, die eigene oder fremde Tele- oder Mediendienste zur Nutzung bereithält oder den Zugang zur Nutzung vermittelt. § 9 Abs. 1 Nr. 1 TDG / 7 Abs. 1 Nr. 1 MDStV behandelt dagegen auch denjenigen als Diensteanbieter, der fremde Informationen in einem Kommunikationsnetz übermittelt.

Es ist fraglich, wie dieser Widerspruch zu lösen ist. Man könnte einerseits annehmen, nur derjenige Network Provider sei von der Haftungsprivilegierung des § 9 TDG / 7 MDStV erfasst, der zugleich auch Access Provider ist, also über die reine Übermittlung von Informationen hinausgehend auch den Zugang zu diesen vermittelt. Oder aber man hält sich an den Wortlaut des § 9 Abs. 1 TDG / 7

---

[908] Zu Möglichkeiten der Kenntniserlangung noch *Spindler*, § 5 TDG Rn. 76 ff. in: Roßnagel, Recht der Multimediadienste. Zu beachten ist schließlich, dass der Diensteanbieter nach § 8 Abs. 2 S. 3 TDG zur Einhaltung des Fernmeldegeheimnisses nach § 85 TKG verpflichtet ist. Daraus folgt, dass er sich die Kenntnis nicht unter Verletzung des § 85 TKG verschaffen darf, vgl. *Köhler/Arndt*, Recht des Internet Rn. 486.

[909] Eine Abgrenzung des Network Providers zum Content- oder Service Provider wird manchmal schwierig und nicht eindeutig durchführbar sein. Dennoch wird im Rahmen dieser Arbeit unter dem Network Provider derjenige Diensteanbieter verstanden, dessen Tätigkeit sich in technischer Hinsicht darauf beschränkt, von einem Nutzer eingegebene Informationen in einem Kommunikationsnetz zu übermitteln.

Abs. 1 MDStV[910] und bezieht auch denjenigen ein, der ausschließlich Informationen übermittelt[911].

Gegen eine Einbeziehung des reinen Network Providers könnte sprechen, dass dadurch die Grenzen zum TKG verwischt werden, da die reine Übermittlung von Informationen als Telekommunikationsdienstleistung angesehen werden kann. Der Wortlaut des § 9 Abs. 1 TDG / 7 Abs. 1 MDStV lässt dagegen eine Einbeziehung explizit zu, da der Diensteanbieter privilegiert sein soll, der fremde Informationen übermittelt *oder* zu ihnen den Zugang vermittelt.

Unter Berücksichtigung des technischen Ansatzes der Neufassung des TDG und MDStV als strikte Umsetzung der ECRL wird man trotz der Ungenauigkeit, die sich aus einer Zusammenschau von § 3 Nr. 1 TDG / MDStV und § 9 Abs. 1 TDG / 7 Abs. 1 MDStV ergibt, auch dem reinen Network Provider das Haftungsprivileg des § 9 TDG / 7 MDStV zukommen lassen müssen. Dessen Tätigkeit ist auf die bloße Durchleitung von Informationen beschränkt. Dieser zudem automatisch ablaufende Prozess stellt sich im Vergleich zu der Zugangsvermittlung als ein „Minus“ dar, so dass es gerechtfertigt ist, auch den reinen Network Provider zu privilegieren. Überschneidungen mit dem TKG sind aufgrund der insoweit misslungenen Formulierung des Gesetzestextes hinzunehmen.

ee) Zeitliche Begrenztheit der Zwischenspeicherung im Sinne von § 10 TDG / 8 MDStV

Fraglich ist, wann von einer zeitlich begrenzten Zwischenspeicherung von Informationen ausgegangen werden kann. Dem kommt zum einen aufgrund der Tatsache Bedeutung zu, dass die kurzzeitige Zwischenspeicherung nach § 10 TDG / 8 MDStV einerseits und die Speicherung von Informationen gemäß § 11 TDG / 9 MDStV andererseits unterschiedliche Voraussetzungen an eine Haftungsprivilegierung stellen und es demzufolge der Klärung bedarf, wann noch von einer zeitlich begrenzten Zwischenspeicherung gesprochen werden kann, die eine Privilegierung des Diensteanbieters gebietet und wann dies nicht mehr gerechtfertigt erscheint[912].

---

[910] Dort heißt es: „Diensteanbieter sind für fremde Informationen, die sie in einem Kommunikationsnetz übermitteln *oder* zu denen sie den Zugang zur Nutzung vermitteln, nicht verantwortlich (...)“ (Hervorhebung durch den Verfasser).

[911] Dem Gesetzeswortlaut lässt sich keine eindeutige Wertung entnehmen, da zwar in § 3 Nr. 1 TDG der reine Network Provider nicht von dem Begriff des Diensteanbieters erfasst wird, der Wortlaut des § 9 Abs. 1 TDG und insbesondere dessen in Nr. 1 bis 3 genannten Privilegierungsvoraussetzungen aber auch das Gegenteil plausibel scheinen lassen.

[912] Zur Funktionsweise der Proxy Cache Server, deren Betreiber § 10 TDG im Auge hat, vgl. oben S. 62.

Hierzu lassen sich Anhaltspunkte weder im Gesetzestext und der dazugehörigen Begründung noch in dem korrespondierenden Art. 13 ECRL finden. Eine Abgrenzung zu § 11 TDG / 9 MDStV lässt sich aber daran festmachen, dass § 10 TDG / 8 MDStV schon seinem Wortlaut nach eine automatische Speicherung der Informationen erfordert, während § 11 TDG / 9 MDStV nicht automatisierte Speicherungen regelt. Und auch eine Abgrenzung zu § 9 Abs. 2 TDG / 7 Abs. 2 MDStV, der ebenso wie § 10 TDG / 8 MDStV von einer automatischen kurzzeitigen Zwischenspeicherung spricht, ist trotz des scheinbar identischen Regelungsinhalts der beiden Normen möglich, wenn man sich vor Augen führt, dass der Nutzer auf Informationen im Sinne von § 10 TDG / 8 MDStV, die persönlichkeitsrechtsverletzender Natur sein können, zugreifen kann, ihm diese Möglichkeit bei den von § 9 TDG / 7 MDStV umfassten Informationen jedoch vorenthalten ist, da es sich bei den zwischengespeicherten Informationen nach § 9 Abs. 2 TDG / 7 Abs. 2 MDStV lediglich um eine Kopie handelt, die während der Informationsübermittlung erstellt wird und auf die der Nutzer keinen direkten Zugriff hat[913].

Dadurch lässt sich aber nur eine Abgrenzung des § 10 TDG / 8 MDStV zu den § 9 Abs. 2 TDG / 7 Abs. 2 MDStV und § 11 TDG / 9 MDStV erzielen, nicht aber eine Bestimmung einer zeitlich begrenzten Zwischenspeicherung. Ziel muss also sein, auf andere Weise eine solche Feststellung zu erreichen[914].

Eine sachgerechte Lösung muss dem technischen Regelungsansatz des TDG und MDStV Rechnung tragen. Wie sich schon dem Wortlaut des § 10 TDG / 8 MDStV entnehmen lässt, ist Grund für die Haftungsprivilegierung der Diensteanbieter, die das Caching von Daten ermöglichen, die Gegebenheit, dass dieser Vorgang automatisch erfolgt. Die automatische Speicherung von Daten muss das entscheidende Kriterium sein. Es besteht zwar durchaus die Möglichkeit, dass bei Informationen, die aufgrund ihrer Popularität häufig abgerufen werden und die daher über einen langen Zeitraum auf einem Proxy Cache Server gespeichert sind, das Merkmal der zeitlich begrenzten Zwischenspeicherung fragwürdig erscheint, doch hat der Gesetzgeber dies bewusst in Kauf genommen und eine dementsprechende Regelung getroffen. Der Versuch, eine Abgrenzung von Informationen anzustreben, die *gerade noch* zeitlich begrenzt zwischengespeichert oder die *schon* dauerhafter gespeichert werden, müsste immer auf den konkreten Einzelfall bezogen sein und würde dennoch oft willkürlich erschei-

---

[913] So die Begründung zum EGG, Bundestagsdrucksache 14/6098 S. 24.

[914] Zu § 5 Abs. 3 S. 2 TDG a.F., der von einer „automatischen und kurzzeitigen Vorhaltung fremder Inhalte auf Grund Nutzerabfrage" sprach, wurde vertreten, dass der Schwerpunkt der Abgrenzung der Proxy Cache Server auf das Merkmal der *automatischen* Zwischenspeicherung gelegt werden sollte, vgl. *Sieber*, Verantwortlichkeit im Internet Rn. 378. Nach dieser Auffassung sollte aufgrund einer abstrakten Betrachtungsweise darauf abgestellt werden, ob eine potentiell kurzfristige Speicherung beabsichtigt war, vgl. *Sieber* a.a.O.

nen, da eben keine genaue Grenzziehung möglich ist. Satt dessen ist insoweit auf den Wortlaut des § 10 TDG / 8 MDStV abzustellen und eine zeitlich begrenzte Zwischenspeicherung immer dann anzunehmen, wenn die Informationen automatisch gespeichert werden und diese Speicherung auf einen kurzfristigen Zeitraum angelegt ist[915]. Denn der Diensteanbieter im Sinne von § 10 TDG / 8 MDStV hat auf das Caching derartiger Informationen grundsätzlich keinen Einfluss, so dass es ihm nicht zum Nachteil gereichen kann, wenn Informationen auf einem von ihm betriebenen Proxy Cache Server aufgrund deren verstärkten Abrufs dauerhafter gespeichert werden.

Derjenige, dem durch diese Informationen eine Beeinträchtigung seiner Persönlichkeitsrechte drohen, wird durch diesen Ansatz auch nicht schutzlos gestellt, da er sich zum einen an den Content Provider (§ 8 TDG / 6 MDStV) oder an den Service Provider (§ 11 TDG / 9 MDStV) halten kann. Dies mag zwar insbesondere dann fruchtlos sein, wenn die persönlichkeitsbeeinträchtigenden Informationen auf einem Server in den USA bereitgehalten, da hier der Meinungsfreiheit ein hoher Stellenwert eingeräumt wird.

Allerdings kommt der Diensteanbieter nach § 10 TDG / 8 MDStV nur in den Genuss der Haftungsprivilegierung, wenn die Voraussetzungen des § 10 S. 1 Nr. 1 bis 5 TDG / 8 S. 1 Nr. 1 bis 5 MDStV eingehalten sind. Eine Haftung nach den allgemeinen Vorschriften kommt also nach § 10 S. 1 Nr. 5 TDG / 8 S. 1 Nr. 5 MDStV insbesondere dann in Betracht, wenn er die im Sinne des § 10 TDG / 8 MDStV gespeicherten Informationen nicht unverzüglich entfernt oder den Zugang zu ihnen sperrt, sobald er Kenntnis davon erhalten hat, dass die Informationen am ursprünglichen Ausgangsort der Übertragung aus dem Netz entfernt wurden oder der Zugang zu ihnen gesperrt wurde oder ein Gericht oder eine Verwaltungsbehörde die Entfernung oder Sperrung angeordnet hat[916]. Daraus folgt, dass der Betroffene von dem Diensteanbieter im Sinne von § 10 TDG / 8 MDStV verlangen kann, die gecachten Informationen zu entfernen, wenn die Voraussetzungen des § 10 S. 1 Nr. 5 TDG / 8 S. 1 Nr. 1 bis 5 MDStV vorliegen.

ff) Das Merkmal der Rechtswidrigkeit im Sinne des § 11 TDG / 9 MDStV

§ 11 TDG / 9 MDStV regelt Fragen der Verantwortlichkeit im Bereich des Hosting und zielt damit auf den Service Provider ab. Dieser soll für fremde In-

---

[915] Vgl. *Sieber*, Verantwortlichkeit im Internet Rn. 378 f., der aber bezogen auf die Vorschrift des § 5 Abs. 3 TDG a.F. bei einer „längeren Verweildauer der Daten auf dem Proxy Cache Server" die Verantwortlichkeit des Diensteanbieters nach § 5 Abs. 2 TDG a.F. (fremde Inhalte, die zur Nutzung bereitgehalten werden) beurteilen und dann insbesondere die Frage der Zumutbarkeit der Datenlöschung sorgfältig prüfen will.

[916] Auch hier muss die Entfernung bzw. Sperrung wiederum technisch möglich und zumutbar sein, vgl. die Begründung zum EGG, Bundestagsdrucksache 14/6098 S. 25.

formationen, die er für einen Nutzer speichert, nur bei Vorliegen der in § 11 S. 1 Nr. 1, 2 TDG / 9 S. 1 Nr. 1, 2 MDStV genannten Voraussetzungen nicht verantwortlich sein. Werden persönlichkeitsrechtsverletzende Informationen zum Abruf bereitgehalten, so stellt sich die Frage, ob neben einer Verantwortlichkeit des Content Providers auch eine solche des Service Providers in Betracht kommt.

Nach § 11 S. 1 Nr. 1 TDG / 9 S. 1 Nr. 1 MDStV wird der Service Provider nur dann von der Verantwortlichkeit befreit, wenn er keine Kenntnis von der rechtswidrigen Handlung oder der Information hat[917]. Das Merkmal der Rechtswidrigkeit bezieht sich also ebenso wie in Art. 14 Abs. 1 Nr. a ECRL nur auf die Handlung bzw. Tätigkeit, nicht aber auf die Information[918].

Daraus folgt, dass zwei Fälle erfasst werden: Zum einen diejenige Situation, in der bereits die Information als solche zu beanstanden ist, was beispielsweise dann der Fall ist, wenn es durch die Information zu einer Ehrverletzung kommt, die als Schmähkritik nicht mehr von dem Grundrecht der Meinungsäußerungsfreiheit umfasst ist. In diesem Fall genügt bereits die Kenntnis von dieser Information, um die Haftungsprivilegierung entfallen zu lassen. Zum zweiten sind die Fälle gemeint, in denen die Information für sich genommen nicht zu kritisieren ist, sondern die mit ihr zusammenhängende Tätigkeit, also die Verwendung der Information ohne Erlaubnis des Rechteinhabers[919]. Darunter sind etwa die Konstellationen zu fassen, in denen ein Bildnis auf einer Website zur Schau gestellt wird und diese Schaustellung das Recht am eigenen Bild des Abgebildeten verletzt. Das Bildnis selbst verletzt grundsätzlich noch keine Persönlichkeitsrechte des Abgebildeten, vielmehr entsteht eine Rechtsverletzung erst durch dessen Schaustellung, wenn keine Einwilligung des Abgebildeten vorliegt. In diesen Fällen ist die Kenntnis des Diensteanbieters von der rechtswidrigen Tätigkeit erforderlich, um seine Haftungsprivilegierung entfallen zu lassen.

Insbesondere die erstgenannte Konstellation wirft Probleme auf. Denn § 8 Abs. 2 S. 1 TDG / 6 Abs. 2 S. 1 MDStV sagt ausdrücklich, dass der Service Provider nicht verpflichtet ist, die von ihm gespeicherten Informationen zu überwachen. Genau solch eine Verpflichtung könnte aber begründet werden, wenn nach § 11 S. 1 Nr. 1 TDG / 9 S. 1 Nr. 1 MDStV bereits die Kenntnis von der Information ausreicht, um die Haftungsprivilegierung zu verneinen. Für den Service Provider wird es aber oftmals nicht ohne weiteres festzustellen sein, ob eine Information Persönlichkeitsrechte Dritter verletzt. Dennoch soll nach dem Gesetzeswortlaut die positive Kenntnis der Information ausreichen. Dadurch droht aber eine nicht vertretbare Ausweitung der Haftung des Service Providers,

---

[917] Und ihm im Falle von Schadensersatzansprüchen auch keine Tatsachen oder Umstände bekannt sind, aus denen die rechtswidrige Handlung oder die Information offensichtlich wird.

[918] So die Begründung zum EGG, Bundestagsdrucksache 14/6098 S. 25.

[919] Vgl. Begründung zum EGG, Bundestagsdrucksache 14/6098 S. 25 und *Köhler/Arndt*, Recht des Internet Rn. 496.

wenn dieser schon dann haften soll, wenn ihm zwar die Information positiv bekannt war, nicht aber deren Rechtswidrigkeit[920]. Damit würde aber letztlich das Haftungsprivileg des § 11 TDG / 9 MDStV ausgehebelt, was nicht die Intention des Gesetzgebers gewesen sein kann. Man wird daher § 11 TDG / 9 MDStV so auslegen müssen, dass bereits die alleinige Kenntnis von der Information ausreichend ist, das Haftungsprivileg entfallen zu lassen, wenn die Information eine evidente Rechtsverletzung darstellt, also beispielsweise eine offensichtliche Verletzung der Persönlichkeitsrechte darstellt. Nur dann, wenn für den Service Provider offensichtlich ist, dass die von ihm gespeicherten Informationen des Nutzers in Rechtsgüter Dritter eingreifen, lässt sich die nach dem Gesetzeswortlaut vorgesehene Haftung rechtfertigen. Eine andere Auffassung würde die vom TDG und MDStV bezweckte Privilegierung des Service Providers aushöhlen.

gg) Speicherung von Informationen nach § 11 TDG / 9 MDStV auf fremden Servern

Weder in der Neufassung des TDG nebst Gesetzesbegründung, im MDStV noch in der ECRL finden sich ausdrückliche Regelungen, wann von einer Speicherung fremder Informationen für einen Nutzer durch einen Diensteanbieter auszugehen ist. Dabei stellt sich die Frage, ob die Haftungsprivilegierung auch für diejenigen Diensteanbieter gelten soll, welche Informationen Dritter nicht auf eigenen, sondern auf fremden Servern speichern. Man könnte nämlich der Auffassung sein, dass in diesen Fällen der so handelnde Service Provider nicht von § 11 TDG / 9 MDStV erfasst wird, da streng am Wortlaut der Vorschrift orientiert nicht *sie* die fremden Informationen für den Nutzer speichern, sondern dritte Diensteanbieter. Für diese Ansicht könnte der technische Ansatz des § 11 TDG / 9 MDStV sprechen, der die Haftungsprivilegierung des Diensteanbieters mit der bloßen Beschränkung der Tätigkeit des Diensteanbieters auf den technischen Vorgang der Speicherung begründet[921].

Unter Einbeziehung des Sinn und Zwecks der Haftungsprivilegierung des § 11 TDG / 9 MDStV wird man dieser Auffassung aber eine Absage erteilen und auch solche Diensteanbieter einbeziehen müssen, die nicht selbst eine Speicherung der Informationen für den Nutzer vornehmen. Denn nach der ratio des § 11 TDG / 9 MDStV sollen all diejenigen Diensteanbieter privilegiert werden, deren Tätigkeit lediglich darauf beschränkt ist, für einen Nutzer Informationen zu speichern, gleichgültig, ob diese Daten dann aber auf eigenen oder fremden Servern gespeichert werden. Anderenfalls würde man zu dem unbefriedigenden Ergebnis gelangen, dass derjenige, der auf eigenen Rechnern fremde Informationen speichert, für sich die Haftungsprivilegierung in Anspruch nehmen könnte,

[920] Zu dieser Problematik auch *Eck/Ruess*, MMR 2003, 363 ff.
[921] So die Begründung zum EGG, Bundestagsdrucksache 14/6098 S. 25.

während derjenige, der für einen Nutzer Speicherkapazitäten Dritter in Anspruch nimmt, nach den allgemeinen Vorschriften haften würde. Dieses Ergebnis kann aber vom Gesetzgeber nicht gewollt sein, denn für eine solche Differenzierung ist kein plausibler Grund ersichtlich. Es lässt sich folglich festhalten, dass die Haftungsprivilegierung immer dann eingreift, wenn ein Diensteanbieter fremde Informationen für einen Nutzer speichert, unabhängig davon, ob dies auf eigenen oder fremden Servern geschieht[922].

III. Inhalteverantwortlichkeit nach US amerikanischem Recht

1.) Grundsätze

Das US amerikanische Recht enthält zwar ebenso wie das deutsche TDG Regelungen zur Verantwortlichkeit für Informationen im Internet. Anders als das deutsche TDG, das generell die Verantwortlichkeit von Diensteanbietern für eigene und fremde Informationen regelt, handelt es sich bei den US amerikanischen Regelungen dagegen um rechtsgebietsspezifische Einzelregelungen[923]. In den Fällen, in denen keine spezifisch für das Internet geltenden Haftungsregeln geschaffen wurden[924], bleibt es bei der allgemein geltenden Haftung. Die im Hinblick auf Verletzungen der Persönlichkeitsrechte relevanten Regelungswerke sollen nachfolgend dargestellt werden[925].

2.) Der Communications Decency Act

Der *Communications Decency Act (CDA)* wurde als Teil des 1996 novellierten *Telecommunications Act* erlassen. Vor seinem Erlass wurde für die Bestimmung der Haftung für fremde Informationen auf presserechtliche Grundsätze zurückgegriffen. Es kam danach entscheidend auf die Unterscheidung zwischen der Haftung als Herausgeber *(Publisher)* und Händler *(Distributor)* an[926]. Während

---

922 Ebenso *Dustmann*, Die privilegierten Provider S. 159 f.

923 *Sieber*, Verantwortlichkeit im Internet Rn. 464.

924 So etwa für eine *Invasion of Privacy.*

925 Unerwähnt soll daher der 1998 verabschiedete *Digital Millennium Copyright Act (DMCA)* bleiben. Dieser differenziert zwar vergleichbar der ECRL bzw. der Neufassung des TDG bezüglich der einzelnen Haftungsbegrenzungen nach den Aufgaben der Provider und sieht Haftungsbegrenzungen für Access- und Network Provider, *System Caching*, bereitgehaltene Inhalte Dritter sowie *Information Tools* vor. Da er sich jedoch auf die Haftungsbegrenzung für Urheberrechtsverletzungen bezieht, die nicht Gegenstand dieser Arbeit sind, sei insoweit weiterführend auf die diesbezüglichen Darstellungen bei *Sieber*, Verantwortlichkeit im Internet Rn. 470 ff. sowie *Pankoke*, Von der Presse- zur Providerhaftung S. 116 ff. verwiesen. Zum *Anticybersquatting Consumer Protection Act* vgl. bereits oben S. 170 ff.

926 *Hein/Davies*, MMR 1998, 627.

der Herausgeber für den von ihm veröffentlichten Inhalt der Autoren verantwortlich ist, ist ein Händler nur für den Inhalt verantwortlich, dessen beleidigenden Inhalt er kennt oder kennen muss[927]. Dies beruht auf der Vorstellung, dass es dem Herausgeber in der Regel möglich ist, auf die von ihm publizierten Inhalte Einfluss zu nehmen, während dies dem Händler nicht möglich ist.

An zwei Entscheidungen lässt sich die Rechtslage vor Erlass des *CDA* besonders anschaulich darstellen: Zum einen die Entscheidung *Cubby, Inc. v. CompuServe Inc.*[928], zum anderen *Stratton Oakmont, Inc. v. Prodigy Services, Co.*[929]. In *Cubby, Inc. v. CompuServe, Inc.* sah das Gericht *CompuServe* als *Distributor* eines Newsletters an, der von einem Dritten erstellt wurde und ehrverletzende Aussagen enthielt[930]. Von dessen Inhalt hatte *CompuServe* keine vorherige Kenntnis und übte auch keine redaktionelle Kontrolle aus, so dass das Gericht *CompuServe* nicht für die ehrverletzenden Inhalte verantwortlich machte.

Anderer Auffassung war ein New Yorker Gericht in der Entscheidung *Stratton Oakmont, Inc. v. Prodigy Services, Co.* Der Service Provider *Prodigy* wurde als *Publisher* und damit als Verantwortlicher für ehrverletzende Drittinhalte angesehen, da sich *Prodigy* bemühte, eine gewisse Kontrolle über die Drittinhalte auszuüben, indem beispielsweise ein Softwareprogramm zur Unterdrückung anstößiger Wörter eingesetzt wurde[931]. Ein Ausschluss der Haftung kam nach Ansicht des Gerichts nur dann in Betracht, wenn der Service Provider die Drittinhalte nicht kontrolliere.

Diese Entscheidung ist zu Recht auf Kritik gestoßen. Denn wenn man die Grundsätze der Pressehaftung des *Common Law* auf die Verantwortlichkeit für Drittinhalte im Internet überträgt, so führt dies zu einer weitgehenden Haftungsfreistellung derjenigen Provider, die jedwede Kontrolle über die Drittinhalte ablehnen, da sie dann als *Distributor* anzusehen sind. Umgekehrt werden diejenigen Provider bestraft, die sich um eine gewisse Kontrolle der Drittinhalte bemühen, da sie mit Ausübung dieser Kontrolle als *Publisher* erachtet werden. Dieses unbillige Ergebnis vor Augen führte 1996 schließlich zum Erlass des *CDA*, der nunmehr die Haftung für fremde ehrverletzende Inhalte regelt.

Der *CDA* wurde als Teil des 1996 novellierten *Telecommunications Act* erlassen und enthält Regelungen zur Haftung von Service Providern. Zwar wurden die ebenfalls im *CDA* enthaltenen Bestimmungen, die Regeln hinsichtlich der Unan-

[927] *Hein/Davies*, MMR 1998, 627.
[928] *Cubby, Inc. v. CompuServe Inc.*, 776 F. Supp. 135 (S.D.N.Y. 1991).
[929] *Stratton Oakmont v. Prodigy*, 1995 WL 323710 (N.Y. Sup. Ct., May 24, 1995). Zu beiden Entscheidungen vgl. auch *George/Hemphill*, Defamation Liability and the Internet.
[930] *Cubby, Inc. v. CompuServe, Inc.*, 776 F. Supp. 135 (S.D.N.Y. 1991).
[931] *Stratton Oakmont v. Prodigy*, 1995 WL 323710 (N.Y. Sup. Ct., May 24, 1995). Vgl. dazu *Hein/Davies*, MMR 1998, 627, 628.

ständigkeit von Inhalten trafen, vom *Supreme Court* in der Entscheidung *Reno v. ACLU* für verfassungswidrig befunden[932]. Die Haftungsregelungen für Service Provider blieben davon allerdings unberührt.

Zentrale Aussage des *CDA* ist die sog. „Gute Samariter"-Vorschrift. Diese besagt:

> *47 U.S.C. Sec. 230 (c) Protection for "Good Samaritan" blocking and screening of offensive material*
>
> *(1) Treatment of publisher or speaker*
>
> *No provider or user of an interactive computer service shall be treated as the publisher or speaker of any information provided by another information content provider.*
>
> *(2) Civil liability*
>
> *No provider or user of an interactive computer service shall be held liable on account of - (A) any action voluntarily taken in good faith to restrict access to or availability of material that the provider or user considers to be obscene, lewd, lascivious, filthy, excessively violent, harassing, or otherwise objectionable, whether or not such material is constitutionally protected; or (B) any action taken to enable or make available to information content providers or others the technical means to restrict access to material described in paragraph (1) (A).*

Damit wird eindeutig klargestellt, dass der Service Provider nicht als *Publisher* der fremden Informationen anzusehen ist und daher von einer Haftung freigestellt ist[933].

---

[932] *Reno v. ACLU*, 117 Supreme Court of the United States, No. 96-511, abrufbar unter http://www.aclu.org/court/renovacludec.html. Diese lauteten: *47 U.S.C. Sec. 223*: (a) Prohibited acts generally: Whoever - (1) in interstate or foreign communications - (A) by means of a telecommunications device knowingly - (i) makes, creates, or solicits, and (ii) initiates the transmission of, any comment, request, suggestion, proposal, image, or other communication which is obscene, lewd, lascivious, filthy, or indecent, with intent to annoy, abuse, threaten, or harass another person; shall be fined under title 18 or imprisoned not more than two years, or both.

[933] Vgl. dazu auch *Davidson/Podkopacz/Dechery*, The Law of Cyberspace: Liability of Information Service Providers.

a) Zeran v. America Online, Inc.

Die erste Entscheidung, die sich mit der durch den *CDA* geänderten Rechtslage zu befassen hatte, war *Zeran v. America Online, Inc. (AOL)*[934]. Wenige Tage nach dem Bombenanschlag auf ein Bundesgebäude in Oklahoma City stellte eine unbekannte Person eine Werbung auf Seiten von *AOL* ein, in der T-Shirts angeboten wurden, die geschmacklose Aussagen in Bezug auf das Attentat enthielten. Für eventuelle Kaufinteressenten wurde die Telefonnummer von „Ken“ genannt, bei der es sich um die Haustelefonnummer des späteren Klägers *Kenneth Zeran* handelte, die gleichzeitig dessen geschäftliche Nummer war[935]. *Zeran*, der aufgrund dieser Anzeige telefonisch beschimpft wurde und sogar Todesdrohungen erhielt, hatte mit dieser Anzeige nicht das geringste zu tun. Er setzte *AOL* von den Postings in Kenntnis und forderte, dass diese beseitigt würden, doch tauchten ähnliche Postings auf den Seiten von *AOL* in den folgenden Tagen auf. Daraufhin erhob *Zeran* Klage gegen *AOL*, stützte diese aber nicht auf den *Libel* Tatbestand wegen des ersten Postings, sondern auf ein Unterlassung von *AOL*, da diese nicht in der Lage waren, die Postings zu entfernen bzw. zukünftige zu verhindern, nachdem er *AOL* von der Falschheit der Behauptungen in Kenntnis gesetzt hatte. *Zeran* argumentierte, dass sich *AOL* nicht auf den Haftungsausschluss des *CDA* berufen könne, da sich dieser nur auf den *Publisher* beziehe, die traditionelle Haftung des *Distributor* aber unberührt bleibe[936]. Da beispielsweise auch ein Buchhändler als *Distributor* hafte, wenn er weiterhin Produkte vertreibe, obwohl er von deren Falschheit und ehrverletzendem Inhalt Kenntnis habe, würde auch *AOL* für die wiederholt auftretenden Postings haften, um deren Falschheit und ehrverletzenden Inhalt *AOL* wusste[937].

Das Gericht schloss sich der Auffassung Zerans nicht an. Nach *47 U.S.C. Sec. 230 (c) (1)* dürfe kein Service Provider als *Publisher* der Informationen angesehen werden. Daher könne der Service Provider nicht für die Ausübung traditioneller Tätigkeiten eines Herausgebers – wie der Entscheidung, ob ein bestimmter Inhalt veröffentlicht, entfernt oder verändert werde – verantwortlich gemacht werden[938]. Die Auferlegung einer Haftung von dem Zeitpunkt an, in dem der Service Provider von der ehrverletzenden Informationen benachrichtigt

---

[934] *Zeran v. America Online, Inc.*, United States Court of Appeals for the Fourth Circuit, 129 F. 3d 327 (1997), abrufbar unter http://www.techlawjournal.com/courts/zeran/71112opn.htm.

[935] Eine Änderung der Telefonnummer war daher für *Kenneth Zeran* nicht möglich.

[936] *Zeran v. America Online, Inc.*, United States Court of Appeals for the Fourth Circuit, 129 F. 3d 327 (1997), abrufbar unter http://www.techlawjournal.com/courts/zeran/71112.opn.htm.

[937] *Zeran v. America Online, Inc.*, United States Court of Appeals for the Fourth Circuit, 129 F. 3d 327 (1997), abrufbar unter http://www.techlawjournal.com/courts/zeran/71112.opn.htm.

[938] *Zeran v. America Online, Inc.*, United States Court of Appeals for the Fourth Circuit, 129 F. 3d 327 (1997), abrufbar unter http://www.techlawjournal.com/courts/zeran/71112.opn.htm. Dies galt nach Ansicht des Gerichts trotz der Tatsache, dass die Postings vor Inkrafttreten des *CDA* erfolgt waren, da *Zeran nach* Erlass des *CDA* Klage erhoben hatte.

wird, hätte gerade die nicht erwünschte Folge, dass diese sich von vornherein jeglicher Kontrolle der Informationen verschließen würden.

b) Blumenthal v. Drudge and AOL, Inc.

Eine Haftung des Service Providers für fremde Informationen ist nach *47 U.S.C. Sec. 230 (c) (1)* ausgeschlossen. Eine Haftung des Service Providers kommt nur dann in Betracht, wenn er selbst als Content Provider angesehen werden könnte. Ob dies der Fall war, hatte der *District Court of Columbia* in der Entscheidung *Blumenthal v. Drudge and AOL, Inc.* zu entscheiden[939].

Der Beklagte *Matt Drudge* hatte eine elektronische Publikation erstellt, den sog. *Drudge-Report*. Diese war auf einer Website kostenlos abrufbar und bestand hauptsächlich aus Klatsch aus Hollywood und Washington. Die Inhalte des *Drudge-Reports* wurden ebenfalls per E-Mail an interessierte Internetnutzer versandt. 1997 wurden Vereinbarungen zwischen *Drudge* und *AOL* getroffen, wonach der *Drudge-Report* allen AOL-Mitgliedern zunächst für die Dauer eines Jahres zugänglich gemacht wurde. *Drudge* erhielt dafür von *AOL* einen monatlichen Betrag von US $ 3.000. *AOL* behielt sich das Recht vor, die Informationen zu entfernen, falls sie nicht mit ihren Nutzungsbedingungen zu vereinbaren seien. Einer dieser Newsletter enthielt ehrverletzende Aussagen über den Kläger und seine Frau, die daraufhin Klage gegen *Drudge* und *AOL* erhoben. *AOL* könne sich nicht auf *47 U.S.C. Sec. 230 (c) (1)* berufen, da diese sich in der Vereinbarung mit *Drudge* das Recht vorbehalten hatte, die Inhalte des *Drudge-Reports* zu editieren. *AOL* behauptete dagegen, nicht an der Schaffung der Inhalte beteiligt gewesen zu sein und daher auch nicht verantwortlich sei. Dem stimmte das Gericht zu. *AOL* sei lediglich als Service Provider anzusehen, da die Inhalte ausschließlich von *Drudge* geschrieben worden seien. Für einen solchen Service Provider habe der Kongress aber eindeutig in *47 U.S.C. Sec. 230 (c) (1)* bestimmt, dass er nicht für Drittinhalte verantwortlich sei[940]. Das Gericht sagte zwar, dass es dem Kläger zustimmen würde, wenn die Informationen nicht im Internet veröffentlicht worden wären. Doch da sich der Kongress für das Internet selbst in den Fällen anders entschieden habe, wenn der Service Provider selbst

---

[939] *Blumenthal v. Drudge and AOL, Inc.*, District Court of Columbia, 992 F.Supp. 44, abrufbar unter http://www.techlawjournal.com/courts/drudge/80423opin.htm.

[940] *Blumenthal v. Drudge and AOL, Inc.*, District Court of Columbia, 992 F.Supp. 44: "It is undisputed that the *Blumenthal* story was written by *Drudge* without any substantive or editorial involvement by *AOL*. *AOL* was nothing more than a provider of an interactive computer service on which the *Drudge Report* was carried, and Congress has said quite clearly that such a provider shall not be treated as a "publisher or speaker" and therefore may not be held liable in tort."

eine aktive Rolle bei der Veröffentlichung des Content gespielt habe, bleibe es bei der Haftungsfreistellung für *AOL*[941].

c) Exkurs: Möglichkeiten für den Verletzten

Diese weitgehende Haftungsfreizeichnung des Service Providers für ehrverletzende Inhalte mag man für unbillig halten, doch entspricht sie der gesetzgeberischen Entscheidung in *47 U.S.C. Sec. 230 (c) (1)*. Es stellt sich aber die Frage, ob dem Verletzten nicht weitere Mittel an die Hand gegeben werden können, um seine Schutzlosigkeit zu verhindern. Eine solche droht, da eine Haftung des Service Providers nach dem oben Gesagten ausscheidet. Auch ein Vorgehen gegen den Content Provider scheint nicht von Erfolg gekrönt, da dieser in Fällen ehrverletzender Inhalte meist anonym bleibt[942].

Es kann jedoch nicht das Ziel des *CDA* sein, die Regelungen hinsichtlich der Haftung von Service Providern soweit auszudehnen, dass auch den Urhebern ehrverletzender Inhalte Immunität und Anonymität zukommt[943]. Eine Klage gegen den Service Provider ist für die Verletzten nicht sehr vielversprechend. Sie könnten daher aber auf die Idee kommen, statt dessen sofort die anonymen Urheber der Informationen zu verklagen, verbunden mit einem Antrag auf Vorladung der Service Provider, um auf diese Weise die Identität der anonymen Verletzer zu ermitteln[944]. Denn wenn dieser seine Äußerungen auf Message Boards oder in Chat Rooms eines Service Providers machte, so ist anzunehmen, dass er einen Account bei diesem Service Provider besitzt. Der Service Provider könnte dann vorgeladen werden, die ihm vorliegenden Informationen offen zu legen[945].

Für die Service Provider ist ein solches Nachkommen aber nicht unproblematisch, da sie sich möglicherweise der Haftung ihrer anonym bleibenden Mitglie-

---

941 *Blumenthal v. Drudge and AOL, Inc.*, District Court of Columbia, 992 F.Supp. 44: "If it were writing on a clean slate, this Court would agree with plaintiffs. *AOL* has certain editorial rights with respect to the content provided by *Drudge* and disseminated by *AOL*, including the right to require changes in content and to remove it; and it has affirmatively promoted Drudge as a new source of unverified instant gossip on *AOL*. (…) But Congress has made a different policy choice by providing immunity even where the interactive service provider has an active, even aggressive role in making available content prepared by others. In some sort of tacit *quid pro quo* arrangement with the service provider community, Congress has conferred immunity from tort liability as an incentive to Internet service providers to self-police the Internet for obscenity and other offensive material, even where the self-policing is unsuccessful or not even attempted."

942 *Pascucci*, Cybersmearing: Internet Privacy vs. Accountability.

943 *Pascucci*, Cybersmearing: Internet Privacy vs. Accountability.

944 *Pascucci*, Cybersmearing: Internet Privacy vs. Accountability; *Pizzi*, New Jersey Law Journal, July 23 2001.

945 Vgl. Zu den Möglichkeiten, die Identität des Urhebers bei kostenfreien Portalen herauszufinden *Pizzi*, New Jersey Law Journal July 23, 2001.

der aussetzen, wenn sie deren Identitäten preisgeben. Der *CDA* sieht nämlich keine ausdrückliche Haftungsfreistellung vor, wenn Service Provider die Identität ihrer Mitglieder gegen deren Willen offen legen. In der Tat kommt es hier zu einem Interessenkonflikt zwischen dem Recht des Klägers, sich vor Ehrverletzungen zu schützen, und dem aus dem *First Amendment* fließenden Recht des Urhebers, anonym zu bleiben[946].

Die *Appellate Division* des *Superior Court of New Jersey* war die erste Berufungsinstanz, die umfassende Vorgaben für ein solches Vorgehen des Klägers machte[947]. Das Gericht stellte Grundsätze auf, die Gerichte zukünftig beachten sollen, wenn die Offenlegung der Identität von Nutzern gefordert wird, die auf Message Boards von Service Providern anonym ehrverletzende Inhalte gepostet haben. Diese Grundsätze sollen einen Ausgleich herbeiführen zwischen den aus dem *First Amendment* fließenden Rechten des sich anonym Äußernden auf Wahrung seiner Anonymität einerseits und den Interessen des Klägers an der Wahrung seines Rufes[948].

Zunächst sei erforderlich, dass die Gerichte dem Kläger auferlegen, dass er Anstrengungen unternimmt, um die sich anonym Äußernden davon zu unterrichten, dass er eine Vorladung anstrebt oder ein Gesuch an das Gericht richtet, um ihre Identität zu erfahren. Diese von dem Kläger vorzunehmenden Bemühungen sollten so aussehen, dass er eine entsprechende Mitteilung auf dem Message Board des Service Providers macht. Dadurch solle dem Urheber der Inhalte die angemessene Möglichkeit gegeben werden, dem Gesuch des Klägers zu begegnen[949].

Zweite Voraussetzung sei, dass der Kläger die seiner Auffassung nach ehrverletzenden Inhalte dem Gericht genau benennt. Der Kläger müsse auf der Grund-

---

[946] Das *First Amendment* umfasst das Recht, sich anonym zu äußern, vgl. *Dendrite International, Inc. v. John Doe No. 3*, Sup. Ct. Of New Jersey, Appellate Division, A-2774-00T3, abrufbar unter http://lawlibrary.rutgers.edu/courts/appellate/a2774-00.opn.html mit weiteren Nachweisen aus der US amerikanischen Rechtsprechung.

[947] *Dendrite International, Inc. v. John Doe No. 3*, Sup. Ct. Of New Jersey, Appellate Division, A-2774-00T3 (July 11, 2001), abrufbar unter http://lawlibrary.rutgers.edu/courts/appellate/a2774-00.opn.html sowie *Immonumedics, Inc. v. Jean Doe a/k/a "moonshine_fr"*, Sup. Ct. of New Jersey, Appellate Division, A-2762-00T1 (July 11, 2001), abrufbar unter http://lawlibrary.rutgers.edu/courts/appellate/a2762-00.opn.html.

[948] *Dendrite International, Inc. v. John Doe No. 3*, Sup. Ct. Of New Jersey, Appellate Division, A-2774-00T3 (July 11, 2001), abrufbar unter http://lawlibrary.rutgers.edu/courts/appellate/a2774-00.opn.html.

[949] *Dendrite International, Inc. v. John Doe No. 3*, Sup. Ct. Of New Jersey, Appellate Division, A-2774-00T3 (July 11, 2001), abrufbar unter http://lawlibrary.rutgers.edu/courts/appellate/a2774-00.opn.html.

lage eines prima facie Beweises substantiiert vortragen, warum das Gericht die Aufhebung der Anonymität des sich Äußernden anordnen solle[950].

Und schließlich müsse das betreffende Gericht das aus dem *First Amendment* fließende Recht des Beklagten auf die Freiheit der anonymen Äußerung gegen den vom Kläger angebotenen prima facie Beweis auf Aufhebung der Anonymität des Beklagten abwägen[951].

Diese aufgestellten Voraussetzungen seien einzelfallbezogen anzuwenden.

IV. Ansprüche bei Verletzungen des Persönlichkeitsrechts

1.) Gegendarstellung

Der Gegendarstellungsanspruch[952] verpflichtet Medienorgane, als Reaktion auf eine aufgestellte Tatsachenbehauptung eine hiervon abweichende Tatsachendarstellung des von der Meldung Betroffenen ohne Wahrheitsprüfung in gleicher Weise wie die ursprüngliche Meldung zu veröffentlichen. Vom Gegendarstellungsanspruch ist der Widerruf einer Tatsachenbehauptung zu unterscheiden. Die Gegendarstellung begründet keinen Zwang zur Berichtigung, sondern eröffnet vielmehr ein Recht auf Entgegnung. Der Betroffene kann mittels einer Gegendarstellung selbst zu ihn betreffenden Tatsachenbehauptungen Stellung nehmen, während bei einem Widerruf derjenige, der die Behauptung aufgestellt hat, erklärt, dass er sie widerruft oder nicht mehr aufrechterhält[953].

Das BVerfG hält den Gegendarstellungsanspruch als Teil des allgemeinen Persönlichkeitsrechts aus Art. 2 Abs. 1 GG i.V.m. Art. 1 Abs. 1 GG unverzichtbar für die Selbstbestimmung des Einzelnen über die Darstellung der eigenen Person[954].

---

950 *Dendrite International, Inc. v. John Doe No. 3*, Sup. Ct. Of New Jersey, Appellate Division, A-2774-00T3 (July 11, 2001), abrufbar unter http://lawlibrary.rutgers.edu/courts/appellate/a2774-00.opn.html.

951 *Dendrite International, Inc. v. John Doe No. 3*, Sup. Ct. Of New Jersey, Appellate Division, A-2774-00T3 (July 11, 2001), abrufbar unter http://lawlibrary.rutgers.edu/courts/appellate/a2774-00.opn.html. In dem vom *Superior Court of New Jersey* zu entscheidenden Fall verneinte das Gericht eine entsprechende Verpflichtung des Service Providers, die Identität des Nutzers preiszugeben, da es *Dendrite* nicht gelungen war, einen Schaden nachzuweisen, der durch die Äußerungen entstanden war.

952 Zu der historischen Entwicklung des Gegendarstellungsrechts vgl. *Dürr*, Der Gegendarstellungsanspruch im Internet S. 25 ff.; *Wasserburg*, Der Schutz der Persönlichkeit im Recht der Medien S. 43 ff.

953 *Prinz/Peters*, Medienrecht Rn. 453.

954 BVerfGE 63, 131, 142; BVerfG NJW 1999, 483, 484.

Andererseits sagt das BVerfG ausdrücklich, dass die Verpflichtung eines Medienorgans zur Veröffentlichung einer Gegendarstellung einen Eingriff in die Grundrechte der Presse- bzw. Rundfunkfreiheit darstellt, der einer gesetzlichen Grundlage bedarf[955]. Die einschlägigen Bestimmungen der Landespressegesetze tragen diesem Umstand Rechnung.

Auch für das Internet musste daher eine Regelung geschaffen werden, die es rechtfertigt, die Veröffentlichung von Gegendarstellungen zu verlangen. Eine solche Regelung fand sich zunächst in § 10 MDStV a.F. für das Angebot und die Nutzung von Mediendiensten[956]. Nach der Änderung des MDStV findet sich der Gegendarstellungsanspruch nunmehr in § 14 MDStV. Somit hat das Gegendarstellungsrecht als einziger Anspruch für den Bereich des Internet eine spezialgesetzliche Regelung erfahren. § 14 MDStV ist für den Bereich des Internet lex specialis gegenüber den in den jeweiligen Landespressegesetzen geregelten Gegendarstellungsansprüchen[957].

a) Anspruchsvoraussetzungen

aa) Anwendungsbereich

aaa) Mediendienste

§ 14 MDStV gilt aufgrund seiner Stellung im MDStV nur für Mediendienste[958]. Eine Gegendarstellung im Rahmen der Teledienste, die der Individualkommuni-

[955] BVerfG AfP 1993, 474, 475.

[956] Zum Gegendarstellungsanspruch im Internet ausführlich *Dürr*, Der Gegendarstellungsanspruch im Internet S. 111 ff. Zu der Frage, ob vor Erlass des § 10 MDStV a.F. eine Gegendarstellung im Internet verlangt werden konnte vgl. *Lerch*, CR 1997, 261 ff., der sich ausführlich mit dem Problem befasst, ob die presse- und rundfunkrechtlichen Gegendarstellungsansprüche auch auf das Internet übertragen werden können. Vgl. dazu auch *Barton*, MMR 1998, 294, 295, der sagt, dass bis zum Inkrafttreten des MDStV Gegendarstellungsansprüche im Bereich des Internet verneint wurden. Eine entsprechende Anwendung der rundfunkrechtlichen Regelungen wurde nach *Barton* deshalb abgelehnt, da die neuen Mediendienste nicht dem Bereich des Rundfunks zuzuordnen waren. Für den Betroffenen bedeutete dies einen wesentlichen Verlust an Rechtsschutz, da er auf Unterlassung und Schadensersatz beschränkt war, die aber zumindest eine rechtswidrige Persönlichkeitsverletzung voraussetzten. Mit Einführung des § 10 MDStV a.F. bzw. des jetzigen § 14 MDStV ist diese Diskussion bedeutungslos geworden.

[957] *Vesting*, § 10 MDStV Rn. 1 in: Roßnagel, Recht der Multimediadienste.

[958] Zur Legaldefintion aus § 2 Abs. 1 S. 1 MDStV vgl. Fn. 782. Eine Abgrenzung zwischen Telediensten im Sinne des TDG und Mediendiensten im Sinne des MDStV muss an dieser Stelle noch nicht erfolgen, da hier nur beleuchtet wird, welche Ansprüche überhaupt bestehen.

kation dienen, scheidet aus. Dies entspricht der Systematik des herkömmlichen Gegendarstellungsrechts, da sich dieses in den einzelnen Landespressegesetzen befindet und auch der MDStV von den Ländern beschlossen wurde, da aufgrund der Kompetenzverteilung zwischen Bund und Ländern die Gesetzgebungsbefugnis für das Pressewesen bei den Ländern liegt. Der Bund besitzt auf dem Gebiet der Presse gemäß Art. 75 Abs. 1 S. 1 Nr. 2 GG lediglich eine Rahmenzuständigkeit hinsichtlich der allgemeinen Rechtsverhältnisse der Presse, von der er für den Bereich der Gegendarstellung bislang keinen Gebrauch gemacht hat[959].

bbb) Journalistisch-redaktionell gestaltete Angebote

Der Anwendungsbereich des § 14 MDStV ist nach §§ 14 Abs. 1 S. 1, 10 Abs. 3 S. 1 MDStV beschränkt auf journalistisch-redaktionell gestaltete Angebote, in denen vollständig oder teilweise Inhalte periodischer Druckerzeugnisse in Text oder Bild wiedergegeben oder in periodischer Folge Texte verbreitet werden. Auch für das Internet zeigt sich somit, dass der in § 14 MDStV verankerte Gegendarstellungsanspruch ausschließlich gegen Medienorgane gerichtet ist. In ihm kommt wie in den Gegendarstellungsansprüchen der Landespressegesetze der Gedanke des audiatur et altera pars zum Ausdruck[960]. Nicht journalistisch-redaktionell gestaltete Angebote und sonstige rundfunkähnliche Mediendienste werden daher vom Anwendungsbereich des § 14 MDStV nicht umfasst.

Die Beschränkung der Gegendarstellungspflicht auf journalistisch-redaktionell gestaltete Angebote wird vereinzelt kritisch gesehen[961]. Denn es wird als Voraussetzung für die Funktionsfähigkeit des Internet als Kommunikationsmedium erachtet, dass demjenigen, der durch eine (falsche) Tatsachenbehauptung getroffen wird, ein effektiver Schutz hiergegen möglich ist[962]. Eine Lösung wird nun aber nicht etwa darin gesehen, dass der Gegendarstellungsanspruch auch auf Angebote ausgeweitet wird, die nicht journalistisch-redaktionellen Inhaltes sind, wohl aber darin, dass an das Vorliegen solcher journalistisch-redaktioneller Angebote keine zu hohen Maßstäbe angelegt werden[963].

Das LG Düsseldorf stellte im Jahre 1998 ausdrücklich fest, dass eine Ausweitung des Gegendarstellungsrechts über den Anwendungsbereich des damals in §§ 10 Abs. 1, 6 Abs. 2 MDStV enthaltenen Gegendarstellungsanspruchs hinaus

Diese Problembehandlung wird erst bei der zu erörternden Anspruchsbeschränkung der Anbieter nach den einschlägigen Vorschriften des TDG bzw. des MDStV relevant.

[959] *Seitz/Schmidt/Schoener*, Der Gegendarstellungsanspruch Rn. 1.

[960] *Barton*, MMR 1998, 294. Zum Anwendungsbereich des § 10 MDStV a.F. vgl. auch *Vesting*, § 10 MDStV Rn. 1 in: Roßnagel, Recht der Multimediadienste.

[961] Vgl. *Vesting*, § 10 MDStV Rn. 60 in: Roßnagel, Recht der Multimediadienste.

[962] *Vesting*, § 10 MDStV Rn. 60 in: Roßnagel, Recht der Multimediadienste.

[963] *Vesting*, § 10 MDStV Rn. 60 in: Roßnagel, Recht der Multimediadienste.

nicht möglich ist[964]. Es setzte sich in dieser Entscheidung mit der Frage auseinander, ob ein Gegendarstellungsanspruch auch bei Angeboten nicht journalistisch-redaktionellen Charakters bestehen kann, verneinte dies letzten Endes aber[965]. Denn gegen eine solche Anwendung des Gegendarstellungsrechts spreche „insbesondere sein Sinn und Zweck als Gegengewicht zu der verfassungsrechtlich verbürgten Medienfreiheit zum Schutz des Einzelnen", Ursprung des Gegendarstellungsrechts sei „mithin die strukturelle Ungleichheit hinsichtlich des Publizitätsgrades von Mitteilungen zwischen einer Privatperson und eines Presseorgans"[966].

Im Ergebnis verdient die Entscheidung des LG Düsseldorf Zustimmung, doch vermag sie in ihrer Begründung nicht vollständig zu überzeugen. Eine Ausweitung des für Mediendienste geltenden Gegendarstellungsanspruchs auch auf nicht journalistisch-redaktionelle Inhalte ist schon deshalb abzulehnen, da dies einerseits einen Widerspruch zum eindeutigen Gesetzeswortlaut der §§ 14 Abs. 1 S. 1, 10 Abs. 3 S. 1 MDStV darstellen würde, der unmissverständlich nur Anbieter journalistisch-redaktionell gestalteter Angebote verpflichtet. Zum anderen würde eine solche Ausweitung auch der Systematik des Gegendarstellungsrechts an sich widersprechen, da dieses eine „Waffengleichheit" zwischen Medienorganen und denjenigen Personen herstellen will, über die berichtet wird, indem sie letzteren die Möglichkeit bietet, ihre Sicht der Dinge kundzutun.

Nun mag man einwenden, dass diese Möglichkeit auch den Personen an die Seite gestellt werden muss, welche von Tatsachenbehauptungen betroffen sind, die nicht in journalistisch-redaktionell gestalteten Angeboten enthalten sind. Denn die Interessenlage kann hier vergleichbar sein. Dies verkennt das LG Düsseldorf, wenn es ausführt, dass eine Homepage „kein entsprechendes Informationsforum (schaffe), das in seiner Bedeutung eines im Sinne des § 6 Abs. 2 MDStV [nunmehr § 10 Abs. 3 MDStV] periodisch erscheinenden Mediums gleich käme"[967]. Denn wie *Theißen* richtigerweise in seiner Urteilsanmerkung sagt, kann ein Publizitätsgrad, der einer von einem Massenpublikum regelmäßig genutzten Informationsquelle vergleichbar wäre, bei einer Homepage auch dann bestehen, wenn diese nicht periodisch überarbeitet wird, da „für die meinungsbildende Wirkung eines Online-Angebots (...) aber nicht die Häufigkeit des Besuchs eines einzelnen Nutzers, sondern die Anzahl der Nutzer insgesamt, die auf das Angebot zurückgreifen", entscheidend ist[968]. Die Gefahr einer Persönlichkeitsrechtsverletzung durch eine Tatsachenbehauptung auf einer nicht periodisch überarbeiteten Website ist daher nicht geringer einzuschätzen als bei einer Homepage

---

[964] LG Düsseldorf NJW-RR 1998, 1633.
[965] LG Düsseldorf NJW-RR 1998, 1633.
[966] LG Düsseldorf NJW-RR 1998, 1633.
[967] LG Düsseldorf NJW-RR 1998, 1633.
[968] *Theißen*, Anm. zu LG Düsseldorf, MMR 1998, 678, 680.

mit journalistisch-redaktionellen Inhalten[969]. Im Gegenteil kann es für den von der Tatsachenbehauptung Betroffenen eine umso größere Beeinträchtigung seiner Persönlichkeitsrechte bedeuten, wenn die Erstmitteilung nicht nach einer gewissen Zeit infolge einer periodischen Überarbeitung der Homepage von dieser entfernt wird, sondern weiterhin abrufbar ist.

Dennoch lässt sich festhalten, dass die Möglichkeit einer Gegendarstellung dem Betroffenen hier versagt bleiben muss, da dem der insofern eindeutige Wortlaut der §§ 14 Abs. 1 S. 1, 10 Abs. 3 S. 1 MDStV entgegensteht. Es wird seit jeher gefordert, dass die Verpflichtung zur Aufnahme einer Gegendarstellung einer gesetzlichen Grundlage bedarf, da es sich hierbei um einen Eingriff in die grundrechtlich verbürgte Pressefreiheit des Art. 5 Abs. 1 S. 2 GG handelt. Dagegen könnte man einwenden, dass in vielen Fällen eine Persönlichkeitsrechtsverletzung auf privaten Websites ohne journalistisch-redaktionellen Charakter erfolgt und daher die Verpflichtung zur Aufnahme einer Gegendarstellung auch nicht in die Pressefreiheit eingreifen kann. Dieser Annahme steht jedoch entgegen, dass es sich bei der Aufnahme einer Gegendarstellung zwar nicht um einen Eingriff in die Pressefreiheit, wohl aber um einen solchen in die ebenfalls grundgesetzlich geschützte Meinungsäußerungsfreiheit des Art. 5 Abs. 1 S. 1 GG handeln würde. Bei privaten Homepages ohne journalistisch-redaktionelle Inhalte kann die Waffengleichheit etwa dergestalt hergestellt werden, dass der Betroffene seinerseits eine Website erstellt, deren Inhalte sich mit der über ihn aufgestellten Behauptungen befassen und durch die er in die Lage versetzt wird, zu diesen Behauptungen Stellung zu beziehen. Einer Gegendarstellung auf der Website des sich Äußernden bedarf es dann nicht.

Fraglich ist aber, ob der Verletzer dann nicht wenigstens verpflichtet werden kann, auf seiner Website einen Link auf die Website des Betroffenen einzufügen, auf der dieser zu den über ihn aufgestellten Behauptungen Stellung bezieht. Auch eine solche Verpflichtung ist jedoch abzulehnen, da dies letztlich doch eine Pflicht zur Gegendarstellung begründen würde. Es macht keinen Unterschied, wollte man den Verletzer verpflichten, direkt auf seiner Website eine Gegendarstellung des Betroffenen zu veröffentlichen oder einen Link auf dessen Website anzubringen. In beiden Fällen wäre die Gegendarstellung des Betroffenen mit dem Angebot des sich ursprünglich Äußernden unmittelbar verknüpft, was nach dem oben Gesagten aber abzulehnen ist.

Eine Gegendarstellung im Rahmen der der Individualkommunikation dienenden Teledienste scheidet mithin aus.

---

[969] *Theißen*, Anm. zu LG Düsseldorf, MMR 1998, 678, 680.

bb) Tatsachenbehauptungen

Voraussetzung für jede Gegendarstellung ist, dass sie auf Tatsachenbehauptungen beschränkt ist. Sowohl bei der Behauptung, gegen die sich der Betroffene wendet, als auch bei seiner Sicht der Dinge, die er in einer Gegendarstellung darlegen kann, muss es sich um Tatsachenbehauptungen handeln[970]. Für den Bereich der Mediendienste ergibt sich dies bereits aus § 14 Abs. 1 S. 1 MDStV, wonach der Anbieter journalistisch-redaktioneller Inhalte Tatsachenbehauptungen in seinem Angebot aufgestellt haben muss sowie aus § 14 Abs. 2 Nr. 3 MDStV, in dem zum Ausdruck kommt, dass sich die Gegendarstellung auf tatsächliche Angaben zu beschränken hat.

Im Gegensatz zu Unterlassungs-, Widerrufs- und Schadensersatzansprüchen erfordert eine Gegendarstellung weder die Unrichtigkeit, die Rechtswidrigkeit oder die Ehrenrührigkeit der Erstbehauptung noch die Wahrheit der Entgegnung[971]. Eine Einschränkung ist jedoch dann zu machen, wenn die Gegendarstellung offensichtlich unwahr ist, da in diesen Fällen das berechtigte Interesse des Betroffenen an der Gegendarstellung im Sinne von § 14 Abs. 2 Nr. 1 MDStV fehlt.

cc) Anspruchsberechtigter, Anspruchsverpflichteter

Anspruchsberechtigt ist nach § 14 Abs. 1 S. 1 MDStV jede Person oder Stelle, die durch eine Tatsachenbehauptung eines Anbieters, die in dessen journalistisch-redaktionellem Angebot erfolgt, betroffen ist. Damit sind neben natürlichen Personen auch juristische Personen des privaten und öffentlichen Rechts sowie Behörden und Organisationen anspruchsberechtigt.

Anspruchsverpflichteter ist zunächst zweifellos der Content Provider, also derjenige, der die Tatsachenbehauptung auf seiner Website aufgestellt hat. Sehr zweifelhaft ist hingegen, ob auch der Service Provider als Anbieter fremder Inhalte zur Aufnahme einer Gegendarstellung verpflichtet ist, wenn er diese fremden Informationen speichert[972]. Für den reinen Zugangsvermittler sowie für denjenigen, der sog. einfache Links auf seiner Website setzt und sich die Informationen, auf die gelinkt wird, nicht zu eigen macht, ist eine Verpflichtung zur Aufnahme einer Gegendarstellung dagegen zu verneinen.

---

970 Vgl. *Seitz/Schmidt/Schoener*, Der Gegendarstellungsanspruch Rn. 210; *Helle* in: Hoeren/Sieber, Multimedia-Recht Teil 8.1, Rn. 186; *Krause*, Das Gegendarstellungsrecht bei den neuen Mediendiensten des Internets S. 76.

971 *Helle* in: Hoeren/Sieber, Multimedia-Recht Teil 8.1 Rn. 187; *Theißen*, Anm. zu LG Düsseldorf MMR 1998, 678, 679.

972 Vgl. dazu ausführlich *Dürr*, Der Gegendarstellungsanspruch im Internet S. 268 ff. m.w.N.

b) Anspruchsinhalt

Die Anforderungen, denen die Gegendarstellung im Internet genügen muss, finden sich in § 14 MDStV. Nach § 14 Abs. 1 S. 1 MDStV muss der Anspruchsverpflichtete die Gegendarstellung ohne Kosten für den Betroffenen in sein Angebot ohne Abrufentgelt aufnehmen. Dies bedeutet, dass dem Betroffenen keinerlei zusätzliche Kosten erwachsen dürfen wie etwa solche für das Erstellen des Angebots mit Gegendarstellung oder solche für die technische Realisierung der tatsächlichen Abrufbarkeit, beispielsweise Kosten für Speicherplatz auf einem fremden Server[973].

Ferner ist die Gegendarstellung ohne Einschaltung und Weglassungen in gleicher Aufmachung wie die Tatsachenbehauptung in das Angebot aufzunehmen (§ 14 Abs. 1 S. 2 MDStV). Es kann also auch bei Websites mit journalistisch-redaktionellen Inhalten verlangt werden, dass die Gegendarstellung auf der bei Abruf der Homepage als erstes erscheinenden Seite aufgenommen wird, falls die Tatsachenbehauptung ebenfalls auf der als erstes erscheinenden Seite zu finden war[974]. Insofern gilt dasselbe wie in den einschlägigen landespresserechtlichen Regelungen und der Rechtsprechung zum Presserecht, wonach auch eine Gegendarstellung auf einer Titelseite verlangt werden kann[975].

Was die Dauer anbelangt, welche die Gegendarstellung abrufbar sein muss, so ist danach zu unterscheiden, ob die angegriffene Erstbehauptung noch angeboten wird oder nicht. In ersterem Fall bestimmt § 14 Abs. 1 S. 3 MDStV, dass die Gegendarstellung so lange wie die Tatsachenbehauptung in unmittelbarer Verknüpfung mit dieser anzubieten ist. Wird die Tatsachenbehauptung hingegen nicht mehr angeboten oder endet das Angebot vor Ablauf eines Monats nach Aufnahme der Gegendarstellung, so ist diese an vergleichbarer Stelle so lange anzubieten, wie der Betroffene es verlangt, höchstens jedoch einen Monat (§ 14 Abs. 1 S. 4 MDStV)[976].

Klärungsbedürftig ist schließlich, ob sich die Verpflichtung zur Gegendarstellung nur auf Texte bezieht oder ob auch sonstige Informationen gegendarstellungsfähig sind. Die Frage drängt sich auf, wenn beispielsweise manipulierte Bildnisse auf Websites zu finden sind. Problematisch ist dann, ob neben einer

---

973 *Vesting*, § 10 MDStV Rn. 44 in: Roßnagel, Recht der Multimediadienste.

974 Zum Gegendarstellungsanspruch im Sinne von § 10 MDStV a.F. bei Newsgroups, Chatforen und E-Mail ausführlich *Dürr*, Der Gegendarstellungsanspruch im Internet S. 193 ff., 234 ff.

975 BVerfG AfP 1993, 733; *Seitz/Schmidt/Schoener*, Der Gegendarstellungsanspruch Rn. 424.

976 Zur Form der Gegendarstellung, wenn die ursprüngliche Tatsachenbehauptung nicht mehr angeboten wird *Dürr*, Der Gegendarstellungsanspruch im Internet S. 295 f.

Gegendarstellung in Textform auch die Aufnahme des ursprünglichen Bildnisses vor seiner Manipulation in das Online-Angebot verlangt werden kann[977].

Der Wortlaut des § 14 Abs. 1 S. 1 MDStV spricht lediglich davon, dass eine Gegendarstellung in das Angebot des Diensteanbieters aufzunehmen ist, wenn dieser durch eine *Tatsachenbehauptung* in diesem Angebot betroffen ist. Mit Blick auf die herkömmlichen Medien ist zunächst festzuhalten, dass keinesfalls nur gedruckte Tatsachenbehauptungen gegendarstellungsfähig sind. Werden beispielsweise in Fernsehsendungen Tatsachenbehauptungen aufgestellt, so bestimmen die Mediengesetze der Länder, dass innerhalb des gleichen Programms und der gleichen Programmsparte wie die beanstandete Tatsachenbehauptung – in der Regel wird dies die nächste Ausgabe der betreffenden Sendung sein – eine Gegendarstellung zu verbreiten ist[978]. Dennoch beziehen sich diese Gegendarstellungsansprüche immer nur auf die textliche Wiedergabe einer solchen. Da § 14 Abs. 1 S. 1 MDStV die Regelungen der Landepressegesetze auf Mediendienste im Internet überträgt, könnte man geneigt sein, nur Texte als gegendarstellungsfähig anzusehen.

Es wird jedoch für die herkömmlichen Medien vertreten, dass unter bestimmten Voraussetzungen auch der Abdruck eines Fotos im Rahmen der Gegendarstellung verlangt werden kann, wenn die Abbildung für das Verständnis der Gegendarstellung unabweisbar erforderlich ist[979]. Dies könne beispielsweise dann der Fall sein, wenn sich die Erstmitteilung mit dem Bilddokument befasst und die Gegendarstellung sich gerade hierauf bezieht[980]. Die Rechtsprechung ging ebenfalls grundsätzlich davon aus, dass es sich bei der Gegendarstellung um ein Schriftwerk handeln müsse, sagte aber auch, dass hiervon im Einzelfall Ausnahmen gemacht werden könnten, wenn das Wesen des Gegendarstellungsanspruchs dies zwingend erforderlich mache[981]. Das OLG München führte explizit aus, dass grundsätzlich auch bildliche Darstellungen wie Fotos, Zeichnungen oder Karikaturen Gegenstand einer Gegendarstellung sein könnten, Voraussetzung sei jedoch, dass die Abbildung selbst eine Tatsachenbehauptung enthält, gegen die sich die Gegendarstellung richtet, wie etwa bei Fotomontagen[982].

---

977 Tatsachenbehauptungen können auch durch die Verbreitung eines Bildnisses aufgestellt werden, vgl. *Seitz/Schmidt/Schoener*, Der Gegendarstellungsanspruch Rn. 218.

978 So z.B. § 9 Abs. 1, 4 S. 1 Landesmediengesetz Baden Württemberg.

979 So *Wenzel*, das Recht der Wort- und Bildberichterstattung Rn. 11.113; *Seitz/Schmidt/Schoener*, Der Gegendarstellungsanspruch Rn. 218.

980 *Wenzel*, Das Recht der Wort- und Bildberichterstattung Rn. 11.113; *Seitz/Schmidt/Schoener*, Der Gegendarstellungsanspruch Rn. 218.

981 OLG München AfP 1973, 483, 484; OLG Hamburg AfP 1976, 55; OLG Hamburg AfP 1984, 115, 116.

982 OLG München AfP 1973, 483, 484. Das OLG München sagte in dieser Entscheidung ferner, dass die Aufnahme einer bildlichen Darstellung in eine Gegendarstellung auch dann in Betracht komme, wenn eine Abbildung zusammen mit einem Text veröffentlicht werde und beide derart untrennbar verbunden seien, dass Text oder Abbildung für sich allein für einen

Eine sachgerechte Lösung hat sich an dem Schutzbedürfnis desjenigen zu orientieren, der die Gegendarstellung begehrt, aber unter Einbeziehung der Interessen desjenigen, der zur Aufnahme der Gegendarstellung in sein Online-Angebot verpflichtet ist. Zwar ist grundsätzlich daran festzuhalten, dass einer Tatsachenbehauptung in der Gegendarstellung nur verbal begegnet werden darf. Gerade in Fällen, in denen manipulierte Bildnisse auf Websites dargestellt werden, kann jedoch das Schutzbedürfnis des vermeintlich Abgebildeten dahin gehen, dass neben einer Gegendarstellung in Textform auch sein Bildnis vor der Manipulation aufgenommen wird.

In der Darstellung des manipulierten Bildnisses liegt die Tatsachenbehauptung, die dargestellte Person habe sich in der gezeigten Art und Weise abbilden lassen. Dann muss der Schutzzweck der Gegendarstellung aber auch darin bestehen, dem Abgebildeten Gelegenheit zu geben, im Sinne der durch die Gegendarstellung herbeizuführenden Waffengleichheit seine Sicht der Dinge darzustellen, indem das Bildnis vor der Manipulation in das Online-Angebot des zur Gegendarstellung Verpflichteten aufgenommen wird. Um einen interessengerechten Ausgleich zwischen den Parteien zu erzielen, wird man aber eine weitere Differenzierung vorzunehmen haben: Hat der Content Provider, der das manipulierte Bildnis auf seiner Website zur Schau stellte, diese Fotomontage auch ursprünglich erstellt, dann muss er im Rahmen der verlangten Gegendarstellung auch verpflichtet, die Bildnisse vor der Manipulation aufzunehmen. Hat er hingegen die Fotomontage nicht erstellt, sondern das bereits manipulierte Bildnis von einer anderen Website übernommen, so ist die Gegendarstellung grundsätzlich auf eine verbale Entgegnung beschränkt. Etwas anderes kann allenfalls dann gelten, wenn der Berechtigte dem zur Gegendarstellung Verpflichteten die nicht manipulierten Bildnisse in Dateiform zur Verfügung stellt.

---

durchschnittlichen Leser bzw. Betrachter keinerlei verständlichen Inhalt ergäben. Die Voraussetzungen für die Aufnahme eines Bildnisses in die Gegendarstellung sah das OLG München in dem zu entscheidenden Fall allerdings nicht als gegeben an. Anders dagegen das OLG Hamburg, AfP 1976, 55, welches den Abdruck eines Fotos für das Verständnis der Gegendarstellung als unabwendbar geboten ansah. Anderenfalls könne die Aussage einer Gegendarstellung mit einer dem presserechtlichen Grundsatz der Waffengleichheit entsprechenden Durchschlagskraft dem Leser nicht verständlich gemacht werden, wenn sie auf das rein Verbale beschränkt bleibe.

2.) Unterlassung

a) Voraussetzungen des Unterlassungsanspruchs

Weder in den Landespressegesetzen noch in den „multimediarechtlichen Regelungswerken" normiert ist der Unterlassungsanspruch. Als sog. „quasinegatorischer" Anspruch wird seine Rechtsgrundlage in einer entsprechenden Anwendung der negatorischen Ansprüche des BGB aus §§ 12 S. 2, 862 Abs. 1 S. 2, 1004 Abs. 1 S. 2 BGB gesehen[983]. Der Unterlassungsanspruch dient dem Schutz aller absoluten Rechte, also auch des allgemeinen Persönlichkeitsrechts und dessen (spezialgesetzlichen) Ausprägungen wie dem Recht am eigenen Bild oder dem Recht der persönlichen Ehre.

Der Unterlassungsanspruch dient dem präventiven Schutz. Voraussetzung ist eine rechtswidrige Verletzung oder Gefährdung der Persönlichkeitsrechte, ein Verschulden auf Seiten des Anspruchsverpflichteten ist nicht erforderlich[984]. Vor der erstmaligen Verletzung setzt der Anspruch eine (Erst-) Begehungsgefahr voraus; war ein rechtswidriger Eingriff bereits erfolgt, so ist eine Wiederholungsgefahr erforderlich, wobei für letztere eine tatsächliche Vermutung spricht[985]. Die Rechtswidrigkeit ist bei Bestehen eines Rechtfertigungsgrundes ausgeschlossen, wobei das Grundrecht der Meinungsäußerungsfreiheit einen solchen Rechtfertigungsgrund darstellen kann[986].

Der Unterlassungsanspruch besteht zunächst grundsätzlich nur gegenüber bewusst oder erwiesen unrichtigen Tatsachenbehauptungen, bei Meinungsäußerungen ist er im allgemeinen nicht zulässig. Nur dann, wenn sich die Meinungsäußerung als Angriff auf die Menschenwürde, als Schmähkritik oder als Formalbeleidigung darstellt, ist ein Unterlassungsanspruch auch gegenüber Werturteilen gegeben[987].

Die einen Unterlassungsanspruch auslösende Verletzung der Persönlichkeitsrechte kann aber nicht nur durch Tatsachenbehauptungen und gegebenenfalls durch Werturteile erfolgen, vielmehr ist eine solche Verletzung auch durch sons-

---

983 *Seyfarth*, NJW 1999, 1287, 1288; MüKo-*Rixecker*, § 12 BGB Anh. Rn. 179; *Damm/Rehbock*, Widerruf, Unterlassung und Schadensersatz in Presse und Rundfunk Rn. 560.

984 *Soehring*, Presserecht Rn. 30.4.

985 Erman-*Ehmann*, Anh. § 12 BGB Rn. 714; MüKo-*Rixecker*, § 12 BGB Anh. Rn. 179; *Fechner*, Medienrecht Rn. 177.

986 *Seyfarth*, NJW 1999, 1287, 1289. Bei der Frage, wann eine rechtswidrige Verletzung der Persönlichkeitsrechte zu bejahen ist kann auf die obige Prüfung der einzelnen möglichen Verletzungen durch die Neuen Medien verwiesen werden.

987 *Fechner*, Medienrecht Rn. 176; *Seyfarth*, NJW 1999, 1287, 1290; OLG Karlsruhe ZUM 2001, 883, 885.

tige Handlungen denkbar, beispielsweise durch die unerwünschte Zusendung von E-Mail-Werbung[988].

b) Übertragung auf die Neuen Medien

Kommt es auf einer Website, in Newsgroups oder Chatforen oder durch den Inhalt von E-Mails zu einer Verletzung der Persönlichkeitsrechte[989], so kann der Träger des jeweils verletzten Rechts bei Vorliegen einer Wiederholungsgefahr von dem Verletzer die zukünftige Unterlassung dieser Verletzung verlangen. Insoweit bestehen keine Besonderheiten gegenüber den herkömmlichen Medien. Für das Spamming bedeutet dies beispielsweise, dass der Empfänger der ihm unerwünschten E-Mail-Werbung einen Unterlassungsanspruch gegen den Absender[990] hat, da nach der hier vertretenen Ansicht Spamming eine Verletzung des allgemeinen Persönlichkeitsrechts unter dem Gesichtspunkt des Privatsphärenschutzes darstellt[991]. Der Anspruch ist darauf gerichtet, zukünftig von der weiteren Versendung von E-Mails mit werbendem Inhalt verschont zu bleiben. Die erforderliche Wiederholungsgefahr ist durch die bereits eingetretene Verletzung indiziert.

Werden manipulierte Bildnisse auf Websites gezeigt, liegt mithin eine Verletzung des Rechts am eigenen Bild vor, so kann der Verletzte gestützt auf einen Beseitigungsanspruch[992] die Entfernung – also Löschung – des Bildnisses verlangen, und mit einem Unterlassungsanspruch die zukünftige Schaustellung dieses Bildnisses verhindern. Es handelt sich dabei um zwei eigenständige Ansprüche[993].

---

[988] AG Brakel NJW 1998, 3209.

[989] Beispielsweise durch eine erwiesen unrichtige Tatsachenbehauptung eines Online-Nachrichtenmagazins.

[990] Bei der Versendung sogenannter E-Cards (zum Begriff vgl. Fn. 264) hat das LG München entschieden, dass auch der Betreiber der Website haftet, der auf seiner Internetseite die E-Card-Funktion bereithielt und es dadurch jedem beliebigen Dritten ermöglicht, unaufgefordert E-Mails zu versenden und dadurch die Rechte des Empfängers zu verletzen, vgl. LG München K&R 2003, 146, 147 f. Der Betreiber der Website hafte unabhängig davon, ob er selbst oder ein Dritter aufgrund der von dem Betreiber geschaffenen Möglichkeit hierzu die E-Mail verschickte, als Störer bzw. als mittelbarer Störer, falls der Versand durch einen Dritten erfolgte. Die Haftung des Betreibers der Website sei gerade auch deshalb gerechtfertigt, weil der unbekannte Dritte bei dieser Art der Versendung nicht namentlich in Erscheinung trete. Der gegen den Betreiber der Internetseite gerichtete Unterlassungsanspruch gehe dahin, dass dieser die Bereithaltung der E-Card-Funktion unterlasse, LG München K&R 2003, 146, 148.

[991] So auch AG Brakel NJW 1998, 3209.

[992] Dazu sogleich auf S. 239 ff.

[993] Anders *Gounalakis/Rhode*, Persönlichkeitsschutz im Internet Rn. 384, die für die Löschung des Bildnisses von einer Website den Unterlassungsanspruch bemühen. Zum Gegen-

Bei Hyperlinks besteht die Verpflichtung desjenigen, der einen Hyperlink auf persönlichkeitsverletzende Informationen gesetzt hat, darin, diesen Hyperlink zu entfernen. Der Verletzte kann sich somit sowohl gegen der Urheber der Informationen wenden, die seine Persönlichkeitsrechte verletzen als auch gegen denjenigen, der diese Informationen verlinkt hat.

c) Der Unterlassungsanspruch nach § 12 S. 2 BGB bei Verletzungen des Namensrechts

aa) Anspruchsinhalt

Hinsichtlich des Namensrechts aus § 12 BGB ergibt sich die Besonderheit, dass sich Unterlassungsansprüche bei einer Namensbestreitung oder einer Namensanmaßung aus § 12 S. 2 BGB selbst ergeben[994]. Beim Domaingrabbing besteht dann gegen den Domaininhaber ein dahingehender Unterlassungsanspruch, dass er es für die Zukunft zu unterlassen hat, die betreffende Domain erneut registrieren zu lassen[995].

Die namensrechtlichen Unterlassungsansprüche nehmen im Bereich der Verantwortung eine gewisse Sonderstellung ein, da ihnen nicht die §§ 8 bis 11 TDG als Filter vorgeschaltet sind. Denn der eindeutige Wortlaut der §§ 8 bis 11 TDG bezieht sich auf die Verantwortlichkeit für eigene und fremde *Informationen*, ein Domainname stellt aber keine solche Information dar. Er dient vielmehr nur der Adressierung, während der Begriff der Informationen alle übermittelten oder gespeicherten Daten umfasst[996]. Die §§ 8 bis 11 TDG sind daher auf namensrechtliche Unterlassungsansprüche bei Domainstreitigkeiten nicht anwendbar.

Der namensrechtliche Unterlassungsanspruch geht natürlich nicht so weit, dass dem Verletzer für die Zukunft die Registrierung jeglicher Domains untersagt wird, die den Namen des Anspruchstellers oder einen Bestandteil hiervon enthalten. Denn nicht in jedem dieser Fälle muss auch eine Verletzung des Na-

---

darstellungsanspruch nach § 10 MDStV a.F. bei Newsgroups und in Chat-Foren vgl. ausführlich *Dürr*, Der Gegendarstellungsanspruch im Internet S. 193 ff.

[994] Das LG Berlin hat ergänzend noch eine entsprechende Anwendung von § 1004 BGB herangezogen, LG Berlin MMR 2001, 57, 58. Dies ändert aber nichts an der rechtlichen Bewertung.

[995] LG Berlin MMR 2001, 57, 58. Vielfach wird diese Gefahr freilich nicht mehr drohen, da der Namensberechtigte, der die Freigabe der Domain erwirkt hat, in der Regel seinerseits unter dieser Adresse im Internet erreichbar sein wird und eine Domain ja nur einmal unter derselben Top Level Domain vergeben werden kann.

[996] So auch *Bleisteiner*, Rechtliche Verantwortlichkeit im Internet S. 162 zur alten Rechtslage im Zusammenhang mit § 5 TDG a.F.

mensrechts des Berechtigten vorliegen. Daraus folgt, dass der Verpflichtete auch zukünftig Domains für sich registrieren lassen darf, die Ähnlichkeit zu der aufweisen, deren Nutzung er zu unterlassen hat. Verletzen diese aber ebenfalls das Namensrecht des Berechtigten, so steht diesem erneut ein Unterlassungsanspruch zu, den er aber erneut gerichtlich geltend machen muss.

Umstritten war, ob der Anspruchsberechtigte gestützt auf § 12 S. 2 BGB nicht nur die Unterlassung des zukünftigen Gebrauchs der jeweiligen Domain verlangen konnte als vielmehr auch deren Übertragung von dem Anspruchsverpflichteten auf sich. Diesbezüglich wurden in Rechtsprechung und Literatur divergierende Ansichten vertreten[997]. Die einen nahmen einen über die bloße Unterlassung hinausgehenden Anspruch auf Übertragung der Domain an[998], während andere dies als nicht mehr von § 12 S. 2 BGB gedeckt ablehnten[999].

In seiner Grundsatzentscheidung zum Recht der Gleichnamigen bei Domains hat der BGH auch zu dieser Frage Stellung genommen und eine über die Unterlassung hinausgehende Übertragung der Domain abgelehnt[1000]. Entgegen der Auffassung der Vorinstanz des OLG München sei der gleichfalls von der Klägerin geltend gemachte Anspruch auf Übertragung der Domain unbegründet und *generell* abzulehnen, da einem Dritten ein gleich gutes oder gar besseres Recht an dem Domainnamen zustehen könnte, was in dem von dem BGH zu entscheidenden Sachverhalt allerdings nicht der Fall war[1001].

Dem BGH ist beizupflichten. Denn Inhalt des namensrechtlichen Unterlassungsanspruchs aus § 12 S. 2 BGB ist lediglich die Beseitigung eines als Folge einer Verletzungshandlung fortwirkenden Zustands[1002]. Die Übertragung der Domain würde über diesen Anspruch hinausgehen und zu einer nicht mehr von § 12 S. 2 BGB gedeckten Besserstellung des Anspruchsberechtigten führen. Der BGH sagt, dass ein Übertragungsanspruch auch deswegen ausgeschlossen sei, da einem Dritten ein gleich gutes oder noch besseres Recht an der Domain zustehen könnte. Die Gerichte wägen bei Namensstreitigkeiten nur die Interessen der Parteien gegeneinander ab, prüfen also lediglich, welcher Partei im konkreten Fall die besseren Namensrechte an der Domain zustehen. Ob ein Dritter bessere Rechte an der Domain hat und ob er diese gegebenenfalls geltend machen will, untersuchen die Gerichte nicht. Daher ist die Auffassung des BGH auch

---

[997] Übersichtlich zu den vertretenen Auffassungen *Ernst*, Anm. zu OLG München MMR 1999, 487 ff.
[998] Vgl. OLG München MMR 1999, 487 – shell.de.
[999] Vgl. OLG Hamm MMR 1998, 214, 216 – krupp.de.
[1000] BGH Urteil vom 22. November 2001 – I ZR 138/99 = ZUM 2002, 545, 549. Der Berechtigte könne jedoch nach § 12 S. 1 BGB Beseitigung verlangen und beanspruchen, dass der die Domain ungerechtfertigt Verwendende gegenüber der DENIC auf diese verzichte.
[1001] BGH Urteil vom 22. November 2001 – I ZR 138/99 = ZUM 2002, 545, 549.
[1002] LG Hamburg MMR 2000, 620, 623.

unter diesem Gesichtspunkt zutreffend[1003]. Der Namensberechtigte kann von dem Verpflichteten daher nur die Aufgabe der Nutzung der streitbefangenen Domain verlangen[1004].

Auch die früher vorgebrachten Argumente, mit denen ein Übertragungsanspruch begründet werden sollte, stellen sich als nicht tragfähig dar. Gestützt wurde ein solcher Anspruch auf eine analoge Anwendung des § 894 BGB i.V.m. § 8 Abs. 1 S. 2 PatG[1005]. Dieser Begründungsansatz vermag schon deshalb nicht zu überzeugen, da diese Ansprüche den öffentlichen Glauben des Grundbuchs bzw. des Patentregisters repräsentieren. Eine vergleichbare eine Analogie rechtfertigende Situation fehlt aber bei Domains. Diesen kommt kein öffentlicher Glaube zu, was sich auch bereits daran zeigt, dass die DENIC nach § 2 Abs. 1 S. 2 ihrer Registrierungsbedingungen nicht zu einer dahingehenden Prüfung verpflichtet ist, ob die Nutzung der registrierten Domain durch den Anmelder rechtmäßig ist und nach § 3 Abs. 1 S. 1 dieser Registrierungsbedingungen ferner *der Kunde* zu versichern hat, dass er zur Nutzung der Domain berechtigt ist.

Auch ein auf eine angemaßte Eigengeschäftsführung nach §§ 687 Abs. 2 S. 1, 681 S. 2, 677 BGB gestützter Übertragungsanspruch in Bezug auf die Domain kann nicht überzeugen[1006]. Problematisch ist hier nämlich bereits, wessen Geschäft der Anspruchsverpflichtete führt, wenn mehrere Namensträger durch die Domain-Registrierung betroffen sind, die alle gegenüber dem Inhaber bessere Rechte geltend machen können. Dies könnte allenfalls dann unproblematisch zu bejahen sein, wenn eindeutig nur ein Namensträger als Inhaber der besseren Rechte in Betracht kommt. Selbst dann wäre aber fraglich, ob die Herausgabe des Erlangten die Übertragung der Domain umfassen würde. Zwar ist das Erlangte in der Inhaberschaft der Domain zu sehen, doch wäre zum einen bei einer Herausgabe in Form der Übertragung die Mitwirkung der DENIC e.G. dergestalt erforderlich, dass sie eine Umregistrierung vorzunehmen hätte, und zum anderen

---

[1003] Darüber hinaus haben Dritte ferner die Möglichkeit, bei der DENIC e.G. einen sog. Dispute-Eintrag nach § 6 Abs. 2 S. 3 der DENIC-Registrierungsbedingungen zu beantragen. Danach ist die DENIC e.G. berechtigt, einen Registrierungsantrag abzulehnen, solange ein Dritter ein Recht auf die Nutzung der Domain gegenüber der DENIC geltend macht. Dieser Dispute-Eintrag verhindert zum einen, dass eine weitere Übertragung des Domainnamens auf Dritte vorgenommen wird und zum anderen, dass derjenige, zu dessen Gunsten der Eintrag erfolgte, automatisch Inhaber der Domain wird.

[1004] Nach § 6 Abs. 2 S. 2 der DENIC-Registrierungsbedingungen überträgt die DENIC die Domain an einen vom Kunden benannten Dritten, wenn der Kunde den Registrierungsvertrag kündigt und der Dritte einen Auftrag zur Registrierung erteilt. Die DENIC ist allerdings berechtigt, einen solchen Registrierungsauftrag abzulehnen, solange ein Dritter ein Recht auf die Nutzung der Domain gegenüber der DENIC geltend macht in Form eines Dispute-Eintrags, § 6 Abs. 2 S. 3 der DENIC- Registrierungsbedingungen.

[1005] OLG München, MMR 1999, 487 – shell.de.

[1006] So aber *Hackbarth*, Anm. zu OLG München CR 1999, 382, 384. Ein solcher Anspruch käme ohnehin nur in Betracht, wenn derjenige, der sich die Domain registrieren lässt, von seiner fehlenden Berechtigung hierzu weiß, vgl. § 687 Abs. 2 S. 1 BGB.

würde hierin ein Wertungswiderspruch zu § 14 Abs. 5 MarkenG liegen, wonach bei einer unzulässigen Benutzung einer Marke nur Unterlassung dieser Benutzung gefordert werden kann, nicht aber deren Übertragung[1007].

Und schließlich geht ein auf den bereicherungsrechtlichen Anspruch der Eingriffskondiktion nach § 812 Abs. 1 S. 1, 2. Alt. BGB gestützter Übertragungsanspruch fehl[1008]. Zwar dürfte die Registrierung einer Domain, an der ein anderer ein besseres Namensrecht hat, einen Eingriff in den Zuweisungsgehalt dieser spezialgesetzlichen Ausprägung des allgemeinen Persönlichkeitsrechts darstellen. Aber auch hier gilt, dass dies nur dann unproblematisch festzustellen ist, wenn nur ein Namensträger als eindeutiger Berechtigter in Betracht kommt. Ebenso spricht die Frage nach dem in bereicherungsrechtlicher Hinsicht Erlangten gegen diese Lösung. Würde man nämlich die Inhaberschaft der Domain als das durch den Eingriff Erlangte ansehen, so sprächen hiergegen wieder dieselben Bedenken, die auch schon bei der angemaßten Eigengeschäftsführung zu Tage traten. Wie aber *Ernst* überzeugend dargelegt hat, zeigt sich bei genauer Betrachtung, dass nicht die Inhaberschaft der Domain durch den Eingriff erlangt ist sondern die Nutzung der Domain[1009]. Denn der wahre Namensberechtigte entscheidet sich zeitlich erst nach dem Inhaber der Domain, dass er eine entsprechende Registrierung vornehmen möchte. Der Eingriff in seine Rechte stellt dann die Nutzung der Domain dar. Für die Nutzung kommt aber in bereicherungsrechtlicher Hinsicht kein Anspruch auf Übertragung der Domain in Betracht, sondern Wertersatz. Auch nach Kondiktionsrecht kann der berechtigte Namensträger daher keine Übertragung der Domain verlangen.

Als Ergebnis lässt sich festhalten, dass der Grundsatzentscheidung des BGH auch hinsichtlich des Umfangs des Anspruchs zuzustimmen ist. Der Anspruchsinhaber kann aufgrund einer Verletzung seines Namensrechts nach § 12 S. 2 BGB lediglich die Unterlassung der weiteren Nutzung der konkreten Domain von dem Anspruchsgegner verlangen, nicht hingegen deren Übertragung auf sich.

bb) Sonderproblem: Haftung der DENIC

Fraglich ist, ob auch eine Verantwortlichkeit der DENIC e.G. als Vergabestelle für Second Level Domains unter der ccTLD „.de" in Betracht kommt. In einer Grundsatzentscheidung vom 17. Mai 2001 hat der BGH eine solche Verantwort-

---

[1007] Vgl. *Ernst*, Anm. zu OLG München MMR 1999, 487, 488.
[1008] So aber ebenfalls *Hackbarth*, Anm. zu OLG München CR 1999, 382, 384 f. bei nicht vorsätzlichem Handeln.
[1009] *Ernst*, Anm. zu OLG München MMR 1999, 487, 488 f.; LG Hamburg MMR 2000, 620, 623 – joop.de.

lichkeit verneint[1010]. Der BGH hatte darüber zu befinden, ob der Klägerin gegen die beklagte DENIC e.G. ein Anspruch auf Löschung und Neuvergabe des Domainnamens „ambiente.de" zusteht. Ohne auf die als Filter vorgeschalteten Verantwortlichkeitsregelungen der §§ 8 bis 11 TDG einzugehen lehnte der BGH sowohl eine unmittelbare als auch eine mittelbare Kennzeichenverletzung durch die DENIC e.G. sowie einen dieser zur Last fallenden Wettbewerbsverstoß ab. Auch eine Störerhaftung wurde verneint.

Die Tatsache, dass der BGH mit keinem Wort auf die §§ 8 bis 11 TDG eingeht vermag nur auf den ersten Blick zu verwundern. Die Verantwortlichkeitsregelungen der §§ 8 bis 11 TDG gelten nämlich nur für Diensteanbieter im Sinne des TDG. Solche sind nach § 3 Nr. 1 TDG natürliche oder juristische Personen, die eigene oder fremde Teledienste zur Nutzung bereithalten oder den Zugang zur Nutzung vermitteln. Die DENIC e.G. ist aber nur die für die ccTLD „.de" zuständige Domain-Vergabestelle, sie hält weder Teledienste zur Nutzung bereit noch vermittelt sie den Zugang zu ihnen. Somit kam der BGH zu Recht zu keiner Prüfung der §§ 8 bis 11 TDG, sondern hatte sofort auf die allgemeinen Gesetze abzustellen.

Eine Verletzung von Namensrechten durch die DENIC e.G. kommt nicht in Betracht. Durch die Registrierung einer Domain für Dritte liegt keine Namensanmaßung oder Namensbestreitung durch die DENIC e.G. vor[1011]. Wie nachfolgend noch geklärt werden soll, leistet die DENI C e.G. allenfalls einen kausalen Beitrag zu einer Namensbestreitung eines Dritten, was unter Umständen Ansprüche aus einer Störungshaftung auslösen könnte. Eine Namensbestreitung durch die DENIC e.G. selbst ist aber nicht gegeben.

Der BGH untersuchte weiterhin, ob die DENIC e.G. als Störerin haftete, da sie – verschuldensunabhängig- mit der Registrierung des Domainnamens eine zurechenbare Ursache für eine Verletzung von (Namens-) Rechten Dritter gesetzt hat, lehnte eine solche Haftung aber ebenfalls zu Recht ab. Zwar kann als Störer grundsätzlich jeder auf Unterlassung und Beseitigung in Anspruch genommen werden, der auch ohne Verschulden willentlich und adäquat-kausal an der Herbeiführung oder Aufrechterhaltung einer rechtswidrigen Beeinträchtigung mitgewirkt hat[1012]. Der BGH sagte aber, dass die Störerhaftung nicht über Gebühr auf Dritte wie die DENIC e.G. erstreckt werden dürfe, die nicht selbst die rechtswidrige Beeinträchtigung vorgenommen haben[1013]. Die Haftung solcher Störer setze daher die Verletzung von Prüfungspflichten voraus, deren Umfang sich danach bestimme, ob und inwieweit dem als Störer in Anspruch Genommenen eine Prüfung zuzumuten sei.

[1010] BGH ZUM 2001, 869 – ambiente.de.
[1011] Vgl. BGH ZUM 2001, 869, 871 zur Verletzung markenrechtlicher Kennzeichenrechte.
[1012] Palandt-*Bassenge*, § 1004 BGB Rn. 16.
[1013] BGH ZUM 2001, 869, 871.

Die DENIC e.G. nimmt ihre Aufgaben im Interesse aller Internetnutzer wahr und befindet sich darin in Übereinstimmung mit den international anerkannten Standards für den Betrieb einer ccTLD-Registrierungsstelle. Das Registrierungsverfahren ist automatischer Natur, eine Einzelprüfung der zu registrierenden Domain erfolgt nicht und ist im Übrigen auch nicht durchführbar, soll eine effektive Aufgabenwahrnehmung erfolgen[1014]. Eine Prüfungspflicht zu diesem Zeitpunkt besteht nicht. In Betracht könnte daher von vornherein nur eine nachträgliche Prüfungspflicht kommen. Angesichts der enormen Zahl von Domains, die täglich von der DENIC e.G. registriert werden, ist es dieser nicht zuzumuten, aus eigener Initiative heraus in regelmäßigen Abständen eine dahingehende Prüfung vorzunehmen, ob eine der von ihr registrierten Domains (Persönlichkeits-) Rechte verletzt. Anderenfalls wäre eine effiziente Aufgabenwahrnehmung erneut nicht gewährleistet. So hat auch der BGH die grundsätzliche Annahme einer Prüfungspflicht der DENIC e.G. an das Erfordernis gekoppelt, dass sie von einem Dritten auf eine –angebliche – Verletzung seiner Rechte hingewiesen wird. Nur dann können überhaupt Prüfungspflichten der DENIC e.G. entstehen, und auch diese sind nach dem BGH nur eingeschränkt erforderlich[1015]. Die DENIC e.G. ist nämlich nur dann gehalten, eine Registrierung zu löschen, wenn die Verletzung der Rechte Dritter offenkundig und für die DENIC e.G. ohne weiteres feststellbar ist. Wie der BGH zutreffend feststellt würde eine Verpflichtung der DENIC e.G., sämtlichen Hinweisen auf angebliche Rechtsverletzungen nachzugehen, dazu führen, dass ihre Prüfungspflicht nicht mehr nur auf Ausnahmefälle beschränkt bliebe[1016]. Daraus würde aber wiederum die Erschwerung einer effizienten Aufgabenwahrnehmung resultieren.

Dritte werden dadurch auch nicht unangemessen benachteiligt, da im Falle eines rechtskräftigen gerichtlichen Titels die DENIC e.G. nach § 7 Abs. 2 Nr. c ihrer Registrierungsbedingungen zur Kündigung des Vertrages mit dem Kunden und dann auch zur Löschung der Domain berechtigt ist. Eine originäre Störerhaftung der DENIC e.G. besteht demgegenüber nicht.

cc) Verletzung des Namensrechts allein durch die Second Level Domain an sich?

Davon zu differenzieren ist die Konstellation, in der die Domain selbst Persönlichkeitsrechte des Berechtigten verletzt, wenn sie beispielsweise aus einer unrichtigen Tatsachenbehauptung oder einer ausnahmsweise unzulässigen Meinungsäußerung gebildet ist[1017]. Der Verletzer, in der Regel also derjenige, der als

---

[1014] Derzeit werden täglich annähernd 3.000 Domains durch die DENIC e.G. registriert.
[1015] BGH ZUM 2001, 869, 872.
[1016] BGH ZUM 2001, 869, 872.
[1017] Das derartige Konstellationen vorkommen können wurde auf S. 92 ff. dargestellt.

Inhaber der Domain eingetragen bzw. registriert ist, ist dann nach §§ 1004 Abs. 1 S. 2 BGB analog verpflichtet, nachdem die Domain „entfernt" wurde, deren erneute Registrierung zukünftig zu unterlassen.

Bereits für die herkömmlichen Medien wird jedoch erkannt, dass eine Unterlassung, die lediglich die wörtliche Wiederholung erfasst, praktisch leer läuft[1018]. Zwar ist die Möglichkeit einer Äußerung in Form eines Domainnamens unter der Top Level Domain „.de" auf 63 Zeichen beschränkt, doch kann auch hier das Problem auftreten, dass die beanstandete Domain bzw. die in ihr enthaltene Äußerung sinngemäß in der Registrierung einer neuen wiederholt wird.

Unzweifelhaft umfasst ist die Verpflichtung zur Unterlassung der beanstandeten Äußerung, d.h. die erneute Registrierung der Domain, deren weiterer Gebrauch dem Verpflichteten untersagt wurde. Ob jedoch auch die Unterlassung der Registrierung sinngemäßer Domainnamen verlangt werden kann, ist zweifelhaft[1019]. Denn wie gezeigt wurde können Domainnamen der Meinungsäußerungsfreiheit des Art. 5 Abs. 1 S. 1 GG unterfallen, die unzulässigerweise beschränkt würde, wollte man generell auch die Unterlassung sinngemäßer Erklärungen verlangen. Lediglich in den Fällen, in denen der Domainname so minimal verändert wird, dass es sich bei objektiver Betrachtung um „denselben" wie zuvor handelt[1020], kann sich der Unterlassungsanspruchs auch auf diese Domain erstrecken. In allen übrigen Fällen wird man zunächst der Meinungsfreiheit Vorrang einräumen müssen. Der Anspruchssteller muss dann gegebenenfalls gegen die „neue" Domain vorgehen, unter Umständen erneut mit einer Unterlassungsklage. In diesem Fall ist erneut zu prüfen, ob eine Rechtsverletzung des Anspruchstellers z.B. in seinem Recht der persönlichen Ehre gegeben ist oder ob der Meinungsäußerungsfreiheit der Vorrang einzuräumen ist.

3.) Beseitigung

a) Dogmatik und Voraussetzungen des Beseitigungsanspruchs

Beseitigungsansprüche haben ebenso wenig wie Unterlassungsansprüche für das Recht der Neuen Medien eine gesetzliche Normierung erfahren. Hier ist bereits die Terminologie nicht einheitlich. Während manche Stimmen als Oberbegriff den „Widerrufsanspruch" wählen[1021] gehen andere von „Berichtigungsansprü-

[1018] Vgl. *Wenzel*, Das Recht der Wort- und Bildberichterstattung Rn. 12.71.

[1019] Für die herkömmlichen Medien vgl. *Wenzel*, Das Recht der Wort- und Bildberichterstattung Rn. 12.77 ff.

[1020] Was etwa dann der Fall ist, wenn ein aus mehreren Wörtern bestehender Domainname, der als ein Wort zusammengeschrieben war, nunmehr durch Bindestriche getrennt wird.

[1021] *Damm/Rehbock*, Widerruf, Unterlassung und Schadensersatz in Presse und Rundfunk Rn. 607.

chen“ aus[1022]. Demgegenüber soll im Rahmen der vorliegenden Darstellung der Oberbegriff der Beseitigungsansprüche gewählt werden. Dies bietet sich deshalb an, da unter den Begriff der Beseitigung all jene Ansprüche gefasst werden können, die auf die Korrektur der Folgen eines in der Vergangenheit liegenden Eingriffs abzielen. So lassen sich sowohl Berichtigungsansprüche, die in den Abstufungen des Widerrufs, der Distanzierung, der Richtigstellung und der Ergänzung vorkommen können, als auch der eigentliche Beseitigungsanspruch im engeren Sinne, mit dem beispielsweise auch die Löschung elektronisch abrufbarer Informationen verlangt werden kann[1023], unter diesen Begriff fassen. Man könnte eine Löschung von Informationen auch mit Hilfe eines Unterlassungsanspruchs begründen, da es für die zukünftige Unterlassung der möglichen Abrufbarkeit der Informationen zwingend erforderlich ist, dass diese aus dem Online-Angebot entfernt werden. Ob ein derartiges Löschungsverlangen auf Unterlassungs- oder Beseitigungsansprüche gestützt wird, kann letztlich dahingestellt bleiben, da wie sofort zu zeigen sein wird beide Ansprüche in derselben Rechtsgrundlage fußen.

Die Rechtsgrundlage der Beseitigungsansprüche wird nämlich ebenfalls in einer analogen Anwendung der §§ 12 S. 2, 862 Abs. 1 S. 2, 1004 Abs. 1 S. 2 BGB gesehen[1024]. Während die Beseitigung bereits erfolgter Beeinträchtigungen vor allem früher vornehmlich deliktsrechtlich begründet und daher nur als Schadensersatz gemäß § 823 Abs. 1 BGB oder § 823 Abs. 2 BGB i.V.m. einem Schutzgesetz verlangt werden konnte[1025], werden die Beseitigungsansprüche heute als quasi-negatorische Ansprüche auf eine entsprechende Anwendung der §§ 12 S. 2, 862 Abs. 1 S. 2, 1004, Abs. 1 S. 2 BGB genannten Normen gestützt[1026]. Zwar ist die Möglichkeit der deliktsrechtlichen Beseitigungsansprüche nach wie vor erhalten geblieben, doch setzen sie ein Verschulden voraus, während für die auf Folgenbeseitigung abzielenden quasi-negatorischen Ansprüche die Widerrechtlichkeit der eingetretenen Verletzung ausreichend ist[1027].

[1022] *Prinz/Peters*, Medienrecht Rn. 673

[1023] Vgl. MüKo-*Rixecker*, § 12 BGB Anh. Rn. 185.

[1024] Erman-*Ehmann*, Anh. § 12 BGB Rn. 741; *Fechner*, Medienrecht Rn. 184.

[1025] Vgl. RGZ 97, 343, 345.

[1026] *Seyfarth*, NJW 1999, 1287, 1293; Erman-*Ehmann*, Anh. § 12 BGB Rn. 741; *Wasserburg*, Der Schutz der Persönlichkeit im Recht der Medien S. 310.

[1027] MüKo-*Rixecker*, § 12 BGB Anh. Rn. 183. Bei Verletzungen des Rechts am eigenen Bild folgt aus § 37 Abs. 1 KUG ein Anspruch auf Vernichtung der widerrechtlich verbreiteten oder öffentlich zur Schau gestellten Bildnisse. Der letztgenannte Anspruch bezieht sich aber, wie in dem Wortlaut der Vorschrift zum Ausdruck kommt, immer nur auf die Vernichtung rechtswidrig verbreiteter oder zur Schau gestellter Exemplare, also der Originale, sowie der dazu bestimmten Vorrichtungen, während dem Abgebildeten gegenüber Verletzungen seines Rechts am eigenen Bild wiederum der quasi-negatorische Beseitigungsanspruch zusteht. Vgl. dazu *Neumann-Klang*, Das Recht am eigenen Bild aus rechtsvergleichender Sicht S. 48; MüKo-*Rixecker*, § 12 BGB Anh. Rn. 184. Vgl. auch Schricker-*Gerstenberg/Götting*, § 60 UrhG/§§ 33-50 KUG Rn. 2 ff.

Die Berichtigungsansprüche als Ausprägung der Beseitigung bestehen nach ganz h.M. in Rechtsprechung und Literatur nur gegenüber persönlichkeitsverletzenden unrichtigen Tatsachenbehauptungen, nicht gegen von der Meinungsäußerungsfreiheit erfassten Werturteilen[1028]. Die Berichtigung von Werturteilen kann nicht gefordert werden, da es mit der Gewährleistung der Freiheit der Meinungsäußerung nach Art. 5 Abs. 1 S. 1 GG nicht vereinbar wäre, vom sich Äußernden die Aufgabe eines Werturteils zu verlangen[1029].

b) Übertragung auf die Neuen Medien

aa) Berichtigungsansprüche

Werden auf Websites, in Newsgroups oder in Chatforen unrichtige Tatsachenbehauptungen aufgestellt, so können hiergegen Beseitigungsansprüche in Form der Berichtigungsansprüche bestehen. Im Gegensatz zu dem in § 10 MDStV positiv geregelten Gegendarstellungsanspruch ist für die Berichtigungsansprüche nicht Voraussetzung, dass die unrichtigen Tatsachenbehauptungen im Rahmen eines journalistisch-redaktionell gestalteten Internetangebots aufgestellt werden, das in periodischer Weise erscheint. Demzufolge werden auch solche Tatsachenbehauptungen erfasst, die Teil von Informationen sind, welche sich als Teledienste qualifizieren lassen, also an einen individuellen Nutzerkreis gerichtet sind.

Das eigentliche Problem der Berichtigungsansprüche im Internet ist, dass aufgrund einer fehlenden gesetzlichen Normierung keine verbindliche Regelung existiert, wo und wie lange beispielsweise ein Widerruf auf einer Website enthalten sein muss. Fraglich ist somit, ob die Grundsätze, die für Berichtigungsansprüche in den herkömmlichen Medien gelten, auch für das Internet herangezogen werden können.

aaa) Websites

Hinsichtlich des „Wo" einer Berichtigung wird bei gewöhnlichen Medien darauf verwiesen, dass die Berichtigung nach Art und Aufmachung geeignet sein muss, den gleichen Grad an Aufmerksamkeit zu erzeugen wie die beanstandete Tatsa-

---

[1028] *Damm/Rehbock*, Widerruf, Unterlassung und Schadensersatz in Presse und Rundfunk Rn. 625; *Soehring*, Presserecht Rn. 31.5; *Prinz/Peters*, Medienrecht Rn. 676.

[1029] Erman-*Ehmann*, Anh. § 12 BGB Rn. 743; *Soehring*, Presserecht Rn. 31.5; *Seyfarth*, NJW 1999, 1287, 1293; *Larenz/Canaris*, Lehrbuch des Schuldrechts § 88 I 1a.

chenbehauptung[1030]. Bei Druckwerken muss also beispielsweise ein Widerruf im gleichen inhaltlichen Teil der Publikation und an gleicher Stelle erfolgen[1031]. Diese Grundsätze lassen sich grundsätzlich auf Websites übertragen. Auch hier hat die Berichtigung an der Stelle der Website zu erfolgen, an der die ursprüngliche Tatsachenbehauptung zu finden war. Besteht die Website aus mehreren einzelnen Seiten, so ist die Berichtigung an entsprechender Stelle aufzunehmen; erfolgte sie auf der Startseite, so ist hier ein Widerruf einzufügen[1032].

Die Frage nach der Dauer des Widerrufs gestaltet sich dagegen ungleich schwieriger. Bei einem periodisch erscheinenden Druckerzeugnis ist die Berichtigung mit dem Abdruck in einer der Folgeausgaben gewissermaßen „erledigt". *Rauschhofer* hat zutreffend darauf hingewiesen, dass diese Gegebenheiten aber nicht ohne weiteres auf den Online-Bereich übertragen werden können, da es bei der Verbreitung im Internet grundsätzlich an der Flüchtigkeit täglich oder wöchentlich erscheinender Nachrichten oder Beiträge fehlt[1033]. Denn auch bei großen Online-Magazinen gibt es in nahezu allen Fällen keinen vollständigen täglichen oder wöchentlichen Austausch der Informationen, vielmehr bleiben diese trotz gewisser Aktualisierungen über einen längeren Zeitraum hinweg identisch, nicht zuletzt auch aufgrund der Tatsache, dass es in den meisten Online-Magazinen eine Art Archiv gibt, aus dem ältere Beiträge nach wie vor abgerufen werden können[1034]. Da den Nutzern bekannt ist, dass die Informationen oftmals in nur unregelmäßigen Abständen aktualisiert werden, werden sie diese Seiten nicht immer regelmäßig besuchen. Dann aber droht dem von einer unrichtigen Tatsachenbehauptung Betroffenen die Gefahr, dass der Nutzer zwar von der unrichtigen Tatsachenbehauptung Kenntnis erlangt, nicht hingegen von einer erfolgten Berichtigung.

Eine vergleichbare Interessenlage findet sich in § 10 Abs. 1 S. 3 MDStV, wonach die Gegendarstellung grundsätzlich so lange anzubieten ist wie die ursprüngliche Tatsachenbehauptung. Ist diese unrichtige Tatsachenbehauptung nun aber wieder entfernt worden, so kann die zwar aufgenommene, nach § 10 Abs. 1 S. 3 MDStV aber zeitlich grundsätzlich an die ursprüngliche Tatsachenbehauptung gebundene Gegendarstellung nicht denjenigen Personenkreis erreicht haben, die von der ersten Behauptung Kenntnis erlangt haben. Dieser Gefahr trägt § 10 Abs. 1 S. 4 MDStV Rechnung, da es dort heißt, dass die Gegen-

---

[1030] *Prinz/Peters*, Medienrecht Rn. 686; MüKo-*Rixecker*, § 12 BGB Anh. Rn. 191; Erman-*Ehmann*, Anh. § 12 BGB Rn. 757.

[1031] Zu Einzelheiten vgl. MüKo-*Rixecker*, § 12 BGB Anh. Rn. 191.

[1032] So auch *Rauschhofer*, JurPC Web-Dok. Abs. 14 f.

[1033] *Rauschhofer*, JurPC Web-Dok. Abs. 18.

[1034] Vgl. auch *Rauschhofer*, JurPC Web-Dok. Abs. 18 (Fn. 18), der darauf hinweist, dass sich oftmals die Angebotsdauer einer bestimmten Information danach beurteilt, wie oft die Nutzer auf diese Seite zugegriffen haben.

darstellung auch nach Entfernung der Tatsachenbehauptung so lange anzubieten ist, wie der Betroffene es verlangt, höchstens jedoch einen Monat. Der Gesetzgeber stellt damit eine Vermutung auf, dass der Nutzer die betreffende Website innerhalb eines Monats erneut aufsucht. *Rauschhofer* überträgt den in § 10 Abs. 1 S. 4 MDStV zum Ausdruck kommenden Interessenausgleich nun auf den Widerrufsanspruch, da es aufgrund der „äußerungsrechtlichen Verwandtschaft" beider Ansprüche nahe liege, die Regeln des Gegendarstellungsanspruchs entsprechend anzuwenden[1035].

Zur Begründung führt er an, dass die Gegendarstellung für den zu ihr Verpflichteten das weniger einschneidende Mittel darstellt, da der Betroffene mit ihr seine Sicht der Dinge schildern kann, während der Verpflichtete bei einem Widerruf seine ursprüngliche Mitteilung zu widerrufen hat[1036]. Werde dem Berechtigten aber die Möglichkeit eingeräumt, auf eine Bereithaltung einer Gegendarstellung für die Dauer eines Monats zu bestehen, so müsse dies auch und erst recht für das einschneidendere Mittel des Widerrufs gelten.

Das zuletzt vorgebrachte Argument *Rauschhofers* vermag nicht vollständig zu überzeugen. Denn statt des von ihm gezogenen „erst-recht" Schlusses könnte man auch die entgegengesetzte Prämisse zugrunde legen und auf den Anspruchsverpflichteten abstellen: Eine Gegendarstellung stellt für den zu ihr Verpflichteten die mildere Verpflichtung dar als ein Widerruf, da er durch die Abgabe eine richtigstellenden Erklärung als eigene stärker belastet wird als durch die Veröffentlichung einer fremden Gegendarstellung[1037]. Muss daher die für den Verpflichteten weniger belastende Gegendarstellung höchstens einen Monat aufgenommen werden, so könnte man vertreten, dass der einschneidendere Widerruf für einen geringeren Zeitraum aufgenommen werden muss; *Rauschhofers* „erst-recht" Schluss ist daher nicht zwingend. Dessen ungeachtet wird man aber letztlich dennoch von einer Frist von einem Monat auszugehen haben, da dies der gesetzgeberische Vermutung in § 10 Abs. 1 S. 4 MDStV Rechnung trägt, der jeweilige Nutzer werde eine bestimmte Website innerhalb eines Monats erneut aufsuchen.

bbb) E-Mails

Bei E-Mails muss unterschieden werden, ob eine einzelne Nachricht versendet wurde oder viele desselben Inhalts, deren Empfänger in einer Mailingliste zu-

[1035] *Rauschhofer*, JurPC Web-Dok. Abs. 20.

[1036] So auch *Rauschhofer*, JurPC Web-Dok. Abs. 24 f. Vgl. auch *Neben*, Triviale Personenberichterstattung als Rechtsproblem S. 297 f., der ebenfalls sagt, dass der Widerruf ein deutlich stärkeres Abwehrmittel als die Gegendarstellung ist, da der Verpflichtete durch die Abgabe einer richtigstellenden Erklärung als eigene stärker belastet wird als durch die bloße Veröffentlichung einer fremden Gegendarstellung.

[1037] Vgl. *Neben*, Triviale Personenberichterstattung als Rechtsproblem S. 297 f.

sammengefasst wurden. Vergleichsweise unkompliziert lassen sich die Fälle lösen, in denen ein in regelmäßigen oder unregelmäßigen Abständen publizierter sog. E-Mail-Newsletter unter Zuhilfenahme einer Mailingliste auf elektronischem Wege übertragen wird. Ist in diesem Newsletter eine unrichtige Tatsachenbehauptung enthalten, so hat eine entsprechende Berichtigung in dem nachfolgenden Newsletter zu erfolgen, der an denselben Adressatenkreis gerichtet ist. Dies entspricht dem Schutzbedürfnis des Verletzten, da die Berichtigung an gleicher Stelle und auf dieselbe Weise zu erfolgen hat wie die ursprüngliche Behauptung.

Schwieriger gestaltet sich die Lage hingegen bei unrichtigen Tatsachenbehauptungen, die in einzelnen E-Mails verbreitet werden. Es ist zu differenzieren, ob die unrichtige Tatsachenbehauptung in einer E-Mail verbreitet wurde, die eine Vielzahl von Empfängern hatte oder die lediglich an eine Einzelperson oder einen kleinen Personenkreis gerichtet war. Bei einer großen Zahl von Empfängern hat wie bei den vorgenannten Newslettern, die auf einer Mailingliste basieren, eine Berichtigung zu erfolgen, die in der folgenden E-Mail enthalten ist. Die Besonderheit besteht hier darin, dass bei Newslettern in regelmäßigen oder unregelmäßigen zeitlichen Abständen E-Mails verschickt werden, während dies bei der hier zu untersuchenden Konstellation nicht zwingend der Fall sein muss. Hat der Versender nur vor, eine einzige E-Mail an einen größeren Empfängerkreis zu senden, so fordert das Interesse des Betroffenen an einer Beseitigung seiner Rufbeeinträchtigung[1038], dass der Absender eine neue E-Mail erstellt und eine darin enthaltene Berichtigung an all diejenigen Empfänger sendet, die auch die erste Behauptung erhalten haben.

War die unrichtige Tatsachenbehauptung aber in einer E-Mail enthalten, die an einen einzelnen Empfänger oder an einen kleinen Adressatenkreis gerichtet war, so kann die Notwendigkeit der Berichtigung zu verneinen sein. Denn in diesen Fällen hat der Betroffene unter Umständen eigene Berichtigungsmöglichkeiten[1039]. Dies gilt gerade dann, wenn die unrichtige Tatsachenbehauptung in einer E-Mail enthalten war, die ausschließlich an den Betroffenen gerichtet war. Hier besteht kein Bedarf für eine entsprechende Berichtigung mittels erneuter E-Mail, da dem Betroffenen ja der tatsächliche Sachverhalt bekannt ist[1040]. Und auch bei einem kleinen Empfängerkreis kann die Verpflichtung der Erstellung einer zweiten E-Mail, die eine Berichtigung enthält, zu verneinen sein, da der Betroffene hier selbst ausreichende eigene Berichtigungsmöglichkeiten haben kann und eine Berichtigung ihrem Sinn und Zweck widersprechen würde[1041]. Wann

[1038] Vgl. *Wenzel*, Das Recht der Wort- und Bildberichterstattung Rn. 13.26 ff.

[1039] Vgl. Erman-*Ehmann*, Anh. § 12 BGB Rn. 748.

[1040] *Wenzel*, Das Recht der Wort- und Bildberichterstattung Rn. 13.29.

[1041] BGHZ 89, 198, 202; OLG Düsseldorf NJW 1988, 1391, 1392; *Wenzel*, Das Recht der Wort- und Bildberichterstattung Rn. 13.29.

eine solche geringe Rezipientenzahl anzunehmen ist, muss im konkreten Einzelfall festgestellt werden.

ccc) Newsgroups, Chatforen

Bei Newsgroups kann im Grundsatz auf die Ausführungen zu Berichtigungsansprüchen bei Websites verwiesen werden. Kann der Verletzte Berichtigung verlangen, so ist eine solche in diejenige Newsgroup aufzunehmen, in der die Erstmitteilung veröffentlicht wurde. Dementsprechend ist eine Berichtigung auch in Chat-Foren zu machen[1042].

bb) Beseitigungsansprüche im engeren Sinn

Neben den eben genannten Berichtigungsansprüchen kommen auch Beseitigungsansprüche im engeren Sinn als Rechtsbehelf für den Verletzten in Betracht.

Für unrichtige Tatsachenbehauptungen, die sich auf einer Website befinden, bedeutet dies, dass derjenige, der die Seite unterhält, diese Informationen zu entfernen hat[1043].

Davon zu unterscheiden sind die Fälle, in denen der Domainname selbst zu einer rechtswidrigen Beeinträchtigung der Persönlichkeitsrechte des Betroffenen führt, ohne dass es sich hierbei um eine Verletzung des Namensrechts des Berechtigten handelt[1044]. Dem Berechtigten geht es hier erneut darum, dass die Domain aufgegeben wird. Adäquates Mittel dafür ist ein Beseitigungsanspruch im engeren Sinn, gestützt auf eine analoge Anwendung des § 1004 Abs. 1 S. 2 BGB[1045]. Oder man leitet einen Anspruch auf Aufgabe der Domain aus einem Unterlassungsanspruch ab, der ebenfalls auf einer analogen Anwendung des § 1004 Abs. 1 S. 2 BGB beruht.

Problematisch ist hier jedoch, dass sich Unterlassungsansprüche grundsätzlich auch gegen Werturteile richten können, es beim Widerrufsanspruch aber ganz

---

1042 Sowohl bei Newsgroups als auch und vor allem bei Chat-Foren ist aber ungewiss, ob derjenige Personenkreis von der Berichtigung Kenntnis erlangt, der von der ursprünglichen Behauptung erfuhr. Aus diesem Grund stellt sich der Berichtigungsanspruch in diesen Bereichen auch als wenig wirkungsvolles Mittel für den Berechtigten dar.

1043 Vgl. MüKo-*Rixecker*, § 12 BGB Anh. Rn. 185, der sagt, dass mittels des persönlichkeitsrechtlichen Beseitigungsanspruchs auch die Löschung elektronisch abrufbarer Informationen verlangt werden kann. Wie oben auf S. 240 gezeigt wurde, könnte man diese Verpflichtung zur Löschung auch mit einem Unterlassungsanspruch begründen.

1044 Zu den möglichen Konstellationen vgl. S. 92 ff.

1045 Vgl. auch *Larenz/Canaris*, Lehrbuch des Schuldrechts § 88 I 1b. Vgl. ebenfalls BGHZ 27, 284, 291 – Tonbandaufnahme I; BGH ZIP 1987, 1572 – Tonbandaufnahme II.

h.M. entspricht, dass diese nur gegen unwahre Tatsachenbehauptungen gerichtet sein können, da es nicht mit der Meinungsäußerungsfreiheit aus Art. 5 Abs. 1 S. 1 GG vereinbar wäre, wenn auf diese Weise die Aufgabe einer Meinung mit staatlichen Mitteln – sei es auch vor den Gerichten – erzwungen würde[1046]. Andererseits muss dem Betroffenen aber auch in derartigen Fällen ein effektiver Rechtsschutz zukommen. So hat auch der BGH entschieden, dass dem Kläger auf die §§ 823, 1004 BGB gestützte Abwehransprüche zustehen, gerichtet auf die Löschung einer ihn in seinem Persönlichkeitsrecht verletzenden Tonbandaufnahme[1047]. Es muss dem Berechtigten also auch mittels Beseitigungsansprüchen im engeren Sinne möglich sein, die Entfernung einer Domain zu verlangen.

Der Anspruch ist dann gegeben, wenn eine am Einzelfall orientierte Interessenabwägung ergibt, dass die schützenswerten persönlichkeitsrechtlichen Interessen des Rechtsträgers an der Löschung der Domain höher zu bewerten sind als die des Verletzers an deren weiterer Nutzung.

Es stellt sich dann die weitere Frage, wie der Anspruchsverpflichtete dem Beseitigungsverlangen nachzukommen hat. Ihm ist es nämlich nicht möglich, die Domain selbst wieder zu entfernen. Er kann zwar betreffende Inhalte der Website löschen, sofern solche vorhanden sind, doch die Registrierung und Verwaltung der Domain selbst liegt in den Händen der einzelnen Registrierungsstellen, für den Bereich der Top Level Domain „.de“ also bei der DENIC e.G. Nach § 7 Abs. 2 c der DENIC-Registrierungsbedingungen[1048] kann die DENIC den Vertrag mit dem Kunden unter anderem dann kündigen und die Domain löschen, wenn dieser schriftlich und uneingeschränkt erklärt, er wolle die Domain nicht nutzen. Nach § 7 Abs. 2 d der Registrierungsbedingungen besteht dieselbe Möglichkeit, wenn in einem rechtskräftigen gerichtlichen Titel festgestellt ist, dass der Kunde nicht berechtigt ist, die Domain zu nutzen. Der Verletzer ist demzufolge nach § 1004 Abs. 1 S. 2 BGB analog zu Erklärung gegenüber der DENIC verpflichtet, dass er die Domain aufgebe, worauf diese eine entsprechende Löschung vornehmen hat[1049].

4.) Schadensersatz

Entstehen dem Träger der Persönlichkeitsrechte durch deren Verletzung materielle Schäden, so stehen diesem Ansprüche auf Ersatz dieser materiellen Schä-

[1046] Vgl. neben den oben in Fn. 1028, 1029 angeführten Nachweisen auch BGH NJW 1982, 2246.

[1047] BGHZ 27, 284, 291; BGH ZIP 1987, 1572, 1574.

[1048] Abrufbar unter http://www.denic.de/doc/DENIC/agb.html.

[1049] Auch hier besteht wieder die Möglichkeit, dass der Anspruchssteller selbst wünscht, als Inhaber der Domain eingetragen zu werden, um einer zukünftigen Registrierung auf diesem Wege vorzubeugen. Zu dem dann durchzuführenden Verfahren vgl. § 6 Abs. 2 S. 2 der DENIC Registrierungsbedingungen und Fn. 1003.

den zu. Die Grundlage hierfür kann § 823 Abs. 1 BGB sein, da das allgemeine Persönlichkeitsrecht ein „sonstiges Recht" im Sinne dieser Vorschrift darstellt, und auch die spezialgesetzlichen Persönlichkeitsrechte wie beispielsweise das Recht am eigenen Bild nach §§ 22, 23 KUG oder das Namensrecht nach § 12 BGB absolute „sonstige Rechte" im Sinne von § 823 Abs. 1 BGB sind[1050]. Überdies kann Schadensersatz auf Grund einer Verletzung des § 823 Abs. 2 BGB in Verbindung mit einem Schutzgesetz, wie beispielsweise § 185 StGB, verlangt werden.

Zusätzlich zu der bei Unterlassung und Beseitigung erforderlichen rechtswidrigen Verletzung der Persönlichkeitsrechte setzt der Schadensersatzanspruch zusätzlich noch ein Verschulden voraus[1051]. Bei einer Verletzung der Persönlichkeitsrechte entstehen nun aber nur selten berechenbare materielle Schäden[1052], eine größere Bedeutung kommt daher dem im Anschluss zu behandelnden Anspruch auf Geldentschädigung zu.

5.) Geldentschädigung

In der „Herrenreiter"-Entscheidung des Jahres 1958 sprach der BGH dem Verletzten in Abweichung zum Wortlaut der §§ 847, 253 BGB erstmalig ein Schmerzensgeld aufgrund einer Verletzung des allgemeinen Persönlichkeitsrechts zu[1053]. In der Folge bestätigte er diese Entscheidung, entwickelte sie aber gleichzeitig fort, da er die Zuerkennung einer Geldentschädigung nicht mehr auf eine analoge Anwendung des § 847 BGB stützte, sondern mit dem Schutzzweck des allgemeinen Persönlichkeitsrechts begründete[1054].

[1050] Für das Recht am eigenen Bild vgl. *Schwerdtner*, Das Persönlichkeitsrecht in der deutschen Zivilrechtsordnung S. 225; *Helle*, Besondere Persönlichkeitsrechte im Privatrecht S. 50; für das Namensrecht vgl. *Bücking*, Domainrecht Rn. 50.

[1051] Vgl. *Helle* in: Hoeren/Sieber, Handbuch Multimedia-Recht Teil 8.1 Rn. 147; Erman-*Ehmann*, Anh. § 12 BGB Rn. 791.

[1052] Vgl. *Helle* in: Hoeren/Sieber, Handbuch Multimedia-Recht Teil 8.1 Rn. 147.

[1053] BGHZ 26, 349 ff. Zur Geldentschädigung bei Verletzung des postmortalen Würdeschutzes vgl. *Beuthien*, ZUM 2003, 261 ff.

[1054] BGHZ 35, 363 ff. Daher empfiehlt es sich, statt Schmerzensgeldansprüchen von einer Geldentschädigung zu sprechen. Da der Anspruch auf Geldentschädigung nicht mehr auf eine analoge Anwendung des § 847 BGB gestützt wird sondern unmittelbar dem Verfassungsauftrag zum Schutz der Persönlichkeit entnommen wird, ergeben sich diesbezüglich auch keine Änderungen durch die Reform des Schadensersatzrechts durch das am 1. August 2002 in Kraft getretene Zweite Gesetz zur Änderung schadensersatzrechtlicher Vorschriften, BGBl. I 2002, S. 2674. § 847 BGB wird zwar durch dieses Gesetz aufgehoben, was aber wie eben gezeigt die Ansprüche auf Geldentschädigung bei Verletzungen der Persönlichkeitsrechte nicht berührt. Zur Reform des Schadensersatzrechts nur *Däubler*, JuS 2002, 625 ff. m.w.N.

Diese in der Literatur zum Teil erheblich kritisierte Rechtsprechung des BGH wurde vom BVerfG 1973 bestätigt, das in der Zuerkennung einer Geldentschädigung keine verfassungsrechtlichen Bedenken erhob[1055].

Voraussetzung für einen Anspruch des Verletzten auf Geldentschädigung ist zum einen, dass es sich um eine schwere Persönlichkeitsrechtsverletzung handelt, was entweder bei einer erheblichen Beeinträchtigung des Verletzten oder bei einem erheblichen Verschulden des Verletzers der Fall sein kann[1056]. Ferner ist erforderlich, dass die übrigen Rechtsbehelfe, insbesondere Widerruf und Unterlassung, nicht ausreichen, um die Persönlichkeitsrechte ausreichend zu schützen.

Für den Bereich der Neuen Medien ergeben sich hinsichtlich einer Geldentschädigung keine Besonderheiten gegenüber den herkömmlichen Medien. Es ist auch hier eine Feststellung im Einzelfall erforderlich, ob die eben genannten Voraussetzungen für eine Geldentschädigung gegeben sind. Insbesondere bei einer Verletzung der persönlichen Ehre, des Rechts am eigenen Bild oder der Privatsphäre wird man sich in Erinnerung rufen müssen, dass die bereitgehaltenen Informationen im WWW grundsätzlich global abrufbar sind[1057]. Weiterhin sind persönlichkeitsrechtsverletzende Informationen oft über einen langen Zeitraum hinweg abrufbar. Diese Umstände sind bei der Frage nach einer Geldentschädigung zu berücksichtigen, da sie dazu führen können, dass eine schwere Persönlichkeitsrechtsverletzung unter Umständen leichter als in herkömmlichen Medien bejaht werden kann.

6.) Ungerechtfertigte Bereicherung

Schließlich kommt bei einer Verletzung der Persönlichkeitsrechte noch ein bereicherungsrechtlicher Ansatz in Betracht. Ein Bereicherungsanspruch in Form einer Eingriffskondiktion nach § 812 Abs. 1 S. 1, 2. Alt. BGB kommt bei denjenigen Rechten in Betracht, die einen vermögensrechtlichen Zuweisungsgehalt haben, wie dies bei den spezialgesetzlichen Persönlichkeitsrechten aus § 12 BGB sowie §§ 22, 23 KUG anerkannt ist[1058]. Aber auch die Verletzung des allgemeinen Persönlichkeitsrechts kann zur Zahlung eines Bereicherungsausgleichs führen, für den es auf ein Verschulden des Verpflichteten oder einen Schaden des Berechtigten nicht ankommt[1059]. Herauszugeben ist insoweit der

[1055] Zur Rechtsprechung in jüngster Zeit vgl. etwa OLG Karlsruhe ZUM 2003, 504.
[1056] *Helle* in: Hoeren/Sieber, Handbuch Multimedia-Recht Teil 8.1 Rn. 156 f.
[1057] Diesem Umstand maß jetzt auch das LG München I bei der Ermittlung der Höhe der Geldentschädigung Bedeutung zu, vgl. LG München I ZUM 2002, 318, 320.
[1058] Vgl. nur BGH NJW 1992, 2084, 2085.
[1059] BGHZ 81, 75, 81 – Carrera.

Vermögensvorteil, den der Verpflichtete durch die Verletzung der Persönlichkeitsrechte des Berechtigten erlangt hat.

Eine Bereicherung desjenigen, der fremde Persönlichkeitsrechte im Internet verletzt, ist beispielsweise dann denkbar, wenn er durch Bannerwerbung auf einer von ihm unterhaltenen Website Einnahmen erzielt, die von der Zahl der Besucher der Seite abhängen. Kommt es nun auf solch einer Website zu einer Verletzung der Persönlichkeitsrechte einer Person etwa durch die Schaustellung von Nacktfotos, so kann es aufgrund der Anziehungskraft solcher Seiten zu einem Vermögenszuwachs des Verletzers auf Kosten des Verletzten kommen. Dann ist an einen bereicherungsrechtlichen Ausgleich zu denken.

Problematisch ist insofern aber, ob dem Verletzten ein entsprechender Bereicherungsanspruch überhaupt zustehen kann, wenn feststeht, dass er unter keinen Umständen bereit gewesen wäre, in eine Vermarktung seiner persönlichkeitsrechtlichen Positionen einzuwilligen. Der BGH hat Ansprüche des Verletzten nämlich für den Fall verneint, in dem dieser eine Verwendung seiner geschützten Persönlichkeitsrechte ausnahmslos abgelehnt hat[1060]. Die Fiktion eines Lizenzvertrages, aufgrund dessen ein bereicherungsrechtlicher Ausgleich erfolgt, könnte nämlich bedeuten, dass dem Verletzten unterstellt wird, er hätte bei entsprechender Zahlung eben doch in die von ihm als unwürdig empfundene Lage eingewilligt. Es könnte also der Eindruck der nachträglichen Billigung der Rechtsverletzung entstehen.

In der Literatur hat die Auffassung des BGH Kritik erfahren[1061]. Denn wenn der Verletzte ausdrücklich einen Bereicherungsanspruch geltend macht, so könne die Argumentation des BGH nicht mehr aufrecht erhalten werden, dass die Zuerkennung eines solchen Anspruchs als erneute Persönlichkeitsrechtsverletzung empfunden werde[1062]. *Wenzel*[1063] beispielsweise wendet sich mit beachtlichen Argumenten gegen die Ansicht des BGH. So ist es nämlich für eine Bereicherung des Verletzers unerheblich, ob sich der Verletzte unter bestimmten Voraussetzungen mit dem Eingriff einverstanden erklärt hätte. Und schließlich spricht nach *Wenzel* noch ein weiterer Punkt gegen den BGH[1064]: Die Zuerkennung eines Schmerzensgeldanspruchs setze voraus, dass der Verletzte mit der Verwendung seiner geschützten Persönlichkeitsrechte unter keinen Umständen einverstanden gewesen wäre, da es ansonsten nur um eine finanzielle Frage gehe und nicht um eine Persönlichkeitsverletzung, welche die Zusprechung von Schmerzensgeld zwingend erfordere. Nach der Auffassung der Rechtsprechung könnte der Verletzte daher neben einer Schmerzensgeldforderung niemals auch einen

---

1060 BGHZ 26, 349, 352.

1061 Vgl. nur etwa Erman-*Ehmann*, Anh. § 12 BGB Rn. 772; *Wenzel*, Das Recht der Wort- und Bildberichterstattung Rn. 14.12 f.

1062 *Wenzel*, Das Recht der Wort- und Bildberichterstattung Rn. 14.12.

1063 *Wenzel*, Das Recht der Wort- und Bildberichterstattung Rn. 14.12 f.

1064 *Wenzel*, Das Recht der Wort- und Bildberichterstattung Rn. 14.13.

Bereicherungsanspruch geltend machen und würde so Gefahr laufen, dass er überhaupt nichts zugesprochen bekommt, falls das erkennende Gericht zu dem Ergebnis gelangt, dass die Voraussetzungen für ein Schmerzensgeld nicht vorliegen, namentlich also die erforderliche schwere Verletzung ablehnt.

Es ist nicht hinnehmbar, dem Verletzer einen Vermögenswert zu belassen, den er durch einen rechtswidrigen Eingriff in geschützte Persönlichkeitsrechte eines anderen erlangt hat, nur weil dieser in eine Verwertung seiner Rechtsgüter in keinem Fall eingewilligt hätte. Dadurch käme es zu einer nicht vertretbaren Bevorzugung desjenigen, der fremde Persönlichkeitsrechte verletzt. Ein Bereicherungsanspruch des Verletzten wegen einer Verletzung seiner Persönlichkeitsrechte besteht folglich auch dann, wenn er zu einer Verwertung der geschützten Positionen nicht bereit gewesen wäre[1065].

Für das eingangs genannte Beispiel bedeutet dies, dass derjenige, dessen Bildnis auf einer Website zur Schau gestellt wurde, einen Bereicherungsanspruch gegen denjenigen hat, dem durch die Verletzung des Rechts am eigenen Bild ein Vermögensvorteil zugeflossen ist, etwa durch Werbung auf der betreffenden Seite[1066].

[1065] So auch Erman-*Ehmann*, Anh. § 12 BGB Rn. 772.

[1066] Auch Personen, die nicht der Zeitgeschichte zuzurechnen sind, kann ein Vermögenswert zukommen, der Ansprüche aus einer ungerechtfertigten Bereicherung zulässt. Vgl. *Carpenter*, Virginia Journal of Law and Technology Spring 2001, Paragraph 47 ff.

Fünfter Teil: Grenzüberschreitende Haftung für Persönlichkeitsrechtsverletzungen in den Neuen Medien

Die bisherigen Ausführungen im Vierten Teil dieser Darstellung spiegelten die Haftungssituation nach dem deutschen TDG bzw. dem MDStV wider. Im World Wide Web als weltumspannendem Netzwerk sind Auslandsberührungen aber üblich. Die Frage stellt sich dann, welche Rechtsordnung bei Persönlichkeitsrechtsverletzungen durch die Informationen dem von ihnen Betroffenen Schutz gewährt. Wie oben angedeutet räumt gerade die US-amerikanische Rechtsordnung der Meinungsäußerungsfreiheit einen überaus hohen Stellenwert ein, so dass Handlungsweisen im Internet, die sich nach bundesdeutschem Recht als Verletzung geschützter Persönlichkeitsrechte darstellen würden, in den USA unter den Schutz der freien Meinungsäußerung fallen können. Welches Recht soll in diesen Konstellationen anwendbar sein, dasjenige mit den strengsten oder das mit den mildesten Anforderungen an die Provider? Das des Ortes, an dem die Informationen erstellt werden, das Recht des Server-Standorts oder des Abruforts? Im Fall der Anwendbarkeit des Rechts mit den strengsten Anforderungen könnten eine Haftung des Providers für Handlungen drohen, die in seinem Herkunftsland zulässig sind, während im Fall der Anwendbarkeit des Rechts mit den mildesten Anforderungen Persönlichkeitsrechtsverletzungen drohen, wenn Provider in solche „Haftungsoasen" ausweichen.

I. Europarechtliche Vorgaben, insbesondere das Herkunftslandprinzip des Art. 3 ECRL bzw. § 4 TDG / 5 MDStV

1.) Das Herkunftslandprinzip

Auf europäischer Ebene hat die ECRL in Art. 3 ECRL das Herkunftslandprinzip festgeschrieben, welches in § 4 TDG / 5 MDStV in nationales Recht umgesetzt wurde. Es besagt, dass der Diensteanbieter, der seine Dienste binnenmarktweit erbringen will, nur die innerstaatlichen Vorschriften des Mitgliedstaates zu beachten, in dem er niedergelassen ist. Er muss sich grundsätzlich nicht vergewissern, ob seine Tätigkeit mit den Vorschriften der anderen Mitgliedstaaten, in denen er seine Dienste erbringt, in Einklang steht. Hierdurch kommt auf europäischer Ebene das Prinzip der gegenseitigen Anerkennung zum Ausdruck[1067]. Diese vermeintlich eindeutige Regelung birgt viele Probleme in sich. So stellt sich bereits die Frage, wann die Tele- bzw.- Mediendienste wie von § 4 Abs. 1 S. 1 TDG / 5 Abs. 1 MDStV vorgesehen geschäftsmäßig angeboten oder erbracht

[1067] Vgl. dazu *Maennel*, MMR 1999, 187, 188; *Hoeren*, MMR 1999, 192, 194; *Satzger*, CR 2001, 109, 111.

werden, wo der Ort der Niederlassung des Diensteanbieters ist und wie das Verhältnis des Herkunftslandprinzips zu den allgemeinen Vorschriften des internationalen Privatrechts ausgestaltet ist.

2.) Anwendung nur auf geschäftsmäßiges Handeln

Das Herkunftslandprinzip gilt nach § 4 Abs. 1 S. 1 TDG / 5 Abs. 1 MDStV nur, wenn die Tele- bzw. Mediendienste in einem Mitgliedstaat *geschäftsmäßig* angeboten oder erbracht werden. Dieser Gedanke kommt auch in dem dieser Vorschrift zugrundeliegenden Art. 2 lit. a ECRL i.V.m. Art. 1 Nr. 2 der Richtlinie 98/34/EG in der Fassung der Richtlinie 98/48/EG[1068] zum Ausdruck, da Dienste der Informationsgesellschaft im Sinne dieser Normen jede in der Regel gegen Entgelt elektronisch im Fernabsatz und auf individuellen Abruf eines Empfängers erbrachte Dienstleistung bezeichnen[1069]. Wann aber im Einzelnen ein solches geschäftsmäßiges Handeln vorliegt, geht aus dem Gesetzeswortlaut nicht eindeutig hervor[1070]. Die Gesetzesbegründung zu § 4 TDG sagt, dass ein Diensteanbieter dann geschäftsmäßig handelt, wenn er Teledienste aufgrund einer nachhaltigen Tätigkeit mit oder ohne Gewinnerzielungsabsicht erbringt[1071]. Bei einer in der Regel gegen ein Entgelt erbrachten Dienstleistung ist anerkannt, dass es auf die Modalitäten der Finanzierung nicht ankommt, so dass also nicht zwingend derjenige ein Entgelt zu erbringen hat, der den Teledienst unmittelbar in Anspruch nimmt[1072]. Von der Entgeltlichkeit eines Teledienstes ist also auch dann auszugehen, wenn das Angebot zwar für den Nutzer kostenlos aber dafür werbefinanziert ist[1073]. Hieran zeigt sich auch die Problematik für Persönlichkeitsrechtsverletzungen im Internet: Angriffe auf die Persönlichkeit erfolgen oftmals auf privaten Websites ohne jeglichen geschäftsmäßigen Charakter. Diese Seiten finanzieren sich auch nicht über Werbung, sondern so dass keine gegen Entgelt erbrachte Dienstleistung vorliegt. So ist denn auch unbestritten, dass solche rein privaten Websites ohne gewerbliche Beschaffenheit nicht unter die

---

1068 Richtlinie 98/34/EG über Informationsverfahren auf dem Gebiet der Normen und technischen Vorschriften und der Vorschriften für die Dienste der Informationsgesellschaft, ABl. Nr. L 204 vom 21. Juli 1998, S. 37, in der Fassung der Richtlinie 97/48/EG, ABl. Nr. L 217 vom 5. August 1998, S. 18.

1069 Vgl. auch Erwägungsgrund Nr. 18 der ECRL, wonach es sich bei Diensten der Informationsgesellschaft um wirtschaftliche Tätigkeiten handeln muss.

1070 Vgl. dazu *Libertus*, RTkom 2001, 79, 80; *Maennel*, MMR 1999, 187, 188; *Satzger*, CR 2001, 109, 112; *Holznagel/Kussel*, MMR 2001, 347, 349.

1071 Begründung zum EGG, Bundestagsdrucksache 14/6098 S. 17.

1072 So *Satzger*, CR 2001, 109, 112 unter Verweis auf die Rechtsprechung des EuGH zum Dienstleistungsbegriff.

1073 Vgl. auch *Maennel*, MMR 1999, 187, 188; *v.Lackum*, JurPC Web-Dok. 130/1999 Abs. 23.

Definition geschäftsmäßig angebotener oder erbrachter Teledienste fallen[1074]. Kommt es also auf solchen rein privaten Websites zu einer Verletzung von Persönlichkeitsrechten, so kann das Herkunftslandprinzip nicht weiterhelfen. Es bleibt dann bei den allgemeinen Haftungsregeln des internationalen Privatrechts.

3.) Ort der Niederlassung

Selbst wenn ein Diensteanbieter geschäftsmäßig handelt und damit dem Herkunftslandprinzip unterfällt ist damit noch nichts darüber ausgesagt, welche Rechtsvorschriften er einzuhalten hat. § 4 Abs. 1 S. 1 TDG stellt auf die an dem Ort der Niederlassung geltenden innerstaatlichen Normen ab, ohne näher zu bestimmen, was unter dem Ort der Niederlassung zu verstehen ist bzw. wo sich dieser befindet[1075]. *Maennel* stellt auf die Rechtsprechung des EuGH zum geschäftsmäßigen Handeln ab, wonach es für den Ort der Niederlassung auf den Schwerpunkt der tatsächlich ausgeübten wirtschaftlichen Tätigkeit ankomme[1076]. Nicht entscheidend könnten hingegen technische Kriterien wie z.B. der Standort des Servers sein.

Dies überzeugt, da so vermieden wird, dass ein Ausweichen in diejenigen Mitgliedstaaten mit den für den Content Provider günstigsten Haftungsvorschriften erfolgt, indem die Informationen lediglich auf einem dortigen Server gespeichert werden. Vielmehr ist auf den Ort abzuheben, an dem er tatsächlich wirtschaftlich tätig wird.

4.) Verhältnis zu den allgemeinen Regeln des internationalen Privatrechts

Der Ort der Niederlassung nach dem vorstehend Erläuterten lässt sich aber nur auf den ersten Blick verhältnismäßig unproblematisch bestimmen. Denn es besteht das Problem des Verhältnisses des Herkunftslandprinzips zu den allgemeinen Regeln des internationalen Privatrechts. Denn wenn das Herkunftslandprinzip zur Geltung innerstaatlichen Rechts führt, so könnte man darin nicht nur eine

---

[1074] *Maennel*, MMR 1999, 187, 188; *Holznagel/Kussel*, MMR 2001, 347, 349. *Satzger*, CR 2001, 109, 112 vertritt eine weite Auslegung des Begriffs des geschäftsmäßigen Handelns, da die entsprechende Leistung ja nur in der Regel gegen Entgelt erbracht werden müsse und somit nicht notwendig in jedem Einzelfall. In den Fällen, in denen ein geschäftsmäßiges Handeln aber offensichtlich und in jedem Fall ausgeschlossen ist, muss aber auch *Satzger* zu dem hier gefundenen Ergebnis gelangen.

[1075] § 5 Abs. 1 MDStV bestimmt insoweit, dass in der Bundesrepublik Deutschland niedergelassene Dienstanbieter und ihre Mediendienste den Anforderungen des deutschen Rechts auch dann unterliegen, wenn die Mediendienste in einem anderen Mitgliedstaat erbracht werden.

[1076] *Maennel*, MMR 1999, 187, 189 unter Verweis auf das Urteil des EuGH vom 25. Juli 1991, Rechtssache C-221/89, abgedruckt in der Sammlung der Rechtsprechung des Gerichtshofes und des Gerichts erster Instanz 1991 – 7/I (Teil I: Gerichtshof), I-3965.

Verweisung auf das materielle Recht des Mitgliedstaates sehen, sondern auch auf dessen Kollisionsrecht[1077]. Wenn dem aber so ist, so könnte sich der entscheidenden Anknüpfungspunkt für das anwendbare Recht aber nicht aus dem Herkunftslandprinzip des § 4 Abs. 1 S. 1 TDG und damit aus dem Ort der Niederlassung ergeben, sondern aus den allgemeinen Regeln des internationalen Privatrechts. § 4 Abs. 1 S. 1 TDG ordnet an, dass sich das anwendbare Recht nach dem Ort der Niederlassung bestimmt, soweit sich nicht aus den Regeln des internationalen Privatrechts etwas anderes ergibt. Dies ist insofern problematisch, als Art. 1 Abs. 4 ECRL bestimmt, dass die ECRL keine zusätzlichen Regeln im Bereich des internationalen Privatrechts schafft[1078]. Denn um die mit dem Herkunftslandprinzip angestrebte Rechtssicherheit für die Diensteanbieter[1079] zu erreichen müsste die Anwendung nationalen Kollisionsrechts ausgeschlossen sein[1080]. Diese komplizierte Frage um das Verhältnis zwischen Herkunftslandprinzip und internationalem Privatrecht soll an dieser Stelle nicht weiter vertieft werden, wenngleich viel dafür spricht, dass nur auf das materielle Sachrecht verwiesen wird[1081]. Denn sowohl aus § 4 Abs. 1 S. 1 a.E. TDG, der innerstaatliches Recht nur dann zur Anwendung gelangen lassen will, soweit sich nicht aus den Regeln des internationalen Privatrechts etwas anderes ergibt, als auch aus Art. 1 Abs. 4 ECRL, wonach durch die ECRL keine zusätzlichen Regeln im Bereich des internationalen Privatrechts geschaffen werden sollen, wird erkennbar, dass die allgemeinen Regeln des internationalen Privatrechts nicht durch das Herkunftslandprinzip modifiziert werden sollen[1082].

5.) Keine Geltung für unaufgeforderte E-Mail-Werbung (Spamming)

Würde das Herkunftslandprinzip auch für Spamming gelten, so würde dies bedeuten, dass Diensteanbieter zulässigerweise mittels elektronischer Post in einem anderen Mitgliedstaat werben dürften, wenn das dort geltende Recht Spamming zulässt[1083]. § 4 Abs. 4 Nr. 3 TDG sagt jedoch, dass das Herkunfts-

[1077] So *Hoeren*, MMR 1999, 192, 195. Anderer Ansicht ist aber *Ahrens*, CR 2000, 835, 837, der davon ausgeht, dass das Herkunftslandprinzip nur das Sachrecht des Herkunftslandes in Bezug nimmt, nicht aber dessen Kollisionsrecht.

[1078] Vgl. aber auch Erwägungsgrund Nr. 23 der ECRL, wonach Vorschriften des anwendbaren Rechts, die durch Regeln des internationalen Privatrechts bestimmt sind, die Freiheit zur Erbringung von Diensten der Informationsgesellschaft nicht einschränken dürfen.

[1079] Diese besteht darin, dass die Diensteanbieter grundsätzlich allein die innerstaatlichen Vorschriften des Mitgliedstaates zu beachten haben, in dem sie niedergelassen sind.

[1080] So *Säcker*, MMR Beilage 9/2001, 2, 4.

[1081] In diesem Sinne *Ahrens*, CR 2000, 835, 837.

[1082] Ausführlich zum Spannungsfeld zwischen Herkunftslandprinzip und internationalem Privatrecht *Mankowski*, CR 2001, 630 ff.

[1083] Dieses Ergebnis könnte man zunächst aus einem Umkehrschluss aus Art. 7 Abs. 1 ECRL auch ziehen, da dort bestimmt wird, dass Mitgliedstaaten, die Spamming zulassen, sicherzulandprinzip nicht für die Zulässigkeit nicht angeforderter kommerzieller Kommunikation durch elektronische Post gilt[1084]. Aus dieser durch Art. 3 Abs. 3 ECRL für alle Mitgliedstaaten verbindlichen Ausnahme von dem Herkunftslandprinzip folgt, dass ein Diensteanbieter, in dessen Niederlassungsstaat Spamming zulässig ist, dennoch die in den anderen Staaten im Geltungsbereich der ECRL geltenden Vorschriften bezüglich Spamming beachten muss, wenn er Werbung per E-Mail in diese Staaten versendet.

II. Haftungskonstellationen mit außereuropäischem Bezug

Spezielle Kollisionsregeln für das Internet und hier insbesondere für das anwendbare Recht bei Persönlichkeitsrechtsverletzungen enthält das im EGBGB kodifizierte deutsche internationale Privatrecht nicht. Wie *von Hinden* zu Recht darauf hinweist, zielen die persönlichkeitsrechtlichen Schutzansprüche auf Schadensausgleich und Verhaltenssteuerung bei Verletzungen des allgemeinen Persönlichkeitsrechts ab[1085]. Dem Verletzten stehen daher Ansprüche aus unerlaubter Handlung zu, da das allgemeine Persönlichkeitsrecht ein „sonstiges Recht" im Sinne des § 823 Abs. 1 BGB darstellt. Demzufolge kommen die Art. 40 bis 42 EGBGB zur Anwendung, die das Kollisionsrecht bei unerlaubten Handlungen regeln[1086].

Danach gilt bei unerlaubten Handlungen im Allgemeinen und bei Persönlichkeitsrechtsverletzungen im Speziellen die sog. Tatortregel, also das Recht des Begehungsortes, vgl. Art. 40 Abs. 1 S. 1 EGBGB. Die Tatortregel besagt, dass das Recht desjenigen Staates anwendbar ist, in dem der Ersatzpflichtige gehandelt hat. Nach Art. 40 Abs. 1 S. 1 EGBGB gilt aber das sog. Ubiquitätsprinzip fort: Dieses besagt, dass eine unerlaubte Handlung im Sinne der Tatortregel sowohl am Handlungs- als auch am Erfolgsort begangen wird; Konkurrenzen werden durch das Günstigkeitsprinzip gelöst, wonach das für den Geschädigten günstigere Recht zur Anwendung gelangt[1087]. Nach Art. 40 Abs. 1 S. 1 EGBGB ist in erster Linie das Recht des Staates anwendbar, in dem der Ersatzpflichtige gehandelt hat (Recht des Handlungsortes). Nach Art. 40 Abs. 1 S. 2 EGBGB

---

stellen haben, dass diese Kommunikation bei Eingang beim Nutzer klar und unzweideutig als solche erkennbar ist.

[1084] So auch § 5 Abs. 4 Nr. 3 MDStV. Damit entspricht § 4 Abs. 4 Nr. 3 TDG Art. 3 Abs. 3 ECRL i.V.m. dem Anhang zur ECRL, wonach das Herkunftslandprinzip keine Anwendung findet für die Zulässigkeit von Spamming.

[1085] Vgl. *v.Hinden*, Persönlichkeitsverletzungen im Internet S. 36.

[1086] Zur Rechtslage vor dem Inkrafttreten des Art. 40 EGBGB zum 1.6.1999 durch das Gesetz zum internationalen Privatrecht für außervertragliche Schuldverhältnisse und für Sachen vom 21.5.1999 (BGBl. I 1999, 1026 ff.) vgl. *Lütcke*, Persönlichkeitsrechtsverletzungen im Internet S. 123 f. Dazu und zur Gesetzesgeschichte ebenfalls *v.Hinden*, Persönlichkeitsverletzungen im Internet S. 43 f.

[1087] Vgl. *v.Hinden*, Persönlichkeitsverletzungen im Internet S. 43 f.

kann der Verletzte aber verlangen, dass anstelle dieses Rechts das Recht des Staates zur Anwendung gelangt, in dem der Erfolg eingetreten ist. (Recht des Erfolgsortes)[1088]. Schadensersatz- und negatorische Ansprüche wegen Verletzungen der Persönlichkeitsrechte unterfallen daher dem Deliktsstatut[1089].

Die Bestimmung von Handlungs- und Erfolgsort bei Persönlichkeitsrechtsverletzungen im Internet bereitet mitunter Schwierigkeiten. Der Handlungsort könnte einerseits dort sein, wo sich der Standort des Servers befindet[1090], andererseits dort, wo die Informationen vom Content Provider ins Internet eingespeist werden[1091]. Der Ansicht, die auf den Ort der Einspeisung der Informationen abstellt, gebührt der Vorrang, da es anderenfalls dem Content Provider leicht möglich wäre, das für ihn vorteilhafte Recht zu wählen, indem er seine Informationen auf einem Server speichert, der sich in einem Staat mit den für ihn günstigsten Haftungsvoraussetzungen befindet. Für Informationen auf Websites bedeutet dies, dass Handlungsort hierfür der Ort ist, an dem der Content Provider diese Informationen zur Einspeisung abgesandt hat. Bei E-Mails entspricht der Absendeort dem Handlungsort[1092]. Allerdings ist im Einklang mit den Ausführungen zum Ort der Niederlassung beim Herkunftslandprinzip auf den Schwerpunkt der Niederlassung abzustellen, so dass ein lediglich formeller Sitz in einem Staat nicht geeignet ist, einen entsprechenden Handlungsort zu begünden[1093].

Schwieriger gestaltet sich die Bestimmung des Erfolgsortes bei Persönlichkeitsrechtsverletzungen im Internet. Unter Heranziehung der oben genannten Begriffsbestimmungen existiert eine Vielzahl möglicher Erfolgsorte im Internet[1094], da aufgrund der Globalität des Internet die eingespeisten Informationen grund-

---

1088 Waren vor Inkrafttreten des Art. 40 EGBGB die Gerichte von Amts wegen dazu verpflichtet, im Sinne des Günstigkeitsprinzips das für den Geschädigten günstigere Recht zu ermitteln, so obliegt diese Prüfung nunmehr dem Verletzten. Dieser kann wählen, ob das Recht des Handlungsortes oder das des Erfolgsortes Anwendung finden soll.

1089 Fraglich und umstritten ist aber, ob das Deliktsstatut auch für den Gegendarstellungsanspruch gilt. Bejahend z.B. *Lütcke*, Persönlichkeitsrechtsverletzungen im Internet S. 127 f., verneinend beispielsweise *v.Hinden*, Persönlichkeitsverletzungen im Internet S. 48 ff., nach dem Gegendarstellungsansprüche dem Recht unterliegen sollen, an dem das verpflichtete Medien- oder Presseorgan seinen tatsächlichen Sitz hat.

1090 So in der Tat LG Düsseldorf WM 1997, 1444, 1446.

1091 So mit ausführlicher Begründung *v.Hinden*, Persönlichkeitsverletzungen im Internet S. 68 ff. Vgl. ebenfalls *Lütcke*, Persönlichkeitsrechtsverletzungen im Internet S. 128 f.; *Müller* in: Hoeren/Queck, Rechtsfragen der Informationsgesellschaft, 259, 261 f.

1092 Dazu *v.Hinden*, Persönlichkeitsverletzungen im Internet S. 68 f.

1093 So zutreffend auch *Lütcke*, Persönlichkeitsrechtsverletzungen im Internet S. 129.

1094 Eingehend zu Handlungs- und Erfolgsort bei Cookies und beim Abfangen fremder E-Mails sowie beim Einspeisen von Viren, beim Hacking und beim E-Mail-Bombing *Mankowski*, RabelsZ 63(1999), 203, 280 ff.

sätzlich weltweit abrufbar sind[1095]. Das Abstellen auf den Erfolgsort könnte dann dazu führen, dass der Diensteanbieter die Rechtsordnungen aller Staaten einzuhalten hat, in denen die von ihm eingespeisten Informationen abgerufen werden können. Dies würde aber im Ergebnis bedeuten, dass sich der Diensteanbieter dann an dem strengstmöglichen Recht orientieren müsste[1096]. Es wird daher vorgeschlagen, eine Einschränkung der möglichen Erfolgsorte vorzunehmen.

In Betracht kommt danach zunächst die sog. Mosaikbeurteilung, die von den wohl überwiegenden Stimmen im Schrifttum vertreten wird[1097]. Diese Theorie besagt, dass das Recht jedes Erfolgsortes nur für den Schaden gilt, der aus der dort eingetretenen Rechtsverletzung entstanden ist[1098]. Es findet also eine kollisionsrechtliche Aufspaltung des Sachverhalts statt Weiterhin besteht die Möglichkeit, im Sinne des Günstigkeitsprinzips dem Geschädigten ein Wahrecht einzuräumen, das darin besteht, dass er eine Beurteilung nach dem für ihn günstigsten Erfolgsortrecht verlangen kann[1099]. Oder man nimmt eine Einschränkung dahingehend vor, dass sich der Erfolgsort nur in den Staaten befindet, in denen sich der Adressatenkreis des konkreten Angebots befindet[1100]. Und schließlich kommt noch die sog. Schwerpunktlösung in Betracht. Die Vertreter dieser Auffassung sagen, dass der Erfolg einer Persönlichkeitsrechtsverletzung grundsätzlich am Verbreitungsort eintritt, nehmen aber aufgrund der drohenden Ausuferung eine dahingehende wertende Betrachtung vor, dass von den zahlreichen Erfolgsorten nur der maßgebend sein soll, an dem er Verletzte seinen gewöhnlichen Aufenthaltsort hat[1101]. Diese Ansicht stellt darauf ab, dass Persönlichkeitsrechte in der Regel nur dort tangiert werden können, wo die Person bekannt ist.

Mankowski bringt jedoch beachtliche Argumente gegen eine Einschränkung der möglichen Erfolgsorte vor[1102]. Erstens mache sich der Diensteanbieter die Vorteile eines weltweiten Kommunikationsnetzes zunutze und müsse dafür eben den rechtsanwendungsrechtlichen Preis zahlen. Derjenige, der sich im Internet

---

1095 Art. 40 Abs. 2 EGBGB enthält eine dahingehende Einschränkung, dass in den Fällen, in denen der Ersatzpflichtige und der Verletzte zur Zeit des Haftungsereignisses ihren gewöhnlichen Aufenthalt in demselben Staat hatten, das Recht dieses Staates Anwendung findet. Eine weitere Einschränkung findet sich überdies in Art. 41 EGBGB, wenn mit dem Recht eines Staates eine wesentlich engere Verbindung besteht als mit dem eigentlich nach kollisionsrechtlichen Regeln anwendbaren Recht.

1096 *Mankowski*, RabelsZ 63 (1999), 203, 270.

1097 Vgl. *Spindler*, ZUM 1996, 533, 559 f.; *Pfeiffer*, NJW 1997, 1207, 1215; *Müller* in: Hoeren/Queck, 259, 264 ff.

1098 Vg. *v.Hinden*, Persönlichkeitsverletzungen im Internet S. 154.

1099 Vgl. zu dieser Auffassung *v.Hinden*, Persönlichkeitsverletzungen im Internet S. 154 m.w.N.

1100 Vgl. dazu *Lütcke*, Persönlichkeitsrechtsverletzungen im Internet S. 134 f. m.w.N.

1101 Vgl. *v.Hinden*, Persönlichkeitsverletzungen im Internet S. 169 ff.

1102 *Mankowski*, RabelsZ 63 (1999), 203, 270 f. Dennoch folgt *Mankowski* der Mosaikbetrachtung, da diese ein forum schopping rund um den Erdball verhindere.

äußere, tue dies gegenüber einem potentiell weltweiten Publikum und wisse dies auch[1103]. Zum zweiten stelle eine Vielzahl von Erfolgsorten ein erwünschtes Korrektiv und Gegengewicht zu dem hohen Bedrohungspotential dar, welches der weltweiten Verbreitung der Informationen im Internet zukomme. Das alleinige Abstellen auf den Handlungsort würde zu einem nicht vertretbaren Entstehen von Haftungsoasen und einem Ausweichen der Diensteanbieter dorthin führen. Und schließlich ist nach *Mankowski* kein Grund ersichtlich, zwischen dem Internet und weltweit verbreiteten Rundfunk- oder Fernsehsendungen zu unterscheiden, da bei den Letztgenannten jeder Ort, an dem das Medium Dritten bestimmungsgemäß zur Kenntnis gelange, als Erfolgsort angesehen werde[1104].

Eine mögliche Lösung dieses Problems hat zwei entgegengesetzte Interessen zu berücksichtigen und ihnen Rechnung zu tragen: Einerseits sind dies die Interessen des Diensteanbieters, dem eine uferlose Haftung droht. Das Internet ist beseelt vom Geist der freien Äußerung und des freien Austauschs von Meinungen. Angesichts der Tatsache, dass eine Beschneidung dieser Grundprinzipien bewirkt würde, müsste man in jedem Staat der Erde mit einer Haftung rechnen, ist eine Einschränkung der Erfolgsorte erforderlich.

Andererseits darf dies nicht zur Schutzlosigkeit des von den Informationen Betroffenen und zur Entstehung von Haftungsoasen führen. Sachgerecht ist daher eine Lösung, die sich sowohl an dem Mosaiksystem als auch an der Schwerpunktlösung orientiert: Zum einen kann der Verletzte im Sinne der Mosaikbeurteilung nur den in dem betreffenden Staat konkret entstandenen Schaden verlangen, was einem forum shopping entgegenwirkt und Klagen auf die Staaten beschränkt, in denen ihm ein spürbarer Schaden entstanden ist[1105]. Und zum anderen kann sich der Betroffene nur auf das Recht eines Staates berufen, wenn in diesem Staat eine faktische Verletzung seiner Persönlichkeitsrechte eingetreten ist. Dies wird aber nur dann der Fall sein, wenn dem Betroffenen in diesen Staaten ein gewisser Bekanntheitsgrad zukommt, mithin also an den Orten, an denen er sich gewöhnlich hauptsächlich aufhält. Dies entspricht dem Schwerpunktmodell[1106].

1103 *Mankowski*, RabelsZ 63 (1999), 203, 270.
1104 *Mankowski*, RabelsZ 63 (1999), 203, 271.
1105 Vgl. *Mankowski*, RabelsZ 63 (1999), 203, 271.
1106 Dieses wird u.a. vertreten von *v.Hinden*, Persönlichkeitsverletzungen im Internet S. 170 ff.

Zusammenfassung und Schlussbetrachtung

Die vorstehenden Untersuchungen haben verdeutlicht, dass trotz des rasanten und unaufhaltsamen technischen Fortschritts gerade auch im Bereich der Neuen Medien die Geschichte des Schutzes der Persönlichkeitsrechte nicht vollkommen neu geschrieben werden muss.

Dennoch – es wurde offensichtlich, dass der Schutz der Persönlichkeitsrechte an diese neuen Entwicklungen angepasst und gegebenenfalls auch modifiziert werden muss. Die Offenheit des Schutzbereichs des allgemeinen Persönlichkeitsrechts[1107] begünstigt die Anpassung des Schutzbereichs an die aufgezeigten neuen Entwicklungen. Es wurde gezeigt, dass eine solche Anpassung des Schutzes der Persönlichkeitsrechte in den Neuen Medien beispielsweise dadurch zu erfolgen hat, dass bei der Abwägung der Persönlichkeitsrechte mit den Grundrechten Dritter aus Art. 5 GG – insbesondere also der Meinungsfreiheit – dem Umstand zunehmende Bedeutung zuzumessen ist, dass Informationen im Internet weltweit verbreitet werden und grundsätzlich an jedem beliebigen Punkt abrufbar sind. Ferner müssen hergebrachte Begrifflichkeiten, die bislang gerade bei besonderen Ausprägungen des Persönlichkeitsschutzes zur Anwendung gelangten, auf den Prüfstand gestellt und an neue internetspezifische Gegebenheiten angepasst werden. Exemplarisch sei hier nochmals die Problematik im Zusammenhang mit den §§ 22, 23 KUG genannt, bei der eine Anpassung der Begriffe „Schaustellung" und „Verbreitung" sowie des Öffentlichkeitsmerkmals zu erfolgen hatte. Nicht zuletzt der Gesetzgeber sieht sich angesichts dieser Entwicklung vor immer neue Aufgaben gestellt.

Eine insbesondere auch für den Schutz der Persönlichkeitsrechte relevante gesetzgeberische Tätigkeit war gerade für den Bereich der Verantwortlichkeitsregeln zu verzeichnen. So hat der Gesetzgeber frühzeitig erkannt, dass die allgemeinen Gesetze und die daraus abgeleiteten Ansprüche bei Persönlichkeitsrechtsverletzungen mitunter zu einer zu weitreichenden Haftung führen und dass hierdurch die Entwicklung des Internet und des E-Commerce behindert werden können, was erhebliche Auswirkungen auf den wirtschaftlichen Verkehr und die Meinungsfreiheit im Internet zu haben drohte. Das IuKDG mit dem TDG als Kernstück sowie der MDStV der Länder sollten dem auch im Bereich der Haftung Rechnung tragen. Die Umsetzung der Richtlinie 2000/31/EG des Europäischen Parlaments und des Rates vom 8. Juni 2000 über den elektronischen Geschäftsverkehr (E-Commerce-Richtlinie) in innerstaatliches Recht in Form des Gesetzes über rechtliche Rahmenbedingungen für den elektronischen Geschäftsverkehr (Elektronischer Geschäftsverkehr-Gesetz – EGG) modifizierte die bisherigen Haftungsregelungen des TDG, konnte bestehende Unklarheiten aber nur teilweise beseitigen, während in mancher Hinsicht neue Auslegungs-

[1107] Vgl. dazu S. 16 f.

schwierigkeiten entstanden. Gerade die Verantwortlichkeit für Hyperlinks bereitet auch unter dem Gesichtspunkt der neuen Haftungsregeln nach wie vor große Probleme[1108].

Angesichts dessen wird deutlich, dass Rechtsprechung und Literatur gerade in diesem Bereich die Aufgabe zukommt, neue Lösungsvorschläge zu erarbeiten.

Bedingt durch den unaufhaltsamen technischen Fortschritt und die damit auch verbundene Weiterentwicklung des Internet wird sich auch der Schutz der Persönlichkeitsrechte weiterentwickeln müssen. Ausgehend vom traditionellen Schutzbereich der Persönlichkeitsrechte und unter Beachtung der vergangenen Anpassung der Persönlichkeitsrechte an immer neue Entwicklungen und Veränderungen der Medien ist eine ständige Weiterentwicklung der Persönlichkeitsrechte an diese neuen Gegebenheiten erforderlich. Nur so kann eine zweckmäßige Abwägung zwischen technischem Fortschritt einerseits und Persönlichkeitsschutz andererseits gelingen.

[1108] Vgl. dazu S. 193 ff.